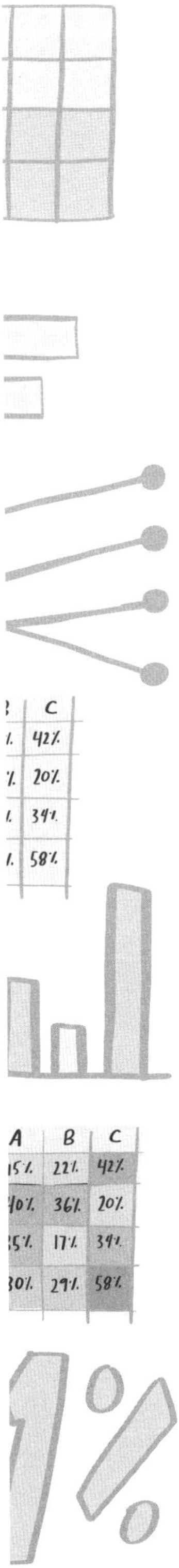

storytelling COM DADOS

VAMOS PRATICAR!

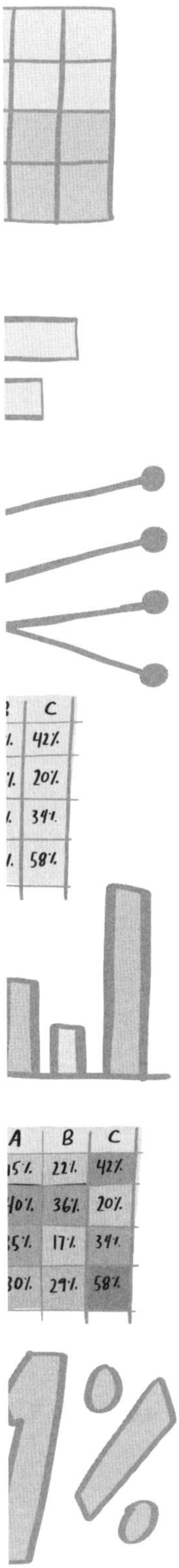

cole nussbaumer knaflic

storytelling com dados
VAMOS PRATICAR!

ilustrado por catherine madden

ALTA BOOKS
GRUPO EDITORIAL
Rio de Janeiro, 2023

Storytelling com Dados

ISBN: 978-85-508-1754-5

Translated from original Storytelling with Data. Copyright © 2020 by Cole Nussbaumer Knaflic. ISBN 978-1-119-62149-2. This translation is published and sold by John Wiley & Sons, Inc., the owner of all rights to publish and sell the same. PORTUGUESE language edition published by Starlin Alta Editora e Consultoria Eireli, Copyright © 2023 by Starlin Alta Editora e Consultoria Eireli.

Impresso no Brasil — 1ª Edição, 2023 — Edição revisada conforme o Acordo Ortográfico da Língua Portuguesa de 2009.

Dados Internacionais de Catalogação na Publicação (CIP) de acordo com ISBD

K67s Knaflic, Cole Nussbaumer

Storytelling com dados: vamos praticar! / Cole Nussbaumer Knaflic ; traduzido por Carlos Bacci Jr. - Rio de Janeiro : Alta Books, 2023.
448 p. ; 16cm x 23cm.

Tradução de: Storytelling with Data
ISBN: 978-85-508-1754-5

1. Storytelling. 2. Dados. 2. Gráficos. 3. Narrativas. I. Bacci Jr, Carlos. II. Título.

2023-435 CDD 659
CDU 659

Elaborado por Odilio Hilario Moreira Junior - CRB-8/9949

Índice para catálogo sistemático:
1. Meios de comunicação 659
2. Meios de comunicação 659

Produção Editorial
Grupo Editorial Alta Books

Diretor Editorial
Anderson Vieira
anderson.vieira@altabooks.com.br

Editor
José Ruggeri
j.ruggeri@altabooks.com.br

Gerência Comercial
Claudio Lima
claudio@altabooks.com.br

Gerência Marketing
Andréa Guatiello
andrea@altabooks.com.br

Coordenação Comercial
Thiago Biaggi

Coordenação de Eventos
Viviane Paiva
comercial@altabooks.com.br

Coordenação ADM/Finc.
Solange Souza

Coordenação Logística
Waldir Rodrigues

Gestão de Pessoas
Jairo Araújo

Direitos Autorais
Raquel Porto
rights@altabooks.com.br

Assistente Editorial
Mariana Portugal

Produtores Editoriais
Illysabelle Trajano
Maria de Lourdes Borges
Paulo Gomes
Thales Silva
Thiê Alves

Equipe Comercial
Adenir Gomes
Ana Carolina Marinho
Ana Claudia Lima
Daiana Costa
Everson Sete
Kaique Luiz
Luana Santos
Maira Conceição
Natasha Sales

Equipe Editorial
Ana Clara Tambasco
Andreza Moraes
Arthur Candreva
Beatriz de Assis
Beatriz Frohe
Betânia Santos
Brenda Rodrigues
Caroline David
Erick Brandão
Elton Manhães
Fernanda Teixeira
Gabriela Paiva
Henrique Waldez
Karolayne Alves
Kelry Oliveira
Lorrahn Candido
Luana Maura
Marcelli Ferreira
Matheus Mello
Milena Soares
Patricia Silvestre
Viviane Corrêa
Yasmin Sayonara

Marketing Editorial
Amanda Mucci
Guilherme Nunes
Livia Carvalho
Pedro Guimarães
Thiago Brito

Atuaram na edição desta obra:

Tradução
Carlos Bacci

Copidesque
Guilherme Caloba

Revisão Gramatical
Thais Cotts
Ana Mota

Diagramação
Daniel Vargas

Editora **afiliada à:**

ASSOCIAÇÃO BRASILEIRA DE DIREITOS REPROGRÁFICOS

ASSOCIADO Câmara Brasileira do Livro

ALTA BOOKS
GRUPO EDITORIAL

Rua Viúva Cláudio, 291 — Bairro Industrial do Jacaré
CEP: 20.970-031 — Rio de Janeiro (RJ)
Tels.: (21) 3278-8069 / 3278-8419
www.altabooks.com.br — altabooks@altabooks.com.br
Ouvidoria: ouvidoria@altabooks.com.br

agradecimentos

obrigada a todos os que contribuíram para que este livro aconteccesse...

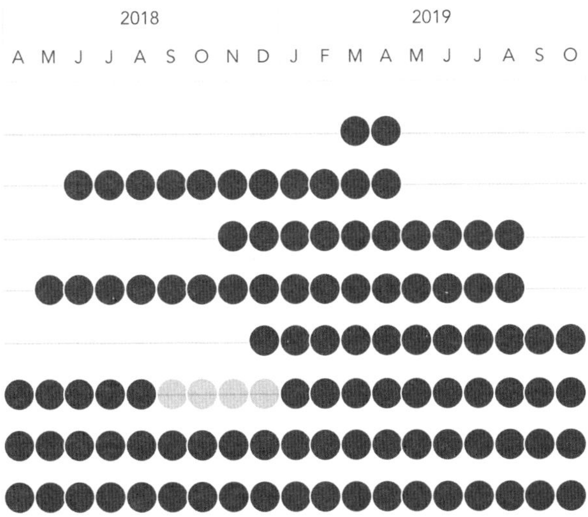

Simon Beaumont, Lisa Carlson, Amy Cesal, Robert Crocker, Steven Franconeri, Megan Holstine, e **Steve Wexler** pela revisão do rascunho do manuscrito e valioso feedback.

Kim Scheer e **Jasmine Kaufman**, pela criteriosa orientação.

Catherine Madden e **Matt Meikle**, pela criatividade e parceria de ideias. Fizemos um lindo livro!

Marika Rohn, amiga querida e extraordinária editora, pela ajuda para que as palavras em minha cabeça fizessem sentido quando escritas.

Jody Riendeau, por criar ordem e cuidar do supérfluo, trazendo uma incrível sensação de leveza em tudo o que fazemos.

Elizabeth Ricks, por sua dedicação e pelo trabalho fantástico de compartilhar aulas da SWD com o mundo. **Parabéns também pelo bebê Henry!**

Avery, Dorian e **Eloise Knaic**, meus três lindos filhos: Vocês me inspiram. E podem ser o que quiser na vida.

Randy Knaic, você é meu apoio, minha voz da razão, meu confidente, meu tudo. Meu coração é seu.

Sou grata também a Bill Falloon, Mike Henton, Carly Hounsome, Steven Kyritz, Kimberly Monroe-Hill, Purvi Patel, Jean-Karl Martin, Amy Laundicano, Steve Csipke, RJ Andrews, Mike Cisneros, Alex Velez, Beatriz Tapia, Brenda Chi-Moran e à equipe da Quad Graphics.

A gratidão se estende a todos os nossos clientes e a todos que estão lendo estas palavras neste momento (ou seja, você!).

Obrigada por estar nesta jornada incrível comigo. Boa prática!

sobre a autora

Cole Nussbaumer Knaflic conta histórias com dados. Ela é a fundadora e CEO da storytelling with data (SWD) e autora do livro best-seller *storytelling com dados: um guia sobre visualização de dados para profissionais de negócios* (Alta Books, 2019). Traduzido para diversos idiomas, e é indicado como livro-texto em mais de 100 universidades e utilizado como livro base por dezenas de milhares de participantes de workshops da SWD. Durante quase uma década, Cole e sua equipe proporcionaram sessões de aprendizagem interativas arrasadoras, intensamente demandadas por indivíduos, empresas e organizações filantrópicas com forte interesse por dados em todo o mundo. Eles também ajudam as pessoas a criar gráficos que façam sentido e trabalhar os dados apresentados de modo a extrair histórias atraentes por meio do popular blog SWD, podcast e desafio mensal.

Antes da SWD, o talento ímpar de Cole foi se sofisticando conforme ela desempenhava funções de caráter analítico em bancos, *private equity* e como gerente na equipe do Google People Analytics. No Google, ela usou uma abordagem baseada em dados para aplicação em programas inovadores de pessoas e práticas de gerenciamento e viajou para os escritórios do Google nos Estados Unidos e na Europa para ministrar o curso que desenvolveu sobre visualização de dados. Cole integrou o corpo docente adjunto no Maryland Institute College of Art (MICA), onde lecionou Introdução à Visualização da Informação e é regularmente convidada para dar palestras em importantes universidades nos Estados Unidos e além.

Cole é bacharel em matemática aplicada e MBA pela Universidade de Washington. Quando não está poupando o mundo de gráficos ineficazes, Cole dedica-se, junto com o marido, à aventura empreendedora de cuidar de três filhos pequenos em sua casa no Meio-oeste e a viajar pelo exterior.

Sumário

NOTA DA EDITORA:

Este livro foi impresso em preto e branco, algumas figuras da obra original, sinalizadas com o ícone ▢ na legenda, possuem cores. Para baixar o caderno colorido (tabelas, gráficos, imagens e figuras com cores) acesse nosso site **www.altabooks.com.br** e insira o título da obra.

introdução

Recebo com frequência e-mails de pessoas que leram meu primeiro livro, *storytelling com dados*, ou que participaram de um de nossos workshops de mesmo nome. Há palavras de incentivo, apoio ao trabalho que fazemos e muitas perguntas e solicitações. Ouvir histórias de sucesso é algo que adoro: relatos de ter influenciado uma importante decisão de negócios, provocado uma conversa sobre orçamento que estava atrasada ou induzido a uma ação que repercutiu positivamente nos resultados financeiros de uma organização. As narrativas mais inspiradoras são as de crescimento e reconhecimento pessoal. Um leitor agradecido aplicou os princípios de *storytelling com dados* durante uma entrevista, o que o ajudou a conseguir um novo emprego. Esse sucesso todo deve-se a pessoas de diferentes setores de atividade, cargos e funções que dedicam tempo para melhorar sua capacidade de se comunicar com dados.

Também ouço regularmente pessoas afirmando que querem *mais*. Leram o livro, percebem o impacto potencial de contar histórias com dados, mas têm dificuldade com a aplicação prática em seu próprio trabalho. Elas têm novas perguntas ou sentem que as situações que enfrentam são diferenciadas, e isso as impede de obter o impacto desejado. Fica claro, então, que as pessoas querem ter mais orientação e prática a fim de desenvolver por completo suas habilidades de narrar dados.

Outros são pessoas que estão — ou gostariam de estar — ensinando as lições descritas em *storytelling com dados*. Em muitos casos, são professores universitários (é fantástico pensar que *storytelling com dados* é usado como livro-texto em mais de 100 universidades ao redor do mundo!) ou fazem parte de uma área voltada à aprendizagem e ao desenvolvimento dentro de uma organização interessada em elaborar um curso interno ou programa de treinamento. Existem também líderes, gerentes e colaboradores que, de moto próprio, desejam aprimorar suas equipes ou proporcionar um bom treinamento e feedback para outras pessoas.

Este livro vai ao encontro de todas essas necessidades de indivíduos, professores e líderes. Ao compartilhar verdadeiros achados por meio de muitos exemplos práticos, prática guiada e exercícios abertos, ajudarei a construir em você confiança e credibilidade quando se trata de aplicar, e ensinar outras pessoas a aplicar, as lições de *storytelling com dados*.

Como este livro está organizado & o que esperar dele

Cada capítulo é iniciado com uma breve recapitulação das principais lições apresentadas em *storytelling com dados*. A isso se segue:

pratique com Cole: exercícios baseados em exemplos do mundo real para você analisar e resolver, acompanhados por ilustração e explicação detalhada.

pratique por conta própria: mais exercícios e questões estimulantes para você trabalhar individualmente sem soluções prescritas.

pratique no trabalho: orientação criteriosa e exercícios práticos para aplicar as lições aprendidas no trabalho, incluindo instruções práticas sobre quando e como solicitar feedback proveitoso e iterar de forma a elevar o nível de seu trabalho de bom para excelente.

Muito do conteúdo encontrado aqui é inspirado em nossos workshops *storytelling com dados*. Uma vez que essas sessões abrangem muitos setores de atividade, isso se reflete nos exemplos aos quais recorrerei. Circularemos entre diferentes assuntos — do marketing digital à adoção de animais de estimação e ao treinamento de vendas — colocando à sua disposição um conjunto rico e variado de situações que lhe sirvam de aprendizado enquanto aprimora suas habilidades de elaborar uma narrativa a partir de dados.

Atenção: este não é um livro tradicional, daqueles que você senta e lê. Para extrair dele o máximo, será necessário torná-lo uma experiência totalmente interativa. Eu lhe recomendo sublinhar, adicionar marcadores e fazer anotações nas margens. Espere pegar-se folheando entre páginas e exemplos. Desenhe, discuta com outras pessoas e pratique suas ferramentas. Este livro deve estar amarfanhado quando você terminar de ler: será uma prova de que o utilizou tanto quanto possível!

Como usar este livro junto com o original

SCD: vamos praticar! funciona como um ótimo guia complementar para *storytelling com dados: um guia sobre visualização de dados para profissionais de negócios* (Alta Books, 2019); doravante referido como *SCD*). Este livro não vem para substituir as profundas lições lá contidas, mas sim para enriquecê-las, dialogando mais, utilizando muito mais exemplos e enfatizando a prática.

Este livro geralmente segue a mesma estrutura de capítulos do *SCD* com uma ou outra diferença, como se vê na Figura 0.1. Os Capítulos 7, 8 e 9 são exercícios abrangentes que proporcionam orientação adicional e prática de aplicação das lições abordadas no *SCD* e aqui.

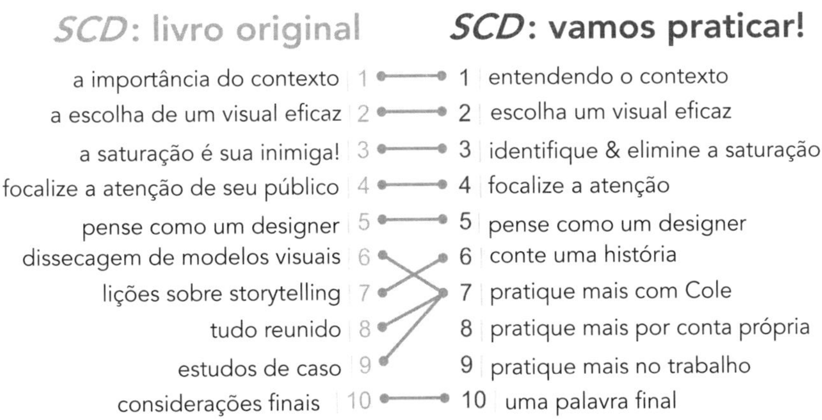

FIGURA 0.1 Correspondência de capítulos entre o *SCD* original e este livro

Se você tem em mãos o *SCD* e o *SCD: vamos praticar!*, pode usá-los de duas maneiras. Pode ler o *SCD* direto, do início ao fim, para ter uma visão de conjunto antes de se ater aos detalhes. A partir daí, você pode determinar quais lições deseja praticar e pode mergulhar nas seções relevantes deste livro. Ou, como alternativa, pode ler detidamente cada um dos capítulos de *SCD* e, em seguida, vir aqui para praticar o que leu através de exercícios práticos.

Caso já tenha lido o *SCD*, fique à vontade para começar, já que está familiarizado com estes tópicos.

E se você comprou somente este livro, há contexto suficiente para lhe dar o básico. Seja como for, sempre pode ir atrás de um exemplar do *SCD* ou acessar storytellingwithdata.com, cujo conteúdo [em inglês] o auxiliará a obter orientações adicionais.

Você quer aprender ou ensinar?

SCD: vamos praticar! foi escrito tendo em vista dois públicos diferentes, mas com um objetivo comum: comunicar-se mais eficazmente com dados. Esses dois grupos distintos são, de uma forma ampla:

1. Aqueles que desejam aprender a se comunicar de maneira mais eficaz com os dados, e

2. Aqueles que desejam proporcionar feedback, treinar, ou ensinar outras pessoas a se comunicar de forma mais eficaz com dados.

Não obstante o conteúdo seja relevante para ambos os grupos, haverá diferenças sutis quanto a aproveitá-lo o máximo possível. A depender do seu objetivo, as estratégias a seguir maximizarão a eficiência.

Quero aprender a me comunicar mais eficazmente com dados

Como haverá conteúdo posterior cuja base está em (ou remete a) conteúdo ou exercícios anteriores, comece com o Capítulo 1 e siga trabalhando em ordem numérica. Depois disso, provavelmente você se pegará revisitando seções de interesse e concentrando sua prática com base em suas necessidades e metas específicas.

Comece revisando o resumo da lição de um determinado capítulo. No caso de encontrar algo não familiar, e se tiver acesso ao *SCD*, volte para o capítulo correspondente para contexto adicional.

Em seguida, vá para os exercícios de ***pratique com Cole***. Primeiro, trabalhe em cada um por conta própria — não caia na tentação de ir direto para a solução (fazer isso é enganar a si mesmo!). Se estiver usando este livro com outras pessoas, muitas dessas atividades são adequadas para discussão em grupo. Os exercícios nessa seção não precisam, necessariamente, ser trabalhados na ordem em que se apresentam, embora, por vezes, se baseiem em exercícios anteriores.

Após passar algum tempo em um certo exercício (não apenas mentalmente: eu lhe recomendo fortemente a escrever, desenhar e usar suas ferramentas), leia a solução dada pelo livro. Observe as semelhanças e diferenças entre ela e sua resposta. Veja bem: existem muito poucas situações em que há uma única resposta "certa". Algumas abordagens são melhores do que outras, mas geralmente existem várias maneiras de resolver um determinado problema. Minhas soluções apenas ilustram um método que aplica as lições do *SCD*. Leia todas as soluções, nelas haverá muitos conselhos, dicas e detalhes que você achará úteis e perspicazes.

Depois de completar os exercícios do *pratique com Cole*, vá para a seção ***pratique por conta própria*** para continuar. Os problemas ali assemelham-se aos da primeira seção, a não ser por não incluírem nenhuma solução predeterminada. Caso esteja trabalhando em grupo, peça às pessoas que façam, primeiro, um determinado exercício separadamente e, em seguida, se reúnam para apresentação e discussão. É invariável: pessoas diferentes abordam os exercícios de maneiras distintas, e você pode aprender muito nesse processo de compartilhamento. Essa consulta mútua também é uma ótima prática para conversar sobre suas escolhas e decisões de projeto, algo capaz de esclarecer ainda mais o pensamento e ajudar a melhorar uma futura aplicação. Chegando a uma conclusão, seja sozinho, seja como parte de um grupo, obtenha feedback sobre a abordagem recomendada. Isso o ajudará a entender se o que você propõe está funcionando, bem como que ponto pode iterar para melhorar ainda mais a eficácia.

Se, a qualquer momento, você se encontrar com um projeto que se beneficiaria com a aplicação das lições descritas em um capítulo específico, vá direto para a seção de exercícios ***pratique no trabalho***. Há ali práticas guiadas passíveis de aplicação direta a situações de trabalho do mundo real. Quanto mais você praticar a implementação das várias lições em um ambiente de trabalho, mais elas se tornarão instintivas.

Cada um dos capítulos se encerra com a discussão das questões relatadas nas lições. Converse a respeito com um parceiro, ou, quem sabe, até mesmo use isso como base para uma conversa mais ampla no clube do livro.

Apesar de as seções de exercícios em cada capítulo se concentrarem principalmente na aplicação da lição dada, nos Capítulos 7, 8 e 9 há exemplos e exercícios mais abrangentes para aplicar inteiramente o processo apresentado em *storytelling com dados*. O **Capítulo 7** ("pratique mais com Cole") contém estudos de caso completos que lhe são apresentados para você resolver primeiro, seguido pelo meu processo de pensamento para abordar e concluir. O **Capítulo 8** ("pratique mais por conta própria") tem estudos de caso adicionais e exercícios robustos nos quais não é apresentada uma solução e cuja finalidade é praticar o processo. No **Capítulo 9** ("pratique mais no trabalho") há dicas sobre como aplicar *storytelling com dados* no trabalho, guias para facilitar a aprendizagem em grupo e itens de avaliação que você pode usar para avaliar seu próprio trabalho e buscar feedback de outras pessoas.

Como parte de seu aprendizado, também é essencial que estabeleça metas específicas. Comunique-as a um amigo, colega ou gerente. Veja o **Capítulo 9** para saber mais a respeito.

A seguir, vamos falar sobre como os interessados em ensinar outras pessoas a contar histórias de maneira eficaz com dados podem usar este livro.

Eu quero proporcionar feedback, treinar, ou ensinar outras pessoas

Talvez você seja um gerente ou líder que deseja dar um bom feedback sobre um gráfico ou uma apresentação de sua equipe. Ou, talvez, exerça um papel ligado à aprendizagem e ao desenvolvimento e esteja criando programas de treinamento sobre como se comunicar com dados de maneira eficaz. Você, quem sabe, pode ser um instrutor universitário ensinando aos alunos essa importante habilidade. Em todos esses cenários, rever o capítulo lhe dará uma visão geral da lição dada. Depois disso, você provavelmente encontrará mais valor na segunda e na terceira seções de exercícios: *pratique por conta própria* e *pratique no trabalho*. Cada capítulo termina com questões para discussão que podem ser atribuídas, incorporadas em testes ou usadas como base para conversas em grupo.

A seção ***pratique por conta própria*** contém, em cada capítulo, exercícios direcionados, ajudando quem os realiza a praticar as lições descritas no capítulo respectivo e na seção relevante do *SCD*. Eles podem ser usados como base para exercícios práticos em uma sala de aula ou destinados à lição de casa. Alguns também são apropriados para uso como projetos de grupo. Tais exemplos não trazem soluções prescritas. Os problemas nessas seções também podem servir como modelos: veja onde se pode substituir dados ou recursos visuais para criar exercícios exclusivos.

Os exercícios orientados em ***pratique no trabalho*** podem ser usados diretamente no ambiente de trabalho como parte de um programa contínuo para profissionais. Eles podem ser atribuídos, completados e colocados para discussão em um grupo ou ambiente de sala de aula. Os gerentes que procuram desenvolver as habilidades de sua equipe podem pedir a seu pessoal para se concentrar em exercícios específicos por meio de seu trabalho ou projetos, ou usar como parte de um processo individual de definição de metas ou de desenvolvimento de carreira. Para aqueles que estão ensinando, o **Capítulo 9** disponibiliza exercícios adicionais para *pratique no trabalho,* incluindo guias para o facilitador e itens de avaliação.

Breve nota sobre ferramentas

São muitas as ferramentas disponíveis para visualizar dados. Você pode usar aplicativos de planilhas como Excel ou Google Sheets. Talvez esteja familiarizado com criadores de gráficos, como Datawrapper, Flourish ou Infogram, ou com softwares de visualização de dados como Tableau ou PowerBI. Ou talvez você escreva código em R ou Python ou aproveite bibliotecas Javascript como D3.js. Independentemente de quais sejam, escolha uma ferramenta ou um conjunto delas e conheça-as tanto quanto puder, de modo a evitar que o instrumento, em si, não se torne um fator limitante para uma comunicação eficaz com os dados. Nenhuma ferramenta é inerentemente boa ou má: praticamente qualquer uma pode ser bem utilizada — ou nem tanto.

Para realizar os exercícios deste livro, você é incentivado a usar todos os meios a seu alcance para visualizar os dados. Entre eles, as ferramentas que você usa hoje ou, possivelmente, uma ou outra que gostaria de aprender. Os visuais que ilustram as soluções do *pratique com Cole* foram todos criados no Microsoft Excel. Evidentemente, essa não é sua única escolha, e você é bem-vindo para usar outras ferramentas. Também estamos adicionando soluções construídas em outras ferramentas à nossa biblioteca online [conteúdo em inglês] para você explorar.

No que se refere a ferramentas, há algumas que recomendo fortemente ter em mãos no momento em que estiver lendo este livro: uma caneta (ou lápis) e papel. Leve em consideração a possibilidade de ter a seu lado um bloco de anotações para usar no momento em que faz os vários exercícios. Muitos deles o impulsionam a rascunhar ou escrever.

Existem benefícios importantes para a criação física e iteração de baixa tecnologia que iremos explorar e praticar, e que têm o condão de tornar mais eficiente o processo de trabalho em suas ferramentas técnicas.

Onde obter os dados

Você pode baixar os arquivos com os dados apresentados ao longo deste livro, e para todos os visuais mostrados nas soluções do *pratique com Cole*, em storytellingwithdata.com/letspractice/downloads [conteúdo em inglês].

Vamos começar

Nunca houve na história uma ocasião em que tantas pessoas tivessem acesso a tantos dados. Mas nossa capacidade de contar histórias com nossos gráficos e nossas visualizações não acompanhou esse ritmo. Organizações e indivíduos que desejam avançar devem reconhecer que tais habilidades não são inerentes, e, portanto, devem investir em seu desenvolvimento. Com uma abordagem cuidadosa, todos nós temos condições de contar histórias inspiradoras e influentes com nossos dados.

Ajudar você a levar sua narrativa a partir de dados para um patamar mais elevado me deixa bastante entusiasmada.

Vamos praticar!

capítulo um

entendendo o contexto

Um pouco de planejamento pode ir longe e levar a comunicações mais concisas e eficazes. Descobri, em nossos workshops, que dedicamos uma quantidade cada vez maior de tempo e discussão à primeira lição dada, que foca no contexto. As pessoas chegam pensando — e *querendo* — utilizar seu tempo para conhecer as melhores práticas de visualização de dados e se surpreendem ao verificar que alocamos bastante desse tempo em tópicos relacionados de forma mais geral a como planejamos nossas comunicações. Ao pensar desde o início em nosso público, mensagem e componentes de conteúdo, obtemos um feedback importante que nos coloca em posição melhor para criar gráficos, apresentações ou outros materiais baseados em dados que atenderão às necessidades de nosso público e também às nossas próprias necessidades.

Os exercícios deste capítulo voltam-se principalmente a três aspectos importantes do processo de planejamento:

1. **Considerar o nosso público:** identificar essas pessoas — quem são, com o que se importam e de que modo podemos conhecê-las melhor e estruturar nossas comunicações tendo-as em mente.

2. **Elaborar e aprimorar a nossa mensagem central:** a Grande Ideia foi apresentada brevemente no *SCD*; aqui, faremos uma série de exercícios guiados e independentes para melhor compreender e praticar esse importante conceito.

3. **Conteúdo do planejamento:** storyboarding é outro conceito apresentado no *SCD* — veremos numerosos exemplos e exercícios adicionais relacionados ao que incluímos e como o organizamos.

Vamos praticar **entendendo o contexto!**

Antes disso, vamos revisar o Capítulo 1 do *SCD*.

SCD LIVRO CAPÍTULO 1

PRIMEIRO, VAMOS RECAPITULAR

A IMPORTÂNCIA DO CONTEXTO

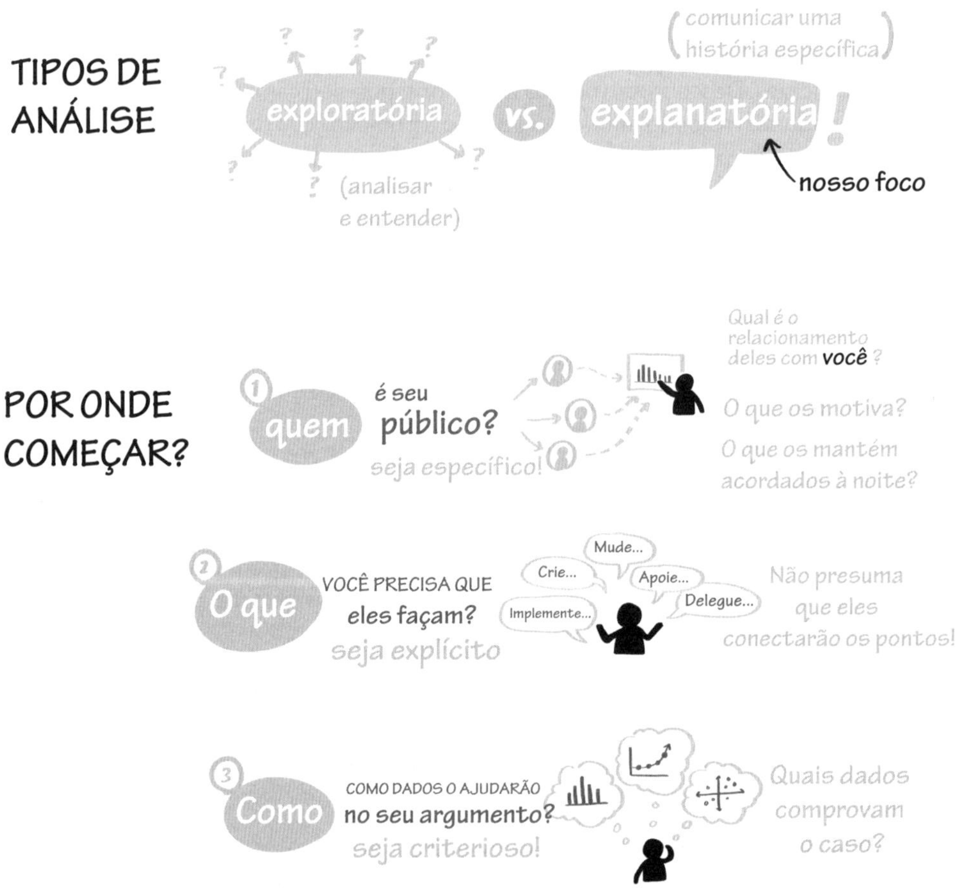

História de 3 Minutos

Grande ideia

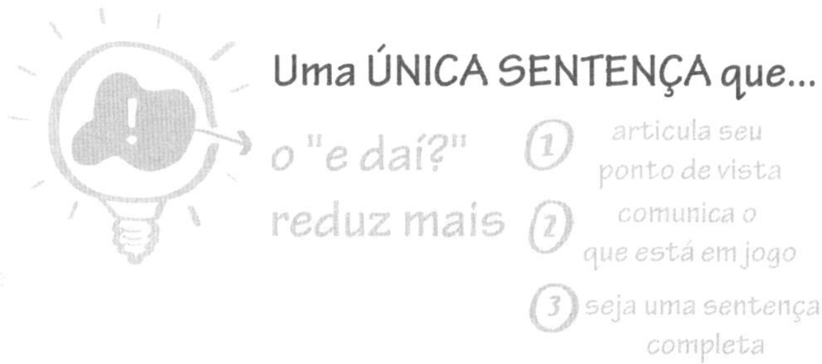

de Nancy Duarte (Ressonância)

"story boardiando"

PRATIQUE com COLE

- 1.1 conheça seu público
- 1.2 restrinja seu público
- 1.3 preencha a planilha da grande ideia
- 1.4 aprimore e reformule
- 1.5 preencha outra planilha da grande ideia
- 1.6 critique a grande ideia
- 1.7 faça um storyboard!
- 1.8 faça (de novo) um storyboard

PRATIQUE por CONTA PRÓPRIA

- 1.9 conheça seu público
- 1.10 restrinja seu público
- 1.11 vamos reformular
- 1.12 qual é a grande ideia?
- 1.13 qual é a grande ideia (desta vez)?
- 1.14 como poderíamos rearranjar isso?
- 1.15 faça um storyboard!
- 1.16 faça (de novo) um storyboard

PRATIQUE no TRABALHO

- 1.17 conheça seu público
- 1.18 restrinja seu público
- 1.19 identifique a ação
- 1.20 preencha a planilha da grande ideia
- 1.21 peça feedback de sua grande ideia
- 1.22 crie a grande ideia como uma equipe
- 1.23 ponha suas ideias para fora
- 1.24 organize suas ideias em um storyboard
- 1.25 peça feedback de sua grande ideia
- 1.26 vamos discutir

PRATIQUE com COLE

Quando comunicar com dados, não faça para você - faça para o seu público! Os exercícios a seguir o ajudarão a considerar o seu público, elaborar a sua mensagem e planejar o seu conteúdo, habilitando-o para uma comunicação eficaz.

Exercício 1.1: conheça o seu público

Quem é o meu público? Com o que essas pessoas se importam? Podem parecer perguntas óbvias quando paramos e pensamos a respeito, mas com muita frequência, esquecemos completamente de dar esse primeiro passo. Conhecer o nosso público, entender as suas necessidades e o que os impulsiona é uma parte inicial importante do processo para uma comunicação bem-sucedida com dados.

Vamos examinar isso em sua própria natureza e como podemos conhecer um novo público.

Imagine que você seja um Analista de Pessoal (alguém que, na área de Recursos Humanos, exerce a função de analista de dados) em uma empresa de médio porte. Uma nova chefe de RH acaba de ingressar na organização (agora ela é a chefe do seu chefe). Para ajudá-la a se familiarizar com as diferentes áreas da empresa do ponto de vista dos funcionários, lhe pediram para dar uma visão geral utilizando dados. Isso incluirá itens como entrevistas e métricas de contratação, uma revisão do headcount [número de funcionários nos diferentes departamentos da organização] e dados de rotatividade — números e motivos — de colaboradores. Alguns de seus colegas em outros setores de RH já tiveram uma reunião de apresentação da nova líder e entregaram seus respectivos relatórios. Seu gerente direto almoçou recentemente com a nova chefe de RH.

Como conhecer melhor o seu público (a nova chefe de RH) em tais circunstâncias? Liste três coisas que você poderia fazer para entender o seu público: com o que ela se preocupa e como melhor atender às necessidades dela. Seja específico com relação a quais perguntas você procuraria responder. Pegue papel e caneta e anote as respostas.

Solução 1.1: conheça o seu público

Este não é um caso em que podemos perguntar diretamente ao nosso público o que lhe é importante, então é preciso um pouco de criatividade. Eis aqui três coisas que eu poderia fazer para me preparar para ter sucesso em tal situação:

1. **Falar com os colegas que já se reuniram com a nova líder para obter uma avaliação das conversações.** Eles têm alguma ideia sobre as prioridades ou os interesses específicos dela? Há alguma coisa que não correu bem e com a qual se pode aprender e se adaptar?

2. **Falar com meu gerente para obter informações.** O meu gerente almoçou com a nova líder: que percepções ele teve quanto aos possíveis primeiros aspectos aos quais ela pretende dar mais atenção? Também preciso entender o que ele considera importante para ter como foco na reunião inicial.

3. **Usar meu conhecimento em dados e contexto, além de um design bem pensado para estruturar o documento.** Como trabalho nesse meio há algum tempo, tenho uma compreensão geral dos diferentes tópicos principais em que alguém novo na organização provavelmente estará interessado, e os dados que podemos usar para informá-los. Se eu for estratégica na estruturação, posso facilitar a consulta ao documento e atender a várias possíveis necessidades. Posso fornecer uma visão geral com os pontos-chave à frente. E, então, tenho como organizar o restante do documento por tópico para que a nova líder possa, rapidamente, consultá-lo e obter mais detalhes sobre as áreas nas quais tem mais interesse.

Exercício 1.2: restrinja o seu público

Quando nos comunicamos, é de extrema importância ter em mente um público específico. No entanto, muitas vezes nos encontramos perante um público amplo ou misto. Ao tentar atender às necessidades de muitos, não atendemos a nenhuma necessidade específica de forma tão direta ou eficaz como poderíamos caso restringíssemos o nosso foco e público-alvo. Isso não implica dizer que não nos comunicamos para um público misto, porém, ter um público específico em mente significa, antes de mais nada, que nos colocamos em uma posição melhor para atender às necessidades fundamentais desse público.

Vamos praticar esse processo de limitação para fins de comunicação. Começaremos lançando uma rede ampla e, em seguida, colocaremos em ação várias estratégias de concentração. Analise as questões e escreva como as abordaria. Em seguida, leia as páginas a seguir para entender melhor as várias estratégias para restringir o nosso público.

Você trabalha em uma loja de roupas de abrangência nacional. E realizou uma pesquisa entre seus clientes e os clientes de seus concorrentes sobre vários elementos relacionados às compras de volta às aulas. Você analisou os dados. Descobriu que sua empresa tem um bom desempenho em certas áreas e também que há algumas outras áreas de oportunidade em aberto. Você está próximo do momento de comunicar as suas descobertas.

QUESTÃO 1: Existem muitos grupos diferentes de pessoas (em sua empresa e, possivelmente, fora dela) que teriam interesse nesses dados. Quem pode se importar com o desempenho de suas lojas na recente temporada de compras de volta às aulas? Jogue a rede mais ampla que puder. **Quantos públicos distintos acha que podem estar interessados nos dados da pesquisa que analisou? Faça uma lista!**

QUESTÃO 2: Vamos ser mais específicos. Você analisou os dados da pesquisa e notou que há diferenças entre as várias lojas na satisfação de seus clientes quanto ao serviço prestado. **Quais possíveis públicos se importariam com isso? De novo: liste-os.** Com isso sua lista de possíveis públicos-alvo cresceu ou diminuiu? Você adicionou mais algum outro público à luz dessas novas informações?

QUESTÃO 3: Vamos dar um passo à frente. Você descobriu que existem diferenças de satisfação entre as lojas. A análise revela itens relacionados aos vendedores como o principal fator de insatisfação. Você avaliou diversas opções para solucionar o problema e concluiu por recomendar a implementação do treinamento dos vendedores como forma de melhorar e dar consistência aos níveis de serviço nas lojas. **Quem pode ser seu público, agora? Quem se importa com esses dados? Liste seu público primário.** Se tivesse que se limitar a um tomador de decisão específico neste caso, quem seria?

Solução 1.2: restrinja o seu público

QUESTÃO 1: Há muitos públicos diferentes que podem se interessar por dados de compras de volta às aulas. A seguir, cito alguns (provavelmente não é uma lista abrangente):

- Liderança sênior
- Compradores
- Comerciantes
- Pessoal de Marketing
- Gerentes de loja
- Vendedores
- Pessoal do atendimento ao cliente
- Concorrentes e Clientes

No final das contas, *todo mundo* pode se interessar por esses dados. O que é excelente, mas não muito útil quando se quer restringir nosso público com o propósito de comunicação. Existem várias maneiras para tanto: sendo claros naquilo que descobrimos, específicos sobre a ação recomendada e focados em um determinado momento e no tomador de decisões. As respostas às perguntas restantes ilustrarão como podemos nos concentrar nessas maneiras de ter um público específico em mente quando nos comunicamos.

QUESTÃO 2: Se houver inconsistência nos níveis do serviço prestado nas lojas, os seguintes públicos provavelmente se importarão mais:

- Liderança sênior
- Gerentes de loja
- Vendedores
- Pessoal do atendimento ao cliente

QUESTÃO 3: Queremos implementar o treinamento, o que levanta algumas questões para mim. Quem irá preparar e fazer o treinamento?

Quanto custará? A necessidade dessas informações faz com que alguns novos públicos sejam agregados:

- Liderança sênior
- RH
- Finanças
- Gerentes de loja
- Vendedores e Pessoal do atendimento ao cliente

Nesta lista *é bem possível* que estejam todos os públicos para tal informação. Constatamos inconsistências com os níveis de prestação de serviço e a necessidade de realizar treinamento. O RH precisará avaliar se há condição de atender a essa demanda internamente ou se será necessário trazer parceiros externos para desenvolver ou ministrar o treinamento. O orçamento é de responsabilidade do setor de Finanças e teremos que descobrir onde conseguir verba para isso. Será necessário obter a aquiescência dos gerentes de loja para que seus funcionários participem do treinamento. Os vendedores e o pessoal de atendimento ao cliente terão que ser convencidos de que seu comportamento precisa mudar a fim de que eles levem o treinamento a sério e prestem um serviço consistente de alta qualidade aos clientes.

Mas nem todos esses grupos são públicos imediatos. Algumas das comunicações ocorrerão na sequência natural do procedimento.

Para restringir mais, posso refletir sobre em que ponto estamos no tempo: hoje. Antes de lidar com qualquer um dos itens acima, precisamos da aprovação de que implantar o treinamento é o curso de ação correto. Uma decisão é requerida; então, outra maneira de limitar meu público é deixar claro o momento, bem como a quem cabe a tomada de decisão (a uma ou mais pessoas) dentro do público mais amplo. Nesse caso, posso assumir que o tomador de decisão final — a pessoa que dirá: "sim, vamos fazer isso, estou disposto a liberar os recursos"; ou "não, isso não é nenhum problema, vamos continuar a fazer as coisas como sempre fizemos" — é uma determinada pessoa na equipe de liderança: o chefe de vendas no varejo.

Nesse exemplo, adotamos várias maneiras diferentes de restringir nosso público-alvo para fins de comunicação. Fizemos isso:

1. Sendo específicos sobre o que aprendemos através dos dados,
2. Sendo claros sobre a ação que recomendamos,

3. Verificar em que ponto estamos no tempo (o que é necessário acontecer agora), e
4. Identificar um tomador de decisão específico.

Você pode usar essas mesmas táticas para restringir o público em seu próprio trabalho. O Exercício 1.18 em *pratique no trabalho* o ajudará nisso. Mas, antes, continuaremos a praticar juntos e voltar nossa atenção para um recurso muito útil: a planilha da Grande Ideia.

Exercício 1.3: preencha a planilha da Grande Ideia

A Grande Ideia é um conceito que pode ajudar a obter de forma clara e sintética a mensagem principal que queremos transmitir. A Grande Ideia (originalmente apresentada por Nancy Duarte em *Ressonância* [Alta Books, 2012]) deve (1) articular seu ponto de vista exclusivo, (2) transmitir o que está em jogo e (3) ser uma frase completa. Dedicar-se logo à sua elaboração ajuda a dar clareza e concisão à ideia geral que precisamos comunicar ao nosso público, o que facilita e simplifica planejar o conteúdo para transmitir a mensagem central.

Nos workshops *storytelling com dados*, usamos a planilha da Grande Ideia para ajudar a criar a nossa Grande Ideia. Em geral, os participantes declaram o quanto essa atividade simples é surpreendentemente útil. Faremos alguns exercícios envolvendo essa questão para que você possa praticar e ver exemplos da planilha Grande Ideia em ação. Vamos começar utilizando o exemplo que acabamos de trabalhar para restringir nosso público. Relembrando, segue o contexto básico.

Você trabalha em uma loja de roupas de abrangência nacional. E conduziu uma pesquisa entre seus clientes e os clientes de seus concorrentes sobre vários elementos relacionados às compras de volta às aulas. Você analisou os dados. Descobriu que sua empresa tem um bom desempenho em certas áreas e também que há algumas outras áreas de oportunidade em aberto. Notou, em particular, haver inconsistências nos níveis de prestação de serviço nas lojas. Junto com sua equipe, explorou algumas diferentes alternativas para lidar com isso e gostaria de recomendar a solução por meio do treinamento de vendedores. Você precisa que haja concordância de que este é o curso de ação correto e da liberação dos recursos (custo, tempo, pessoal) necessários para desenvolver e realizar o treinamento.

Pense no público que restringimos no Exercício 1.2: o chefe do varejo. **Examine a planilha Grande Ideia na página a seguir para esse cenário.** Faça suposições conforme necessário para o propósito do exercício.

a planilha da GRANDE IDEIA storytelling dados®

Identifique um projeto no qual esteja trabalhando e que você precise comunicar por meio de dados.
Reflita a respeito e preencha o que se segue.

PROJETO

QUEM É **SEU PÚBLICO?**

(1) Liste o grupo primário ou indivíduos para quem você comunicará.

(2) Se você tiver que restringir para uma única pessoa, quem seria ela?

(3) Com o que seu público se preocupa?

(4) Qual ação seu público precisa por em prática?

O QUE ESTÁ **EM JOGO?**

Quais são os benefícios caso seu público aja da maneira como você quer?

Quais são os riscos se isso não acontecer?

FORMULE SUA **GRANDE IDEIA**

Ela deveria:

(1) articular seu ponto de vista,

(2) transmitir o que está em jogo

(3) ser uma frase completa (e simples!)

FIGURA 1.3a A planilha da Grande Ideia

Solução 1.3: preencha a planilha da Grande Ideia

a planilha da GRANDE IDEIA

storytelling com dados®

Identifique um projeto no qual esteja trabalhando e que você precise comunicar por meio de dados. Reflita a respeito e preencha o que se segue.

PROJETO Oportunidade "volta às aulas"

QUEM É **O SEU PÚBLICO?**

Liste o grupo primário ou os indivíduos para quem você comunicará.

a equipe de executivos

(2) Se você tiver que restringir a uma única pessoa, quem seria?

o chefe do varejo

(3) Com o que o seu público se preocupa?

— Ter uma temporada de vendas "volta às aulas" altamente lucrativa

— Deixar os clientes felizes porque clientes felizes gastam mais

— Ganhar dos concorrentes

(4) Qual ação seu público precisa por em prática?

Concordar que aquele treinamento é a maneira certa de lidar com a inconsistência dos níveis de prestação de serviços e aprovar os recursos que permitirão que isso aconteça (custo, tempo, pessoal)

O QUE ESTÁ **EM JOGO?**

Quais são os benefícios, caso seu público aja da maneira como você quer?

melhores níveis de prestação de serviços

clientes felizes gastam mais, voltam com mais frequência, contam aos amigos a sua experiência positiva

Quais são os riscos se isso não acontecer?

— nenhuma ação pode levar a um boca a boca negativo

— as pessoas comprarem dos concorrentes

— risco de reputação

— perda de receita

FORMULE SUA **GRANDE IDEIA**

Ela deve:

(1) articular seu ponto de vista

(2) transmitir o que está em jogo

(3) ser uma frase completa (e simples!)

Vamos investir no treinamento dos vendedores para aprimorar a experiência de vendas dentro da loja e bater o recorde de vendas da temporada da volta às aulas!

FIGURA 1.3b A planilha da Grande Ideia preenchida

Exercício 1.4: aprimorar & reformular

Observando o Exercício 1.3 e a Solução 1.3, responda às seguintes questões.

QUESTÃO 1: **Compare-os.** Há pontos em comum que se assemelham? Em que são diferentes? Qual considera mais eficaz e por quê?

QUESTÃO 2: **Como você formulou?** Reflita sobre a Grande Ideia que criou originalmente. Você a formulou positiva ou negativamente? Qual é o benefício ou risco de sua grande ideia? Como você poderia reformular para ser o oposto?

QUESTÃO 3: **Como eu formulei?** Revisite a Grande Ideia articulada na Solução 1.3. Ela está formulada positiva ou negativamente? Qual é o benefício ou risco dessa Grande Ideia? De novo: como você poderia reformular para ser o oposto? Há outra forma de aprimorar?

Solução 1.4: aprimorar & reformular

Uma vez que não tenho sua Grande Ideia comigo neste momento, vou me concentrar na Questão 3, que levanta algumas questões sobre a minha. Ei-la aqui novamente para referência:

> *Vamos investir no treinamento dos vendedores para aprimorar a experiência de vendas dentro da loja e fazer da próxima temporada da volta às aulas a que trouxe a maior receita já obtida!*

Como eu formulei? Qual é o benefício ou risco? A estruturação no momento está positiva, com foco no benefício da receita que ganharemos com o investimento no treinamento dos vendedores.

Como você poderia reformular para ser o oposto? Eu poderia reformular negativamente de duas maneiras diferentes. Uma bem simples seria focar na mesma coisa em jogo — receita — mas mudar, enfatizando a perda que poderia resultar de não agir.

Se não investirmos no treinamento dos vendedores para aprimorar os níveis de prestação de serviços, perderemos clientes e teremos menores receitas na próxima temporada de compra da volta às aulas.

A receita, porém, não é a única coisa em jogo. E se eu souber que meu público está altamente motivado em ganhar da concorrência? Nesse caso, eu poderia tentar algo assim:

Estamos perdendo para a concorrência no que se refere a importantes aspectos de nossa experiência de loja, e continuaremos perdendo se não investirmos no treinamento dos vendedores para aprimorar a experiência do cliente em nossas lojas.

De que outra forma podemos aprimorar essa Grande Ideia? Não há uma única resposta certa. São diversos os benefícios possíveis (clientes mais satisfeitos, maior receita, derrotar a concorrência) e riscos (clientes insatisfeitos, receita menor, perder para a concorrência, boca a boca negativo, danos à reputação). O que presumimos ser a maior preocupação de nosso público influenciará a formulação e o que enfatizamos em nossa Grande Ideia.

Na vida real, queremos saber o máximo possível sobre nosso público para fazer suposições inteligentes. Veja o Exercício 1.17 em *pratique no trabalho* para obter orientação sobre como conhecer seu público. A seguir, vamos dar uma olhada em outra planilha da Grande Ideia.

Exercício 1.5: preencha outra planilha da Grande Ideia

Vamos a uma outra prática com a planilha da Grande Ideia.

Imagine que você seja voluntário em um abrigo para pets, uma ONG cuja missão seja melhorar a qualidade de vida dos animais por meio de cuidados veterinários, adoções e educação pública. Você ajuda a organizar eventos mensais de adoção, o que contribui para o objetivo maior da organização de aumentar as adoções permanentes em 20% este ano.

Tradicionalmente, esses eventos mensais são realizados em ambientes abertos em sua comunidade (parques e vias verdes) nas manhãs de sábado. Mas o evento do mês passado foi diferente. Em razão do mau tempo, o evento foi realizado no interior da loja de um varejista local de suprimentos para pets. Surpreendentemente, após o evento, você observou algo interessante: *a adoção de animais de estimação quase dobrou* em comparação com os meses anteriores.

Isso lhe deu algumas ideias sobre os motivos desse aumento e você acha viável realizar mais eventos de adoção naquele varejista. Você gostaria de liderar um programa-piloto nos próximos três meses para ver se os resultados avalizam suas crenças. Para tanto, você precisará de apoio adicional dos voluntários de marketing do abrigo para animais de estimação para divulgar os eventos. Você estimou em US$500 os custos mensais para impressão e três horas de trabalho de um voluntário de marketing. Sua intenção é pedir ao comitê do evento para aprovar o programa-piloto na reunião do próximo mês e está planejando sua comunicação.

Preencha a planilha da Grande Ideia a seguir, fazendo as suposições necessárias para o objetivo deste exercício.

a planilha da GRANDE IDEIA

storytelling com dados®

Identifique um projeto no qual esteja trabalhando e que você precise comunicar por meio de dados. Reflita a respeito e preencha o que se segue.

PROJETO ______________________

QUEM É **SEU PÚBLICO?**

(1) Liste o grupo primário ou os indivíduos para quem você comunicará.

(2) Se você tiver que restringir para uma única pessoa, quem seria?

(3) Com o que seu público se preocupa?

(4) Qual ação seu público precisa por em prática?

O QUE ESTÁ **EM JOGO?**

Quais são os *benefícios*, caso seu público aja da maneira que você quer?

Quais são os *riscos*, se isso não acontecer?

FORMULE SUA **GRANDE IDEIA**

Ela deve:

(1) articular seu ponto de vista
(2) transmitir o que está em jogo
(3) ser uma frase completa (e simples!)

FIGURA 1.5a A planilha da Grande Ideia

Solução 1.5: preencha outra planilha da Grande Ideia

O quadro a seguir ilustra uma maneira de preencher a planilha da Grande Ideia para esse cenário.

a planilha da GRANDE IDEIA storytelling com dados®

Identifique um projeto no qual esteja trabalhando e que você precise comunicar por meio de dados. Reflita a respeito e preencha o que se segue.

PROJETO Piloto local de adoção

QUEM É SEU PÚBLICO?

Liste o grupo primário ou os indivíduos para quem você comunicará.

Comitê de planejamento de eventos do abrigo

Eles decidem com base na maioria de votos

(2) Se você tiver que restringir para uma única pessoa, quem seria?

Jane Harper, a pessoa mais influente do comitê, cuja opinião provavelmente influenciará o resultado

(3) Com o que seu público se preocupa?

Aumentar a adoção de pets - em geral, e especificamente para a meta da organização de aumentar em 20%, o que ampliará a capacidade de arrecadar fundos; eles se preocupam com os custos, então opções de baixo custo recebem apoio.

(4) Qual ação seu público precisa por em prática?

Aprovar meu programa-piloto de adoções de pets em um varejista local de suprimentos nos próximos três meses e providenciar recursos de marketing adicionais: US$ 500 para impressão de cartazes e mais 3 horas/mês de trabalho de voluntários de marketing

O QUE ESTÁ EM JOGO?

Quais são os benefícios caso seu público aja da maneira como você quer?

Mais adoções (menos eutanásias), o que ajudará a alcançar a meta mais ampla de 20%, e ajudar em futuras arrecadações de fundos

Quais são os riscos se isso não acontecer?

- Perder a oportunidade de aumentar as adoções
- Mais animais não encontrarão um lar
- Aumento de eutanásias + os custos associados a elas
- Deixar de cumprir a meta de 20%

FORMULE SUA GRANDE IDEIA

Ela deve:

(1) articular seu ponto de vista
(2) transmitir o que está em jogo
(3) ser uma frase completa (e simples!)

Aprovar nosso programa-piloto de baixo custo que tem potencial para aumentar significativamente as adoções e ocasionar melhores oportunidades futuras de arrecadação de fundos

FIGURA 1.5b A planilha da Grande Ideia preenchida

Exercício 1.6: critique a Grande Ideia

Dar um bom feedback sobre a Grande Ideia é importante, não só quando trabalhamos com outras pessoas, mas também para criticar e aprimorar nosso próprio trabalho. Vamos a essa prática.

Você trabalha em um centro de saúde que está analisando as taxas de vacinas recentes. Seu colega está focado nas oportunidades relacionadas às vacinas contra a gripe. Ele elaborou a seguinte Grande Ideia para a atualização que está preparando e pediu seu feedback.

Nossas taxas de vacinação antigripal melhoraram desde o ano passado, mas é preciso aumentá-las em 2% para atingir a média nacional.

Com essa Grande Ideia em mente, responda em poucas palavras ao que segue:

QUESTÃO 1: O que você poderia perguntar a seu colega?

QUESTÃO 2: Que feedback você poderia dar à Grande Ideia dele?

Solução 1.6: critique a Grande Ideia

QUESTÃO 1: As perguntas imediatas que eu teria para meu colega seriam sobre o seu público: Quem são? Com o que eles se importam?

QUESTÃO 2: No sentido de fornecer feedback específico sobre a Grande Ideia, vamos pensar nos componentes da Grande Ideia — ela deve (1) articular seu ponto de vista, (2) transmitir o que está em jogo e (3) ser uma frase completa (e única!). Vamos considerar cada um deles à luz da Grande Ideia do meu colega.

1. **Articular seu ponto de vista,** que é: as taxas de vacinação estão baixas em relação à média nacional e precisam ser aumentadas.

2. **Transmitir o que está em jogo.** Isso não está claro para mim. Vou querer fazer algumas perguntas direcionadas para entender melhor o que está em jogo para o público.

3. **Ser uma frase completa (e única!).** Foi um bom trabalho nesta frente. Muitas vezes é difícil resumir nosso ponto de vista em uma única frase. No mínimo, há espaço nela para, possivelmente,

acrescer algo mais à frase para torná-la mais substancial e transmitir mais claramente o que está em jogo.

De um modo geral, a Grande Ideia em sua forma atual me diz o *quê* (aumentar as taxas de vacinação), mas não o *porquê* (tampouco entra no *como*, embora haja muito pouco que possamos encaixar em uma frase, e esta peça pode entrar em jogo por meio do conteúdo de apoio).

Você pode argumentar que o motivo é estar abaixo da média nacional, mas isso não parece convincente o bastante. Será que meu público ficará motivado por uma comparação com a média nacional? Esse é mesmo o objetivo certo? É agressivo o suficiente? Ou é agressivo demais? Há como sermos mais específicos pensando no que será mais motivador para o público?

Está claro que meu colega acredita que devemos aumentar as taxas de vacinação contra a gripe. Mas vamos considerar por que o nosso público deve se importar. Qual o significado disso para eles? Eles são motivados pela competição: talvez estejamos aquém do que aquele outro centro médico na cidade, ou nossa área está abaixo dos números do estado, ou talvez a comparação nacional seja a certa, mas possa ser articulada de uma forma mais motivadora. Ou, quem sabe, meu público seja motivado por fazer o bem em geral — poderíamos falar sobre as vantagens do paciente ou destacar os benefícios gerais de bem-estar da comunidade decorrentes do aumento das taxas de vacinação. Se pensarmos em reformulação positiva versus negativa, o que será melhor para este cenário e público?

Durante nossa conversa, meu colega explicará seu processo de pensamento, o que ele sabe a respeito de seu público e em que suposições se baseia. Esse diálogo o ajudará a aprimorar sua Grande Ideia e o fará estar mais bem preparado para falar sobre isso com seu público final. Sucesso!

Exercício 1.7: storyboard!

Às vezes me sinto como um disco riscado porque isto é algo que digo toda hora: storyboard é a coisa mais importante que você pode fazer desde o início como parte do processo de planejamento para reduzir as iterações no futuro e elaborar materiais mais direcionados. Um storyboard é um esboço visual do seu conteúdo, uma criação de baixa tecnologia (antes de você criar qualquer conteúdo concreto). Minha ferramenta preferida para storyboard é uma pilha de notas adesivas, que por serem pequenas nos forçam a ser concisos em nossas ideias e, além disso, podem ser facilmente reorganizadas para explorar diferentes fluxos narrativos. Eu normalmente faço o storyboard em três etapas distintas: brainstorming, edição e busca e incorporação de feedback.

Faremos algumas aplicações práticas de storyboard para lhe dar uma ideia e ver abordagens ilustrativas. Começaremos com um exemplo ao qual você já deve estar familiarizado (vimos isso antes nos Exercícios 1.2, 1.3 e 1.4). A título de lembrete, segue o contexto básico.

Você trabalha em uma loja nacional de roupas. Liderou uma pesquisa perguntando a seus clientes e aos da concorrência sobre vários elementos relacionados às compras de volta às aulas. Você analisou os dados e descobriu que há algumas áreas em que sua empresa tem um bom desempenho, bem como algumas áreas de oportunidade. Em particular, existem inconsistências na prestação de serviço entre as lojas. Junto com sua equipe, você explorou diferentes alternativas para lidar com isso e gostaria de recomendar a solução por meio do treinamento de vendedores. Você precisa da concordância de que esse é o curso de ação correto e da liberação dos recursos (custo, tempo, pessoal) necessários para desenvolver e realizar o treinamento.

Reveja a Grande Ideia que criou no Exercício 1.3 (ou, se não criou uma, selecione uma das Grandes Ideias nas Soluções 1.3 ou 1.4). Conclua as etapas a seguir com uma grande ideia específica em mente.

ETAPA 1: Faça um Brainstorm! Que tipo de conteúdo você deseja incluir em sua comunicação? Pegue uma folha de papel em branco ou uma pilha de adesivos e comece a anotar as ideias. Liste ao menos 20.

ETAPA 2: Edite. Dê um passo para trás. Você teve numerosas ideias. Como as organizaria de modo a fazerem sentido para outra pessoa? Há como combiná-las? Que ideias escreveu que não são essenciais e podem ser descartadas? Quando e como usará os dados? Em que altura você apresentará a sua Grande Ideia? Crie seu storyboard ou esboço para sua comunicação. (Recomendo enfaticamente o uso de notas adesivas para esta parte do processo!)

ETAPA 3: Obtenha feedback. Peça a um parceiro para completar este exercício; depois, reúnam-se e conversem a respeito. No que seus storyboards se assemelham? No que diferem? Caso não tenha um parceiro que concluiu o exercício, você ainda pode falar com alguém sobre seu plano. Que mudanças faria em seu storyboard depois de conversar sobre ele com mais alguém? Você aprendeu algo interessante com esse processo?

Solução 1.7: storyboard!

Voltando ao Exercício 1.3, a minha Grande Ideia era a seguinte:

Vamos investir no treinamento dos vendedores para aprimorar a experiência de vendas dentro da loja e bater o recorde de vendas da temporada da volta às aulas!

Manterei isso em mente enquanto trabalho nas etapas do storyboard.

ETAPA 1: Abaixo está minha lista inicial de possíveis tópicos/peças de conteúdos para incluir em meu processo de brainstorming.

1. Contexto histórico (as compras da volta às aulas são algo importante)
2. Problema que estamos tentando resolver (historicamente não orientado por dados)
3. Diferentes maneiras que concebemos para solucionar o problema
4. Método de ação: pesquisa
5. Pesquisa: grupos de clientes a quem perguntamos, dados demográficos em geral, taxas de resposta
6. Pesquisa: detalhes que incluímos sobre os concorrentes
7. Pesquisa: perguntas que fizemos, data de início e encerramento da pesquisa
8. Dados: comparação entre as lojas com relação aos vários itens
9. Dados: distribuição entre as lojas e regiões
10. Dados: como estamos na comparação com a concorrência
11. Dados: como a comparação com a concorrência se distribui entre as lojas e regiões
12. Boa notícia: onde nos damos melhor em relação à concorrência
13. Má notícia: onde estamos mal em relação à concorrência
14. Áreas a serem melhoradas
15. Potenciais soluções
16. Curso de ação recomendado: investir no treinamento de vendas
17. Recursos necessários (pessoal, orçamento)
18. O que isto solucionará
19. Linha do tempo projetada
20. Discutir a decisão a tomar

ETAPA 2: Figura 1.7 ilustra como posso organizar a lista anterior em um storyboard.

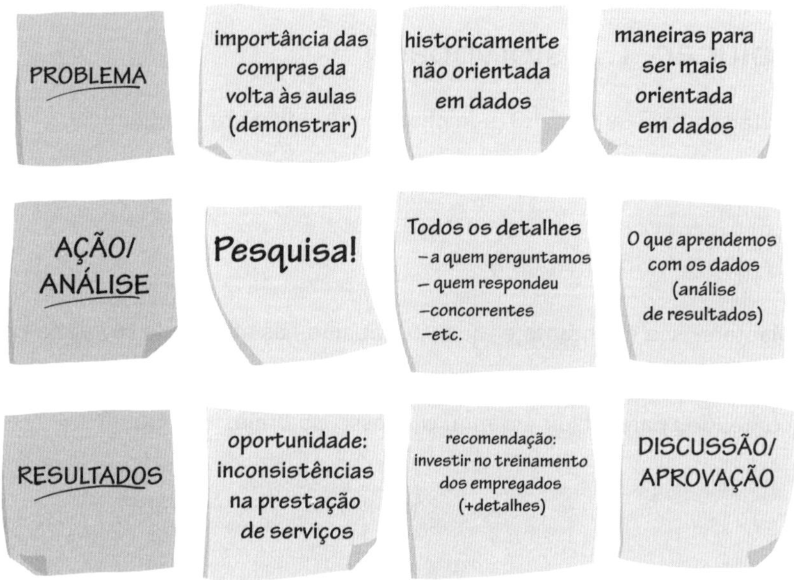

FIGURA 1.7 Compras da volta às aulas: um possível storyboard

A Figura 1.7 ilustra a resposta "certa"? Não. Você sempre terminará com uma grade perfeita de notas adesivas como esta? Não é provável. Existe alguma coisa que você teria feito de outra forma? Provavelmente. Há alterações adicionais que eu faria? Sim. Revisitaremos este cenário um pouco mais tarde para explorar como refinar ainda mais esse storyboard. Mas, por ora, considere isso como um storyboard ilustrativo; voltemos agora nossa atenção para a Etapa 3.

ETAPA 3: Que feedback você tem para mim sobre este storyboard? No que o seu é semelhante? Em que difere? Considere como você pode aplicar esta abordagem a um projeto atual com o qual está lidando. Os exercícios 1.23, 1.24 e 1.25 em *pratique no trabalho* o ajudarão a fazer exatamente isso. Antes, porém, faremos alguns storyboards adicionais de prática guiada.

Exercício 1.8: storyboard (de novo!)

Para este exercício, criaremos um storyboard usando o programa-piloto de adoção de pets apresentado no Exercício 1.5. Relembrando:

Imagine que você seja voluntário em um abrigo local para pets, uma ONG cuja missão seja melhorar a qualidade de vida dos animais de estimação por meio de cuidados veterinários, adoções e educação pública. Você ajuda a organizar eventos mensais de adoção desses animais, que contribuem para o objetivo maior da organização de aumentar em 20% as adoções permanentes de pets este ano.

Tradicionalmente, esses eventos mensais são realizados em ambientes abertos em sua comunidade (parques e áreas verdes) nas manhãs de sábado. Mas o evento do mês passado foi diferente. Em razão do mau tempo, o evento foi realizado no interior da loja de um varejista local de suprimentos para pets. Surpreendentemente, após o evento, você observou algo interessante: *a adoção de animais de estimação quase dobrou* em comparação com os meses anteriores.

Você tem algumas ideias sobre os motivos desse aumento e acha viável realizar mais eventos de adoção naquele varejista. Você gostaria de conduzir um programa-piloto nos próximos três meses para ver se os resultados avalizam suas crenças. Para tanto, precisará de apoio extra dos voluntários de marketing do abrigo para pets para divulgar os eventos. Você estimou em US$500 os custos mensais para impressão e três horas de trabalho de um voluntário de marketing. Sua intenção é pedir ao comitê do evento para aprovar o programa-piloto na reunião do próximo mês e está planejando sua comunicação.

Reveja a Grande Ideia que você criou no Exercício 1.5 (ou se você não criou uma, utilize a Grande Ideia da Solução 1.5). Conclua as etapas a seguir com essa Grande Ideia específica em mente.

ETAPA 1: Brainstorm! Nesta primeira etapa, faça um brainstorm de quais detalhes podem ser necessários para incluir na eventual apresentação. Anote as ideias em uma folha de papel em branco ou em adesivos. Prepare uma lista com ao menos 20 ideias. Para ajudar em seu processo de brainstorming, pergunte-se: a organização já tentou um programa-piloto antes? O comitê de eventos precisará entender os riscos e benefícios deste programa? Estão propensos a responder favoravelmente, ou não? Você tem dados históricos sobre o número de adoções em espaços comunitários? Sabe se outros abrigos tiveram êxito nisso? De que modo você medirá e avaliará os resultados do piloto de três meses? O que é o sucesso para você?

ETAPA 2: **Edite.** Examine todas as ideias que você obteve na Etapa 1. A seguir, vamos planejar como colocá-las em uso. Determine quais partes do possível conteúdo são essenciais e quais podem ser descartadas. Crie seu storyboard ou esboço para a apresentação. Ajuda muito perguntar durante o processo de edição e organização: tendo identificado a provável resposta de seu público na Etapa 1, você começará com a Grande Ideia ou precisará avançar até chegar nela? Até que ponto seu público está a par do sucesso recente — será preciso comunicar esse contexto ou ele já é bem conhecido? Quais outros detalhes o público desconhece que podem exigir mais tempo ou dados para embasá-los? O seu público aceitará sua proposta ou você precisará convencê-los? Qual a melhor maneira de fazer isso?

ETAPA 3: **Obtenha feedback.** Peça a um parceiro para completar este exercício; depois, reúnam-se e conversem a respeito. No que seus storyboards se assemelham? No que diferem? Caso não tenha um parceiro que concluiu o exercício, você ainda pode falar com alguém sobre seu plano. Que mudanças faria em seu storyboard depois de conversar sobre ele com mais alguém? Você aprendeu algo interessante com esse processo?

Solução 1.8: storyboard (de novo!)

Voltando ao Exercício 1.5, minha Grande Ideia era a seguinte:

> Aprovar nosso programa-piloto de baixo custo que tem potencial para aumentar significativamente as adoções e ocasionar melhores oportunidades futuras de arrecadação de fundos.

Manterei isso em mente enquanto trabalho nas etapas de storyboard.

ETAPA 1: A seguir, minha lista inicial de possíveis tópicos para incluir em meu processo de brainstorming.

1. Contexto histórico: sempre fizemos adoções em espaços públicos
2. Situação atual: rever benefícios e o número de adoções mensais
3. Descrever como o número atual de adoções de pets contribui para o objetivo mais amplo de 20% de aumento
4. Razões pelas quais o evento do mês passado foi realizado em um ambiente fechado
5. Resultados: notamos que as adoções dobraram
6. Fatores que podem indicar os motivos para isso ter acontecido
7. Fatores que podem indicar que isso continuará acontecendo
8. Oportunidade: apresentar o programa-piloto de três meses
9. Análise: benefícios & riscos do programa piloto
10. Recursos necessários: justificar os US$ 500 de custo de marketing adicional
11. Recursos necessários: considerar tempo adicional de 3 horas do voluntário de marketing
12. Requisitos adicionais: aprovação do gerente da loja de suprimentos para pets, avisar os empregados
13. Requisitos adicionais: logística de planejamento & arrumação da loja
14. Dados: o que outros abrigos têm feito
15. Recomendação: aprovar o programa-piloto
16. Discussão: maneiras de trabalhar para alcançar a meta de 20% de aumento
17. Linha do tempo & datas propostas
18. Como monitoraremos & mediremos o sucesso nesses três meses
19. Implicações na arrecadação de fundos
20. Discussões & decisões a serem tomadas

ETAPA 2: Figura 1.8 ilustra como posso organizar a lista anterior em um storyboard.

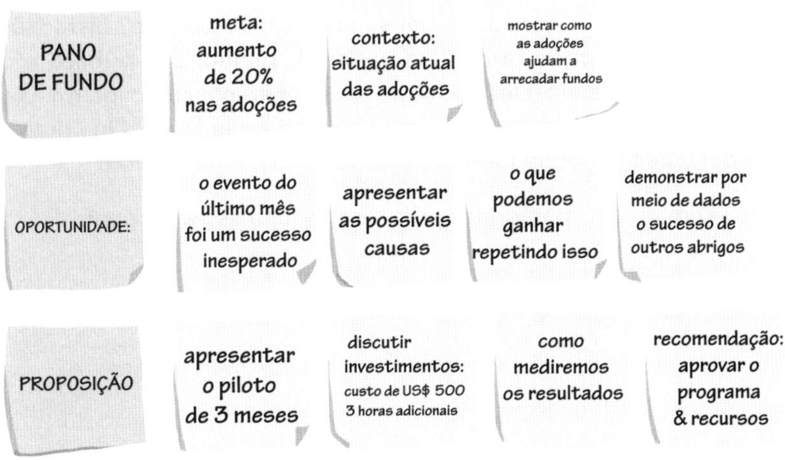

FIGURA 1.8 Programa-piloto de adoção de pets: um possível storyboard

ETAPA 3: Que feedback você tem para mim sobre este storyboard? No que o seu é semelhante? Em que difere? Considere como você pode aplicar esta abordagem a um projeto atual com o qual está lidando. Consulte os exercícios 1.23, 1.24 e 1.25 para obter orientação sobre o storyboard no trabalho.

Você praticou restringir seu público, formular sua Grande Ideia e fazer storyboards comigo. A seguir, mais práticas de baixo risco para você enfrentar por conta própria.

PRATIQUE por CONTA PRÓPRIA

Continuar a prática de compreender de fato seu público, e integrar o importante planejamento de baixa tecnologia é algo que lhe dará uma sensação de incessante construção e se tornará parte de sua rotina. Faremos exercícios adicionais para ajudar a formar esses bons hábitos.

Exercício 1.9: conheça o seu público

Vamos supor que você trabalha em uma empresa de consultoria e tem um novo cliente, o diretor de marketing de um importante fabricante de rações para animais de estimação. Sua função o deixa um nível afastado do seu público: em vez de interagir com ele diretamente, você prepara análises e relatórios para o chefe, o qual se vale deles para trabalhar com os clientes, e, depois, lhe repassa o feedback obtido ou necessidades adicionais.

Como você pode conhecer melhor seu público nesse caso? **Liste três coisas que você pode fazer para entender melhor seu público e o que importa para ele.** De que modo ter seu gerente como intermediário pode complicar as coisas? Como usar isso a seu favor? Que outras considerações é preciso fazer para ter sucesso em tal cenário?

Escreva um ou dois parágrafos para responder a essas perguntas.

Exercício 1.10: restrinja o seu público

Agora você vai praticar como restringir o público. Leia o que se segue e, depois, analise as várias questões apresentadas para ver como pode restringir seu público a fim de comunicar diferentes pressupostos.

Imagine que você trabalha para um grupo médico regional. Você e vários colegas concluíram há pouco uma avaliação dos fornecedores A, B, C e D para a categoria de produtos XYZ. Na análise foram examinados os custos históricos por instalação e o nível de satisfação do paciente e do médico, e efetuadas projeções futuras de custo. Você está preparando uma apresentação com essas informações.

QUESTÃO 1: Existem muitos grupos diferentes de pessoas (dentro e fora de sua empresa) que podem estar interessados nesses dados. Em quem consegue pensar que se interessa com a comparação dos vários fornecedores quanto ao uso histórico, à satisfação do paciente e do médico e às projeções de custo? Lance uma rede tão ampla quanto possível. **Quantos públicos distintos pode identificar que talvez se interessem por essas informações? Liste-os!**

QUESTÃO 2: Sejamos mais específicos. Os dados mostram que o uso histórico variou muito por instalação médica, com algumas usando principalmente o Fornecedor B e outras principalmente o Fornecedor D (e um uso histórico limitado dos Fornecedores A e C). Você também notou que a satisfação em todos os níveis é mais alta para o Fornecedor B. **Quais possíveis públicos podem se importar com isso? De novo, liste-os.** Isso deixa sua lista de possíveis públicos-alvo mais longa ou mais curta do que era? Você adicionou algum possível público à luz dessas novas informações?

QUESTÃO 3: É hora de dar um passo à frente. Você analisou todos os dados e percebeu que há uma economia significativa de custos em um contrato de fornecedor único ou duplo. Contudo, qualquer um deles significará mudanças para alguns centros médicos relativamente ao uso histórico do fornecedor. Você precisa decidir como avançar estrategicamente nessa situação. **Então, quem pode ser seu público? Quem se importa com esses dados? Liste seus públicos primários.** Caso tivesse que se restringir a um tomador de decisões específico, quem seria?

Exercício 1.11: vamos reformular

O que está em jogo para o seu público é um componente da Grande Ideia. Como discutimos, isso pode ser reformulado em termos de *benefícios* (o que seu público tem a ganhar se agir da maneira que você recomenda?) ou em termos de *riscos* (o que seu público tem a perder se não agir de acordo?). Com frequência, vale a pena explorar a reformulação positiva e negativa enquanto você pensa no que pode funcionar melhor para sua situação específica.

Considere as seguintes Grandes Ideias e responda às perguntas que as acompanham para praticar a identificação e o retrabalho de como cada uma é formulada.

GRANDE IDEIA 1: *Devemos aumentar os incentivos para preencher nossa pesquisa por e-mail, a fim de obter dados de melhor qualidade para ter um bom entendimento dos pontos fracos de nossos clientes.*

(A) Esta Grande Ideia está formulada de forma positiva ou negativa?

(B) Qual é o benefício ou o risco dessa Grande Ideia?

(C) Como você poderia reformular para o oposto?

GRANDE IDEIA 2: *Podemos não atingir a meta de lucro por ação se não realocarmos recursos para apoiar os mercados emergentes agora que a receita de nossa linha tradicional de negócios está estagnada.*

(A) Esta Grande Ideia está formulada de forma positiva ou negativa?

(B) Qual é o benefício ou o risco dessa Grande Ideia?

(C) Como você poderia reformular para o oposto?

GRANDE IDEIA 3: *A campanha de marketing digital do último trimestre provocou o aumento de tráfego e vendas que havíamos previsto. Assim, devemos manter o atual patamar de gastos para atingir a meta de vendas deste ano.*

(A) Esta Grande Ideia está formulada de forma positiva ou negativa?

(B) Qual é o benefício ou o risco dessa Grande Ideia?

(C) Como você poderia reformular para o oposto?

Exercício 1.12: qual é a Grande Ideia?

Elaboramos uma série de exercícios para que você se sinta confortável ao trabalhar na planilha da Grande Ideia e também para ver as possíveis soluções (Exercícios 1.3 e 1.5). Os próximos exercícios são semelhantes — delineamos um cenário e lhe pedimos para preencher a planilha da Grande Ideia — mas agora sem uma resposta ilustrativa. Em vez disso, cabe a você criticar e aprimorar o que criou.

Você é o Diretor Financeiro (CFO) de um varejista nacional. Entre suas funções como responsável pelo bem-estar das finanças da empresa incluem-se analisar e relatar os pontos fortes e fracos financeiros e propor ações corretivas. Sua equipe de analistas recém terminou uma revisão do primeiro trimestre e identificou que a empresa provavelmente encerrará o ano fiscal com uma perda de US$45 milhões se as despesas operacionais e vendas acompanharem as últimas projeções.

Em face de uma recente desaceleração econômica, aumentar as vendas é improvável. Portanto, você crê que a perda projetada só pode ser combatida controlando as despesas operacionais e que a diretoria deve implementar uma política de controle de despesas ("iniciativa de controle de despesas ABC") imediatamente. Você relatará os resultados do primeiro trimestre em uma próxima reunião da Diretoria e está planejando comunicar um resumo dos resultados financeiros por meio do PowerPoint, que apresentará junto com a sua recomendação.

Nessa apresentação você tem duas metas:

1. Fazer com que o Conselho de Administração entenda as implicações em longo prazo de encerrar o ano com prejuízo líquido, e

2. Obter o aval dos gerentes operacionais (CEO e executivos) para implementar a "iniciativa de controle de despesas ABC" imediatamente.

Preencha a planilha da Grande Ideia da página seguinte para este cenário, fazendo suposições conforme necessário para a finalidade do exercício.

a planilha da GRANDE IDEIA

storytelling com dados®

Identifique um projeto no qual esteja trabalhando e que você precise comunicar por meio de dados. Reflita a respeito e preencha o que se segue.

PROJETO

QUEM É **SEU PÚBLICO?**

(1) Liste o grupo primário ou os indivíduos para quem você comunicará.

(2) Se você tiver que restringir para uma única pessoa, quem seria?

(3) Com o que seu público se preocupa?

(4) Qual ação seu público precisa por em prática?

O QUE ESTÁ **EM JOGO?**

Quais são os *benefícios*, caso seu público aja da maneira que você quer?

Quais são os *riscos*, se isso não acontecer?

FORMULE SUA **GRANDE IDEIA**

Ela deve:

(1) articular seu ponto de vista
(2) transmitir o que está em jogo
(3) ser uma frase completa (e simples!)

FIGURA 1.12 A planilha da Grande Ideia

Exercício 1.13: qual é a Grande Ideia (desta vez)?

Vamos a uma outra prática com a planilha da Grande Ideia.

Imagine que você é um estudante universitário aplicado participando, nos últimos três anos, do Diretório Central de Estudantes. Um dos objetivos do diretório é gerar uma experiência positiva no campus, representando o corpo discente para professores e administradores e elegendo representantes de cada disciplina de graduação. Você está envolvido no planejamento das próximas eleições. No ano passado, a participação eleitoral dos alunos nas eleições foi 30% menor do que nos anos anteriores, indicando um menor envolvimento entre o corpo discente e seu órgão representativo. Você e um outro membro do diretório concluíram uma pesquisa de benchmarking [processo de comparação e práticas organizacionais] em outras universidades e descobriram que naquelas em que há maior participação eleitoral, seus diretórios eram mais eficazes para realizar mudanças. Em sua opinião, há uma oportunidade de aumentar a participação eleitoral na eleição deste ano mediante uma ação de conscientização sobre a missão do diretório através de uma campanha publicitária voltada aos alunos. Você tem agendada uma reunião com o presidente do corpo discente e o comitê financeiro, ocasião em que apresentará sua recomendação.

Seu objetivo final é obter um orçamento de US$1 mil para a campanha publicitária de conscientização de por que o corpo discente deve votar nessas eleições.

ETAPA 1: Considerando essa situação, preencha a seguinte planilha da Grande Ideia, fazendo suposições conforme necessário para a finalidade deste exercício. (Não ignore as etapas 2 e 3 que a seguem.)

Pratique por conta própria

a planilha da GRANDE IDEIA

storytelling com dados®

Identifique um projeto no qual esteja trabalhando e que você precise comunicar por meio de dados. Reflita a respeito e preencha o que se segue.

PROJETO ____________

QUEM É **SEU PÚBLICO?**

(1) Liste o grupo primário ou os indivíduos para quem você comunicará.

(2) Se você tiver que restringir para uma única pessoa, quem seria?

(3) Com o que seu público se preocupa?

(4) Qual ação seu público precisa por em prática?

O QUE ESTÁ **EM JOGO?**

Quais são os *benefícios*, caso seu público aja da maneira que você quer?

Quais são os *riscos*, se isso não acontecer?

FORMULE SUA **GRANDE IDEIA**

Ela deve:

(1) articular seu ponto de vista
(2) transmitir o que está em jogo
(3) ser uma frase completa (e simples!)

FIGURA 1.13 A planilha da Grande Ideia

ETAPA 2: Suponhamos que você acabou de tomar conhecimento de que seu público-alvo — o presidente do corpo discente — não comparecerá à próxima reunião devido a um conflito de agenda. A vice-presidente comandará a reunião e aprovará ou não sua solicitação de orçamento. Com base nisso, responda ao seguinte:

(A) Você não conhece bem a vice-presidente. O que poderia fazer para conhecê-la melhor? Identifique uma coisa que você pode fazer *imediatamente* — antes da reunião — para entender melhor o que é importante para ela e algo que fará *durante sua gestão no conselho* para entender melhor a vice-presidente em futuras comunicações.

(B) Revisite sua formulação da Grande Ideia. Você a escreveu com um foco positivo ou negativo? O que pode fazê-lo mudar para uma reformulação oposta devido a esse novo público?

ETAPA 3: Você gostaria de solicitar feedback sobre sua Grande Ideia. Está se decidindo entre duas pessoas para isso: (1) seu colega de quarto ou (2) um colega do conselho. Responda o seguinte:

(A) Quais seriam as vantagens ou desvantagens de cada um?

(B) Que diferenças você prevê na conversa com eles?

(C) Quem você escolheria para solicitar feedback? Por quê?

Exercício 1.14: como poderíamos organizar isso?

Há diversas maneiras de organizar o conteúdo que apresentamos. O storyboard nos permite planejar o desejado e considerar diferentes arranjos de acordo com nosso público e o que esperamos alcançar quando nos comunicarmos com eles. Observe os possíveis componentes de um storyboard na Figura 1.14 (que são apresentados sem uma ordem específica) e responda às seguintes perguntas.

FIGURA 1.14 Possíveis componentes de um storyboard

QUESTÃO 1: Como você organizaria esses componentes em um storyboard? (Com o que começaria? Com o que terminaria? De que maneira ordenaria os tópicos entre eles?) Qual a base de suas decisões sobre como ordenar o conteúdo?

QUESTÃO 2: Digamos que você tenha feito algumas suposições sobre os dados como parte de sua análise. Em que ponto de seu planejamento você incluiria isso? Por quê?

QUESTÃO 3: Suponha que você esteja fazendo uma apresentação para um público altamente técnico e prevê que haverá muitas perguntas e discussões sobre os dados e análise. Isso afeta o jeito como ordenaria seu conteúdo? Há elementos adicionais que você incluiria ou removeria?

QUESTÃO 4: Imagine o seguinte: você tem um conhecimento sólido dos dados, mas há um contexto importante que requer a contribuição de seu público para que todos entendam o quadro completo. Isso afeta o modo como você organizaria seu conteúdo? Onde e de que modo solicitaria a opinião do público? Você adicionaria ou removeria algum elemento?

QUESTÃO 5: Suponha que você esteja fazendo uma apresentação para a liderança sênior. Você sabe que terá apenas um curto período de tempo (talvez ainda menor do que o agendado). Isso tem implicações na forma como organizaria o conteúdo? Por que (sim ou não)?

Exercício 1.15: storyboard!

Para este exercício, criaremos um storyboard usando a atualização financeira do primeiro trimestre do CFO apresentada no Exercício 1.12. Relembrando, o pano de fundo é o seguinte:

Você é o Diretor Financeiro (CFO) de um varejista nacional. Entre suas funções como responsável pelo bem-estar das finanças da empresa incluem-se analisar e relatar os pontos fortes e fracos financeiros e propor ações corretivas. Sua equipe de analistas recém terminou uma revisão do primeiro trimestre e identificou que a empresa provavelmente encerrará o ano fiscal com uma perda de US$45 milhões se as despesas operacionais e vendas acompanharem as últimas projeções.

Em face de uma recente desaceleração econômica, aumentar as vendas é improvável. Portanto, você crê que a perda projetada *somente* pode ser combatida controlando as despesas operacionais e que a diretoria deve implementar uma política de controle de despesas ("iniciativa de controle de despesas ABC") imediatamente. Você relatará os resultados do primeiro trimestre em uma próxima reunião da Diretoria e está planejando comunicar um resumo dos resultados financeiros por meio do PowerPoint, que apresentará junto com sua recomendação.

Nessa apresentação você tem duas metas:

1. Fazer com que o Conselho de Administração entenda as implicações de longo prazo de encerrar o ano com prejuízo líquido, e

2. Obter o aval dos gerentes operacionais (CEO e executivos) para implementar a "iniciativa de controle de despesas ABC" imediatamente.

Reveja a Grande Ideia que criou no Exercício 1.12 (se não fez, faça isso agora!). Conclua as etapas abaixo com essa Grande Ideia em mente.

ETAPA 1: Brainstorm! Nesta primeira etapa, faça um brainstorm de quais detalhes podem ser necessários para incluir na eventual apresentação. Anote as ideias em uma folha de papel em branco ou em adesivos. Prepare uma lista com ao menos 20 ideias. Para ajudar, pergunte-se: É a primeira vez que você apresenta sua Grande Ideia a esse público? Prevê que eles responderão favoravelmente ou não? Quão frequentemente eles viram os dados que lhes mostrará? É uma atualização regular ou será preciso dar-lhes tempo para se informarem sobre novos termos ou novas metodologias? Você prevê a necessidade de obter a adesão do tomador de decisões sobre suas recomendações? Em caso afirmativo, quais tipos de dados precisam ser incluídos?

ETAPA 2: Edite. Examine todas as ideias que você obteve na Etapa 1. Determine o que é essencial e o que pode ser descartado. Crie seu storyboard ou esboço para a apresentação. Ajuda muito perguntar durante o processo de edição e organização: tendo identificado a provável resposta de seu público na Etapa 1, você começará com a Grande Ideia ou precisará avançar na definição dela? Quais detalhes o público vê regularmente que podem ser descartados? Quais detalhes são novos para o público que podem exigir mais tempo ou dados embasando-os? Existem peças que podem ser combinadas?

ETAPA 3: Obtenha feedback. Peça a um parceiro para completar este exercício; depois, reúnam-se e conversem a respeito. No que seus storyboards se assemelham? No que diferem? Caso não tenha um parceiro que concluiu o exercício, você ainda pode falar com alguém sobre seu plano. Que mudanças faria em seu storyboard depois de conversar sobre ele com mais alguém? Aprendeu algo interessante?

Exercício 1.16: storyboard (de novo!)

Para este exercício, iremos criticar e revisar um storyboard usando o exemplo de eleições universitárias do Exercício 1.13. Rememorando:

Você é um estudante universitário aplicado participando, há três anos, do Diretório Central de Estudantes. Um dos objetivos do DCE é gerar uma experiência positiva no campus, representando o corpo discente para professores e administradores e elegendo representantes de cada disciplina. Você está envolvido no planejamento das próximas eleições. No ano passado, a participação eleitoral dos alunos nas eleições foi 30% menor do que nos anos anteriores, indicando um menor envolvimento entre o corpo discente e seu órgão representativo. Você e um outro membro do diretório concluíram uma pesquisa de benchmarking em outras universidades e descobriram que naquelas em que há maior participação eleitoral, seus diretórios eram mais eficazes para efetuar mudanças. Em sua opinião, há uma oportunidade de aumentar a participação eleitoral na eleição deste ano mediante uma ação de conscientização sobre a missão do diretório através de uma campanha publicitária voltada aos alunos. Você tem agendada uma reunião com o presidente do corpo discente e o comitê financeiro, ocasião em que apresentará sua recomendação.

Seu objetivo final é obter um orçamento de US$1 mil para a campanha publicitária de conscientização sobre por que o corpo discente deve votar nessas eleições.

QUESTÃO 1: Seu colega membro do conselho criou o seguinte storyboard (Figura 1.16) para a comunicação com o presidente do corpo discente e solicitou seu feedback. Critique o storyboard tendo em vista estas questões:

(A) Qual a ordenação atual (cronológica, conforme a Grande Ideia, ou através de qualquer outro fator)?

(B) Quais aspectos você combinaria? O que adicionaria? O que removeria?

(C) Como você sugeriria revisar o storyboard com base em sua crítica?

FIGURA 1.16 Storyboard do colega para as eleições universitárias

QUESTÃO 2: Você já sabe que a vice-presidente comandará a reunião e decidirá pela aprovação ou não de sua campanha publicitária de US$1 mil. Ela é uma mulher ocupada e você ficou sabendo por outras pessoas que a conheciam que ela dá total atenção à apresentação das demandas, mas tem uma agenda frequentemente lotada, muitas vezes inclinando-a a encurtar as reuniões. À luz dessa mudança de público principal, reexamine seu storyboard revisado da Questão 1C. Que fatores o fariam promover alterações no fluxo? Você adicionaria ou removeria componentes?

QUESTÃO 3: Reexamine o storyboard revisado que você criou em 1C e responda às seguintes perguntas:

(A) Por que decidiu colocar a chamada à ação em seu local atual?

(B) Ao criar este storyboard, quais foram as vantagens de usar notas adesivas em vez de software?

(C) Que benefícios você obteve criando este storyboard?

Você praticou comigo e por conta própria. A seguir, falaremos sobre como você pode aplicar as estratégias que abordamos em seu trabalho.

PRATIQUE no TRABALHO

Vamos colocar em ação este importante processo de planejamento: um pouco de tempo gasto no início ajuda a otimizar o restante de seu trabalho, reduzindo as iterações e mantendo você no rumo certo. Considere um projeto atual e faça os próximos exercícios.

Exercício 1.17: conheça o seu público

Ao se comunicar, é útil começar identificando seu público principal e refletindo sobre o que é importante segundo o ponto de vista dele. Ainda que você não conheça o seu público, há meios de esclarecer o que os impulsiona. Você pode conversar com eles e fazer perguntas para entender melhor suas necessidades? Conhece pessoas parecidas com o seu público? Você tem colegas que se comunicaram com sucesso (ou não) com seu público e podem ter uma perspectiva a oferecer? Que suposições você pode fazer a respeito do que preocupa ou motiva essas pessoas, os preconceitos que podem ter, se consideram que os dados são importantes e, nesse caso, de que modo podem reagir ao que você precisa transmitir? Conforme discutimos, ser claro sobre isso pode colocá-lo em uma posição melhor para se comunicar com sucesso.

No caso de seu público ser variado, com diferentes segmentos ou pessoas se preocupando com coisas diferentes, vale a pena criar grupos de pessoas semelhantes e trabalhar neste exercício considerando cada um deles. Nas situações em que você identificar sobreposição das necessidades deles, esse pode ser um lugar útil para se comunicar.

Se você faz suposições sobre seu público — e quase sempre fazemos! —, converse a respeito com um ou dois colegas. Eles concordam com você? Peça-lhes para ajudar a identificar e testar a consistência de suas suposições. Diga-lhes para bancar o advogado do diabo e adotar um ponto de vista contrário, a fim de poder praticar como responder a isso. Quanto mais você puder fazer para antecipar de que modo as coisas podem dar errado e se preparar para isso, melhor.

Escolha um projeto no qual há necessidade de comunicar algo a alguém. **Identifique ações específicas que você pode tomar para conhecer melhor seu público e entender o que é importante para ele.** Ao fazer isso, o que está pressupondo? Quão relevantes serão as consequências se tais pressupostos estiverem equivocados? De que outra forma você pode se preparar para o público com o qual se comunicará? Liste ações específicas e, em seguida, execute-as!

Exercício 1.18: restrinja o seu público

Conforme discutimos, pode ser útil, ao se comunicar, ter um público específico em mente. Isso nos permite realmente direcionar nossa comunicação. O exercício a seguir o ajudará a pensar de que maneira pode restringir o seu público.

ETAPA 1: Considere um projeto que requer uma comunicação orientada por dados. Qual é o projeto?

ETAPA 2: Comece jogando uma rede ampla: liste todos os possíveis públicos capazes de se importar com aquilo que você compartilhará. Faça isso por escrito! Quantos lhe vêm à cabeça?

ETAPA 3: Será que você anotou todos eles? Aposto que existem mais. Veja se consegue adicionar algo à lista que acabou de fazer.

ETAPA 4: Agora, vamos restringir. Leia as perguntas a seguir e liste o público que mais se importará com cada uma destas coisas.

(A) O que você aprendeu com os dados? Qual público (ou públicos) se preocupa com isso?

(B) Que ação você está recomendando? Quem precisa realizá-la?

(C) Em que ponto estamos no tempo — o que precisa acontecer *agora*?

(D) Quem é o tomador de decisão final ou o grupo de tomadores de decisão?

(E) Levando em conta tudo o que foi dito acima, quem é (ou são) o público principal com o qual você precisa se comunicar?

Exercício 1.19: identifique a ação

Quando a comunicação tem propósitos explanatórios, devemos sempre querer que nosso público faça alguma coisa — que ele aja. Raramente é tão simples como "Encontramos x; portanto, você deve fazer y." Em vez disso, muitas vezes há nuances que surgem para determinar quão explícito deve ser o próximo passo que desejamos que nosso público dê. Por vezes, há situações em que podemos precisar da opinião dele para ajudar a determinar um curso de ação adequado. Em outros casos, queremos deles que executem a próxima etapa por conta própria. Seja como for, nós — como comunicadores — devemos ser muito claros sobre como pensamos que a ação deve ser.

Pratique no Trabalho

Considere um projeto atual no qual você necessita comunicar algo a um público. Liste as possíveis ações que essas pessoas podem realizar com base nos dados que você está compartilhando. Qual é a ação principal que você deseja que ele realize? Seja específico — suponha que você dirá a seguinte frase para seu público:

"Depois de ler meus slides ou ouvir minha apresentação, você deve

______________________________."

Se você estiver com problemas, consulte a lista a seguir e pondere se algum deles pode se aplicar ou gerar ideias:

| aceitar | concordar | aprovar | começar | acreditar | orçar | comprar |

| patrocinar | mudar | colaborar | iniciar | considerar | continuar |

| contribuir | criar | debater | decidir | defender | desejar | determinar |

| devotar-se | diferenciar | discutir | distribuir | desinvestir | fazer |

| enfatizar | fortalecer | encorajar | engajar | estabilizar | examinar | facilitar |

| familiarizar-se | formar | libertar | implementar | incluir | incrementar |

| influenciar | investir | revigorar | permanecer | saber | aprender | gostar |

| manter | mobilizar | mover | associar-se | pagar | persuadir | planejar |

| procurar | promover | perseguir | realocar | receber | recomendar |

| reconsiderar | reduzir | refletir | relembrar | relatar | responder |

| reusar | reverter| revisar | assegurar | compartilhar | trocar |

| apoiar | simplificar | principiar | tentar | entender | validar | verificar |

Exercício 1.20: preencha a planilha da Grande Ideia

Identifique um projeto no qual está trabalhando e que necessite ser comunicado de uma forma orientada por dados. Reflita e preencha a planilha que se segue. Uma nova cópia da planilha da Grande Ideia pode ser baixada em storytellingwithdata.com/letspractice/bigidea [conteúdo em inglês].

a planilha da GRANDE IDEIA

storytelling com dados®

Identifique um projeto no qual esteja trabalhando e que você precise comunicar por meio de dados. Reflita a respeito e preencha o que se segue.

PROJETO ______________________

QUEM É **SEU PÚBLICO?**

(1) Liste o grupo primário ou os indivíduos para quem você comunicará.

(2) Se você tiver que restringir para uma única pessoa, quem seria?

(3) Com o que seu público se preocupa?

(4) Qual ação seu público precisa por em prática?

O QUE ESTÁ **EM JOGO?**

Quais são os *benefícios*, caso seu público aja da maneira que você quer?

Quais são os *riscos*, se isso não acontecer?

FORMULE SUA **GRANDE IDEIA**

Ela deve:

(1) articular seu ponto de vista
(2) transmitir o que está em jogo
(3) ser uma frase completa (e simples!)

FIGURA 1.20 A planilha da Grande Ideia

Exercício 1.21: solicite feedback sobre a sua Grande Ideia

Após criar a sua grande ideia, a próxima etapa crítica é conversar sobre ela com outra pessoa.

Escolha um parceiro, sua planilha da Grande Ideia preenchida, e 10 minutos. Caso ele não esteja familiarizado com o conceito da Grande Ideia, peça-lhe para ler a seção relacionada do *SCD* com antecedência ou apenas lhe conte sobre os três componentes (ele deve articular seu ponto de vista, transmitir o que está em jogo e ter uma frase completa e única). Diga a seu parceiro que espera dele um feedback sincero que o ajudará a melhorar a mensagem abrangente que deseja transmitir a seu público. Peça-lhe que faça uma série ampla de perguntas para que possa entender o que você deseja comunicar e ajudá-lo a obter clareza por meio das palavras que você usa.

Leia a sua Grande Ideia para seu parceiro. Daí, então, deixe a conversa fluir. Caso isso não aconteça, consulte as seguintes perguntas.

- Qual é o seu objetivo geral? O que seria um êxito nessa situação?
- Quem é seu público-alvo?
- Há alguma linguagem especializada (palavras, termos, frases, siglas) não familiar ou que deva ser definida?
- A ação é clara?
- Se você definiu o que deseja que aconteça segundo seu ponto de vista, como você poderia reformular considerando o ponto de vista do público?
- O que está em jogo? Isso será atraente para seu público? Se não, como você pode mudar? "E daí?" é sempre uma boa pergunta a se fazer em relação a isso — por que seu público deveria se importar? O que é importante para ele?
- Existem outras palavras ou frases que lhe possibilitam transmitir seu ponto de vista com mais facilidade?
- Seu parceiro pode repetir para você sua mensagem principal usando suas próprias palavras?

- "Por quê?" é provavelmente a melhor pergunta que seu parceiro pode fazer — e continue a perguntar, levando você a articular sua lógica de modo a ajudá-lo a aprimorar a sua Grande Ideia.

Revise a sua Grande Ideia ao longo ou após a conversa com o parceiro. Se algo ainda parecer difícil ou pouco claro, ou se você simplesmente quiser uma nova perspectiva, repita este exercício com mais alguém.

Veja o Exercício 9.7 no Capítulo 9: trata-se de um guia do facilitador sobre como conduzir uma sessão de grupo formal da Grande Ideia. A seguir, falaremos sobre como usar a Grande Ideia em projetos de equipe.

Exercício 1.22: criar a Grande Ideia como uma equipe

Você está trabalhando em um projeto como parte de uma equipe? Este é um ótimo exercício cuja realização garante que todos estejam alinhados e se dedicando a alcançar o mesmo objetivo.

1. Dê a cada colega uma cópia da planilha da Grande Ideia — baixe de storytellingwithdata.com/letspractice/bigidea [conteúdo em inglês] — e peça-lhes para trabalhar individualmente e elaborar a Grande Ideia deles tendo em vista o projeto.

2. Reserve uma sala com um quadro branco ou compartilhe um documento e escreva cada uma das Grandes Ideias. Peça a cada um para ler em voz alta.

3. Abra uma discussão. Quais são as semelhanças entre as várias declarações? Alguém parece desalinhado? Quais palavras ou frases refletem melhor a essência do que você deseja comunicar?

4. Crie uma Grande Ideia principal, excluindo partes, acrescentando algo aqui e acolá, e aprimorando conforme necessário.

Este exercício ajuda a garantir que todos estejam de acordo e fortaleçam sua adesão à medida que veem os componentes de sua Grande Ideia fluindo para a Grande Ideia principal. Esse é um processo que também pode provocar conversas incríveis, capazes de ajudar todos a terem clareza e confiança sobre o que precisa acontecer.

Exercício 1.23: ponha as ideias para fora!

Vamos por em prática uma boa primeira etapa do processo de storyboard: o brainstorming. Considere um projeto para o qual precisa criar uma comunicação explanatória, como uma apresentação de slides. Deixe à mão um bocado de notas adesivas e uma caneta. Encontre um local de trabalho tranquilo equipado com uma mesa grande ou quadro branco. Marque 10 minutos no cronômetro e veja quantas ideias consegue tirar da cabeça e colocá-las em adesivos. Imagine que cada pequeno quadrado reflete uma parte do possível conteúdo de seu conjunto de slides. Porém, dê livre curso a seus pensamentos, não os filtre, faça com que seja um processo catártico (não há ideias ruins durante essa etapa). A essa altura, não importa a ordem ou modo de as ideias se encaixarem. Basta ver quantas notas adesivas consegue preencher em um certo período de tempo.

Dica: faça este exercício de baixa tecnologia após lidar com os dados tempo suficiente para saber o que deseja comunicar com eles, mas antes de criar conteúdo com seu computador. Este exercício é melhor executado depois de criar, solicitar feedback e aprimorar a Grande Ideia para o projeto fornecido (consulte os Exercícios 1.20 e 1.21).

Se perceber que ainda está anotando ideias quando o cronômetro desligar, sinta-se à vontade para esticar o tempo. Concluído este exercício, vá para o Exercício 1.24.

Exercício 1.24: organize suas ideias em um storyboard

Você concluiu o Exercício 1.23 — as ideias saltaram de sua cabeça para as notas adesivas; agora é hora de organizá-las. Dê um tempo e pense sobre qual estrutura abrangente seria capaz de unir tudo de maneira a fazer sentido para outra pessoa. Talvez ajude preencher adesivos adicionais para metatópicos ou temas à medida que você organiza suas ideias. De que modo você pode agrupar as coisas? O que pode ser eliminado?

Falando em eliminar, comece a separar o que pode ser descartado. Para cada nota adesiva, pergunte-se: isso ajuda a transmitir a minha Grande Ideia? Caso não consiga encontrar um bom motivo, coloque-a na pilha de descarte.

Eis algumas perguntas específicas a serem consideradas na determinação de qual pedido poderia funcionar melhor para a sua situação:

- De que maneira você fará a apresentação para seu público: ao vivo, por telefone, por meio de um webinário, ou enviando algo para uso individual, a critério de cada um?
- Que tipo de ordenação será mais adequada para transmitir seu conteúdo ao público? Faz sentido começar com a ação que deseja deles, desenvolver de modo a deixar isso para o final, ou algo intermediário?
- Qual contexto é essencial? Seu público precisa saber desde o início ou será melhor mais tarde? Com que rapidez você deve perguntar: "E daí?"
- Você já usufrui de credibilidade com o seu público ou precisa construí-la? Se precisa, como fará isso?
- Foram feitas suposições em seu trabalho? Quando e como você deve apresentá-las? E se elas estiverem erradas? Caso estejam, haverá mudança substancial na mensagem?
- Você precisa de informações do seu público? Como e onde você pode obtê-las?
- Há congruência e convergência nos dados? Eles confirmam as expectativas ou as contrariam? Quais dados ou exemplos você integrará e em que ponto?
- Qual a melhor forma de estabelecer um terreno comum, obter adesão e agir imediatamente?

Não há um único caminho certo, mas as respostas às perguntas anteriores serão úteis para pensar em diferentes opções que podem funcionar bem em sua situação específica. Se houver uma mensagem que não causa impacto nos dados, ou outro conteúdo que o incomode, deixe de reserva — fisicamente, colocando mais tarde no documento (talvez no apêndice), ou, visualmente, tirando-lhe a ênfase e realçando os componentes mais importantes que você precisa para comunicar.

Veremos estratégias adicionais para ordenar o conteúdo ao discutirmos sobre Histórias no Capítulo 6. Enquanto isso, vá para o Exercício 1.25 e obtenha feedback sobre seu storyboard.

Exercício 1.25: solicite feedback sobre o seu storyboard

Após criar o seu storyboard, converse sobre ele com outra pessoa. Há alguns benefícios nisso. Primeiro, simplesmente conversar a respeito pode ser útil. Isso o força a articular seu processo de pensamento, algo que pode ajudar a iluminar abordagens alternativas. Segundo, compartilhar com mais alguém pode levar a novas perspectivas ou ideias que possibilitam melhorar o seu storyboard.

Você pode usar um formato livre: crie seu storyboard e apenas converse sobre ele com um parceiro. Deixe as perguntas e a conversa seguirem o fluxo natural. Caso isso não aconteça ou se não tiver um parceiro à mão e quiser simular este exercício, pergunte-se o seguinte:

- Como será feita a apresentação para o seu público? Você está criando algo que eles irão consumir por conta própria, ou caberá a você (ou outra pessoa) apresentar o material?
- A ordem e o fluxo gerais fazem sentido?
- Qual é sua Grande Ideia? Onde você a apresentará?
- Seu público se preocupa com tudo que a compõe?
- Se houver partes que o público se importa menos, mas que ainda precisa incluir, como você poderia manter a atenção deles durante elas?
- Em que ponto as coisas podem dar errado? Como se preparar para isso?
- Como você fará a transição de um tópico ou ideia para o/a seguinte?
- Existe algo que poderia ser retirado? Adicionado? Reorganizado?

Se fizer sentido obter feedback das partes interessadas ou do gerente neste momento, faça-o! Este pode ser um momento excelente para obter a confirmação de que você está no rumo certo ou redirecionar seus esforços — antes de ter investido um bocado de tempo.

Ao dedicar seu tempo identificando e conhecendo seu público, elaborando a mensagem principal e fazendo o storyboard do conteúdo, você faz com que lhe venha à cabeça um plano de ataque, o que reduz as iterações e o ajuda a ser mais direcionado em suas comunicações. Os materiais resultantes são, normalmente, mais enxutos do que seriam de outra forma. Com isso você ganha mais tempo para criar conteúdo de qualidade: slides e gráficos. Vamos voltar nossa atenção para esse assunto no próximo capítulo.

Exercício 1.26: vamos discutir

Considere as seguintes perguntas relacionadas às lições e aos exercícios do Capítulo 1. Discuta com um parceiro ou grupo.

1. Com que públicos você se comunica com regularidade? O que os vários públicos têm em comum? Em que são diferentes? Como levar em conta as necessidades de seu público ao se comunicar com dados?

2. Você está diante de um público variado quando se comunica com dados? Quais são os principais grupos que fazem parte de seu público? Você precisa comunicar-se com todos eles de uma vez? Há meios de restringi-los para fins de comunicação? Como você pode se preparar para ser bem-sucedido? Outras pessoas tiveram experiências ou aprendizados semelhantes que possam compartilhar?

3. Reflita sobre a Grande Ideia e a prática de sintetizar sua mensagem em uma única frase. O que você achou dos exercícios relacionados neste capítulo? No seu trabalho, em que situações faz sentido dedicar um tempo para elaborar a Grande Ideia? Você já tentou fazer isso no trabalho? Foi útil? Você se deparou com algum desafio?

4. Por que notas adesivas são boas ferramentas para o storyboard? Você tem outros métodos úteis ou recomendados para planejar o conteúdo de suas comunicações?

5. Que dica ou exercício você achou mais útil no *SCD* ou neste livro sobre o processo de planejamento para uma comunicação eficaz? Quais estratégias utilizou? Teve sucesso? Que aprendizagens você colocará em prática daqui em diante?

6. Algo abordado nesta seção não lhe soou bem ou o fez pensar que não funcionará em sua equipe ou sua organização? O que é? Os outros concordam ou discordam?

7. Há alguma coisa que você acredita que seu grupo de trabalho ou a sua equipe deveria fazer de forma diferente em relação ao processo de planejamento para a comunicação? Como isso seria feito? Que desafios você prevê quanto a isso e como pode superá-los?

8. Que meta específica você estabelecerá para si mesmo ou para sua equipe em relação às estratégias descritas neste capítulo? Como você (ou sua equipe) pode se responsabilizar por isso? A quem recorrerá para obter feedback?

capítulo dois

escolha um visual eficaz

Depois de dedicar um tempo para entender o contexto e planejar a sua comunicação utilizando baixa tecnologia, como praticamos no Capítulo 1, surge a pergunta: ao dispor de alguns dados que preciso mostrar, como faço isso de forma eficaz? Este é o tópico que abordaremos a seguir.

Não existe uma única resposta "certa" quando se trata de como visualizar dados. Quaisquer dados podem ser representados graficamente de inúmeras maneiras diferentes. Com frequência, é preciso iterar — olhar para os dados de um jeito, de outro jeito, e talvez até de outro — para vê-los de um modo que nos levará a aquele momento eureca de compreensão que gráficos bem feitos são capazes de evocar.

Falando em iteração, alguns exercícios a seguir irão encorajá-lo a fazer exatamente isso. Neste capítulo, por meio de exercícios, criaremos e avaliaremos uma série de diferentes tipos de gráficos que nos ajudarão a entender as vantagens e limitações das diferentes imagens individuais dos dados. Entre elas, principalmente os suspeitos de sempre — linhas e barras — mas veremos também algumas variações nos tipos de gráfico introduzidos no *SCD*.

Vamos para a prática da **escolha um visual eficaz!**

Mas, antes, revisaremos as principais lições do Capítulo 2 do *SCD*.

SCD LIVRO CAPÍTULO 2

PRIMEIRO, VAMOS RECAPITULAR

A ESCOLHA DE UM VISUAL EFICAZ

TEXTO SIMPLES

Só porque você tem alguns números não significa que precisa de um gráfico!

TABELA

qual é o principal ponto que quero mostrar?

com frequência há meios mais eficientes

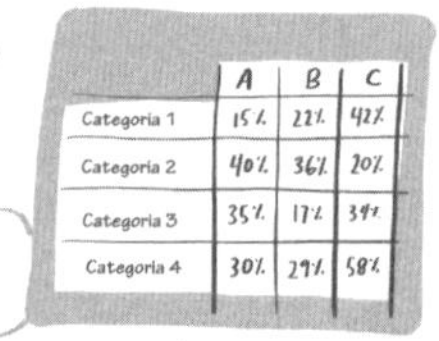

	A	B	C
Categoria 1	15%	22%	42%
Categoria 2	40%	36%	20%
Categoria 3	35%	17%	39%
Categoria 4	30%	29%	58%

Evite apresentar tabelas em apresentações ao vivo porque as pessoas param de ouvir & começam a ler

MAPA DE CALOR

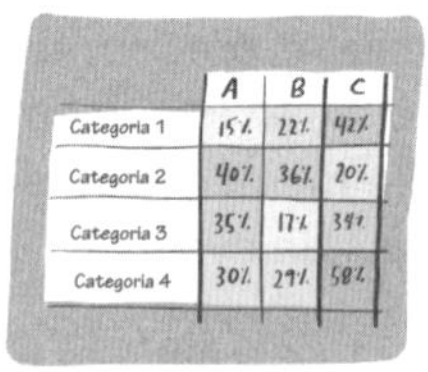

	A	B	C
Categoria 1	15%	22%	42%
Categoria 2	40%	36%	20%
Categoria 3	35%	17%	39%
Categoria 4	30%	29%	58%

Os olhos podem facilmente perceber grandes diferenças na intensidade da cor, mas as menores não se destacam

Pode funcionar bem ao começar a explorar dados e decidir onde se aprofundar mais

GRÁFICO DE DISPERSÃO

Bom para codificar dados simultaneamente em dois eixos para identificar quais relacionamentos existem

LINHA

Regra: as linhas que conectam os pontos devem fazer sentido! Mais eficazes com dados contínuos, **frequência** e tempo

GRÁFICO DE INCLINAÇÃO

Um nome elegante para um gráfico de linha com apenas dois pontos

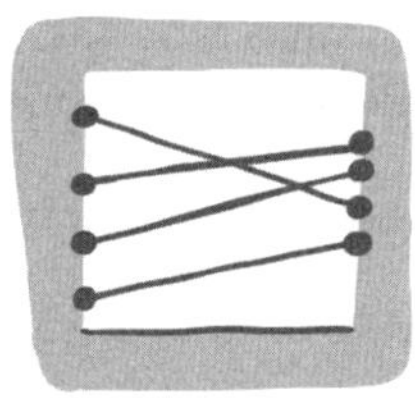

Muito útil para enfatizar uma mudança entre dois pontos no tempo ou a diferença entre grupos

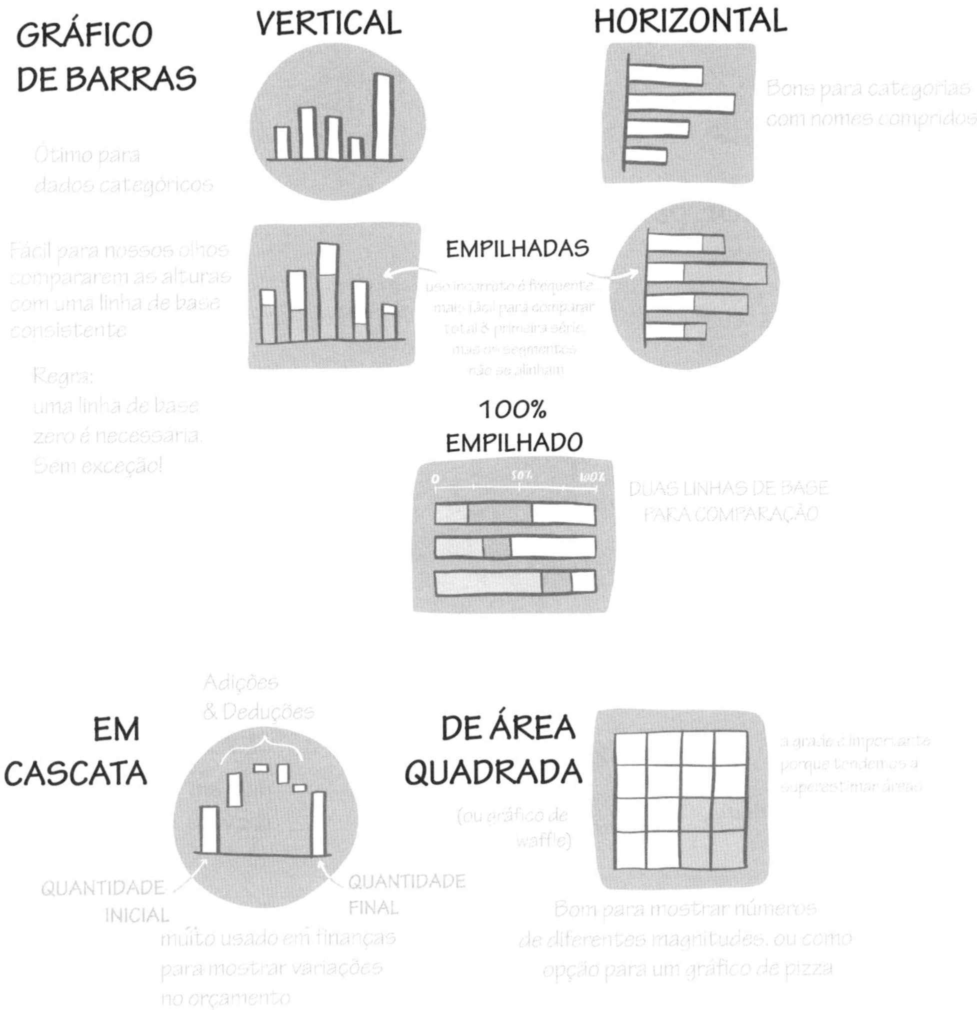
GRÁFICO DE BARRAS
VERTICAL
HORIZONTAL
Ótimo para dados categóricos
Bons para categorias com nomes compridos
Fácil para nossos olhos compararem as alturas com uma linha de base consistente
Regra: uma linha de base zero é necessária. Sem exceção!
EMPILHADAS
uso incorreto é frequente... mais fácil para comparar total & primeira série, mas os segmentos não se alinham
100% EMPILHADO
0
50%
100%
DUAS LINHAS DE BASE PARA COMPARAÇÃO
EM CASCATA
Adições & Deduções
QUANTIDADE INICIAL
QUANTIDADE FINAL
muito usado em finanças para mostrar variações no orçamento
DE ÁREA QUADRADA
(ou gráfico de waffle)
a grade é importante porque tendemos a superestimar áreas
Bom para mostrar números de diferentes magnitudes, ou como opção para um gráfico de pizza

PRATIQUE com COLE

- 2.1 aprimore esta tabela
- 2.2 visualize!
- 2.3 vamos desenhar
- 2.4 pratique com sua ferramenta
- 2.5 como você mostraria este dado?
- 2.6 visualize o clima
- 2.7 critique
- 2.8 o que há de errado neste gráfico?

PRATIQUE por CONTA PRÓPRIA

- 2.9 vamos desenhar
- 2.10 pratique com sua ferramenta
- 2.11 aprimore este visual
- 2.12 qual gráfico você escolheria?
- 2.13 o que há de errado com este gráfico?
- 2.14 visualize e interaja
- 2.15 aprenda com exemplos
- 2.16 participe do #SWDchallenge

PRATIQUE no TRABALHO

- 2.17 desenhe isso!
- 2.18 interaja usando sua ferramenta
- 2.19 considere estas questões
- 2.20 diga em voz alta
- 2.21 peça feedback
- 2.22 construa uma biblioteca de visualização de dados
- 2.23 explore recursos adicionais
- 2.24 vamos discutir

PRATIQUE com COLE

Vamos começar com tabelas básicas e explorar como visualizar dados em gráficos nos ajuda mais rapidamente a ver o que está acontecendo - e também como visuais diferentes nos levam a identificar coisas novas e fazer escolhas de design variadas ao representar graficamente nossos dados.

Exercício 2.1: aprimore esta tabela

É comum, quando agregamos nossos dados pela primeira vez, colocá-los em uma tabela. Tabelas nos permitem examinar linhas e colunas, ler dados e comparar números. Como exemplo, vamos dar uma olhada em uma tabela e explorar como podemos melhorá-la e avançar na visualização dos dados nela contidos.

A Figura 2.1a mostra a distribuição de novos clientes por nível no último ano. Use esta tabela para completar as etapas seguintes.

Participação dos novos clientes por nível

Nível	nº de contas	% contas	Receita (milhões)	% receita
A	77	7,08%	US$4,68	25%
A+	19	1,75%	US$3,39	21%
B	338	31,07%	US$5,98	32%
C	425	39,06%	US$2,81	15%
D	24	2,21%	US$0,37	2%

FIGURA 2.1a Tabela Original

ETAPA 1: Observe os dados na Figura 2.1a. Que constatações você pode fazer? Você precisa fazer suposições para interpretar esses dados? Que perguntas você tem sobre esses dados?

ETAPA 2: Considere o layout da tabela na Figura 2.1a. Digamos que lhe disseram que essas informações devem ser comunicadas em uma tabela. Há alguma mudança que você faria na maneira como os dados são apresentados ou em como a tabela foi projetada? Baixe os dados e crie sua tabela aprimorada.

ETAPA 3: Vamos supor que você quer, principalmente, comparar o modo como as contas são distribuídas nos níveis, em comparação com a distribuição da receita — e que você tem a liberdade de fazer mudanças maiores (não é necessário ser uma tabela). De que maneira você visualizaria esses dados? Crie um gráfico com a ferramenta de sua escolha.

Solução 2.1: aprimore esta tabela

ETAPA 1: Quando me deparo com essa tabela, leio e examino as colunas e as linhas. Mais especificamente, posso começar observando que a maioria das contas está nos níveis B e C, enquanto os níveis A e A+ — embora não correspondam a um grande número (ou porcentagem) de contas — constituem uma quantidade significativa de receita. Em termos de questionamento, me pergunto se as camadas estão em ordem: acho que A+ deve estar acima de A e estou confuso que não apareça assim na tabela (será que é devido à classificação alfabética?).

Gostaria que houvesse uma linha "Total" embaixo: na ausência dela, me pego querendo somar os números. Na verdade, é bem quando começo a fazer isso que noto alguns problemas maiores. A terceira coluna (% contas), que suponho significar porcentagem total das contas, soma 81,17%. A coluna final (% receita), que suponho significar porcentagem da receita total, soma 95%. Portanto, agora não tenho certeza se esses são de fato uma porcentagem do total ou de outra coisa. Se forem, então deve haver alguma categoria "Outro" ou "Nível nenhum" que eu gostaria de incluir para ter a imagem completa.

Quando me concentro nos números em si, dois dígitos significativos (casas após a vírgula decimal) parecem demais para a coluna % contas, em face da escala dos números. Ao mostrar dados desse tipo, é preciso estar atento até que ponto vão as minúcias. Não há necessariamente uma única resposta "certa", mas convém evitar muitos dígitos significativos. Isso pode dificultar a interpretação dos próprios números, lembrar deles, e pode transmitir uma falsa sensação de precisão. A diferença entre 7,08% e 7,09% é significativa? Caso contrário, podemos arredondar e diminuir um dígito. Neste caso, considerando a escala dos números e as diferenças entre eles, eu arredondaria todos para números inteiros, exceto na quarta coluna, a que se refere à receita. Já estamos resumindo em milhões e parece que perderíamos diferenças importantes entre os volumes em dinheiro arredondando para um número inteiro, então eu arredondaria para um dígito após a casa decimal.

A Figura 2.1b é uma tabela aprimorada que aborda tais pontos.

Participação dos novos clientes por nível

Nível	nº de contas	% contas	Receita (milhões)	% receita
A+	19	2%	US$3,9	21%
A	77	7%	US$4,7	25%
B	338	31%	US$6,0	32%
C	425	39%	US$2,8	15%
D	24	2%	US$0,4	2%
OUTROS	205	19%	US$0,9	5%
TOTAL	1.088	100%	US$18,7	100%

FIGURA 2.1b Tabela ligeiramente aprimorada

ETAPA 2: Existem outras melhorias que posso fazer nesta tabela. Nas tabelas bem projetadas, o verdadeiro design fica em segundo plano para que nos concentremos nos números de uma forma que faça sentido. Não recomendo sombrear linhas alternadas; em vez disso, sou defensora do espaço em branco (e bordas claras limitadas) para separar colunas e linhas conforme necessário. Por falar em espaço em branco, normalmente evito texto centralizado em gráficos (porque cria texto deslocado e bordas irregulares que parecem confusas) em favor de texto alinhado à esquerda ou à direita. Em tabelas, porém, às vezes opto pelo alinhamento central devido à separação que isso cria entre as colunas (outra prática comum em tabelas é alinhar os números à direita ou pelas casas decimais, o que permite observar facilmente o tamanho relativo). Posso agrupar as colunas relacionadas a contas e as relacionadas a receitas com um único título (e, abaixo dele, número e porcentagem), reduzindo, assim, alguma redundância de títulos, e também abrindo espaço para ser específico sobre o que as colunas representam. Isso também me possibilita estreitar as colunas para que a tabela geral ocupe menos espaço. Estas são algumas dicas específicas — também apresentarei algumas outras mais gerais: considere o zigue-zague em "z" e para onde seus olhos são atraídos.

Considere o zigue-zague em "z": Sem outras dicas visuais, o olhar de seu público normalmente começará no canto superior esquerdo do visual (por exemplo, sua tabela) e o percorrerá em ziguezague para captar as informações. Ao pensar em como aplicar isso à maneira como projetamos tabelas, a implicação é querer colocar os dados mais importantes no topo e à esquerda — quando o contexto permite dispor os dados gerais de uma forma que faça sentido. Em outras palavras, se houver supercategorias ou dados que precisam ser considerados em conjunto, mantenha-os em uma ordem que faça sentido. Neste exemplo específico, eu classificaria os níveis começando com o topo (que é mesmo A+) e diminuindo conforme descemos na tabela. A forma como está estruturado, indo da esquerda para a direita, me deixa bastante satisfeita. Quero manter a distribuição das contas e a porcentagem das contas lado a lado, pois elas se relacionam entre si. Caso a receita seja mais importante do que as contas, eu poderia mover as duas colunas de receita para a esquerda, mas há outras maneiras de chamar a atenção aí. Discutiremos isso a seguir.

Para onde seus olhos são atraídos? Tal como focamos a atenção nos gráficos como parte da análise explanatória (algo que exploraremos em detalhes no Capítulo 4), também podemos chamar a atenção do nosso público para dados tabulares a fim de estabelecer a hierarquia de informações. Isso pode ser especialmente útil quando não se pode colocar o material mais importante à esquerda ou no topo (outras restrições ditam a ordem). Não obstante, você ainda pode indicar a seu público a importância relativa. Volte para a Figura 2.1b: para que ponto seus olhos são atraídos? Os meus vão para a primeira linha, nos títulos das colunas Nível, N° de contas etc. Isso nem são dados! Em vez de pintar e chamar a atenção ali, e consciente de que ponto quero direcionar a atenção (aos dados) tenho como fazer meu público olhar para eles. Isso pode ser feito com um uso moderado de cores ou delineando uma célula, coluna ou linha específica. Adicionar aspectos visuais a alguns dados da tabela é outra forma de chamar a atenção: cores e imagens chamam nossa atenção quando usadas com cautela.

Se presumirmos que a comparação primária que gostaríamos que nosso público faça é entre a distribuição de % contas em comparação com % de receita, eu poderia aplicar o mapa de calor (saturando a cor para indicar o valor relativo) apenas a essas duas colunas. Veja a Figura 2.1c.

Participação dos novos clientes por nível

Nível	nº de contas	% contas	receita (milhões)	% receita
A+	19	2%	US$ 3.9	21%
A	77	7%	US$ 4.7	25%
B	338	31%	US$ 6.0	32%
C	425	39%	US$ 2.8	15%
D	24	2%	US$ 0.4	2%
OUTROS	205	19%	US$ 0.9	5%
TOTAL	1.088	100%	US$ 18.7	100%

FIGURA 2.1c Tabela com mapeamento de calor ◻

Outra abordagem: incorporar gráficos de barras horizontais no lugar do mapa de calor. Veja a Figura 2.1d. Funciona muito bem para direcionar a atenção para essas colunas e nos permite ver como varia a distribuição entre as duas. Mas a comparação específica entre % das contas e % da receita para um certo nível é mais difícil, pois as barras não estão dispostas em uma linha de base comum. Dica: no Excel, a formatação condicional está disponível, permitindo criar mapas de calor ou barras incorporadas em uma tabela com facilidade.

Participação dos novos clientes por nível

Nível	nº de contas	% contas	receita (milhões)	% receita
A+	19		US$3.9	
A	77		US$4.7	
B	338		US$6.0	
C	425		US$2.8	
D	24		US$0.4	
OUTROS	205		US$0.9	
TOTAL	1.088	100%	US$ 18.7	100%

FIGURA 2.1d Tabela com barras incorporadas

ETAPA 3: Vamos dar um passo adiante e nos concentrar nos dados das barras na Figura 2.1d e ver maneiras diferentes de fazer um gráfico. Ouvir um termo como "% do" me faz pensar em partes de um todo — o que pode nos remeter ao gráfico de pizza. Neste caso, como estamos interessados em % das contas e % da receita, poderíamos representar isso com um par de pizzas. Veja a Figura 2.1e.

Participação dos novos clientes por nível

% do total de **contas** % do total da **receita**

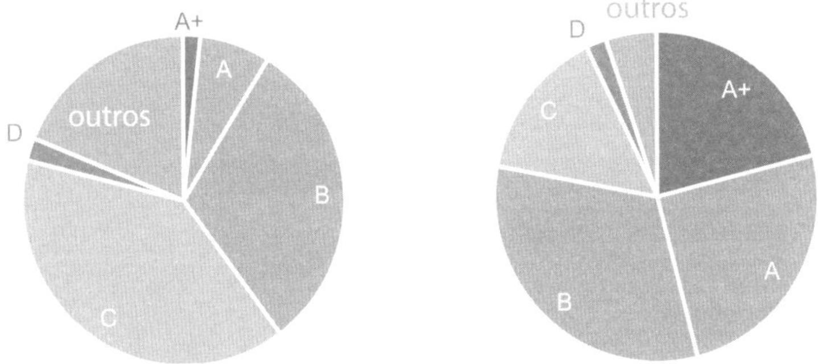

FIGURA 2.1e Um par de pizzas

Não sou uma grande apreciadora de pizzas; às vezes brinco que há uma coisa pior do que uma pizza: duas pizzas!

Porém, não me entenda mal: pizzas podem funcionar bem se quisermos deixar claro que uma parte do todo é muito pequena, ou muito grande. A questão, para mim, é que pizzas logo decepcionam se quisermos dizer algo com mais nuances. Isso ocorre devido à limitada capacidade de nossos olhos de medir e comparar áreas com precisão; assim, quando os segmentos são semelhantes em tamanho, é difícil avaliarmos qual é maior ou por quanto. Se é uma comparação importante, temos que representá-la de forma diferente.

Nesse exemplo, a comparação principal que desejamos que nosso público faça é entre os vários segmentos da pizza à esquerda e os da pizza à direita. Algo difícil por dois motivos: o desafio da área, mencionado acima e a separação espacial entre as pizzas. E Isso fica ainda mais grave porque, na da direita, os segmentos estão em lugares diferentes em consequência do modo como os dados diferem nas divisões à esquerda e à direita. Basicamente, se algum dos dados for diferente entre as pizzas (e assim deveria ser se houver algo interessante a ser dito!), então todas as peças estão em lugares diferentes nas duas pizzas, tornando-as difíceis de comparar. Em geral, você deve identificar a comparação primária que deseja que seu público faça, colocando essas coisas fisicamente próximas e alinhando-as a uma linha de base comum para tornar essa comparação fácil.

Começaremos alinhando cada medida à sua própria linha de base, com uma visão semelhante às barras incorporadas na tabela anteriormente mostrada. Veja a Figura 2.1f.

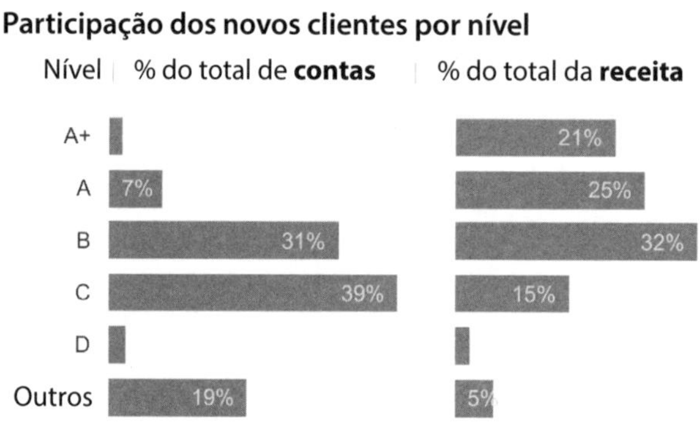

FIGURA 2.1f Dois gráficos de barras horizontais

Na Figura 2.1f, é muito fácil para compararmos a % do Total de Contas entre os níveis. Também é fácil comparar a % do Total da Receita entre os níveis. Até posso tentar comparar as contas com a receita, mas isso é mais difícil pois elas não estão dispostas em uma linha de base comum. Se eu quiser permitir isso também, poderia juntar essas duas séries em um único gráfico. Veja a Figura 2.1g.

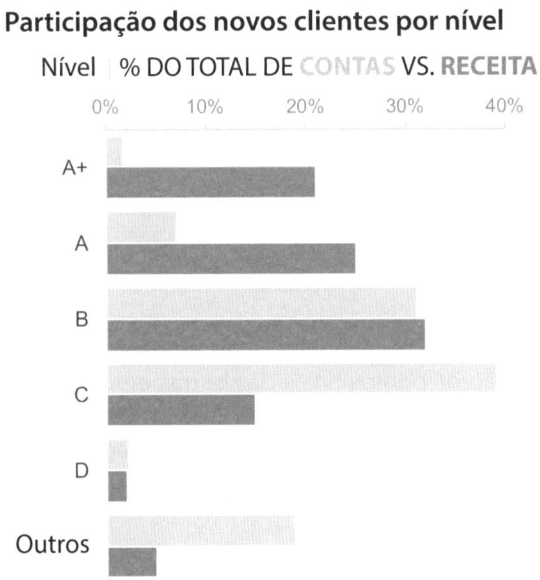

FIGURA 2.1g Gráfico de barras horizontais de série dupla

Com o arranjo na Figura 2.1g, a comparação mais fácil para eu fazer é, para um determinado nível, a % do total de contas em comparação com a % do total da receita. Esses elementos estão, ambos, mais próximos e têm uma linha de base comum. Perfeito!

Também poderíamos colocar esse gráfico "em pé", transformando-o em um gráfico de barras verticais ou gráfico de colunas. Veja a figura 2.1h.

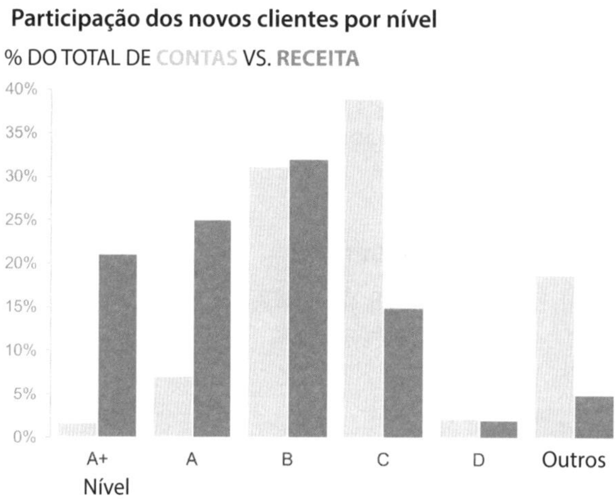

FIGURA 2.1h Um gráfico de barras verticais

Ao representarmos os dados dessa maneira, a comparação principal que nossos olhos fazem são os pontos finais das barras emparelhadas em relação umas às outras e à linha de base. A seguir, desenhamos algumas linhas para dar ainda mais ênfase a essa comparação. Veja a Figura 2.1i.

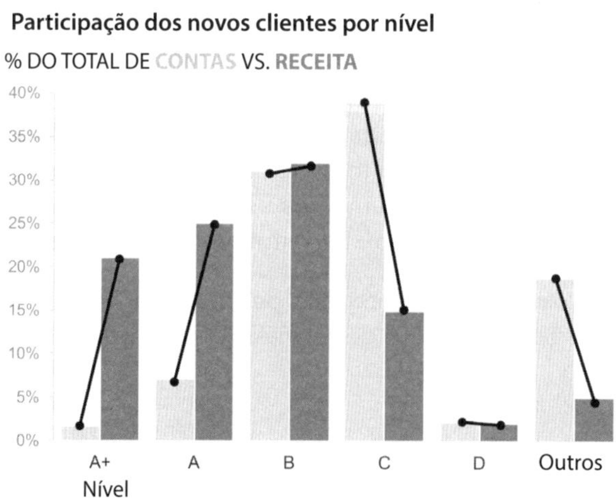

FIGURA 2.1i Vamos desenhar algumas linhas

Tendo desenhado as linhas, já não precisamos mais das barras. Eu as removi na Figura 2.1j.

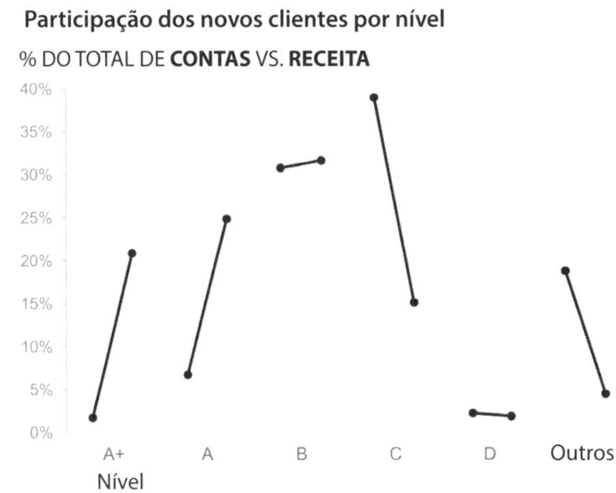

FIGURA 2.1j Barras retiradas

Em seguida, reorganizarei todas essas linhas, rotulando-as diretamente. Isso produz o gráfico de inclinação mostrado na Figura 2.1k.

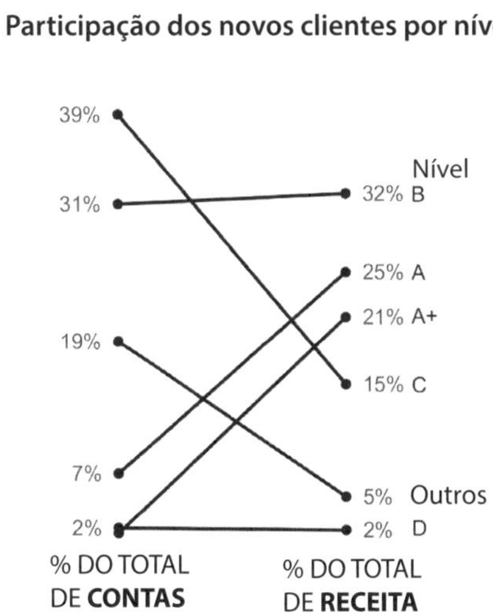

FIGURA 2.1k Um gráfico de inclinação

O gráfico de inclinação não passa de um termo mais refinado para um gráfico de linha com apenas dois pontos. Traçando linhas entre % do Total das Contas e % do Total da Receita para um certo nível, logo vemos onde as duas medidas diferem. A receita como proporção do total é muito menor para o Nível C e Outros (indicados por linhas inclinadas para baixo), enquanto a receita como proporção do total é muito maior para os níveis A+ e A. Ou seja, embora A+ e A, juntas, constituam uma proporção muito pequena de contas (9%), respondem por quase 50% da receita!

Vimos diversas maneiras de visualizar estes dados. É provável que você tenha feito suas próprias observações sobre o que funcionou bem e o que não funcionou. Há mais além do que mostrei; eu poderia ter adicionado um gráfico de pontos ou calculado a receita por conta e visualizado isso. Mas, normalmente, não precisamos ter todas as visualizações possíveis dos dados para encontrar uma que funcione. Caso os valores absolutos e a porcentagem sejam importantes, a tabela pode ser, afinal, a maneira mais fácil de mostrar essas diferentes medidas. Se pudermos estreitar nosso foco para uma ou duas comparações específicas, ou um ponto em especial que queremos destacar, isso nos ajudará a escolher uma maneira de mostrar os dados que facilitará nosso objetivo.

Dados podem ser representados graficamente de inúmeras maneiras diferentes. Este exercício ilustra como diferentes representações de dados permitem ver coisas diferentes com mais (ou menos) facilidade. Reserve um tempo para iterar e fazer os exercícios adicionais que lhe darão mais prática nesta importante fase do processo!

Exercício 2.2: visualize!

Vamos agora a outra tabela. Ela mostra o número de refeições servidas a cada ano como parte de um programa corporativo de doações. Por um momento, observe os dados. O que há de interessante nisso?

Refeições servidas ao longo do tempo

Ano da campanha	Refeições servidas
2010	40.139
2011	127.193
2012	168.193
2013	153.115
2014	202.102
2015	232.897
2016	277.912
2017	205.350
2018	233.389
2019	232.797

FIGURA 2.2a Tabela mostrando refeições servidas ao longo do tempo

O trabalho envolvido no processamento de uma coluna de números como esta é muito grande. Lemos os dados apresentados em forma de tabela, algo que pode parecer uma maneira simples de mostrar os números mas que na verdade exige um bocado de habilidade mental! Ao varrer visualmente esses números, noto o salto de 2010 para 2011 e outro entre 2013 e 2014. Você provavelmente também. Porém, se você é como eu, deve ter começado pelo topo da tabela e chegou lá examinando a segunda coluna — comparando cada novo número com o(s) anterior(es).

Vamos praticar para aliviar a carga de trabalho do cérebro, tornando os dados mais visuais. Baixe esses dados. Crie os seguintes recursos visuais com a ferramenta de sua preferência.

ETAPA 1: Aplique **mapa de calor** à segunda coluna de valores.

ETAPA 2: Crie um **gráfico de barras**.

ETAPA 3: Crie um **gráfico de linhas**.

ETAPA 4: Escolha: **Qual dos visuais que criou lhe parece ser o melhor**? Há outras maneiras de representar esses dados em um gráfico?

Solução 2.2: visualize!

Muito do que fizermos para visualizar os dados originalmente mostrados em forma de tabela na Figura 2.2a os tornará mais rapidamente compreensíveis. Eis algumas maneiras de facilitar o processamento.

ETAPA 1: Primeiro, vamos ao **mapa de calor**. Em sua maioria, os aplicativos gráficos possuem funcionalidades incorporadas que permitirão fazer isso com facilidade. Pode-se escolher cores e como aplicá-las aos dados. Por exemplo, criei o seguinte mapa no Excel aplicando a formatação condicional à segunda coluna de valores. Indiquei uma escala de 3 cores, com o menor valor em branco, o percentil 50 em verde claro e o valor máximo em verde. Há algumas situações nas quais se pode adicionar uma legenda para deixar claro como interpretar as cores. Neste caso em particular, quero apenas fazer transparecer uma sensação geral de que cores mais intensas representam valores maiores e vice-versa. Esse sentido é intuitivo ao olhar, em face dos números e da intensidade relativa em um mesmo matiz.

Refeições servidas ao longo do tempo

Ano da campanha	Refeições servidas
2010	40.139
2011	127.193
2012	168.193
2013	153.115
2014	202.102
2015	232.897
2016	277.912
2017	205.350
2018	233.389
2019	232.797

FIGURA 2.2b Tabela com mapa de calor

Na Figura 2.2b, eu talvez esteja mais inclinada a notar o quão mais baixo foi o número de refeições servidas em 2010 (fundo branco): menos de 1/3 do número mais próximo! Também posso observar de imediato, sem ter que ler os números, que 2016 teve a maior quantidade de refeições servidas. A intensidade relativa da cor me ajuda a interpretar mais rapidamente os valores quantitativos relativos.

Em relação a isso, cabe salientar que nossos olhos são muito bons em detectar grandes diferenças de intensidade de cor, mas temos mais dificuldade com diferenças menores. A implicação é que se houver algo interessante naqueles tons médios de verde, fica um pouco mais difícil de perceber rapidamente, e posso precisar encontrar uma maneira de visualizar os valores de forma mais apurada. É o que faremos a seguir.

ETAPA 2: A Figura 2.2c mostra um **gráfico de barras** que eu poderia fazer baseada nesses dados. Optei por manter o eixo y como referência. Quase instantaneamente, dá para ter uma noção geral da magnitude das várias barras. Alarguei as barras do gráfico padrão para que as lacunas entre elas diminuam, o que torna mais fácil para meus olhos acompanharem o topo das barras, comparando-as entre si. Gosto da ideia de barras. Há uma variável contínua no eixo x (tempo), mas categorizável em anos, algo que pode fazer sentido caso queiramos nos concentrar em um ano específico por vez e ter uma demarcação clara entre os anos.

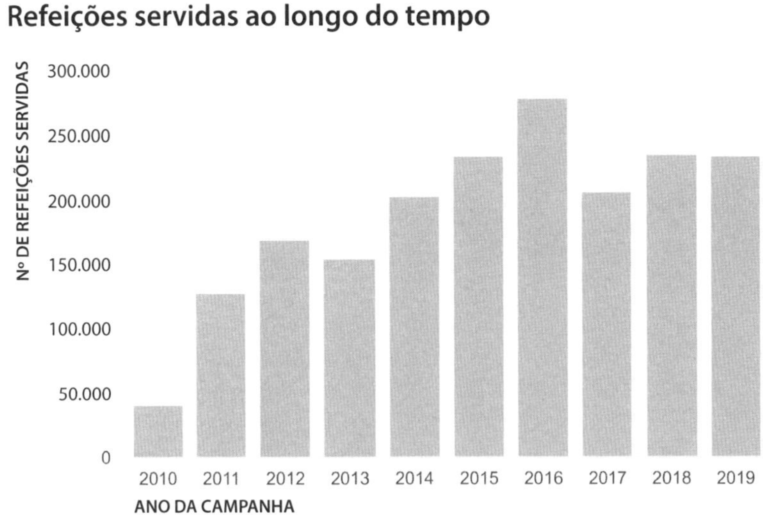

FIGURA 2.2c Gráfico de barras

ETAPA 3: Também podemos mostrar esses dados em um **gráfico de linha**; veja a Figura 2.2d. Decidi, nesta iteração, prescindir do eixo y e, em vez disso, rotulei somente os pontos correspondentes aos dados inicial e final. Isso facilita (e torna óbvio) para meu público comparar a evolução do número de refeições servidas entre 2010 e 2019. Os valores intermediários teriam que ser estimados visualmente. Se houver outros valores nos quais você supõe que seu público estaria particularmente interessado (por exemplo, o ponto mais alto em 2016), você também pode adicionar marcadores de dados e rótulos em tais pontos.

Quando removo o eixo y, em geral usarei o espaço da legenda para o título do eixo. Neste exemplo, em virtude do título do gráfico, você provavelmente poderia argumentar que o subtítulo é redundante e talvez desnecessário. Prefiro ser explícita, para evitar que meu público questione o que vê. Dito isso, seria totalmente razoável que outra pessoa tomasse uma decisão diferente.

Usei o verde no visual neste exercício, principalmente para deixar claro que, embora eu normalmente prefira o azul, esta opção certamente não é nossa única escolha quando se trata de aplicar cor em visuais. Falaremos mais sobre cores como parte dos exercícios no Capítulo 4.

Pratique com Cole

FIGURA 2.2d gráfico de linhas

Inevitavelmente, você fez escolhas de design diferentes com seu mapa de calor, gráfico de barras e gráfico de linha: nada a objetar. Os exemplos que dou pretendem ser ilustrativos, não prescritivos. Veremos mais especificamente os aspectos do design no Capítulo 5.

ETAPA 4: Qual me parece o melhor? Olhando em retrospectiva para os visuais que criei, me surpreendo com minha própria resposta. Pensei que, com certeza, preferiria a linha: é o mais limpo e requer um mínimo de tinta. Mas ao vê-los juntos e levando em conta o contexto limitado, na verdade prefiro o gráfico de barras (Figura 2.2c). Havendo um início e um fim claros para o programa dentro de cada ano, eu utilizaria essa imagem segmentada. Dito isso, acho que a tendência geral é mais fácil de ver com o gráfico de linha. Além disso, se em função de um contexto eu quisesse escrever algo no gráfico, provavelmente escolheria a linha, pois há mais espaço.

Tal como na solução 2.1, esta é outra ilustração de que não existe uma abordagem correta para a visualização de dados. Duas pessoas diferentes com o mesmo desafio de visualização de dados podem optar por abordagens diferentes. O que tem vital importância é a necessidade de clareza quanto ao que queremos permitir que nosso público veja e escolher um visual que o ajudará nisso.

Exercício 2.3: vamos desenhar

Uma das melhores ferramentas à disposição de todos para visualizar dados é uma folha de papel em branco. Quando me sinto bloqueada ou procuro uma solução criativa, pego uma folha e começo a esboçar. Não é preciso ser um artista para colher os benefícios importantes do desenho. Ao trabalhar no papel, nos livramos das restrições de nossas ferramentas (ou do que sabemos fazer com elas). Também somos menos propensos a nos apegar ao nosso trabalho (da forma como fazemos após criá-lo no computador). Além do mais, há algo relacionado ao espaço vazio da folha que pode ajudar a despertar a criatividade.

Vamos fazer um rápido exercício usando este importante instrumento: o papel. A Figura 2.3a mostra capacidade e demanda medidas em número de horas de projeto ao longo do tempo. A escolha para representação gráfica foram barras horizontais. Será essa a única maneira de mostrar esses dados? Certamente, não!

Pegue uma folha de papel em branco e cronometre 10 minutos. De quantas maneiras diferentes você consegue visualizar esses dados? Desenhe-os! (Não se preocupe em representar graficamente cada ponto de dados específico: a ideia é fazer isso rapidamente, sem capricho, para ter uma ideia geral de como cada visual poderia ser. Findo o tempo, examine os esboços. Qual você mais gosta e por quê?

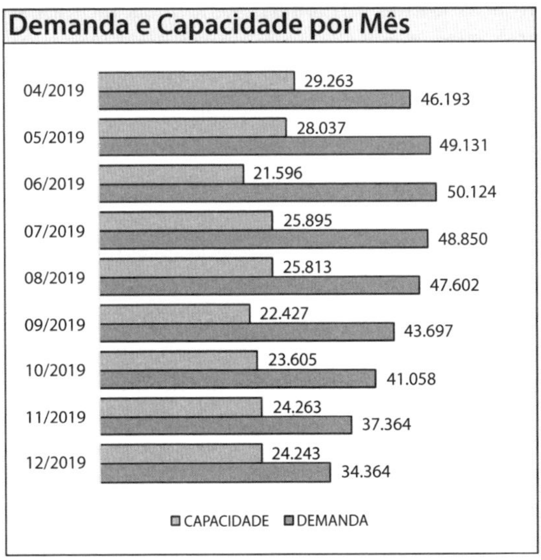

FIGURA 2.3a Vamos desenhar esses dados! ▫

Solução 2.3: vamos desenhar!

Depois de 10 minutos, na minha folha havia seis diferentes maneiras de representar graficamente os dados. Veja a Figura 2.3b.

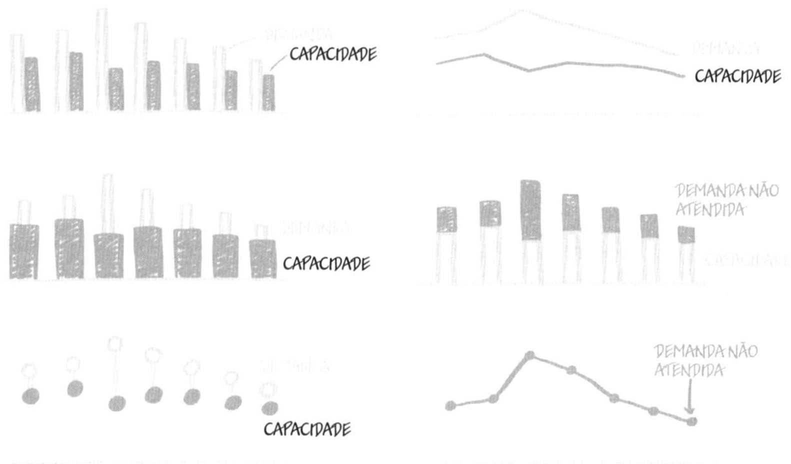

FIGURA 2.3b Meus desenhos dos dados

Começando no canto superior esquerdo, meu esboço inicial apenas levanta as barras horizontais, e com isso o tempo, intuitivamente, se move da esquerda para a direita ao longo do eixo x. Meu segundo gráfico (canto superior direito) transforma as barras em linhas. Acho mais fácil focar a lacuna com essa visão. Mas eu queria brincar um pouco mais com barras, então meu terceiro desenho (no meio, à esquerda) volta a elas. Tornei a Demanda mais estreita e atrás da Capacidade, esperando que isso deixasse claro quanto de potencial é atingido. Uma reviravolta seria empilhar as barras, o que fiz na imagem do meio, à direita. A série empilhada torna-se a Demanda Não Atendida (observe que esta versão empilhada só funciona se a Demanda for sempre maior ou igual à Capacidade: seria complicado se a Demanda estivesse abaixo da Capacidade). Em minha penúltima visão (canto inferior esquerdo), temos novamente as barras como pontos, conectados para chamar a atenção para a diferença (isso ainda funcionaria se a demanda estivesse abaixo da capacidade, desde que tenhamos tornado os círculos de demanda distintos daqueles que representam a capacidade — por exemplo, aplicando neles uma outra cor). Minha ilustração final simplesmente traça a tendência da Demanda não atendida. Nela, perde-se o contexto da magnitude geral da Demanda e Capacidade, mas dependendo de nossos objetivos, pode funcionar.

Em termos de gosto, prefiro as barras empilhadas (meio, à direita) se a demanda for sempre maior do que a capacidade, como é o caso dos dados em questão. Dito isso, acho que qualquer uma dessas visualizações são funcionais. E, sem dúvida, também existem outras maneiras de mostrar esses dados. Compare seus desenhos com os meus. Encontrou algum gráfico semelhante? Em que ponto nossas ideias diferem? Qual mais lhe agrada do grupo completo (o seu mais o meu)?

Vamos continuar trabalhando com esses dados e determinar como um dos esboços pode ganhar vida em nossas ferramentas! Seguindo.

Exercício 2.4: pratique com sua ferramenta

Considere os esboços criados como parte do Exercício 2.3 — tanto os seus quanto os que eu fiz. Escolha um (ou mais para obter crédito extra!), Baixe os dados e crie na ferramenta de sua escolha.

Solução 2.4: pratique com sua ferramenta

Fiel à minha índole, criei todas as visualizações que desenhei à mão no Excel. Veja as Figuras 2.4a a 2.4f.

Barras básicas. O primeiro é o gráfico de barras básico ou de colunas. (Figura 2.4a). Intencionalmente, preenchi a Capacidade e deixei a Demanda sem preenchimento para tentar diferenciar visualmente o que se consegue atender em comparação com o não atendido. Não amo este gráfico — e acho que gosto menos ainda dele do que na minha versão desenhada. Reconheço o valor da ideia de ter apenas o contorno da Capacidade, mas me incomoda ter o branco no contorno somando-se ao espaço em branco entre as barras. Acho chocante. Também sinto que este visual é, entre todos, o que direciona o mínimo de atenção para a lacuna entre Capacidade e Demanda, que parece ser um aspecto relevante desses dados.

Neste caso, optei por usar o espaço da legenda para meu subtítulo. Às vezes, me valerei disso caso não haja um lugar óbvio para rotular os dados diretamente. Como alternativa, eu poderia tentar rotular diretamente o primeiro ou o último conjunto de barras e usar como minha legenda.

Pratique com Cole

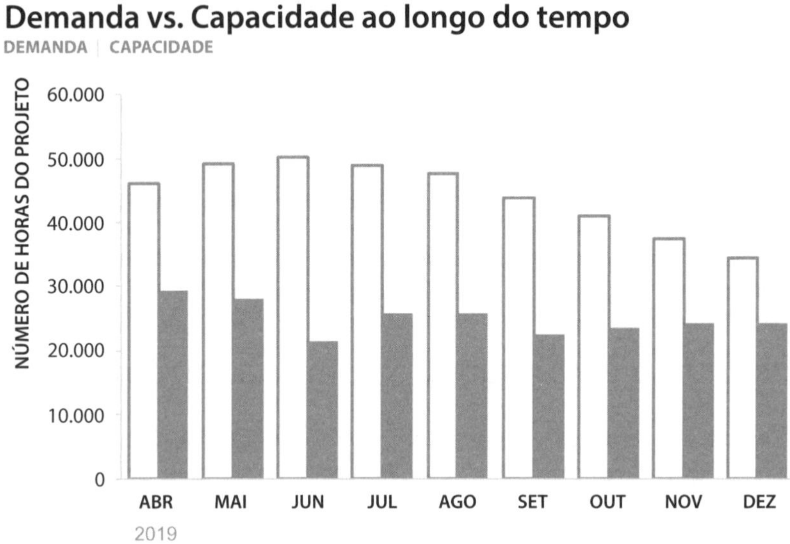

FIGURA 2.4a Gráfico de colunas ou de barras básicas

Gráfico de linhas. O gráfico de linhas tem um design mais limpo em comparação com o de barras, simplesmente por exigir menos tinta. Optei por rotular as linhas (e também adicionei rótulos de dados) no final das linhas, eliminando qualquer confusão sobre qual série é qual e reduzindo o trabalho de ir e vir entre uma legenda e os dados. Gosto do fato de que a linha nos permite concentrar a atenção ora na Capacidade, ora na Demanda, e também torna a comparação entre elas muito fácil, para que possamos ver a lacuna entre as linhas e identificar com rapidez em que ponto há crescimento e/ou diminuição. Coloquei em negrito a linha Capacidade para dirigir nossa atenção primeiro para lá e, em seguida, ver o contexto da Demanda maior. Veja a Figura 2.4b.

Demanda vs. Capacidade ao longo do tempo

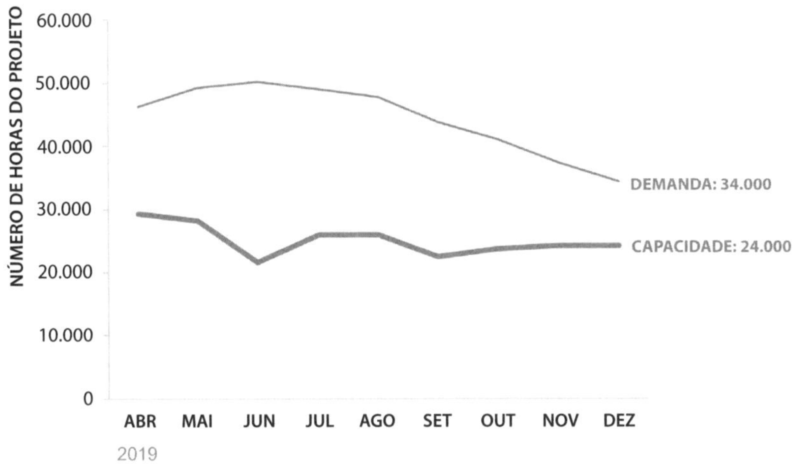

FIGURA 2.4b Gráfico de linhas

Barras sobrepostas. Voltamos às barras na Figura 2.4c, na qual a abordagem usada é atípica: fazer as barras se sobreporem. Eu fiz a série Capacidade ligeiramente transparente para que fique evidente que a série Demanda começa em zero e não deve ser interpretada como sendo empilhada.

Gosto mais dessa iteração do que esperava quando a rascunhei no papel. Dito isso, imagino que o público possa achar isso confuso ou desagradável, pois não se parece com um gráfico de barras típico. Caso eu queira usar este gráfico, seria aconselhável mostrá-lo a algumas pessoas e obter feedback para ver se os outros o acham confuso ou se funciona.

Pratique com Cole

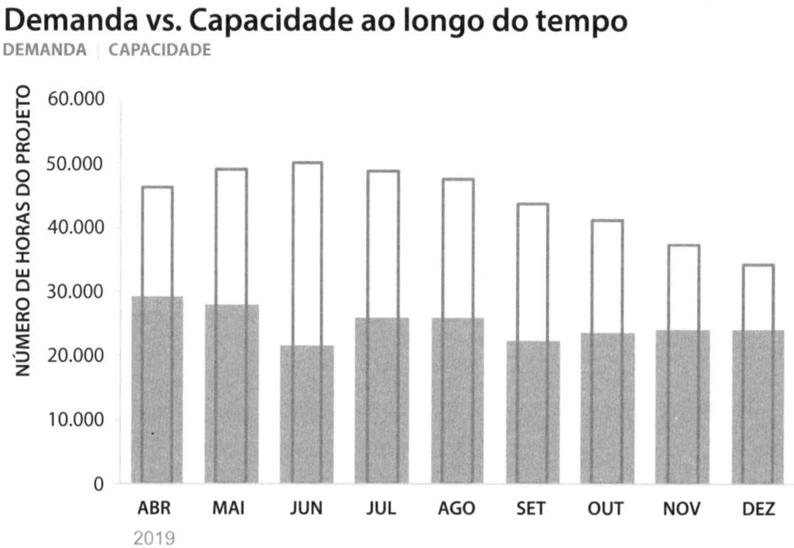

FIGURA 2.4c Barras sobrepostas

Barras empilhadas. Com as barras empilhadas, mantive Capacidade ancorada na linha de base, e então mudei a segunda série para Demanda Não Atendida para que pudesse ser empilhada no topo. Troquei minha ênfase para Demanda Não Atendida, azulando-a e usando um tom cinza claro em Capacidade. Eu gosto desse visual.

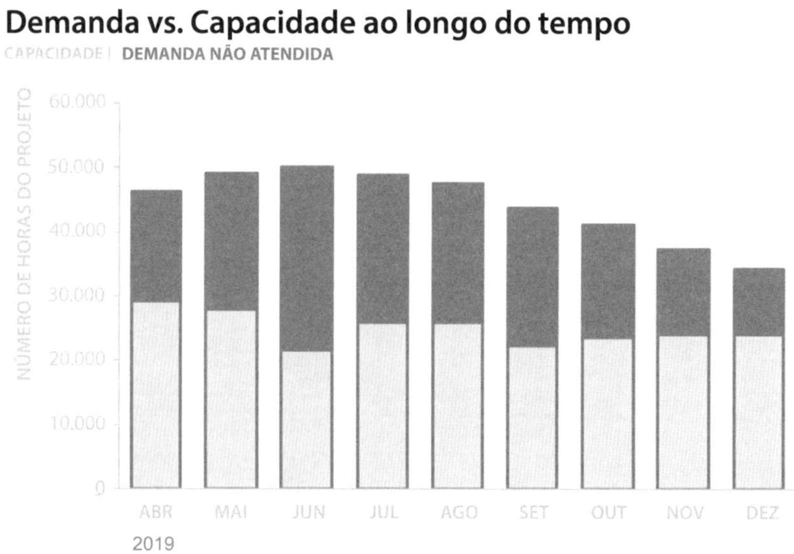

FIGURA 2.4d Barras empilhadas

Gráfico de pontos. Eis outro visual que pode pegar meu público com a guarda baixa. Parece intuitivo para mim, mas tenho que reconhecer que seja qual for, praticamente, o modo como eu fizer um gráfico desses dados, isso vai parecer intuitivo, uma vez que passei muito tempo com os dados: sei o que representam e o que quero que meu público veja. Entretanto, pode não ser tão óbvio para as pessoas. Novamente: solicitar feedback seria uma boa maneira de testar e avaliar.

Não sei se adoro este visual, mas estou impressionado com minha própria magia ao criá-lo no Excel. Os círculos são, de fato, marcadores de dados em dois gráficos de linha (para Demanda e para Capacidade) em que optei por não mostrar a linha e tornei os marcadores enormes para obter espaço para centralizar o rótulo de dados em cada ponto. A área sombreada que une os pontos é Demanda Não Atendida, uma barra empilhada que fica no topo de uma segunda inclusão da série de Capacidade (não preenchida para que não se veja a série inferior na pilha). Isso é o que chamo de o fino da força bruta do Excel!

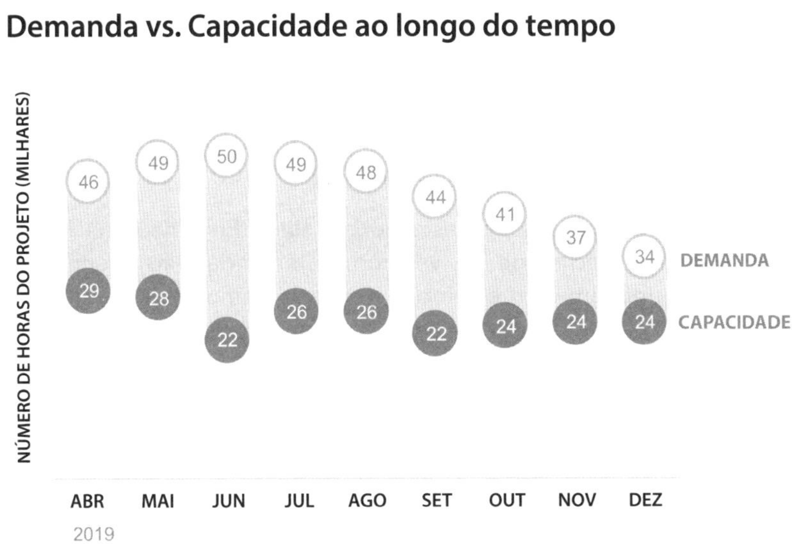

FIGURA 2.4e Gráfico de pontos

Gráfico da diferença. Meu visual final é um gráfico de linha simples que representa a Demanda Não Atendida (Demanda menos Capacidade). É meu menos favorito de todos (ou talvez eu o classifique no último lugar, empatado com as barras básicas), já que parece que muito contexto é omitido ao passar das duas séries de dados para traçar a diferença. Veja a Figura 2.4f.

Demanda não atendida ao longo do tempo

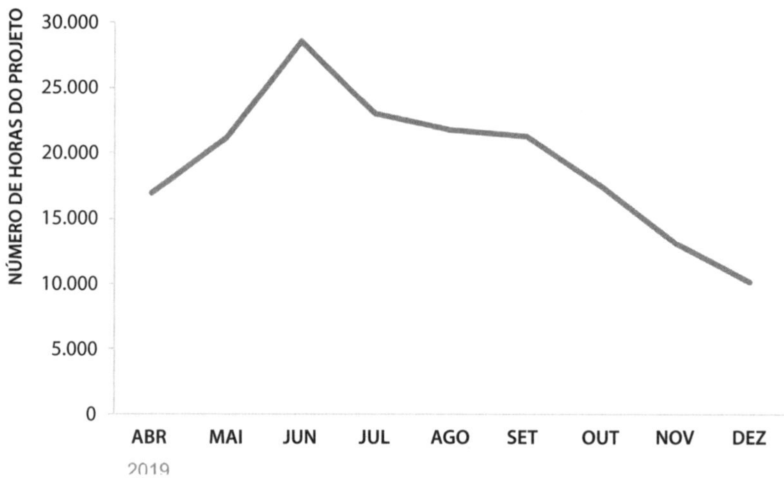

FIGURA 2.4f Gráfico da diferença

Como ficou o visual (ou visuais) que você criou em sua ferramenta? Dentre todos eles, qual você mais gosta e por quê?

Na ausência de contexto, eu escolheria a Barra Empilhada na Figura 2.4d. Gosto da facilidade de ver como Demanda Não Atendida e Capacidade mudam com o tempo; e aprecio como essa visualização facilita focar a atenção na diminuição da Demanda Não Atendida.

Revisaremos esses dados no contexto do painel mais amplo do ponto em que se originaram no Capítulo 6.

Exercício 2.5: como você mostraria esses dados?

A tabela abaixo mostra a taxa de evasão em um programa de treinamento de associados de 1 ano em certa empresa. Familiarize-se com ela e, em seguida, responda às perguntas que seguem.

Ano	Taxa de rotatividade
2019	9,1%
2018	8,2%
2017	4,5%
2016	12,3%
2015	5,6%
2014	15,1%
2013	7,0%
2012	1,0%
2011	2,0%
2010	9,7%
Média	7,5%

FIGURA 2.5a Rotatividade ao longo do tempo

QUESTÃO 1: De quantas formas você pode mostrar os dados?

QUESTÃO 2: Como mostraria a média nessas várias maneiras que criou?

QUESTÃO 3: Qual dessas visualizações você gosta mais e por quê?

Solução 2.5: como você mostraria esses dados?

QUESTÕES 1 & 2: Há diversas maneiras possíveis de mostrar esses dados, dependendo do público-alvo e dos nossos objetivos. Eu criei seis possíveis visuais diferentes e coloquei a Média em cada um. Vamos revisar e discutir cada um deles.

Texto simples. Não é só porque temos números que precisamos de um gráfico! Há situações em que basta apenas comunicar um ou dois números. Assim, eu poderia resumir todos esses dados dizendo: "A taxa de rotatividade [TR] desse programa foi de 7,5%, em média, nos últimos dez anos." Mas isso não mostra o que houve nesse intervalo de tempo, nem dá uma base de comparação, o que em alguns casos simplifica demais. Se isso for importante, talvez eu pudesse dizer algo como: "A TR variou de 1% a 15% na última década e era de 9,1% em 2019." Ou, caso eu queira me concentrar em dados mais recentes, talvez mais relevantes, poderia dizer: "A taxa de rotatividade do programa aumentou nos últimos anos, de 4,5% em 2017 para 9,1% em 2019."

Toda vez que criar um visual, bole uma frase que responda à pergunta: "E daí?" (Os exercícios 6.2, 6.7, 6.11, 7.5 e 7.6 solicitarão que você faça isso explicitamente.) Você pode descobrir que pode se comunicar com essa frase, dispensando completamente a necessidade do gráfico. Quando tiver mais dados que precisa comunicar, considere qual contexto é útil e de que modo é capaz de visualizá-lo. Vejamos algumas maneiras de representar graficamente os dados a seguir.

Gráfico de pontos. Posso usar pontos para ilustrar a taxa de rotatividade (eixo y) por ano (eixo x). Incorporei a média introduzindo uma linha no gráfico; com isso, pode-se ver facilmente quando ela está acima e abaixo da média ao longo do tempo. Veja a Figura 2.5b.

FIGURA 2.5b Gráfico de pontos

Gráfico de linhas. Em vez de me valer de pontos, eu poderia traçar linhas conectando-os e, assim, verificar mais facilmente a tendência ao longo do tempo. A Figura 2.5c ilustra isso. Mantive a linha pontilhada fina para a média, mas abreviei e mudei de lugar minha rotulagem para que se encaixasse melhor em função dessa nova configuração dos dados. Também escolhi colocar um marcador de dados e seu rótulo no ponto de dados final. Com isso fica óbvia para meu público a comparação entre o ponto de dados mais recente e a média.

FIGURA 2.5c Gráfico de linhas

Tentei uma segunda opção no gráfico de linha, usando desta vez uma área sombreada para a Média. Veja a Figura 2.5d. Prefiro a linha de exibição original na Figura 2.5c, mas eu poderia imaginar cenários com dados diferentes que podem me fazer escolher outra abordagem.

FIGURA 2.5d Gráfico de linha com área sombreada representando a média

Gráfico de Área. Após testar a área para a média, decidi usá-la para representar a Taxa de Rotatividade e utilizar uma linha para a Média. Veja a Figura 2.5e. Escolhi um azul mais claro para a linha da Média, de forma que ela se destaque tanto contra o fundo em branco quanto ao se sobrepor à área representativa da TR. Em cada visual, rotulei a Média de forma diferente, o que se deve principalmente ao espaço disponível e seu formato. Visualizações alternativas dos dados podem nos fazer ter que efetuar modificações de design, como neste caso.

Não gostei deste: muita tinta para o que se quer mostrar, e transmite a ideia de que há algo importante a respeito da área colorida, o que não é o caso aqui. De modo geral, não uso muitos gráficos de área.

FIGURA 2.5e Gráfico de área

Gráfico de barras. Por fim, utilizei um gráfico de barras para mostrar visualmente esses dados. Veja a Figura 2.5f. Preservei a Média como uma linha, rotulando-a, novamente, de outra forma em relação aos visuais anteriores, em virtude da configuração geral do gráfico.

FIGURA 2.5f Gráfico de barras

QUESTÃO 3: **De qual eu gosto mais?** Gostei deste último, mas prefiro o de linhas na Figura 2.5c. Conectar os pontos por meio de linhas torna mais fácil ver a tendência da Taxa de Rotatividade no tempo. Posso facilmente compará-lo com a média. Não usa muita tinta, o que deixa espaço para adicionar comentários, caso faça sentido.

Exercício 2.6: vamos visualizar o clima

Sou uma grande fã de gráficos de barras. Eles são fáceis de ler — nossos olhos e cérebros são ótimos para comparar comprimentos quando têm uma linha de base comum. Pegamos as informações em gráficos de barras comparando as alturas relativas das barras entre si e a linha de base: fica fácil ver qual é a maior e em quanto. Além disso, a familiaridade com os gráficos de barras pode ser útil durante a comunicação, pois como a maioria das pessoas já sabe como lê-los, podem se concentrar no que fazer com os dados, em vez de tentar descobrir como ler o gráfico.

A seguir, um exemplo de gráfico de barras. Veja a Figura 2.6a, que mostra a previsão do tempo para os próximos seis dias medida pela alta diária esperada, em graus Fahrenheit.

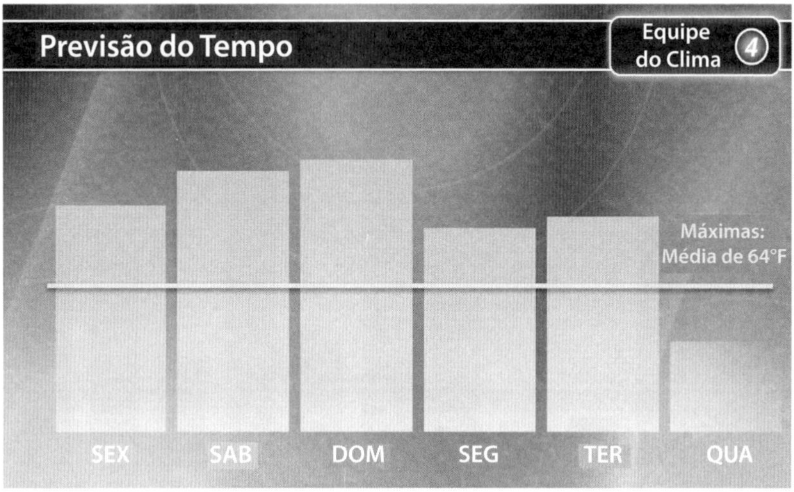

FIGURA 2.6a Previsão do tempo

QUESTÃO 1: Digamos que você está planejando passar uma tarde de domingo no parque. Que temperatura estimaria para a máxima nesse dia?

QUESTÃO 2: Você está pensando nas roupas de seus filhos para a próxima semana e tentando decidir que tipo de jaqueta ou casaco eles vão precisar no meio da semana. Que temperatura máxima você estima para quarta-feira?

QUESTÃO 3: Que outras observações podem ser feitas a partir desses dados?

Solução 2.6: visualize o clima

Embora possa parecer que a temperatura gire em torno de 90°F no domingo e 40°F na quarta-feira, esse não é realmente o caso. Vamos olhar mais de perto.

Na verdade, no domingo fará 74°F, enquanto na quarta-feira a temperatura não passa de 58°F. Como isso é possível? O gráfico inicial da Figura 2.6a não possui um eixo y que começa em zero, mas em 50. Isso distorce os dados, fazendo com que não possamos comparar com precisão a temperatura dia a dia. Veja a Figura 2.6b, que insere o eixo y e os rótulos de dados ao gráfico original.

FIGURA 2.6b Os gráficos de barras devem ter uma linha de base zero! ▫

Vamos reconfigurar o gráfico, com o eixo y começando no zero. Na Figura 2.6c, que os compara, veja a diferença na interpretação dos dados.

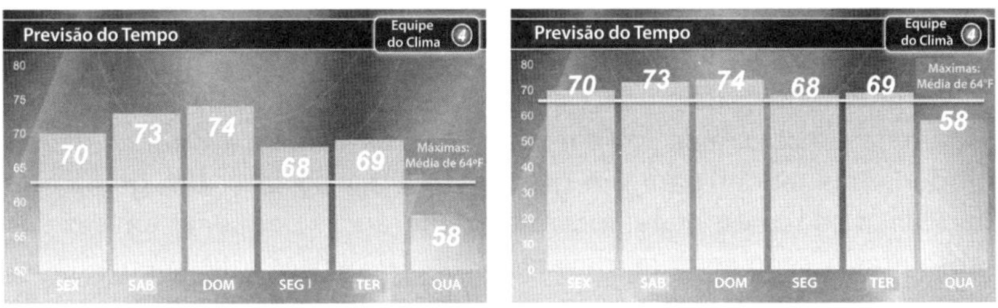

FIGURA 2.6c Vamos comparar os dois gráficos ▫

O que, no gráfico da esquerda, sugeria um grande desvio da média, parece comparativamente muito menor no da direita. Essa visão provavelmente o faria tomar uma decisão diferente quanto à espessura dos casacos das crianças na quarta-feira!

Quando se trata de visualização de dados não existe uma receita pronta. Mas há algumas regras, e acabamos de testemunhar a quebra de uma delas: os gráficos de barras devem ter uma linha de base zero. Graças à maneira como nossos olhos comparam as extremidades das barras, entre si e com a linha de base, precisamos do contexto da barra inteira para que uma comparação visual seja exata.

Não há exceções.

Esta, porém, não é uma regra aplicável a todos os gráficos. Com as barras, não se pode mexer no tamanho ou dar zoom devido à nossa forma de comparar as extremidades das barras entre si e com o eixo. Mas com pontos (gráficos de dispersão ou de pontos) ou linhas (gráficos de linha, de inclinação), o foco primário são as posições relativas dos pontos no espaço e, no caso de gráficos de linhas, as inclinações relativas que conectam os pontos. Matematicamente, as posições relativas e as inclinações permanecem constantes conforme ampliamos. Ainda, convém levar em conta o contexto e evitar que o excesso de zoom superestime pequenas alterações ou diferenças. Embora às vezes pequenas alterações ou diferenças sejam relevantes, se for preciso alterar o eixo para destacar isso, procure pontos ou linhas, não barras.

Quanto a este exercício, já levantaram a ideia de que uma linha de base zero para o clima não faz sentido, pois as temperaturas podem ser negativas, e o zero (particularmente em uma escala Fahrenheit) não é significativo. Para uma previsão do tempo de curto prazo, como vimos aqui, e desde que haja uma linha de base zero, barras são uma boa pedida, permitindo-nos comparar as expectativas do dia a dia com precisão. Já no caso da mudança climática, por exemplo, uma mudança de alguns graus nas temperaturas globais, algo quase impossível de ver em barras com linha de base zero, é significativa. Este não é um bom argumento para mudar para um gráfico de barras de linha de base diferente de zero, mas sim para não usar barras para ilustrar os dados. Poderíamos mudar para um gráfico de linha ou fazer um gráfico da mudança na temperatura, focando as diferenças pequenas em vez das absolutas. Como sempre, devemos parar e pensar criticamente sobre o que queremos mostrar e, em seguida, escolher um visual adequado para facilitar isso.

Exercício 2.7: critique!

Por falar em pontos (isso foi mencionado na solução do exercício anterior), vamos dar uma olhada em alguns deles a seguir, no contexto de criticar um gráfico aquém do ideal.

Veja a Figura 2.7a, um gráfico de pontos que mostra um índice bancário ao longo do tempo para várias instituições nacionais bancárias (dos EUA). Suponha que você trabalhe na Financial Savings.

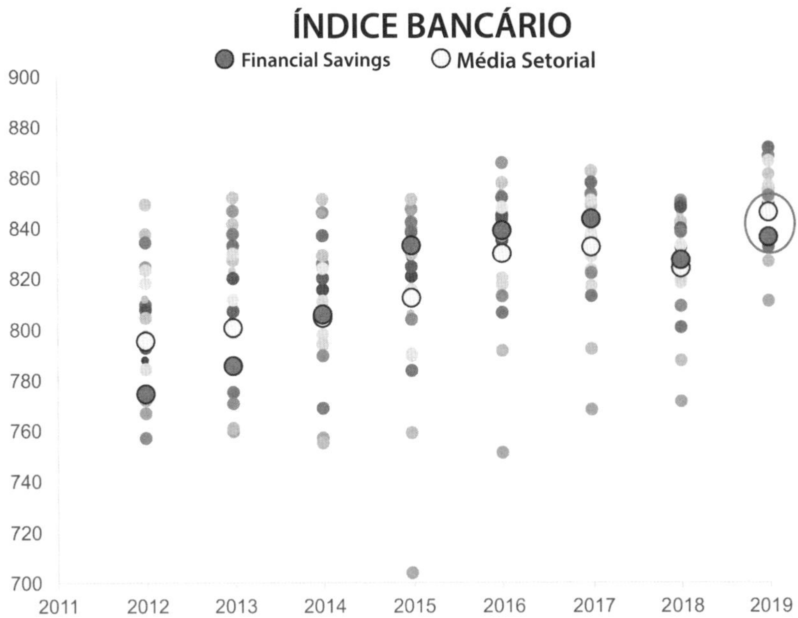

FIGURA 2.7a Índice Bancário

QUESTÃO 1: Que perguntas você poderia fazer sobre esses dados?

QUESTÃO 2: Se estivesse projetando o gráfico, que mudanças faria? Como você visualizaria esses dados?

Solução 2.7: critique!

QUESTÃO 1: Esse gráfico parece levantar muito mais perguntas do que respostas! Minha primeira pergunta é: qual é exatamente a métrica sendo traçada? Posso presumir que "Índice Bancário" classifica o nível de satisfação do cliente, e que quanto maior o número, melhor. Mas, e se isso for, de fato, algo como erros de fechamento de caixa? Eu interpretaria esses dados de maneira muito diferente.

Minha próxima pergunta é: Esses dados são todos necessários? Vemos na parte superior que os pontos vermelhos e amarelos representam os dados de nossa empresa (Financial Savings) e a Média Setorial, respectivamente. (As opções de cores também parecem estranhas, ainda que sejam brilhantes no intuito de se destacar contra as demais cores no gráfico.) Presumo que a média se refira a todos os pontos (o que leva a outra pergunta: é esse o caso?). Isso traz ainda outra questão: precisamos de todos esses pontos de dados individuais ou mostrar apenas as duas séries funcionaria? Quando você pensar em dispensar dados, sempre necessita pensar de qual contexto abrirá mão. Aqui, optando apenas pela média, perderíamos nossa linha de visão quanto a como os concorrentes se comportam em relação a ela. Dependendo de nossos objetivos, isso pode ou não ser importante.

Há outras questões: fico curiosa para saber o que o círculo vermelho em 2019 pretende destacar. Prezo o processo de pensamento subjacente: alguém olhou para esses dados, pensou "Gostaria que você olhasse aqui" e desenhou um círculo vermelho. Mas isso apresenta alguns desafios. Primeiro, com todos os vários pontos coloridos competindo por nossa atenção no gráfico, podemos nem notar o círculo vermelho. Segundo, quando o percebemos, não fica imediatamente claro o que ele está tentando nos apontar.

Minhas derradeiras perguntas são: E daí? O que esses dados nos mostram? Qual é a história?

QUESTÃO 2: Perguntas à parte, vamos mudar a forma de mostrar esses dados. O que está, de fato, sendo representado graficamente é a satisfação da filial, na qual quanto maior o número, melhor. Presumo que nos preocupamos mais com a comparação entre a Financial Savings e a Média Setorial. Decidir isso simplesmente significa ter amplo poder de remover itens desnecessários do gráfico e me concentrar nos dados da Financial Savings e da Média Setorial.

Lembrando: são dados anuais. Podemos representá-los no gráfico como pontos, mas eu posso conectar os pontos e traçar um gráfico de linhas. As linhas nos ajudarão a ver mais facilmente a mudança ao longo do tempo, e também a destacar aspectos interessantes quando se trata de como essas linhas interagem entre si. Assim, se uma estiver sempre acima da outra, as linhas auxiliam a ver a lacuna. E, se uma série cruza a outra, as linhas nos ajudarão a ver o que será interessante enquanto tentamos responder à pergunta "E daí?". A Figura 2.7b mostra como transformei essa visualização.

FIGURA 2.7b Gráfico reconfigurado

Peneirar os dados e alterar o gráfico para linhas ajuda a nos concentrarmos nos dados. Nomeei e rotulei tudo diretamente, então não há necessidade de suposições ou elucubrações de como interpretar os dados. Usei o espaço do título para responder à pergunta: "E daí?"

Com uma compreensão adicional sobre as razões vinculadas aos altos e baixos na satisfação de nossa empresa e no setor, posso ir ainda mais longe. Em uma apresentação ao vivo, eu poderia ir construindo linha por linha ou dado anual por dado anual, o que me permitiria prender aí a atenção do público enquanto discorro sobre o contexto relevante. Se ele precisa se sustentar sozinho, eu poderia colocar texto diretamente no gráfico para anotar o que está causando as mudanças que vemos. Veremos vários exemplos que empregam essas estratégias conforme avançamos. Revisitaremos este exemplo no Capítulo 4, em um cenário em que mantemos todos os seus dados originais.

Em seguida, vamos reconfigurar outro gráfico.

Exercício 2.8: há algo errado neste gráfico

Às vezes, projetamos um gráfico com a melhor das intenções, mas sem querer dificultamos as coisas para o público. Vamos ver um exemplo em que isso acontece e discutir como podemos melhorá-lo.

Ainda no setor bancário, imaginemos que você trabalha como analista de risco de crédito ao consumidor. Para aqueles que podem não estar familiarizados: entre as pessoas que tomam dinheiro emprestado, uma parte não os paga. Esses empréstimos são classificados por tempo de vencimento sem quitação: 30 dias, 60 dias, e assim por diante. Se o atraso chegar a 180 dias, os tomadores são considerados "inadimplentes". Após atingir esse estágio, e apesar das atividades de cobrança, muitos ainda não os quitam, o que resulta em prejuízo. Os bancos têm que reservar dinheiro para essas perdas potenciais.

Após essa introdução ao risco de crédito, vamos falar sobre os dados. Pediram-lhe para criar um gráfico mostrando como o total de Empréstimos Inadimplentes (EI) se compara à Reserva para Perdas com Empréstimos ao longo do tempo. Observe a Figura 2.8a. **Observe como seus olhos se movem ao processar essa informação. O que há de confuso nesse gráfico? Como você o melhoraria?**

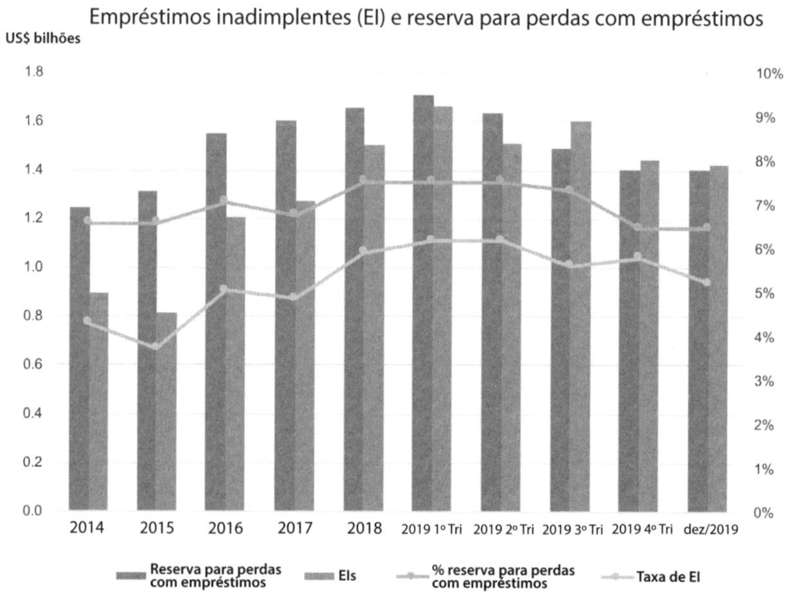

FIGURA 2.8a O que há de confuso neste gráfico?

Solução 2.8: há algo errado neste gráfico

Ao processar esses dados na tentativa de interpretá-los, começo fazendo muitas idas e vindas entre as barras, as linhas e a legenda na parte inferior do gráfico. Meu olhar percorre os eixos y para entender o que são. Após ler e refletir um pouco, descobri que as linhas — % de Reserva para Perdas com Empréstimos [% RPE] e Taxa de EI — devem ser lidas em relação ao eixo y secundário no lado direito do gráfico. Isso significa que as barras — Reserva para Perdas com Empréstimos e EIs — devem ser lidas em relação ao eixo y primário à esquerda. Isso parece mais difícil do que precisa ser.

Voltando à % RPE e à Taxa de EI: não tenho certeza de qual é o denominador. Posso supor que seja a carteira de empréstimos, mas prefiro que isso fique claro para não ter que supor! Também não estou certa de que essas linhas agregam algum valor: elas não adicionam nenhuma informação nova. Talvez haja contexto extra que me leve a tomar uma decisão diferente, mas no momento vou me concentrar no volume (o dinheiro) e não confundir as coisas mostrando também a taxa. Como bônus, essa decisão eliminará o eixo y secundário (em geral, não recomendo o uso de dois eixos y; para abordagens alternativas do eixo y secundário, consulte o Capítulo 2 em *SCD*)

Só após tudo isso começo a prestar atenção no eixo x e percebo o maior problema: **intervalos de tempo inconsistentes**. À primeira vista (e várias depois — talvez você nem tenha notado esse problema), vi que as unidades do eixo x eram anos e, em seguida, assumi que continuava a ser assim conforme nos movíamos da esquerda para a direita. Quando lemos cada rótulo, no entanto, descobrimos que depois de 2018, o intervalo de tempo muda para trimestres e, após o quarto trimestre, parece que temos só o mês de dezembro. Isso não é bom!

Há, porém, um sentido nisso. Dezembro é provavelmente o mês mais recente. Em um contexto histórico, mostrar os anos é útil, mas também é interessante mostrar intervalos menores (por exemplo, trimestralmente, mensalmente) para os períodos de tempo mais recentes.

Intervalos de tempo inconsistentes podem nos fazer perder dados ou simplesmente ter algo que ocorre de forma inconsistente ao longo do tempo. Nessa situação, é preciso deixar isso claro, visualmente e na percepção do nosso público. A mesma barra ou linha não deve ser usada para representar um ano e um trimestre, pois isso leva facilmente a interpretações incorretas e observações falsas.

Temos algumas opções para superar esse desafio. Se tivéssemos todos os dados trimestrais, eu poderia traçar o gráfico só com eles. As numerosas barras deixariam tudo muito confuso, mas como estamos nos livrando das duas séries de dados originalmente representadas por linhas, poderíamos trocar as barras originais e representar o volume com linhas. Ou, se por alguma razão não quisermos ou não pudermos mostrar os dados trimestrais, e deixar tudo em um gráfico, uma opção seria espaçar o eixo x de modo que cada ano tenha a mesma largura que os quatro trimestres juntos. Se eu o fizesse, excluiria o ano de 2019 para não haver redundância entre isso e os quatro trimestres que são colocados separadamente.

Uma outra alternativa seria configurar dois gráficos: um para mostrar os dados anuais de 2014 a 2019, e outro com os dados trimestrais apenas para 2019. Isso possibilitaria nomear cada um explicitamente e deixar clara a diferença nos marcadores de tempo. Eu também comprimiria os dados trimestrais mais do que os dados anuais para ajudar a reforçar visualmente os períodos de tempo mais curtos. A reconfiguração incorporando essas mudanças é mostrada na Figura 2.8b.

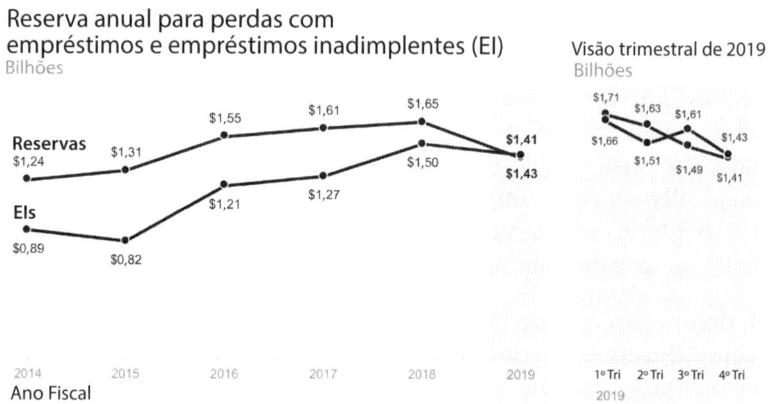

FIGURA 2.8b Uma visualização alternativa

Neste caso, optei por rotular os dados diretamente para podermos comparar o volume de EIs com o de Reservas dispensando o trabalho de estimar a partir de um eixo. Mantive duas casas decimais de significância para evitar situações em que dois pontos de alturas diferentes compartilhassem o mesmo valor (por exemplo, o terceiro e o quarto pontos na linha de Reservas seriam arredondados para US$1,6 bilhão, algo que poderia causar confusão, já que as alturas são visivelmente diferentes) e, assim, podemos interpretar facilmente as diferenças menores, mas significativas, nos números trimestrais recentes. O sombreamento no primeiro gráfico (2019) visa vincular o ponto de dados final anual à distribuição trimestral de 2019 no gráfico à direita. É muito importante mostrar os dados desse modo para garantir que o mínimo e o máximo do eixo y sejam definidos pela mesma quantidade nos dois gráficos, a fim de que o público possa comparar os pontos de dados trimestrais com os anuais de acordo com sua altura relativa.

Esse visual me permitiu tirar da frente muitas coisas que estavam nos fazendo trabalhar no original. Agora, em vez de tentar entender o gráfico, podemos nos concentrar nos dados. Posso ver que a diferença entre os EIs e a Reserva para Perdas com Empréstimos diminuiu consideravelmente ao longo do tempo. Ambos estavam aumentando até 2018, mas diminuíram em 2019. Este ano marca a primeira vez que o volume de EI excede a Reserva para Perdas com Empréstimos. Em uma base trimestral, aconteceu a mesma coisa no terceiro e quarto trimestres. Isso parece muito importante, então provavelmente devemos tomar alguma atitude!

Agora que praticou comigo, é hora de você abordar por conta própria alguns exemplos adicionais.

PRATIQUE por CONTA PRÓPRIA

Pegue um lápis e papel! Vamos desenhar um pouco mais, iterar em nossas ferramentas e aprimorar visuais perfectíveis por meio de exercícios adicionais. Lembre-se:

Os dados e gráficos podem ser baixados em storytellingwithdata.com/letspractice/downloads [conteúdo em inglês]

Exercício 2.9: vamos desenhar

Vimos no Exercício 2.3 que algumas das melhores ferramentas para descobrir como visualizar dados são uma folha em branco e uma caneta ou lápis. Vamos praticar usando esses importantes instrumentos!

Os dados a seguir mostram o tempo médio para fechar um negócio (medida em dias) para equipes de vendas diretas e indiretas em quatro produtos para uma certa empresa. Familiarize-se com esses dados.

Pegue um pedaço de papel em branco e cronometre 10 minutos. De quantas maneiras diferentes você consegue visualizar esses dados? Desenhe-os! (Não se preocupe em representar graficamente cada ponto de dados específico: a ideia é fazer isso rapidamente, sem capricho, para ter uma ideia geral de como cada visual poderia ser. Findo o tempo, examine os esboços. Qual você mais gosta e por quê?

Tempo médio para fechar um negócio
(dias)

Produto	Vendas diretas	Vendas indiretas	Total de vendas
A	83	145	128
B	54	131	127
C	89	122	107
D	90	129	118

FIGURA 2.9a Tempo médio para fechar um negócio

Como parte do exercício, responda: quais suposições você está fazendo sobre tais dados? Que contexto adicional você gostaria de ter?

Exercício 2.10: pratique com sua ferramenta

ETAPA 1: Volte aos esboços que você fez como parte do Exercício 2.9. Escolha um (ou mais para ganhar um crédito extra!), baixe os dados e crie na ferramenta de sua escolha.

ETAPA 2: Após criar seu(s) gráfico(s), faça uma pausa e reflita sobre o seguinte.

QUESTÃO 1: O que há de útil no desenho?

QUESTÃO 2: Ao desenhar, algo o deixou irritado ou frustrado?

QUESTÃO 3: Houve diferença na criação de um gráfico em sua ferramenta após esboçá-lo pela primeira vez?

QUESTÃO 4: Você consegue imaginar usar essa abordagem (desenhar opções primeiro, depois criar em sua ferramenta) no futuro? Em que situações?

Escreva algumas frases que resumam seus pensamentos.

Exercício 2.11: aprimore esse visual

Imagine que você trabalha em uma secretaria municipal de saúde e quer avaliar o sucesso relativo de um programa recente de educação e administração de vacinação contra a gripe em seus postos de saúde.

Você tem um painel no qual são registradas as métricas relacionadas, e seu colega extraiu dele o seguinte visual. Estude a Figura 2.11 por algum tempo e responda às seguintes perguntas.

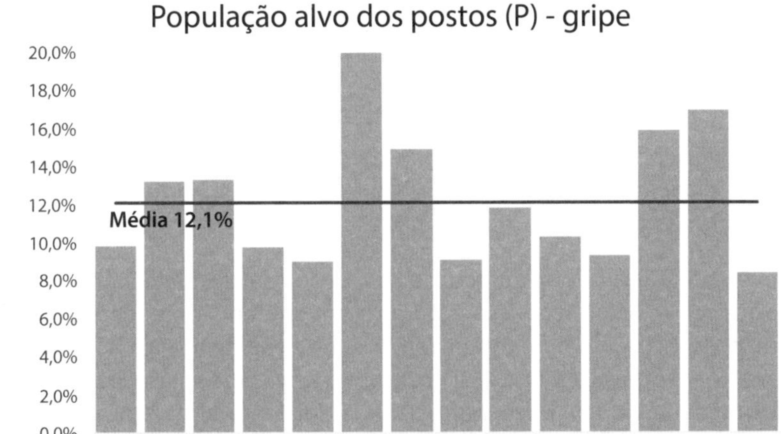

	BDT	DBA	FMP	LTA	MVT	OCE	ODP	ONK	PLB	RDM	SBC	SDT	SEP	WBA
% sucesso	9,8%	13,3%	13,3%	9,8%	9,0%	20,0%	14,9%	9,1%	11,8%	10,3%	9,3%	15,9%	17,0%	8,4%
Média	12,1%	12,1%	12,1%	12,1%	12,1%	12,1%	12,1%	12,1%	12,1%	12,1%	12,1%	12,1%	12,1%	12,1%
Vacinas	2.519	4.142	4.075	1.840	1.478	4.495	2.244	1.546	2.589	1.796	2.036	2.221	3.630	1.091
População-alvo	25.703	31.249	30.548	18.857	16.474	22.497	15.063	17.064	21.933	17.479	21.937	13.983	21.395	13.042

FIGURA 2.11 Visual original do painel

QUESTÃO 1: Como os dados estão classificados? De que outra forma poderíamos classificá-los? Em que circunstâncias sua decisão sobre como ordenar os dados seria diferente?

QUESTÃO 2: Atualmente há uma linha horizontal mostrando a média. O que acha disso? De que outra forma você poderia mostrar a média?

QUESTÃO 3: Se houvesse uma meta, como você poderia incorporá-la? Suponha que a meta seja 10%. Como mostraria isso? Agora suponha que a meta seja 25%. Isso muda o que você mostraria ou como você mostraria?

QUESTÃO 4: O gráfico contém uma tabela de dados. Acha isso eficaz? Quais são os prós e contras de incluir uma tabela de dados em um gráfico? No caso que estamos vendo você a manteria ou eliminaria?

QUESTÃO 5: O gráfico mostra atualmente a proporção que recebeu a vacina. Se você quisesse focar na proporção que não recebeu a vacina, como poderia visualizar isso?

QUESTÃO 6: Como você faria o gráfico desses dados? Baixe-os e crie sua visualização ideal na ferramenta de sua escolha.

Exercício 2.12: qual dos gráficos você escolheria?

Qualquer conjunto de dados pode ser representado graficamente de várias maneiras, e visões distintas mostram coisas diferentes. Eis uma situação na qual são traçados vários gráficos com os mesmos dados.

Você está visualizando dados de sua pesquisa de funcionários e deseja mostrar como eles responderam este ano em comparação com o ano passado ao item de retenção "Pretendo trabalhar aqui no ano que vem". As Figuras 2.12a a 2.12d mostram quatro diferentes visualizações dos mesmos dados. Examine cada uma delas por algum tempo e, em seguida, responda às seguintes perguntas.

OPÇÃO A: **pizzas**

"Pretendo trabalhar aqui no ano que vem"

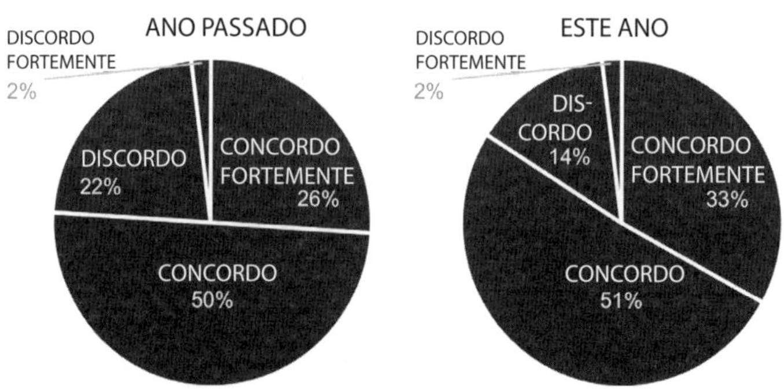

FIGURA 2.12a Pizzas

OPÇÃO B: **barras**

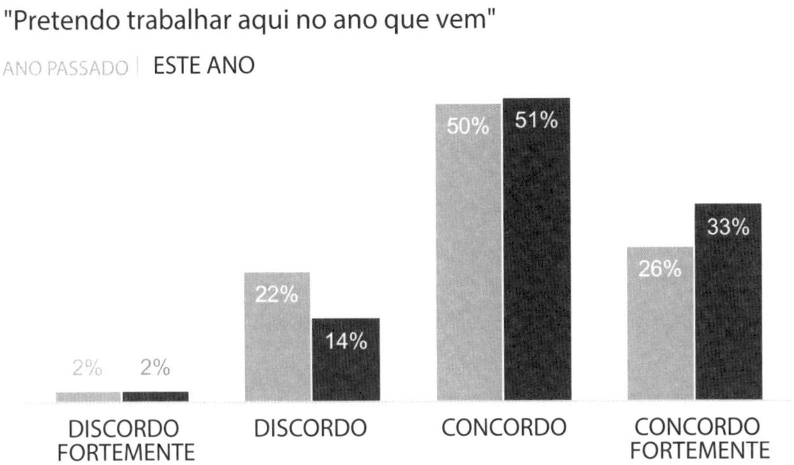

FIGURA 2.12b Barras

OPÇÃO C: **barras empilhadas divergentes**

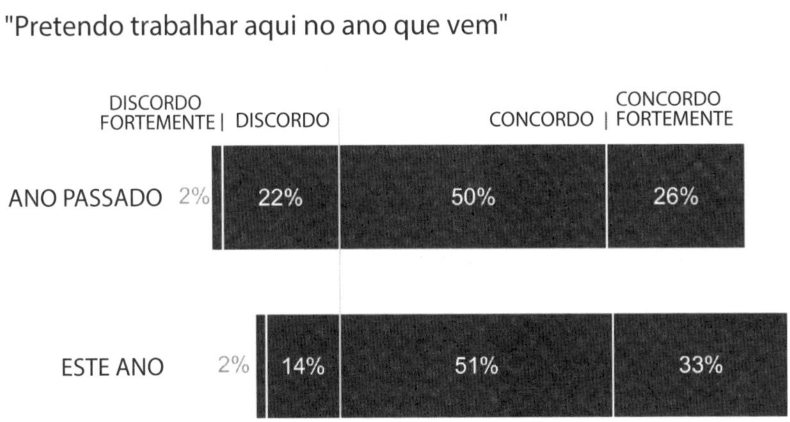

FIGURA 2.12c Barras empilhadas divergentes

OPÇÃO D: **gráfico de inclinação**

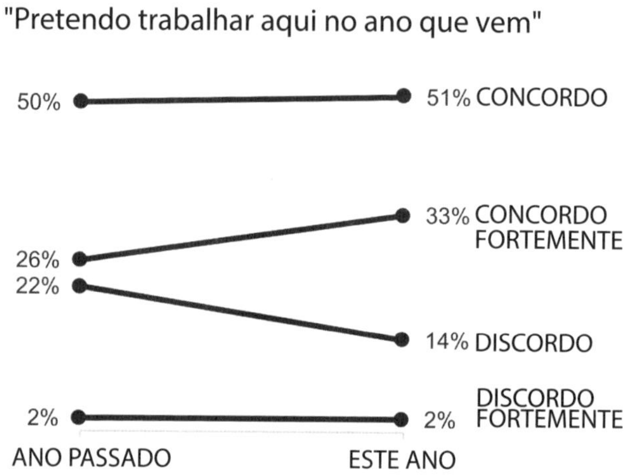

FIGURA 2.12d Gráfico de inclinação

QUESTÃO 1: Do que você gosta em cada gráfico? O que você pode ver ou comparar facilmente?

QUESTÃO 2: Quais são as dificuldades neles? Existem limitações ou outras considerações das quais precisa estar a par?

QUESTÃO 3: Se estivesse encarregado de comunicar esses dados, qual opção escolheria e por quê?

QUESTÃO 4: Converse com um amigo ou colega sobre as várias opções. Ele concorda com sua preferência ou tem outra? A discussão que tiveram destacou algo interessante que você não havia considerado anteriormente?

Exercício 2.13: há algo errado neste gráfico?

Considere a Figura 2.13, que mostra as taxas de resposta e conclusão de uma campanha de marketing por e-mail em que os destinatários foram solicitados a preencher uma pesquisa.

ETAPA 1: Aponte três coisas problemáticas neste gráfico. O que o torna desafiador?

ETAPA 2: Para cada uma das três coisas que você listou, descreva como superaria a questão envolvida.

ETAPA 3: Baixe os dados. Crie um visual que coloque em prática as estratégias que você delineou.

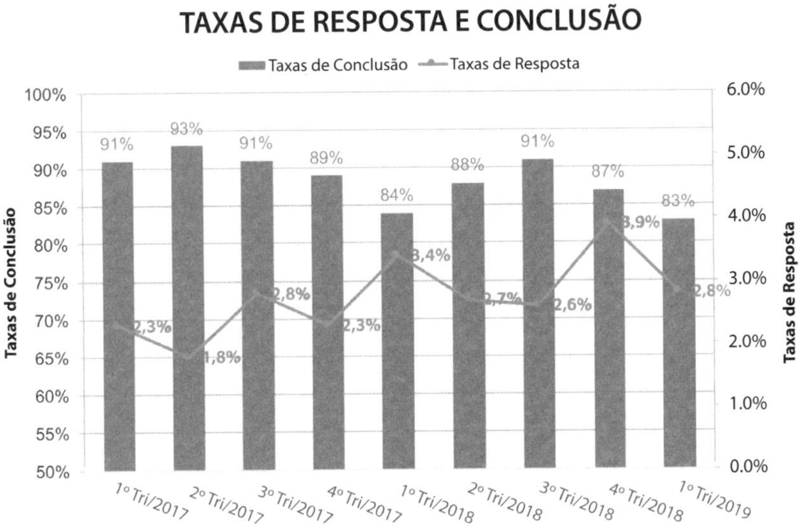

FIGURA 2.13 Há algo errado neste gráfico

Pratique por conta própria

Exercício 2.14: visualize & faça de novo

Vimos até agora que a visualização de dados, quando bem-feita, pode nos ajudar a ter aquele momento eureca de compreensão em nosso público. Mas muitas vezes é preciso iterar — fazer de novo, observar os dados de várias maneiras — tanto para entender melhor as nuances dos dados e o que desejamos destacar, quanto para descobrir uma maneira que funcione para nosso público. Vamos praticar visualização e iteração.

Imagine que você trabalha em uma empresa de dispositivos médicos e está analisando dados que mostram os níveis de dor relatados pelo paciente quando um determinado dispositivo ao qual está conectado é ligado e quando é desligado. A Figura 2.14 mostra os dados.

Taxas de resposta e conclusão

	DISPOSITIVO CONECTADO	
NÍVEL DE DOR	LIGADO	DESLIGADO
MELHOROU	58%	36%
IGUAL	32%	45%
PIOROU	10%	19%
TOTAL	100%	100%

FIGURA 2.14 Vamos visualizar e fazer de novo

ETAPA 1: Faça uma lista: de quantas maneiras você pode visualizar esses dados? Que gráficos diferentes podem funcionar? Relacione o máximo que puder.

ETAPA 2: Dessa lista, crie pelo menos quatro visualizações diferentes dos dados (desenhe ou crie na ferramenta de sua escolha).

ETAPA 3: Responda às seguintes perguntas:

QUESTÃO 1: O que lhe agrada em cada visual? O que é fácil de comparar?

QUESTÃO 2: Que aspectos ou limitações você deve levar em conta em cada um?

QUESTÃO 3: Qual visualização você usaria se estivesse comunicando esses dados?

Exercício 2.15: aprenda com os exemplos

As visualizações de dados que outros criam são muito didáticas — as boas e as nem tanto. Ao ver um bom gráfico, reflita: o que o torna eficaz? O que nele é passível de ser aplicado em seu próprio trabalho? Ao ver um exemplo não tão bom, faça a mesma coisa: examine o que não foi bem-feito e como pode evitar problemas semelhantes em seu próprio trabalho. Vamos praticar o aprendizado com exemplos.

Procure um gráfico na mídia que seja bem-feito e outro que deixa a desejar. Responda às seguintes perguntas para cada um desses exemplos.

QUESTÃO 1: O que você gosta nele? O que o torna eficaz? Faça uma lista!

QUESTÃO 2: O que não lhe agrada no exemplo? O que limita a sua eficácia? Como você abordaria isso de forma diferente?

QUESTÃO 3: O que você aprendeu nesse processo que pode ser generalizado de modo a servir de orientação em seus trabalhos futuros?

Exercício 2.16: participe do #SWDchallenge

Uma das melhores maneiras de aprender é fazendo. O #SWDchallenge é um desafio mensal no qual os leitores do nosso blog praticam habilidades de visualização de dados e storytelling. Você pode participar! Pense nisso como um local seguro para tentar algo novo: testar uma nova ferramenta, técnica ou abordagem. Incentivamos todos a participar, seja qual for a experiência e tipo de ferramentas de cada um.

No início de cada mês há uma temática nova em storytellingwithdata.com. Os participantes têm um determinado período de tempo para compilar dados, criar e compartilhar seus comentários visuais e relacionados. Historicamente, o foco tem sido em diferentes tipos de gráficos, mas às vezes mudamos, dando uma dica para ser testada ou um tema específico. Trata-se de uma opção atraente para flexibilizar suas habilidades e compartilhar seu trabalho com outras pessoas.

Tudo aquilo que for apresentado e recebido dentro do prazo é compartilhado em uma postagem de recapitulação no final do mês. Os desafios mensais e postagens de recapitulação são arquivados em storytellingwithdata.com/SWDchallenge.

Há uma série de exercícios disponíveis relacionados a esse desafio*. Visite storytellingwithdata.com/SWDchallenge e faça um (ou mais!) do seguinte:

- **Participe!** Participe do desafio em tempo real criando e compartilhando seu trabalho. Ou escolha um anterior como inspiração para flexibilizar suas habilidades de visualização de dados. Você pode fazer isso sozinho, com um parceiro ou em uma pequena equipe. Compartilhe suas criações nas redes sociais, marcando #SWDchallenge.

- **Tome como referência!** Examine as postagens de recapitulação e revise o que foi enviado. Selecione um visual que você goste e traba-

* Em todos os endereços virtuais citados nesta seção (hashtag, blog e sites), a interação é feita na língua inglesa. [N. do T.]

lhe para recriá-lo na ferramenta de sua escolha. Que aspectos você abordaria de forma diferente do autor original?

- **Critique!** Entre as postagens de recapitulação dos arquivos, selecione três que você acredita serem eficazes e descreva o que é feito criteriosamente. Considere como você pode generalizar o que aprendeu com elas para aplicar em seu próprio trabalho. Escolha três designs que você acredita não serem os ideais e reflita sobre os problemas que vê e como pode superá-los. Que desafios comuns você pode generalizar a partir disso que pode superar em seu próprio trabalho?

- **Desafie-se!** Reúna alguns colegas ou amigos, escolha um desafio anterior (ou crie um) e vá em busca de sua própria versão: todos têm um determinado tempo para compilar dados e criar um visual. Compartilhe-os uns com os outros. Abra uma discussão, dando a todos a chance de compartilhar sua criação e receber feedback dos demais. Examine o que você aprendeu com esse processo que pode aplicar em trabalhos futuros. Veja o Exercício 9.4 para saber mais sobre como esse processo prazeroso pode ajudar a cultivar uma cultura de feedback.

PRATIQUE no TRABALHO

Em seguida, vamos explorar como podemos colocar as diversas lições aprendidas relacionadas à escolha de um visual eficaz para uso no trabalho, incluindo perguntas a serem feitas a nós mesmos e como obter feedback.

Tenha um projeto em mente e faça os exercícios a seguir!

Exercício 2.17: desenhe!

Considere um projeto atual em que você precisa visualizar dados. Pegue uma folha de papel e uma caneta ou lápis. Cronometre 10 minutos e veja quantas ideias é capaz de esboçar sobre como mostrar seus dados.

Quando o cronômetro tocar, pare e faça um inventário do que você criou. Qual (ou quais) você mais gostou? Por quê?

Mostre seus esboços para alguém. Explique a ele o que deseja comunicar. Quais visuais eles mais gostam? Por quê?

Caso se sinta preso ou tenha problemas ao procurar criar uma abordagem inovadora por sua conta, vá a uma sala de reuniões com um quadro branco e um ou dois colegas criativos. Diga-lhes o que quer mostrar. Comece a desenhar — e a redesenhar. Enquanto faz isso, discuta com eles: o que funciona bem? O que está faltando? Quais visuais valem a pena serem criados em suas ferramentas? Você pode fazer isso sozinho, caso contrário, o que ou quem pode ajudá-lo a concretizar suas ideias?

Exercício 2.18: faça de novo com sua ferramenta

Dar-se tempo e flexibilidade para iterar entre diferentes visualizações de seus dados lhe permite entender melhor as nuances e determinar a forma de mostrá-los pode ajudar você a alcançar aquele momento mágico de compreensão — eureca! — que você procura em seu público.

Selecione alguns dados que você quer visualizar. Com sua ferramenta favorita, comece a criar visuais diferentes. Quantas maneiras você pode encontrar para analisar os dados? Cronometre 30 minutos e itere para criar diferentes visualizações dos dados em seu aplicativo gráfico.

Quando o cronômetro tocar, avalie cada um: quais são os prós e os contras? O que você deseja que seu público veja? Quais iterações facilitarão isso? Caso não tenha certeza, vá direto para o Exercício 2.21, que lhe dá algumas dicas para solicitar feedback de outras pessoas.

Exercício 2.19: considere estas questões

Quando você cria um gráfico, não é surpreendente que, para você, faça sentido. Você está familiarizado com os dados e sabe o que observar e o que é importante. Não presuma que isso é necessariamente verdade para seu público. Após fazer seu gráfico, faça as seguintes perguntas para ajudar a determinar se é necessária uma iteração adicional.

- **O que você está tentando mostrar?** Como você pretende que seu público use seus dados? O visual que você criou facilita isso? Quais pontos são mais fáceis de ver? Que comparações são mais fáceis de fazer? Que coisas são mais difíceis de fazer devido à maneira como você está mostrando os dados?

- **Qual a importância dele?** Trata-se de uma questão crítica ou apenas de algo que as pessoas podem achar interessante? O que está em jogo? É um cenário em que ser rápido e sem sofisticação é bom? Que nível de perfeição é requerido? Que nível de precisão é necessário?
- **Qual é seu público?** Os dados que está apresentando a ele são familiares ou não? Ele se encaixa em suas noções preconcebidas, ou isso pode ser um desafio? Seu público já tem uma expectativa estabelecida do modo como os dados serão apresentados? Quais são os prós e contras de seguir a norma nessa situação em comparação a fazer algo novo ou inesperado? Quais perguntas seu público terá e como você pode antecipar e estar preparado para abordá-las perfeitamente?
- **Seu público está familiarizado com o tipo de gráfico?** Sempre que usamos algo menos familiar para nosso público, estamos introduzindo um obstáculo: temos que fazer com que ele nos ouça por tempo suficiente para lhe dizer como ler o gráfico ou fazer com que passe tempo suficiente com ele para descobrir sozinho. Se for este seu caso, tenha uma boa razão para isso. Esse visual permite que o público veja facilmente algo que de outra forma seria difícil, ou cria um novo insight que não é possível com formas mais familiares de representar graficamente os dados? Considere também quanto tempo quer gastar falando sobre o gráfico — quanto da inteligência do seu público você quer que ele use tentando entender o gráfico e os dados ali mostrados?
- **Como você está apresentando a informação?** Estará lá pessoalmente para falar sobre os dados, definir o contexto e responder a perguntas, ou está enviando algo que precisa ser processado por conta própria? Especialmente quando não estiver lá, você precisa tomar providências que deixem claro para seu público o que o gráfico representa, como lê-lo e de que modo deseja que eles processem seus dados.

Exercício 2.20: fale em voz alta

Após criar seu gráfico ou slide, pratique falar em voz alta. Se estiver apresentando os dados em tempo real (uma reunião ou apresentação), mostre-os em uma tela grande e pratique, discutindo-os como faria em uma reunião. Mesmo quando você tiver que enviar a apresentação e o público tenha que processar os dados por conta própria, você pode se beneficiar muito fazendo esse exercício.

Primeiro, estabeleça como ler o gráfico, o que ele mostra e o que cada eixo representa. Depois, discorra sobre os dados e as observações mais importantes acerca deles. Suas palavras podem revelar dicas sobre como iterar. Dizer coisas como "Isso não é importante" ou "Ignore isso", são dicas para elementos que você pode colocar em segundo plano (ou, em alguns casos, eliminar de vez). Da mesma forma como direciona a atenção ao falar sobre os dados, considere como você pode fazer isso visualmente pelo modo como projeta o gráfico.

Se for o caso de uma apresentação ao vivo, praticar em voz alta também ajudará a dar mais fluidez a seu desempenho como um todo. Primeiro, faça isso sozinho. Quando você se sentir à vontade, pratique conversar com outra pessoa e obter feedback. O próximo exercício (Exercício 2.21) fornece mais dicas para obter um bom feedback gráfico.

Quer conhecer mais benefícios de falar em voz alta? Ouça o episódio 6 do podcast *storytelling with data* (storytellingwithdata.com/podcast) — conteúdo em inglês —, que se concentra nesse tópico.

Exercício 2.21: solicite feedback

Você criou um gráfico e o acha ótimo. Acontece que, provavelmente, não há ninguém que conheça melhor seu trabalho do que você mesmo, o que faz com que, sendo o gráfico sua criação, ele faça todo sentido para você. Mas será que vai funcionar para seu público?

E que tal o cenário em que você iterou em sua ferramenta, criando várias visualizações diferentes dos dados, mas não tem certeza de qual funcionará melhor?

Em ambos os casos, recomendo solicitar feedback de outra pessoa.

Crie um visual ou conjunto de gráficos e busque alguém que possa ser útil. Não há necessidade de qualquer contexto. Peça-lhe para falar sobre o modo de absorver as informações, incluindo:

- O que lhe chama a atenção?
- Que perguntas lhe vêm à cabeça?
- Quais são suas impressões?

Essa conversa pode ajudá-lo a entender se o visual que criou atende ao propósito pretendido ou, se não estiver, indicar em que ponto concentrar suas iterações. Pergunte. Discuta suas escolhas de design. Fale a respeito do que está funcionando de forma eficaz e daquilo que pode não ser tão óbvio para alguém menos íntimo dos dados. Buscar feedback de várias fontes também pode ser benéfico: pense em quando seria útil obtê-lo de alguém que esteja em uma função ligeiramente diferente da sua.

Além disso, observe a postura facial inicial: um microssegundo se passa antes que alguém controle suas reações físicas. Um franzir de sobrancelhas, um breve cerrar dos lábios (ou qualquer distorção no rosto) são microssinais de que algo pode não estar funcionando bem. Preste atenção a essas dicas e procure refinar seus recursos visuais. Se as pessoas têm dificuldades com seu gráfico, não as culpe assim, sem mais nem menos. Considere o que pode fazer para tornar as informações mais fáceis de assimilar: talvez intitular ou rotular com mais clareza, usar poucas cores como forma de atenção ou escolher um tipo de gráfico diferente para transmitir melhor seu ponto de vista.

Você encontrará orientações adicionais para dar e receber feedback eficaz no Exercício 9.3.

Exercício 2.22: faça um acervo de visuais

Forme um acervo de exemplos eficazes de visualização de dados criados e usados no trabalho. Trata-se de algo para fazer sozinho ou um ótimo empreendimento para uma equipe ou organização. Pense em como organizar o conteúdo para facilitar a pesquisa (por tipo de gráfico, tema, ferramenta etc). Disponibilize o download para que outros abram os detalhes de como foram feitos e permita modificações para uso no próprio trabalho deles. Você também pode adicionar exemplos eficazes encontrados na mídia, blogs ou no #SWDchallenge.

Faça da visualização de dados eficaz um objetivo da equipe. Para mantê-lo continuadamente no centro das atenções, organize uma competição que seja regular e amigável, na qual todos possam indicar exemplos, próprios ou de seus colegas, de visualização de dados eficaz. A cada mês ou trimestre, escolha os vencedores e arquive seus trabalhos no acervo compartilhado. Isso pode se constituir em uma ótima fonte contínua de inspiração: alguém com bloqueio criativo tem a quem recorrer e procurar possíveis ideias. Também é um excelente recurso para novos contratados, pois eles têm disponíveis exemplos de visualização de dados eficaz em seu ambiente de trabalho, ajudando a estabelecer as expectativas corretas para seu próprio trabalho.

Exercício 2.23: explore recursos adicionais

Na hora de escolher um gráfico eficaz ou se inspirar nas criações de outras pessoas, muitos recursos adicionais estão disponíveis. Praticar, obter feedback e iterar são as chaves para o sucesso. Dito isso, aqui estão alguns seletores de gráficos que você pode achar úteis quando se trata de descobrir quais gráficos podem funcionar para suas necessidades específicas [nos seletores e coleções, conteúdo em inglês]:

- **Chart Chooser** (Juice Analytics, labs.juiceanalytics.com/chartchooser). Utilize os filtros para encontrar o tipo de gráfico certo para suas necessidades, baixe modelos em Excel ou PowerPoint e insira seus próprios dados.

- **The Chartmaker Directory** (Visualizing Data, chartmaker.visualisingdata.com). Explore a matriz de tipo de gráfico por ferramenta e clique nos círculos para acessar soluções e exemplos.

- **Graphic Continuum** (PolicyViz, policyviz.com/?s=graphic+continuum). Inclui mais de 90 tipos gráficos agrupados em seis categorias. Confira também o Match It Game e os Cards relacionados.

- **Interactive Chart Chooser** (Depict Data Studio, depictdatastudio.com/charts). Explore o seletor de gráfico interativo usando filtros.

Consulte as coleções abaixo para buscar inspiração no trabalho de outras pessoas. Em cada gráfico que encontrar, dê-se um tempo para refletir sobre o que funciona bem (ou nem tanto) e considere como pode usar (ou evitar!) aspectos semelhantes em seu próprio trabalho:

- **Information Is Beautiful Awards** (informationisbeautifulawards.com). Tratam-se de prêmios anuais que celebram a excelência e a beleza em visualizações de dados, infográficos, interativos e arte informativa. Há nos arquivos centenas de visualizações de dados.

- **Reddit: Data Is Beautiful** (reddit.com/r/dataisbeautiful). Um local para representações visuais de dados: gráficos, tabelas e mapas.
- **Tableau Public Gallery** (public.tableau.com/s/gallery). Esplêndidos exemplos de visualização de dados de toda a web criados com o Tableau Public. Consulte, em especial, a Galeria de Greatest Hits usando o menu suspenso.
- **The R Graph Gallery** (r-graph-gallery.com). Em busca de inspiração ou ajuda? Aqui você encontrará centenas de diferentes gráficos elaborados com a linguagem de programação R, incluindo o código.
- **Xenographics** (xeno.graphics). Xeno.graphics é um repositório de visualizações recentes, inovadoras e experimentais para ajudar a inspirar, combater a xenografobia [medo de gráficos desconhecidos ou estranhos] e popularizar novos tipos de gráficos.

Exercício 2.24: vamos discutir

Considere as seguintes questões relacionadas às lições e exercícios do Capítulo 2. Discuta-as com um parceiro ou grupo.

1. De que maneira processar tabelas é diferente de processar gráficos? Quais são os prós e contras de apresentar dados em forma de tabela? Em que circunstâncias faz sentido usar uma tabela? Em quais situações você deve evitar a opção por uma tabela?

2. É comum deparar-se com a decisão de representar graficamente os dados intitulando e rotulando um eixo y, ou omitir o eixo e rotular os dados diretamente. Que considerações você deve fazer ao determinar qual a melhor opção para uma determinada situação?

3. Quando é bom ter uma linha de base diferente de zero ao representar graficamente os dados?

4. Por que o papel é uma boa ferramenta para gráficos de dados? Os exercícios deste capítulo foram úteis? Você usará esse método de baixa tecnologia daqui para frente? Sim ou não? Por quê?

5. Qual o propósito de representar graficamente um certo conjunto de dados de várias maneiras? Por que é importante iterar e observar diferentes visualizações dos dados? Quando você terá tempo para fazer isso daqui em diante? Quando não faz sentido gastar tempo com isso?

6. Os exemplos no *SCD* e neste livro são principalmente gráficos básicos: linhas e barras. Quando faz sentido usar um gráfico mais moderno ou menos familiar? Quais os prós e contras de usar um gráfico que seu público pode não ter visto anteriormente? Que providências você pode tomar nessa situação para ajudar a ter sucesso?

7. Há casos em que os dados costumam ser representados graficamente de um certo modo por sua equipe ou organização que você crê que deveriam mudar? Como você pode conduzir essa mudança? Que tipo de resistência ou dificuldade você prevê? Como resolver isso?

8. Que meta específica você definirá para si ou sua equipe relacionada às estratégias descritas neste capítulo? Como se responsabilizar (ou à equipe) por isso? A quem recorrer para obter feedback?

capítulo três

identifique & elimine a saturação

Cada um dos elementos colocados nos gráficos ou nas páginas e slides que os contêm aumenta a carga cognitiva; em outras palavras, necessita de energia cerebral para processar. É preciso avaliar criteriosamente os itens que utilizamos em nossas comunicações visuais e eliminar aquilo que não está agregando valor informativo suficiente que justifique sua presença.

Esta lição é simples, mas de enorme impacto: livre-se das coisas que não precisam estar lá. Neste capítulo, ilustraremos e experimentaremos o poder de fazê-lo por meio de um punhado de exercícios elaborados especificamente para essa finalidade.

Vamos praticar **identificar e eliminar a saturação!**

Primeiro, recapitularemos as principais lições do Capítulo 3 do SCD.

SCD LIVRO CAPÍTULO 3

PRIMEIRO, VAMOS RECAPITULAR

A SATURAÇÃO É SUA INIMIGA

SATURAÇÃO ELEMENTOS VISUAIS que OCUPAM ESPAÇO e NÃO AJUDAM nossa COMPREENSÃO

CARGA COGNITIVA O ESFORÇO MENTAL REQUERIDO para APRENDER UMA NOVA INFORMAÇÃO

cada elemento que colocamos em uma página ou tela aumenta a carga cognitiva de nosso público

então devemos tomar cuidado para não incluir coisas que não adicionam informações

FALTA DE ORDEM VISUAL (outro tipo de saturação)

↔ APROVEITAR O ESPAÇO EM BRANCO e ALINHAR ELEMENTOS

Use componentes horizontais e verticais limpos, evite os diagonais

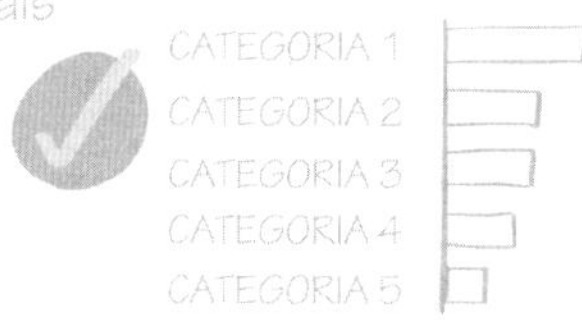

USO NÃO ESTRATÉGICO de CONTRASTE

UM CONTRASTE NÍTIDO *é* um SINAL QUE INDICA PARA *onde* OLHAR

não mostre muitas coisas diferentes, ou os aspectos chaves poderão ficar perdidos

PRINCÍPIOS DA GESTALT

DESCREVEM *como* ORDENAMOS SUBCONSCIENTEMENTE *o que* VEMOS *no* MUNDO

podemos usar esse entendimento de como as pessoas veem para ajudar a identificar & eliminar a SATURAÇÃO

PROXIMIDADE

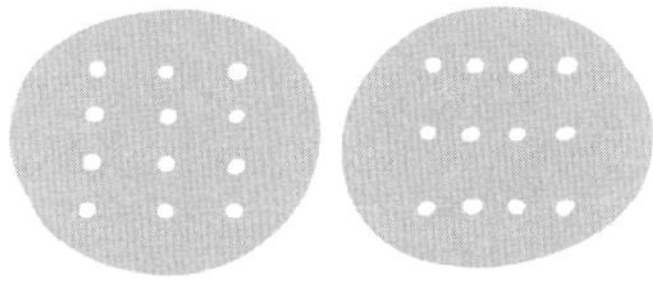

SIMILARIDADE

ACERCAMENTO

FECHAMENTO

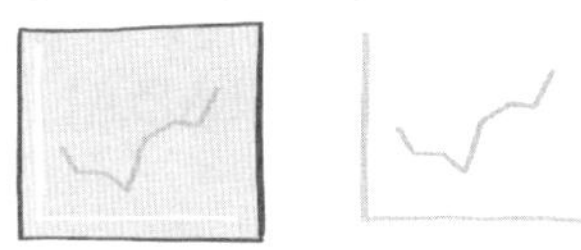

CONTINUIDADE

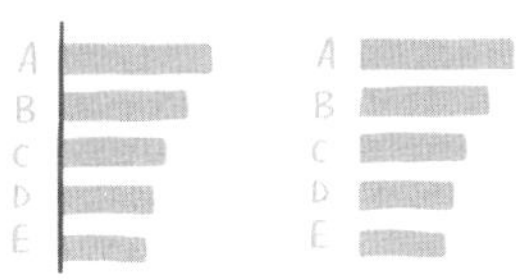

CONEXÃO

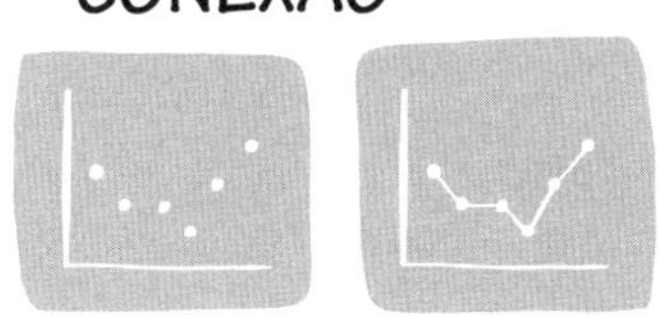

PRATIQUE com COLE

3.1 quais princípios da Gestalt estão em jogo?

3.2 como podemos ligar visualmente as palavras ao gráfico?

3.3 atrelar alinhamento & espaço em branco

3.4 dessaturar!

PRATIQUE por CONTA PRÓPRIA

3.5 quais princípios da Gestalt estão em jogo?

3.6 busque um visual eficaz

3.7 crie alinhamento e use espaço em branco

3.8 dessature!

3.9 dessature (de novo)

3.10 dessature (mais uma vez)

PRATIQUE no TRABALHO

3.11 comece com uma folha de papel em branco

3.12 você precisa disso?

3.13 vamos discutir

PRATIQUE com COLE

Começaremos nos familiarizando com os Princípios da Gestalt para percepção visual, depois exploraremos como usá-los para dessaturar e deixar nossas comunicações visuais mais fáceis para nosso público processar.

Exercício 3.1: quais princípios da Gestalt estão em jogo?

Os princípios da Gestalt descrevem maneiras pelas quais subconscientemente ordenamos as coisas que vemos. O *SCD* apresentou seis deles: proximidade, similaridade, acercamento, fechamento, continuidade e conexão. Podemos usá-los para tornar nossas comunicações visuais mais fáceis de serem processadas pelo nosso público, deixando mais óbvias as conexões entre os diferentes elementos que mostramos. (Se não estiver familiarizado com esses princípios e não tiver o *SCD* à mão, vamos analisá-los por meio da solução deste exercício.)

Abaixo, um visual que ilustra o tamanho do mercado real e previsto (com base no total de vendas) ao longo do tempo de uma classe de medicamentos farmacêuticos. Quais dos princípios da Gestalt acima citados você consegue identificar? Onde e como cada um é usado?

FIGURA 3.1 Quais princípios da Gestalt estão em jogo?

Solução 3.1: quais princípios da Gestalt estão em jogo?

Usei os 6 princípios da Gestalt na Figura 3.1. Vamos discutir brevemente.

Proximidade: A proximidade foi usada de diferentes formas. A proximidade física do título e dos rótulos do eixo y indica que esses elementos devem ser entendidos conjuntamente. A proximidade entre os rótulos de dados e os marcadores de dados deixa claro que eles se relacionam entre si.

Similaridade: A semelhança de cor (laranja e azul) é usada para vincular visualmente as palavras selecionadas no texto na parte superior aos pontos de dados no gráfico que essas palavras descrevem.

Acercamento: O sombreado cinza-claro no lado direito do gráfico emprega o princípio do acercamento para diferenciar a previsão dos dados históricos reais e, também, para vincular essa parte da linha às palavras na parte inferior que dão detalhes adicionais. As linhas entre 2018 e 2019 no eixo x também têm um efeito de acercamento.

Fechamento: O visual geral usa o princípio de fechamento. Não coloquei uma borda ao redor do gráfico. Não precisava: segundo esse princípio, percebemos um conjunto de elementos individuais como uma unidade única e reconhecível. Assim, o gráfico é visto como parte de um todo. Se olharmos elemento por elemento, isso também é verdade para cada uma das caixas de texto individuais.

Continuidade: A linha tracejada que representa os dados de previsão no lado direito do gráfico emprega o princípio da continuidade. Isso permite a essa parte da linha ser visualmente distinta, mas ainda nos faz "vê-la" como uma linha. Uma vez que as linhas tracejadas, por si sós, adicionam desordem (pois são muitos traços em comparação com uma única linha sólida), recomendo reservar seu uso para quando houver incerteza para representar, como é o caso da previsão.

Conexão: O princípio de conexão é usado no próprio gráfico de linhas, ligando todos os pontos de dados mensais, deixando a tendência geral mais fácil de ver. Cada eixo também emprega esse princípio, conectando visualmente dólares no eixo y e tempo no eixo x.

Pode haver usos adicionais dos princípios que não mencionei diretamente. Entre os que descrevi acima, quantos você identificou? Como você usaria estratégias semelhantes no futuro? Veremos aplicações adicionais dos princípios da Gestalt nos exercícios restantes deste capítulo e além.

Expandindo para outras lições constantes no Capítulo 3 do *SCD*, reflita sobre como o uso estratégico de contraste, alinhamento e espaço em branco contribuiu para a eficácia do visual na Figura 3.1. Por falar nesses elementos de design, mais adiante faremos um exercício analisando-os mais de perto. Antes, porém, vejamos como se pode usar os princípios da Gestalt para vincular palavras aos dados que mostramos.

Exercício 3.2: como podemos ligar visualmente as palavras ao gráfico?

Ao nos comunicarmos com dados com uma finalidade explanatória, o resultado, em geral, é um conjunto de slides, cujas páginas contêm palavras e imagens. Não raro, encontro exemplos de clientes que têm um gráfico de um lado e palavras do outro, ou palavras no topo e um gráfico ou dois embaixo. Muitas vezes, tanto as palavras quanto os recursos visuais são importantes: as palavras ajudam a contextualizar ou descrever algo e o gráfico nos permite vê-lo.

Isso é muitas vezes desafiador, pois cria muito trabalho para o público. Quando lemos o texto, é deixado por nossa conta a tarefa de procurar nos dados onde devemos procurar no(s) gráfico(s) a evidência do que está sendo dito. Temos que descobrir, sozinhos, como as palavras se relacionam com o gráfico e vice-versa.

Não transfira esse tipo de trabalho para seu público: faça por ele!

Para ajudar, podemos usar os princípios da Gestalt para vincular visualmente o texto aos dados. Vamos praticar. Considere o visual que vem a seguir. **Quais princípios da Gestalt poderíamos usar para ligar as palavras à direita ao gráfico da esquerda?** Anote-os e descreva ou desenhe como você utilizaria cada um. Qual você adotaria se estivesse comunicando esses dados?

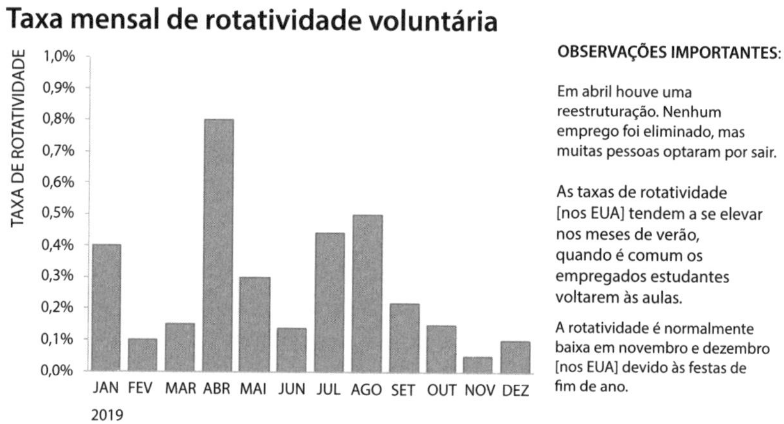

FIGURA 3.2a Como podemos ligar visualmente as palavras ao gráfico?

Solução 3.2: como podemos ligar visualmente as palavras ao gráfico?

Quando lê o texto à direita, o público não encontra dicas visuais que o ajudem a saber onde procurar no gráfico a evidência do que está escrito. É preciso ler, pensar a respeito e pesquisar no gráfico. Este é um exemplo direto: com algum tempo, podemos descobrir. Mas não quero que meu público tenha que "descobrir"; quero, após identificar esse trabalho implícito que o visual da Figura 3.2a pede a meu público para realizar, desenhar meu visual de uma maneira que minimize ou elimine esse trabalho, facilitando as coisas para meu público. Vincular coisas que se relacionam entre si por intermédio dos princípios da Gestalt me permite fazer isso.

Ilustrarei ideias para fazer uso de quatro dos princípios da Gestalt para ligar meus dados ao texto: proximidade, similaridade, acercamento e conexão. Discutiremos cada um deles e veremos como aplicá-los.

Proximidade. Posso colocar o texto fisicamente próximo aos dados que ele descreve. Essa tende a ser uma boa abordagem, desde que se possa fazer isso sem interferir na capacidade de ler os dados. Veja a Figura 3.2b.

Taxa mensal de rotatividade voluntária

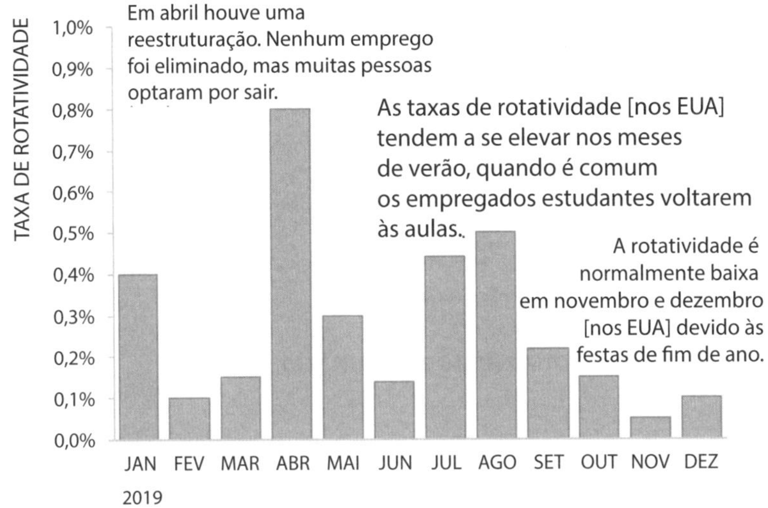

FIGURA 3.2b Proximidade

Devido à proximidade do texto com os dados que ele descreve, o trabalho fica um pouco menor. Entretanto, ainda precisamos fazer algumas suposições ou ler o eixo x para saber exatamente quais pontos de dados estão sendo descritos. Se quiséssemos ilustrar isso mais rapidamente, poderíamos fazê-lo distinguindo esses pontos de dados individuais. Veja a Figura 3.2c.

Taxa mensal de rotatividade voluntária

FIGURA 3.2c Proximidade com ênfase

Na Figura 3.2c, ambos, o cinza mais escuro para os pontos de interesse e o negrito no texto, nos permitem entender rapidamente, conforme lemos as várias observações descritas nele, quais pontos de dados ilustram essas conclusões. Porém, quando colocamos texto diretamente no gráfico, às vezes pode ser mais difícil ver o que está acontecendo nos dados. E, em outras vezes, o texto diretamente no gráfico pode parecer confuso ou simplesmente pode não haver espaço para tal. Em casos assim, procure uma das seguintes soluções.

Similaridade. Pode-se manter o texto à direita, mas empregando similaridade de cores para ligar as palavras ao gráfico. Veja a Figura 3.2d.

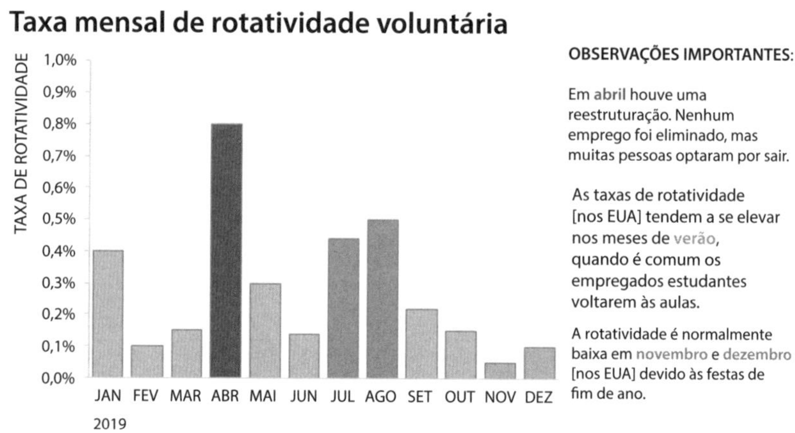

FIGURA 3.2d Similaridade

Quando examino as informações da Figura 3.2d, meus olhos ficam envolvidos em um vaivém. Começo no canto superior esquerdo, depois o olhar corre para a direita, parando na barra vermelha e depois segue para o primeiro bloco de texto à direita e o "Abril" em vermelho. Então continuo lendo para baixo e encontro o "Verão" em laranja, que me leva a saltar para a esquerda até as barras laranja. Depois, finalmente, paro nas barras azuis e leio o texto que as descreve. Isso parece bastante natural para mim e adoto essa estratégia com frequência. Ainda assim, vejamos algumas outras opções.

Acercamento. Podemos incluir fisicamente o texto com os dados que ele descreve. Consulte a Figura 3.2e.

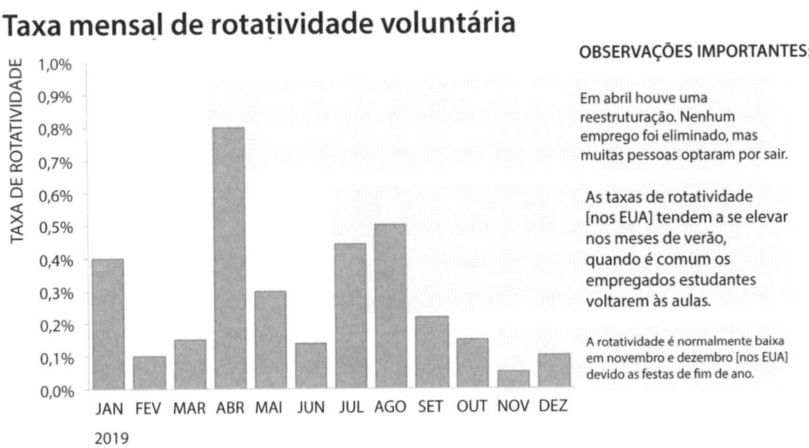

FIGURA 3.2e Acercamento

Na Figura 3.2e, as faixas em cinza-claro destinam-se a conectar os pontos de dados ao texto. Caso o formato dos dados seja outro, esse método pode não funcionar tão bem. Por exemplo, se a barra de setembro tivesse valor de 0,8%, haveria confusão, pois ela cruzaria tanto a primeira quanto a segunda área sombreada em cinza-claro, e poderia nos levar a pensar que deveríamos relacioná-la com uma delas, quando, de fato, nenhuma parte do texto refere-se a esse ponto de dados específico.

Eu gosto da aparência, no entanto, outra desvantagem em comparação com o uso anterior de similaridade de cores é que não há nenhuma dica visual que nos auxilie a falar sobre esses dados. Se a apresentação desse gráfico for ao vivo, convém poder dizer coisas como: "Olhe para a barra vermelha, que mostra..." ou "As barras azuis indicam onde..." É possível resolver isso adicionando cor às regiões sombreadas. Consulte a Figura 3.2f.

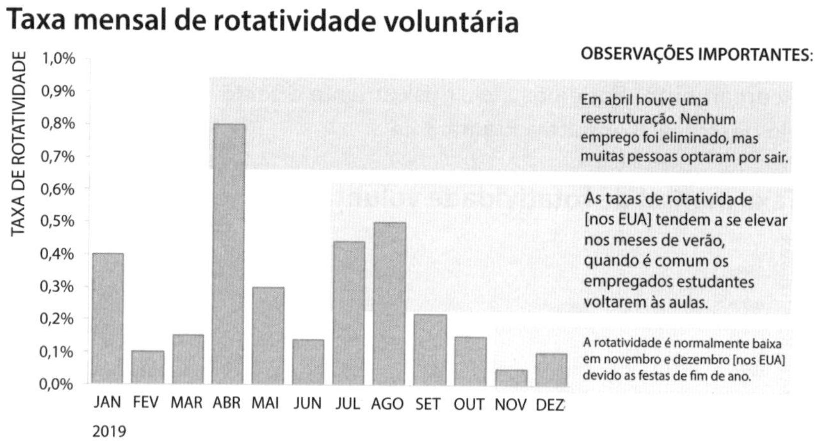

FIGURA 3.2f Acercamento com diferenciação de cor

Eu poderia ir um pouco mais longe e usar a semelhança de cores para poupar dados e palavras, além das regiões sombreadas, a fim de deixar claro qual texto se relaciona a quais pontos de dados. Veja a Figura 3.2g.

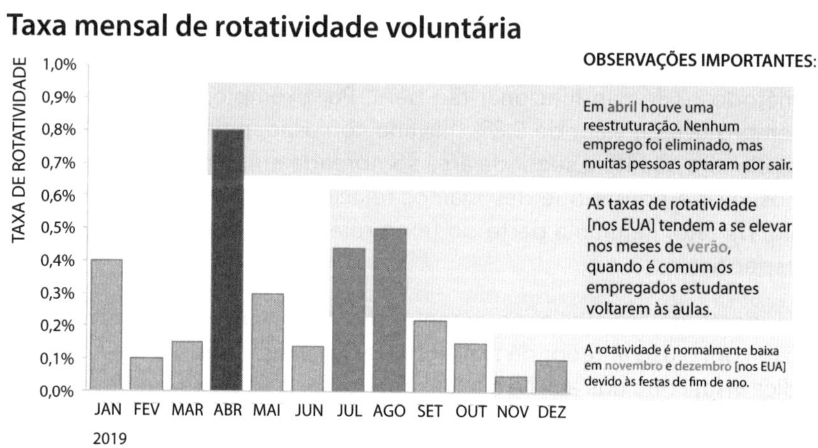

FIGURA 3.2g Acercamento mais similaridade

Conexão. Um outro modo de ligar as palavras aos dados é conectando-os fisicamente. A Figura 3.2h ilustra isso.

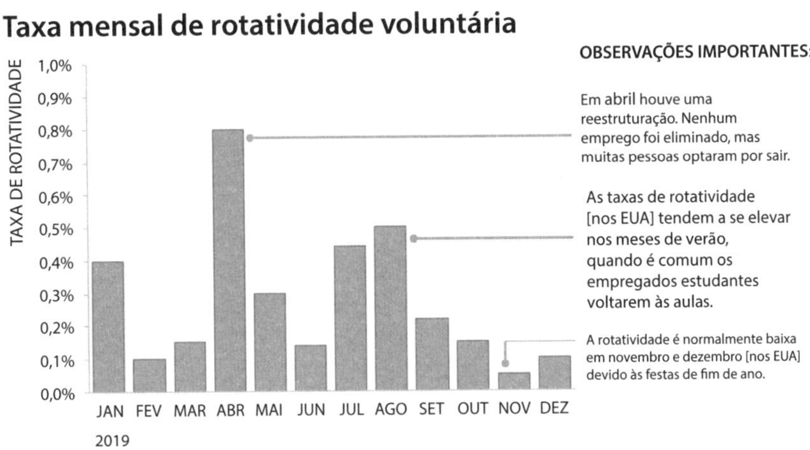

FIGURA 3.2h Conexão

Essa opção funciona bem, considerando o layout dos dados e as alturas variáveis das barras. Trata-se de um método que parecerá mais despojado quando se tiver apenas algumas linhas e for viável dispô-las horizontalmente (linhas diagonais parecem confusas e chamam a atenção, portanto, se for necessário usar linhas diagonais, recomendo usar similaridade em vez de conexão). Observe que as linhas em si não precisam chamar a atenção: elas podem ser finas e discretas, então estão lá para referência, e não nos desviam dos dados.

Resta ainda algum processamento que tenho que fazer, porém, com a visualização na Figura 3.2h. Preciso ler o bloco do meio do texto para saber que ele se aplica não só à barra de agosto, mas também à barra que a precede, a de julho. Processamento semelhante é necessário para dezembro e a conclusão final. Eu poderia facilitar esse trabalho sobrepondo a similaridade de cores. Veja a Figura 3.2i.

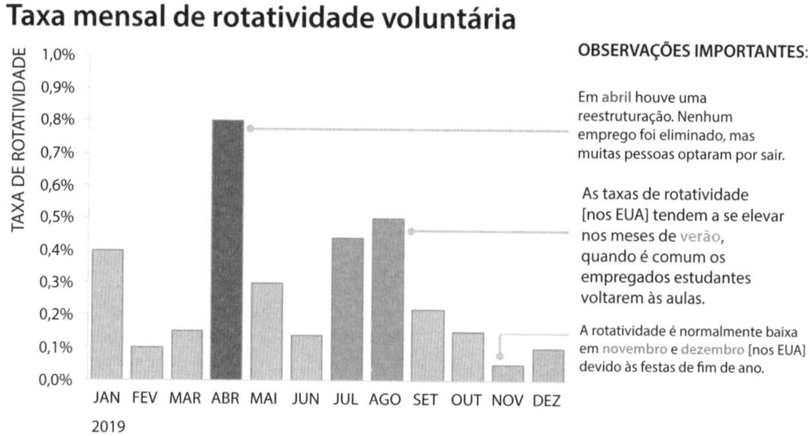

FIGURA 3.2i Conexão mais similaridade

A Figura 3.2i deixa claro, tanto por conexão quanto por similaridade, qual texto se relaciona com quais dados.

Entre essas opções (e você pode muito bem ter encontrado outras), tenho mais simpatia pela Figura 3.2d, a que se vale da similaridade simples de cores. A visão anterior na Figura 3.2i é a segunda mais próxima para mim. As ideias que você teve assemelharam-se ou foram diferentes das minhas? Após ler minha explicação, a decisão que tomou sobre como comunicaria esses dados permanece a mesma?

Assim como ocorre com a maior parte do que discutimos, não há uma única resposta certa. Pessoas diferentes farão escolhas diferentes. O mais importante é facilitar as coisas para o seu público. Ao mostrar texto e dados juntos, deixe claro para eles, quando estiverem lendo o texto, onde ponto procurar nos dados as evidências do que está sendo dito e, quando analisarem os dados, onde devem procurar no texto detalhes adicionais. Os princípios da Gestalt podem ajudá-lo nisso.

Exercício 3.3: atrelar alinhamento e espaço em branco

Utilizamos os princípios da Gestalt para organizar o que vemos. Também é preciso eliminar a desordem visual. Quando os elementos não estão alinhados e falta espaço em branco, tudo parece confuso. A analogia é uma sala bagunçada que necessita ser arrumada: coloque tudo em seu lugar e a mágica acontece: os itens são os mesmos, mas agora há uma sensação harmoniosa de ordem.

Vamos fazer um exercício rápido para ilustrar como podemos realizar algo semelhante com nossos gráficos. Aqueles componentes aparentemente menos significantes de nossos designs visuais podem ter grande impacto no aspecto geral do que criamos, bem como na maior ou menor facilidade de percepção do público quanto àquilo que queremos mostrar.

Veja a Figura 3.3a, um slide no qual constam dados sobre médicos redigindo prescrições (prescritores) para um medicamento (Produto X) em três promoções diferentes (A, B e C). O gráfico de inclinação compara a porcentagem do total nos três tipos de promoção entre os prescritores habituais (os médicos que já haviam prescrito anteriormente o Produto X) à esquerda e os novos prescritores (aqueles que o fizeram pela primeira vez) à direita. Detalhes, neste caso, não são tão importantes. Convém notar que, provavelmente, também poderíamos debater se essa é a melhor maneira de mostrar esses dados, mas vamos deixar isso de lado e nos concentrar em como podemos organizar melhor os componentes atuais.

Que mudanças você faria em termos de alinhamento e espaço em branco para melhorar esse visual? Há outras mudanças que você poderia sugerir? Escreva-as.

Caso queira, você pode baixar este visual e implementar as alterações descritas.

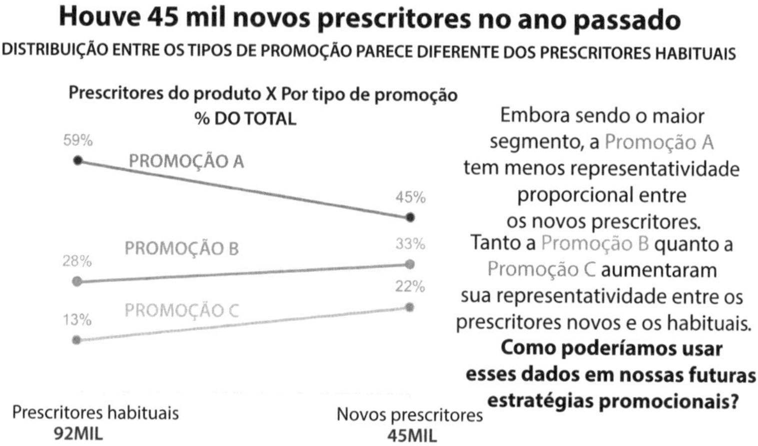

FIGURA 3.3a Como usar melhor o alinhamento e o espaço em branco?

Solução 3.3: atrelar alinhamento e espaço em branco

O visual da Figura 3.3a aparenta desleixo. Parece que os elementos foram simplesmente jogados no slide. Alguns minutos e ligeiras mudanças no alinhamento e uso do espaço em branco podem trazer uma sensação de ordem e deixar as informações mais fáceis de assimilar.

Primeiro, vejamos o alinhamento. O texto está todo centralizado. Minha tendência é evitar isso porque pode deixar coisas penduradas no espaço. E mais: quando o texto flui em várias linhas, criam-se bordas irregulares que parecem confusas. Defendo caixas de texto alinhadas à esquerda ou à direita, criando linhas verticais e horizontais limpas entre os elementos. Isso permite usar o princípio de fechamento da Gestalt: conforme enquadramos, ele ajuda a unir os elementos do slide. Neste caso, alinharei à esquerda os tópicos na parte superior, o título do gráfico e os rótulos do eixo x esquerdo (Prescritores habituais, 92 mil). Puxarei os rótulos de dados dentro do gráfico para estarem à esquerda para os habituais e à direita para os novos. Também puxarei as descrições das Promoções A, B e C do meio do gráfico para orientá-las à direita, alinhando-as horizontalmente com os rótulos de dados para esses pontos (eu também poderia colocá-los à esquerda dos rótulos da esquerda; normalmente, minha escolha depende de em qual ponto quero que o público se concentre). Por fim, alinhei à esquerda o texto à direita.

Justifiquei à esquerda a maior parte do texto (a única exceção é eixo do rótulo Prescritores novos e 45 mil, que justifiquei à direita para dar o enquadramento no lado direito do gráfico). A escolha entre alinhamento à esquerda ou à direita (ou, em casos raros, alinhamento ao centro) depende do layout dos elementos no resto da página. A ideia é criar linhas verticais e horizontais claras. Às vezes, o texto justificado à direita também funcionará, e você notará isso em diversos exemplos ao longo deste livro. Tentei alinhar o texto à direita no lado direito da página, mas isso criou alguns espaços em branco irregulares presos no meio da página que não gostei, então voltei ao alinhamento à esquerda.

A outra mudança foi em relação ao espaço em branco. Puxei o título do gráfico de modo a criar um pequeno espaço entre ele e o gráfico. Reduzi a largura do gráfico, para permitir espaço para rotular as séries de dados à direita e ter algum espaço entre isso e a caixa de texto à direita. Talvez a maior (e mais rápida de implementar) mudança nesta área seria apenas adicionar quebras de linha ao texto à direita, tornando-o mais fácil de examinar e um pouco mais agradável de visualizar.

Todas essas mudanças estão implementadas na Figura 3.3b.

Houve 45 mil novos prescritores no ano passado

A distribuição entre os tipos de promoção parece diferente dos prescritores habituais

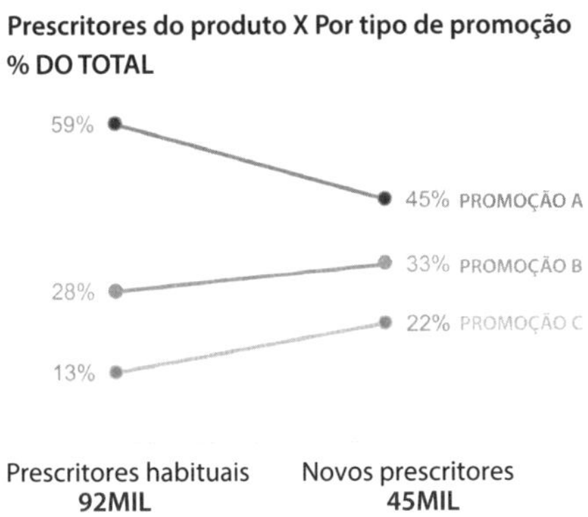

Embora sendo o maior segmento, a Promoção A tem menos representatividade proporcional entre os novos prescritores.

Tanto a Promoção B quanto a Promoção C aumentaram sua representatividade entre os prescritores novos e os habituais.

Como poderíamos usar esses dados em nossas futuras estratégias promocionais?

FIGURA 3.3b Melhor emprego de alinhamento e espaço em branco

Compare a Figura 3.3b com a Figura 3.3a. Qual é a sensação desse gráfico ordenado em comparação com o original? Há um agradável senso de estrutura na Figura 3.3b, algo que inicialmente estava faltando.

Você pode ter tomado decisões diferentes ao reconfigurar, e tudo bem. O importante é o cuidado no uso do alinhamento e do espaço em branco. Essas pequenas coisas podem ter um grande impacto!

No Capítulo 5 veremos mais exemplos que ilustram o benefício de prestar atenção aos detalhes em nosso design visual.

Exercício 3.4: dessature!

Uma fonte frequente de saturação na visualização de dados vem de elementos gráficos desnecessários: bordas, linhas de grade, marcadores de dados e outros. Com isso, nossos visuais parecem excessivamente complicados, aumentando o trabalho que nosso público precisa realizar para entender o que está vendo. Conforme retiramos aquilo que não precisa estar lá, os dados ganham destaque. Vamos olhar mais de perto o benefício visual proporcionado pela organização.

Consulte a Figura 3.4a, que mostra o tempo decorrido para fechar negócios, medido em dias, para equipes de vendas diretas e indiretas ao longo do tempo.

Quais elementos visuais você poderia retirar? Que outras alterações você faria no que é mostrado, ou como é mostrado, para reduzir a carga cognitiva? Pense nisso por alguns momentos e faça algumas anotações. Quantas mudanças você faria nesse visual?

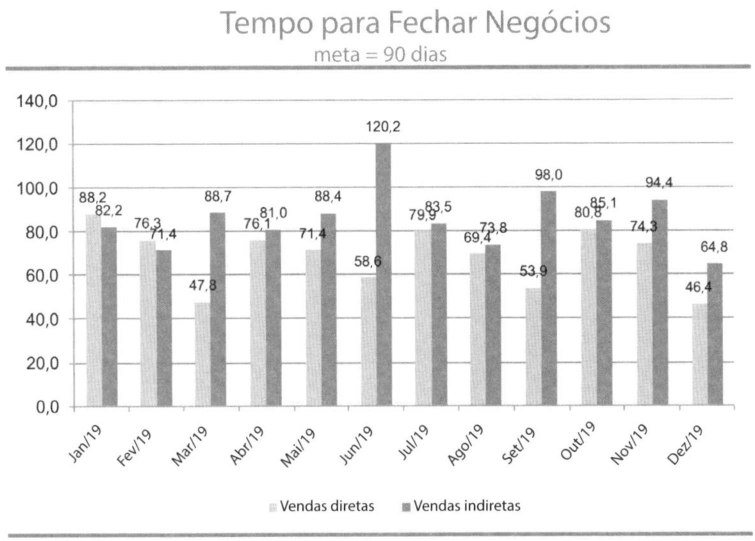

FIGURA 3.4a Vamos dessaturar!

Solução 3.4: dessature!

Identifiquei 15 alterações que gostaria de fazer no gráfico Tempo para Fechar Negócios. Caso as que você anotou não cheguem a tanto, consulte a Figura 3.4a e leve mais uns dois minutos para ver o que mais pode modificar antes de ler minhas ideias.

Pronto? Deixe-me orientá-lo sobre o que eu faria — passo a passo — e meu raciocínio por trás de cada escolha.

1. Remova as linhas grossas. As linhas horizontais grossas entre o título e o gráfico, e na borda inferior do gráfico, são descartáveis. De acordo com o princípio de fechamento, já vemos o gráfico como parte de um todo: não há necessidade de fechamentos parciais para enfatizar isso. Use espaço em branco para separar o título e o gráfico de outros elementos conforme for preciso.

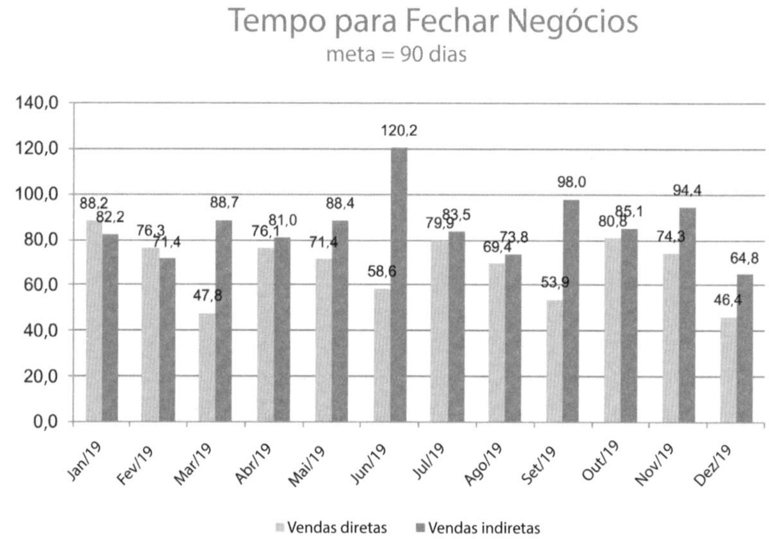

FIGURA 3.4b Remova linhas grossas

2. Remova linhas de grade. Linhas de grade não se justificam! Sempre fico impressionada o quanto as etapas simples de remover a borda do gráfico e as linhas de grade fazem com que nossos dados se destaquem mais. Veja a Figura 3.4c.

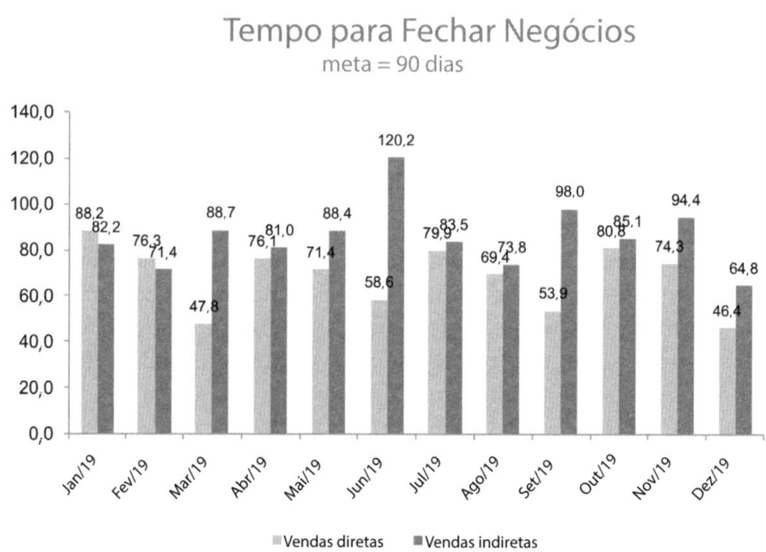

FIGURA 3.4c Remova as linhas de grade

3. Remova os zeros na casa decimal dos números do eixo y. Esta é uma das minhas maiores queixas! Os zeros após a casa decimal não carregam nenhuma informação — livre-se deles. Também vou mudar a frequência dos meus rótulos do eixo y. Embora rotular a cada 20 faça sentido em função da escala dos números, estamos nos referindo a dias, então, intervalos de 30 seria algo mais apropriado (aproximadamente um mês). Ao ver que o eixo parecia esparsado, no entanto, optei por intervalos de 15 dias. Adicionaremos também um título no eixo y para saber o que estamos vendo. Defendo a rotulação direta dos eixos para que o público não fique questionando ou fazendo suposições para decifrar os dados.

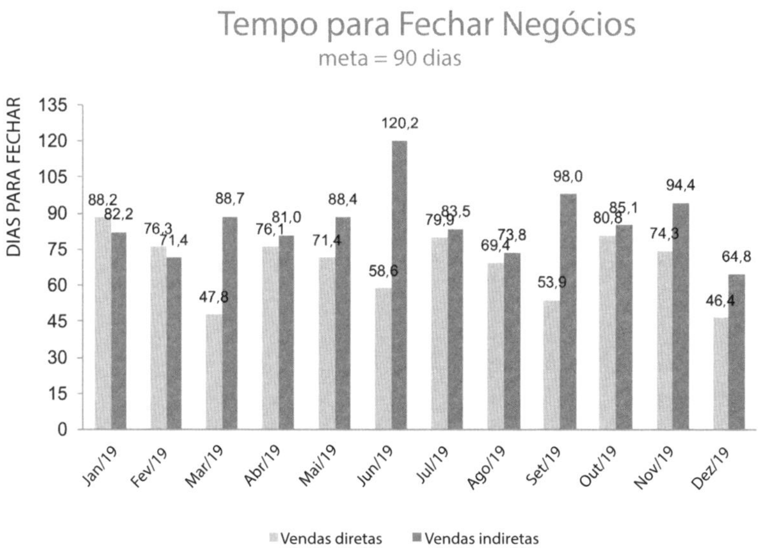

FIGURA 3.4d Tirando os zeros dos rótulos do eixo x

4. Elimine o texto em diagonal no eixo x. O texto em diagonal parece confuso. Ainda pior, estudos mostram que é mais lento para ler do que texto horizontal (a propósito, o texto vertical é ainda mais lento). Se a eficiência em transferir informações é um de seus objetivos ao se comunicar com dados — o que a meu ver deveria ser — utilize texto horizontal sempre que possível.

Noto esse problema frequentemente, com rótulos diagonais do eixo x, no qual os anos são repetidos com todas as datas, caracterizando dupla redundância. Também muito comum, restrições de espaço forçam a data a ser grafada em diagonal. Dá para evitar isso usando abreviações de mês para o rótulo do eixo x primário e, em seguida, usar ano como rótulo do eixo x da supercategoria ou nomear o eixo com o ano. Neste caso, simplesmente intitulei o eixo x com o ano (2019) para deixar claro o intervalo de datas.

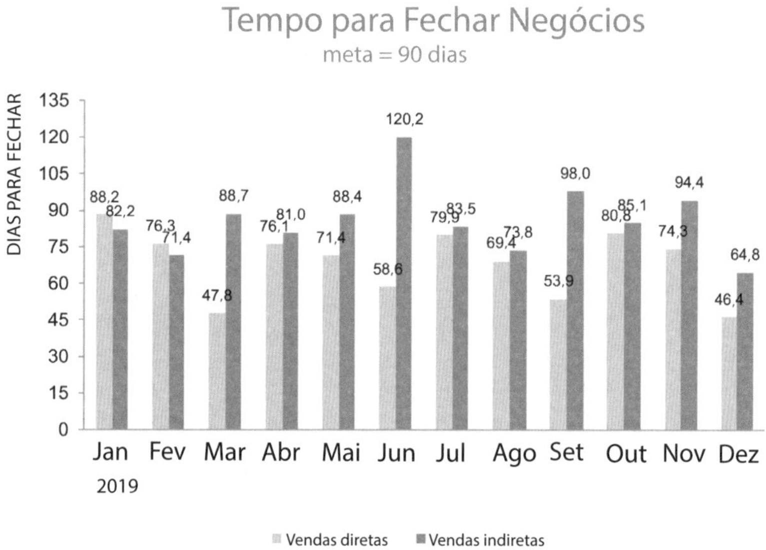

FIGURA 3.4e Elimine o texto em diagonal do eixo x

5. Alargue as barras! Outra das minhas queixas preferidas é quando o espaço em branco entre as barras é maior do que as próprias barras. Vamos alargá-las. Aqui cabe também o princípio da Gestalt da conexão, pois a reduzida distância entre as barras faz meus olhos começarem a tentar desenhar linhas entre as barras (se passar de barras para linhas estava em sua lista de recomendações, não se preocupe, está entre as minhas também: chegaremos lá em breve!).

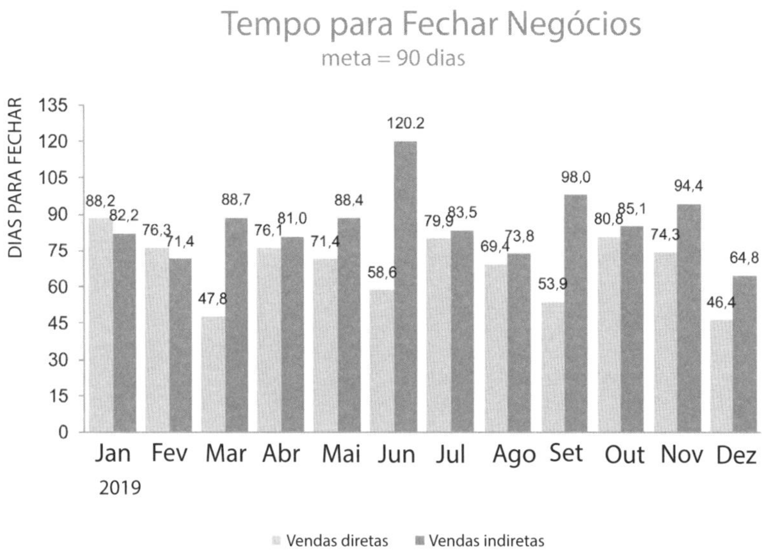

FIGURA 3.4f Alargue as barras!

6. Puxe os rótulos de dados para a extremidade das barras. Com a maior largura das barras, há espaço para que elas sejam rotuladas. Esse é um truque cognitivo. Voltando à iteração anterior (Figura 3.4f), na qual tínhamos um rótulo de dados fora do final de cada barra, cada barra e rótulo agiam como dois elementos separados. Agora que alargamos as barras, podemos ter espaço para incorporar os rótulos de dados, transformando em um único elemento o que antes eram dois elementos distintos. Isso reduz a carga cognitiva percebida, sem reduzir nenhum dos dados reais que estamos mostrando.

Tínhamos, antes, um decimal com significância em cada rótulo de dados. Isso sempre dependerá do contexto, mas neste caso, dada a escala dos números, podemos prescindir disso (também tenha cuidado com a falsa precisão que ter muitas casas decimais pode transmitir). Aqui, há um benefício adicional: a redução da precisão permite encaixar de forma mais limpa os rótulos nas extremidades das barras. Fiz os rótulos brancos (contra o preto anterior), simplesmente por gostar do contraste que se obtém com o branco na cor. Veja a Figura 3.4g.

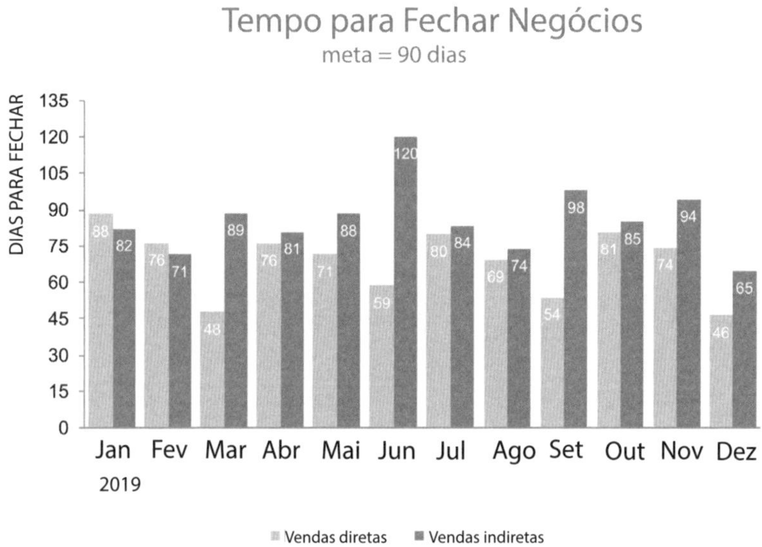

FIGURA 3.4g Puxe os rótulos para a extremidade das barras

7. Elimine rótulos de dados. Na etapa anterior, arredondei e puxei os rótulos de dados para as extremidades das barras. Note, contudo, que não precisamos do eixo y e de todos os pontos de dados rotulados — isso é redundante. Quando se trata de visualizar dados, é muito comum haver aqui uma decisão a ser tomada: preservo o eixo, rotulo os dados diretamente ou faço alguma combinação dos dois? O principal aspecto a ser levado em conta nessa decisão é o grau de importância dos valores numéricos específicos. Caso seja essencial seu público saber que o tempo para fechar um negócio de vendas diretas passou de exatos 74 dias em novembro para exatos 46 dias em dezembro, você pode rotular os dados diretamente e se desfazer de vez do eixo y. Por outro lado, se você deseja que seu público se concentre na forma dos dados, nas tendências, ou nos relacionamentos gerais, recomendo preservar o eixo e não sobrecarregar o gráfico com os rótulos de dados.

Nesse caso, irei presumir que a forma e as tendências gerais são mais importantes do que valores numéricos precisos. Em virtude disso, além de manter o eixo y, excluirei os rótulos de dados de cada barra.

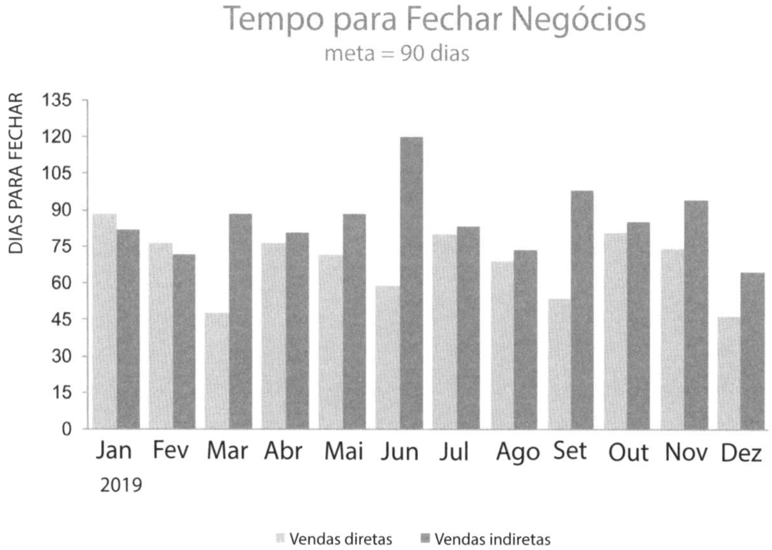

FIGURA 3.4h Elimine rótulos de dados

8. Faça um gráfico de linhas. Se você não consegue parar de pensar: "Isso são dados ao longo do tempo, então não deveria ser um gráfico de linhas?", estamos de acordo. Verifique o impacto de passar de barras para linhas. Usamos menos tinta, então o design geral parece mais limpo. E se trata, ademais, de uma grande vitória do ponto de vista da carga cognitiva: substituímos o que antes eram 24 barras por apenas duas linhas.

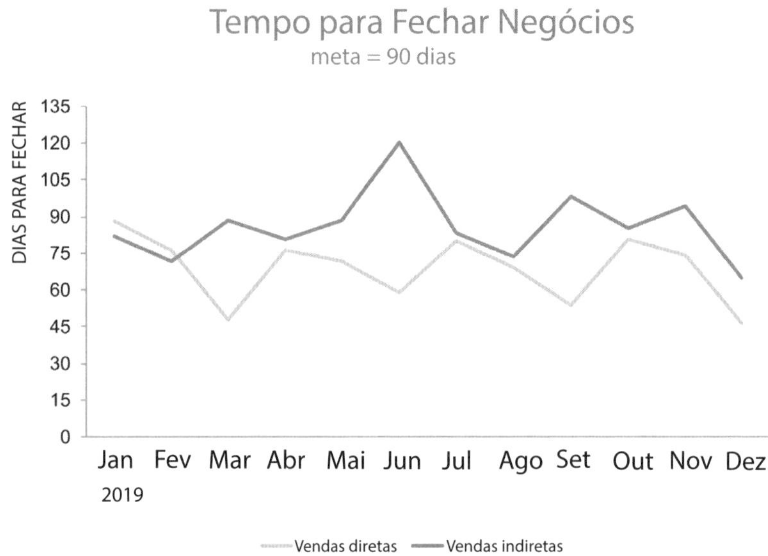

FIGURA 3.4i Faça um gráfico de linhas

9. Rotule os dados diretamente. Examine a Figura 3.4i e localize a legenda. Seus olhos a encontram só após examinar o gráfico por algum tempo, certo? Isso é trabalho. Talvez seja mais perceptível agora que tomamos várias providências para diminuir os outros problemas que estavam causando sobrecarga cognitiva. Como designers da informação, esse é o tipo de trabalho que desejamos identificar e fazer nós mesmos, para dispensar nosso público do esforço de descobrir o que vê.

Podemos usar o princípio da proximidade da Gestalt para colocar os rótulos de dados ao lado daquilo que descrevem. Isso desobriga nosso público de pesquisar para descobrir como ler os dados.

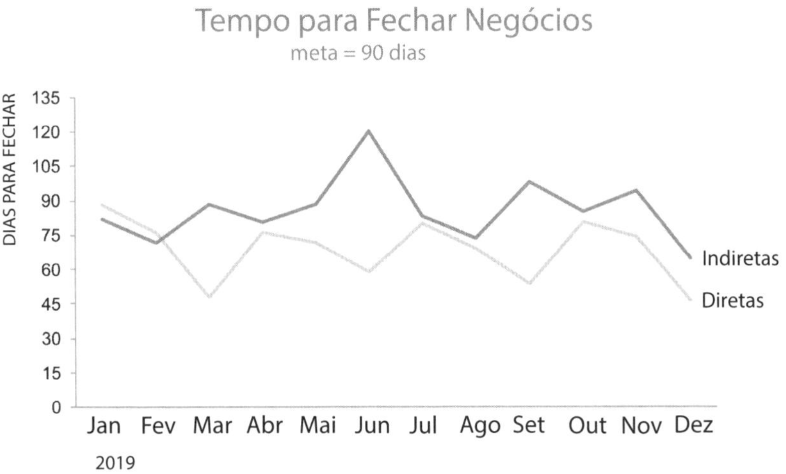

FIGURA 3.4j Rotule os dados diretamente

10. Deixe os rótulos de dados na mesma cor que os dados. Ao mesmo tempo que aproveitamos a proximidade — pondo os rótulos de dados ao lado dos dados a que se referem — usamos também a similaridade, recolorindo os rótulos de dados para que correspondam aos dados por eles descritos. Trata-se de outra dica visual para indicar ao público que tais coisas estão relacionadas.

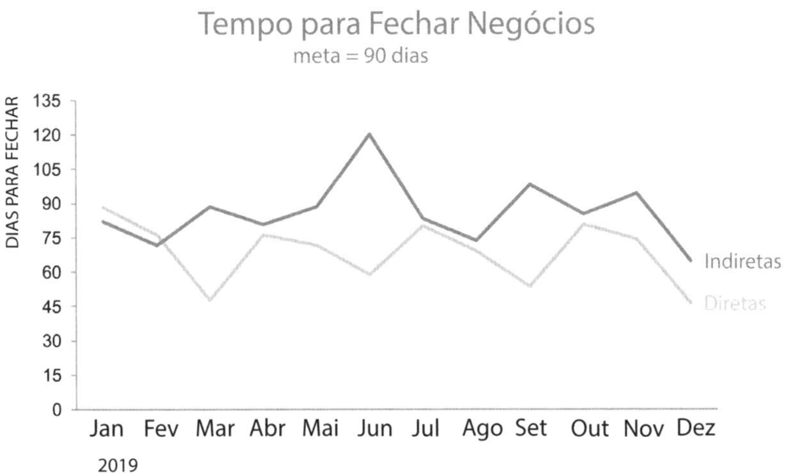

FIGURA 3.4k Deixe rótulos e dados na mesma cor

Pratique com Cole

11. Coloque o título do gráfico no canto superior esquerdo. Sem outras dicas visuais, seu público começará no canto superior esquerdo da página, tela ou gráfico, e ficará ziguezagueando o olhar para obter as informações. Em razão disso, sou a favor de títulos e rótulos de gráficos e eixos justificadores no canto superior esquerdo. Isso significa que seu público entende como ler os dados antes de chegar aos dados em si. Como discutimos no Exercício 3.3, evito o alinhamento centralizado do texto porque ele deixa as coisas penduradas no espaço (volte à Figura 3.4k e veja o posicionamento do título do gráfico). Quando o texto ocupa várias linhas, isso cria bordas irregulares que parecem confusas. Enquanto mudava o posicionamento do título, aproveitei a ocasião e também eliminei os itálicos, que eram desnecessários.

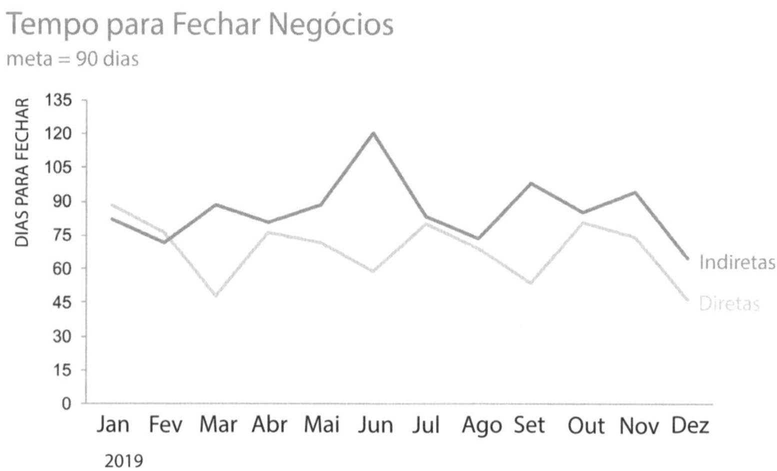

FIGURA 3.4l Título do gráfico no canto superior esquerdo

12. Deixe o título sem cor. Até agora, o título do gráfico era em azul. Você se flagrou procurando vincular isso à tendência das vendas indiretas? Esse é o princípio da similaridade da Gestalt se fazendo sentir: tendemos naturalmente a associar coisas de cores semelhantes. Neste caso, trata-se de uma associação falsa. Eliminamos esse fator ao tirar totalmente a cor do título (vamos olhar para uma abordagem alternativa na qual colocamos alguma cor no título para fazer uso dessa associação momentânea natural).

Tempo para Fechar Negócios

meta = 90 dias

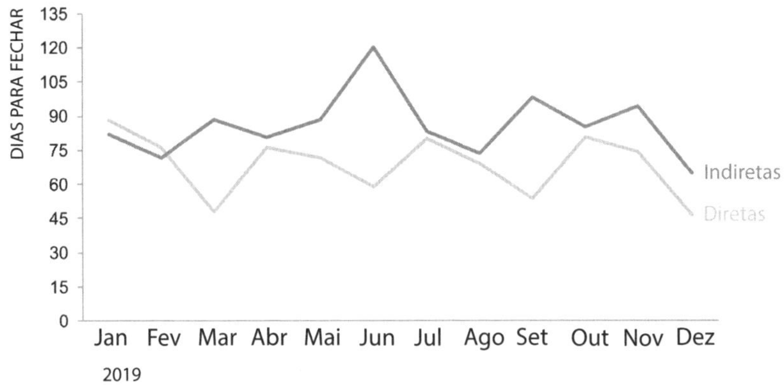

FIGURA 3.4m Deixe o título sem cor

13. Coloque a meta no gráfico. Originalmente, a legenda dizia que a meta de tempo para fechar um negócio era de 90 dias. Se quisermos relacionar isso com os dados (estamos acima ou abaixo da meta?) — o que faria sentido aqui — poremos essa informação diretamente no gráfico a fim de poder comparar visualmente os dados e não ter que realmente pensar sobre isso.

Tempo para Fechar Negócios

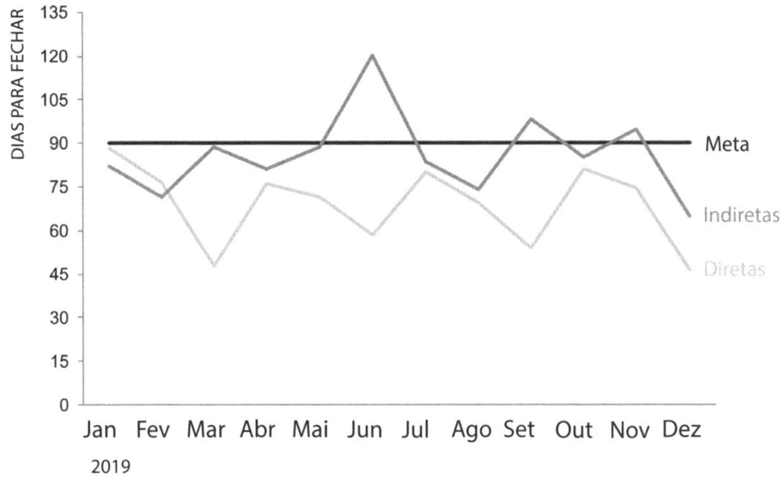

FIGURA 3.4n Coloque a meta no gráfico

14. Iterar para visualizar melhor a *Meta*. A linha da Meta é bastante pronunciada no gráfico anterior. Vejamos alguns outros pontos de vista. Este é um bom exemplo da utilidade de se dar tempo para iterar e ver as coisas de modos diferentes durante o processo. Gosto de usar linhas tracejadas para metas ou alvos, mas a linha espessa introduz confusão visual. Ao se deixar a linha mais fina, perde-se ênfase: ela está lá, é fácil de ver, mas em compensação não está chamando atenção indevida. Também gosto de letras maiúsculas para grafias curtas, como META, porque facilitam a percepção e criam belas formas retangulares (ao contrário dos casos mistos, que não têm linhas limpas no topo, já que a letra inicial em maiúscula é mais alta que as demais).

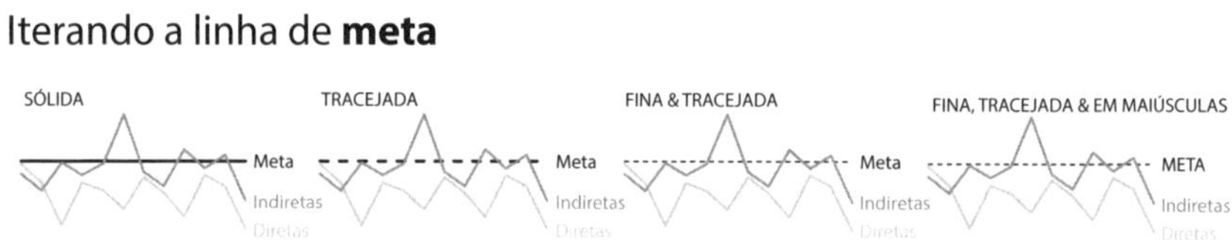

FIGURA 3.4o Iterando: formatos diferentes para a linha da Meta

Vejamos uma versão maior dessa iteração final.

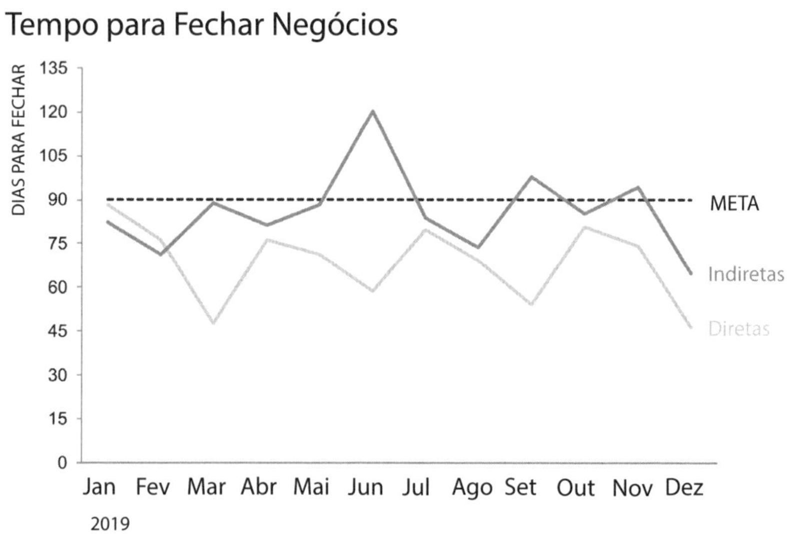

FIGURA 3.4p Minha favorita entre as iterações da linha de Meta

15. Deixe tudo sem cor. Uma vez que temos, neste gráfico, separação espacial suficiente entre as linhas, não é preciso usar a cor como um diferenciador categórico tal como usamos até agora. Vou deixar tudo cinza. A cor voltará a campo quando concentrarmos a atenção — faremos isso a seguir.

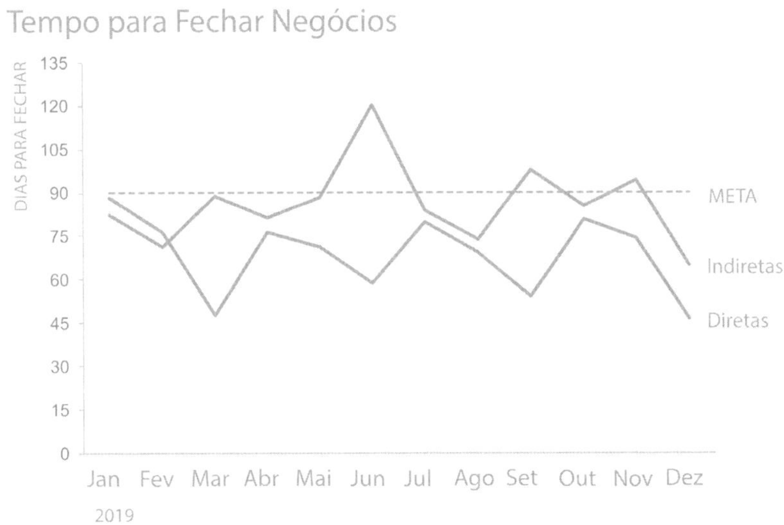

FIGURA 3.4q Deixe tudo sem cor

Concentre a atenção. Estamos indo em frente, mas já que chegamos até aqui, parece certo levarmos isso até o fim. Vou parar, agora, de numerar meus passos, pois não estou mais dessaturando. Na visualização anterior, deixei tudo como pano de fundo — tornei tudo cinza. Isso me força a pensar sobre para qual ponto e como direciono a atenção do meu público. Há diversas coisas que poderíamos apontar nesses dados. Digamos, por exemplo, que queremos chamar a atenção para a série de dados indiretos neste gráfico.

A Figura 3.4r ilustra uma maneira de fazer isso.

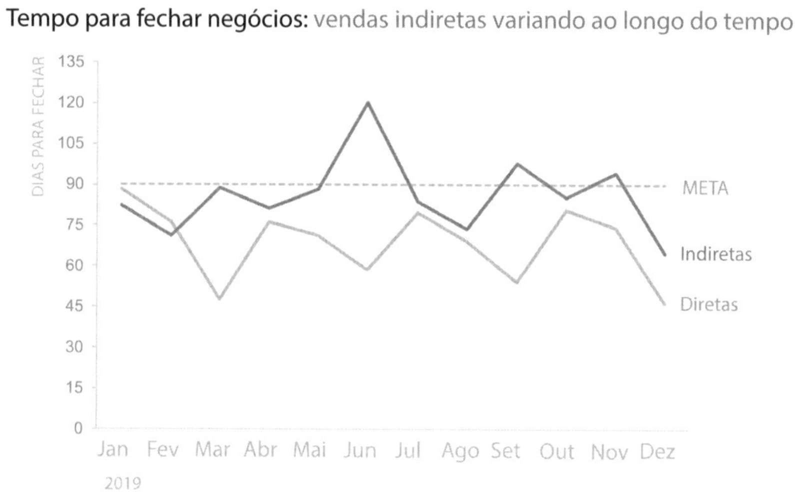

FIGURA 3.4r Concentre a atenção

Observe como minhas palavras no alto do gráfico estão visualmente vinculadas à linha indireta dentro do gráfico graças ao uso de cores semelhantes. Isso remete a como talvez tentamos vincular, no gráfico inicial, o título azul original à tendência azul, só que agora estou fazendo isso de propósito, e é algo que faz sentido. Ao ler essas palavras no topo do gráfico, meu público já saberá o que procurar nos dados antes de chegar lá. Ademais, se pensarmos nisso do ponto de vista da varredura visual, apenas olhar para isso por alguns segundos faz com que as palavras e linhas coloridas chamem minha atenção e eu entenda de modo claro e rápido quanto tempo leva para fechar negócio em vendas indiretas.

Concentre a atenção em outro lugar. Posso usar essa mesma estratégia e alguns dados destacados para algo diferente. Veja a Figura 3.4s.

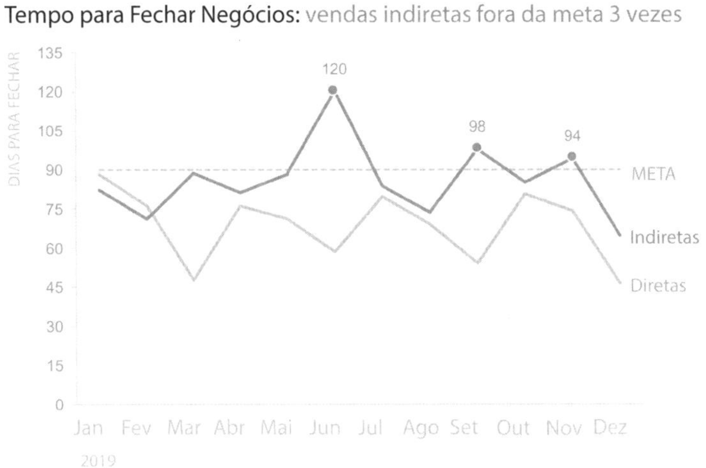

FIGURA 3.4s Concentre a atenção em outro lugar

Introduza um pouco mais de cor para de fato direcionar a atenção. Eu poderia levar o exemplo anterior um passo adiante, introduzindo outra cor. Minha tendência é evitar o verde para "bom" e o vermelho para "ruim", devido à inacessibilidade para os daltônicos do público. O laranja vibrante pode ter uma conotação negativa similar ao vermelho e se destaca bem em relação às outras cores em jogo aqui (esse tom específico de azul foi escolhido por combinar com a marca do cliente).

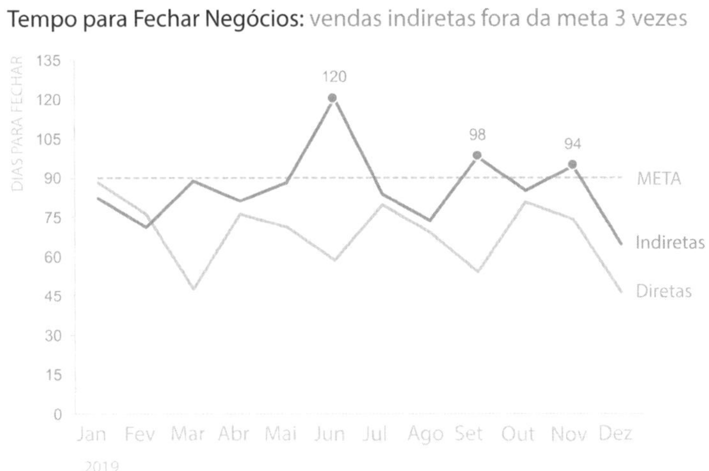

FIGURA 3.4t Introduza um pouco mais de cor para de fato direcionar a atenção

Pratique com Cole

Concentre a atenção em mais um outro aspecto. Se as ocasiões em que ficamos fora da meta não são nosso interesse principal, podemos direcionar a atenção para o outro lado: estamos batendo nossa meta na maioria das vezes em vendas indiretas e diretas. Palavras e cores podem ser usadas para realçar essa questão. Nesse visual, com os marcadores finais e rótulos de dados, uma comparação óbvia para nosso público fazer é como se comparam entre si os tempos indireto e direto para fechar negócios e a meta em dezembro.

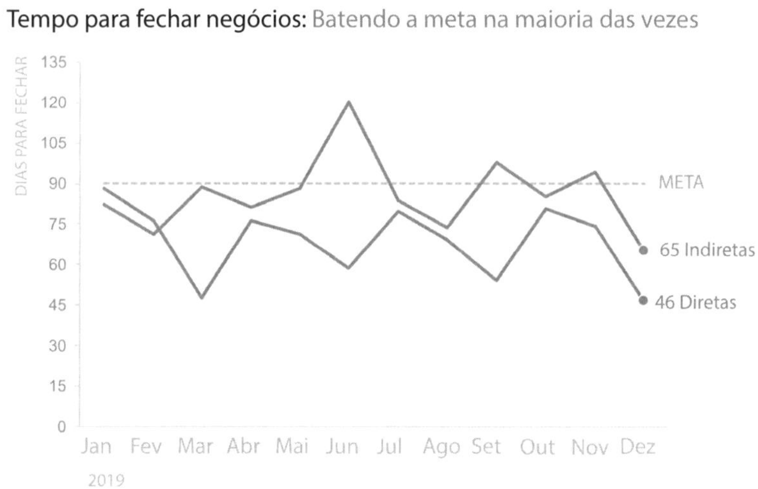

FIGURA 3.4u Concentre a atenção em mais um outro aspecto

Veremos mais estratégias para concentrar a atenção no Capítulo 4.

Em seguida, vamos mudar o tom e fazer você praticar um pouco por conta própria.

PRATIQUE por CONTA PRÓPRIA

Pequenas mudanças podem, em conjunto, causar um grande impacto, reduzindo a carga cognitiva e tornando mais fácil interagir com nossos visuais. A seguir, continuaremos nossa prática de dessaturar, identificando e removendo excessos.

Exercício 3.5: quais princípios da Gestalt estão em jogo?

Até agora, discutimos e ilustramos os princípios da Gestalt por meio de vários exemplos, o que nos ajuda a organizar o que vemos, dar dicas sobre excessos que podemos eliminar, e relacionar elementos uns aos outros de diversas maneiras. Considere os seis princípios que abordamos — proximidade, similaridade, acercamento, fechamento, continuidade e conexão — e revise o visual a seguir.

Quais princípios da Gestalt estão sendo usados na Figura 3.5? Em quais pontos e como? Qual o efeito de cada um?

Tempo para fechar negócios:

Tipo de crescimento	nº de contas	Bônus por oportunidade (US$ Mi)	Manutenção do bônus por oportunidade (US$ Mi)
Crescimento rápido	407	US$1,20	US$16,50
Crescimento	1.275	US$8,10	US$101,20
Estável	3.785	**US$34,40**	**US$306,30**
Diminuindo	1.467	**US$6,50**	**US$107,20**
Diminuindo rapidamente	623	US$0,40	US$27,70
Total	7.557	US$50,60	US$558,90

Estável e diminuindo representam:

69% do total das contas

81% s/ bônus por oportunidade

74% s/ manutenção do bônus por oportunidade

FIGURA 3.5 Quais princípios da Gestalt estão em jogo?

Exercício 3.6: busque um visual eficaz

Encontre, como exemplo, um gráfico que você acredita ser eficaz. Pode ser do seu trabalho, do trabalho de alguém, da mídia, do storytellingwithdata.com, de onde for. **Há algum dos princípios da Gestalt sendo usados?** Aposto que sim. Quais e como? Liste-os! O que os princípios da Gestalt que você identifica ajudam a realizar? O que você mais gosta no gráfico? O que o torna eficaz?

Escreva um ou dois parágrafos descrevendo sua avaliação. Para referência, veja o seguinte.

Exercício 3.7: alinhamento & espaço em branco

Tratam-se de elementos do design visual que, quando bem-feitos, nem percebemos. No entanto, quando não forem, sentimos isso no visual resultante, que pode parecer desorganizado ou conotar falta de atenção aos detalhes, causando distração em relação aos dados e às mensagens.

A Figura 3.7 mostra o sentimento do consumidor com base em uma pesquisa sobre várias possíveis extensões da linha de bebidas de uma empresa de fabricação de alimentos. Conclua as etapas a seguir.

ETAPA 1: Pense em quais mudanças específicas recomendaria com respeito ao uso eficaz de alinhamento e espaço em branco. Liste-as.

ETAPA 2: Lembre-se das outras lições abordadas neste capítulo (usando os princípios da Gestalt, organizando, empregando contraste). Que outras coisas você faria para dessaturar ou aprimorar esse visual?

ETAPA 3: Baixe os dados e faça as mudanças que recomendou no gráfico atual ou importe os dados para sua ferramenta preferida e crie um visual organizado que alinhe elementos e use os espaços em branco.

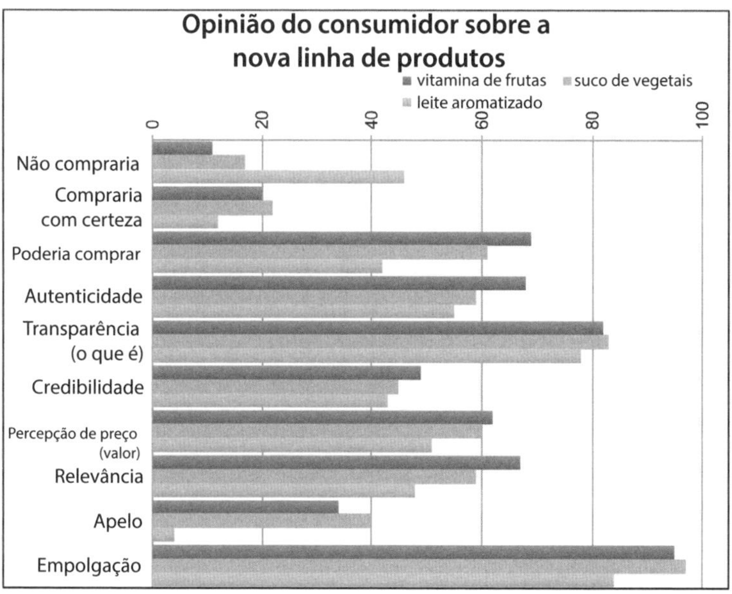

FIGURA 3.7 Alinhamento / espaço em branco podem melhorar o visual

Exercício 3.8: dessature!

Como já vimos em vários exemplos, pode ser de grande valor identificar e remover dos nossos visuais aquilo que não precisa estar lá. Cada elemento retirado ajuda nossos dados a se destacarem mais e libera espaço para incluir coisas relevantes. Vamos continuar a praticar essa importante habilidade de identificar a saturação e clarear nossos designs visuais. Faremos um pouco disso para você ter a oportunidade de identificar vários tipos diferentes de saturação.

Veja a Figura 3.8. Ela mostra o nível de satisfação do cliente ao longo do tempo. **Quais elementos desnecessários você eliminaria?** Que outras alterações faria para reduzir a carga cognitiva? Faça algumas anotações sobre o que mudaria para dessaturar este gráfico.

Para seguir em frente, baixe os dados e faça as alterações que você recomendou no gráfico atual ou importe os dados para sua ferramenta preferida e crie um visual livre de excessos.

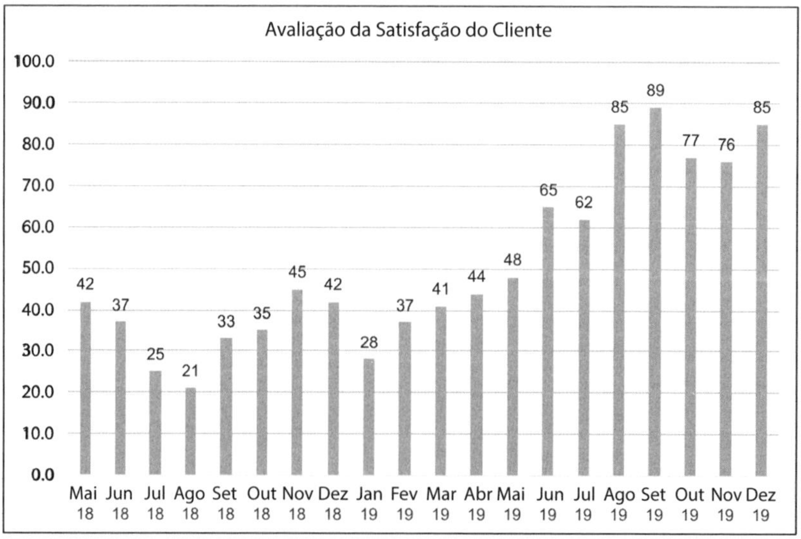

FIGURA 3.8 Vamos dessaturar!

Exercício 3.9: dessature (de novo!)

A saturação assume muitas formas diferentes. Vejamos outro exemplo de gráfico que pode ser melhorado.

Observe a Figura 3.9, que mostra o volume mensal de carros vendidos por uma rede nacional de concessionárias. Quais elementos visuais desnecessários você poderia eliminar? Que outras mudanças você faria para reduzir a carga cognitiva? Anote algumas alterações que você implementaria para organizar esse gráfico.

Para seguir adiante, baixe os dados e faça as alterações que você recomendou no gráfico atual ou importe os dados para sua ferramenta preferida e crie um visual livre de excessos.

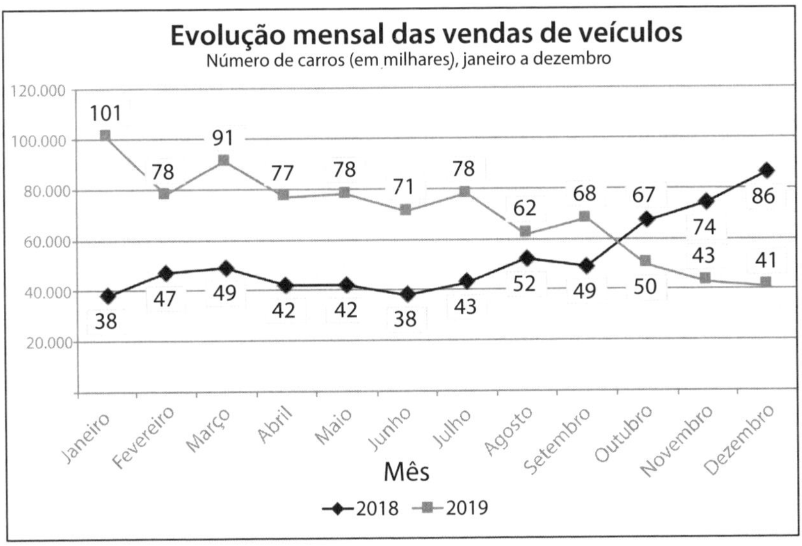

FIGURA 3.9 Vamos dessaturar!

Exercício 3.10: dessature (mais um caso!)

Eis mais uma oportunidade para identificar e eliminar excessos. Veja a Figura 3.10, que mostra o percentual de clientes de um determinado banco no qual os pagamentos de diferentes produtos estão em débito automático. Quais elementos visuais desnecessários poderiam ser eliminados? Que outras mudanças você faria para reduzir a carga cognitiva? Faça algumas anotações sobre o que mudaria para dessaturar este gráfico.

Para dar um passo à frente, baixe os dados e faça as alterações que você recomendou no gráfico atual ou importe os dados para sua ferramenta preferida e crie um visual sem excessos.

Pratique por conta própria

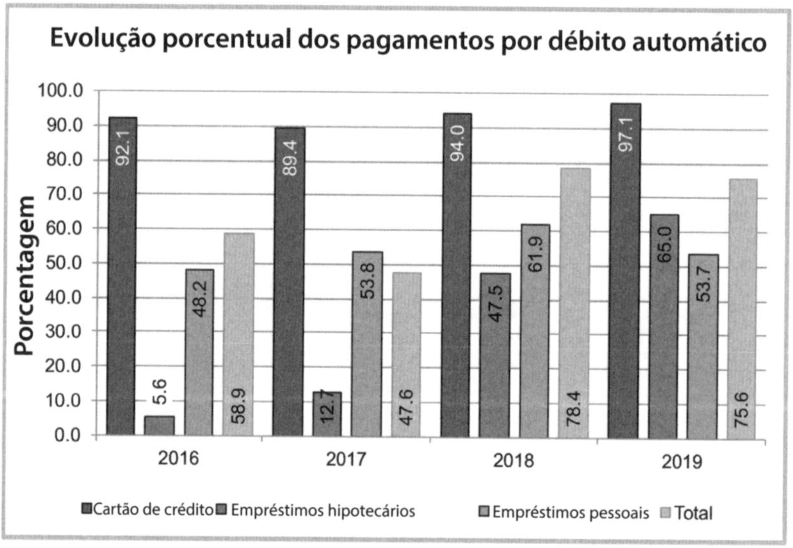

FIGURA 3.10 Vamos dessaturar!

PRATIQUE no TRABALHO

Mais algumas dicas rápidas a serem empregadas e perguntas a serem consideradas e nossa prática de dessaturar estará encerrada. Não deixe que elementos desnecessários atrapalhem uma comunicação eficaz!

Exercício 3.11: comece com uma folha de papel em branco

Não raro, o culpado pelos excessos em nossos visuais é nossa ferramenta. Ao desenharmos, cada traço requer esforço. É algo que evitamos se não vale a pena, o que significa ser mais difícil para elementos que não carregam informações entrarem em nossos projetos.

Tal como, no Capítulo 2, usamos o desenho para fazer brainstorming e iterar por diferentes visões de nossos dados, também há benefícios em desenhar do ponto de vista da dessaturação.

Considere um projeto em que você precisa se comunicar com dados. Passe um tempo se familiarizando com os dados e com aquilo que deseja comunicar. Em uma folha de papel em branco, esboce seu visual. Veja se incluiu algo que não é necessário. Após colocar tudo no papel, determine quais ferramentas ou especialistas você tem à sua disposição para tornar suas ideias reais.

Exercício 3.12: você precisa disso?

Uma vez que dedicamos um tempo para juntar algo, pode ser difícil reconsiderar e determinar o que deve ser eliminado. Depois de criar um visual, dê uma pausa e faça as seguintes perguntas. Ou pegue um visual existente de um relatório ou outra fonte e avalie como ele pode ser melhorado por meio da dessaturação.

- **Que excesso visual pode ser excluído?** Existem elementos desnecessários desviando seus dados ou mensagem? Normalmente, pode-se eliminar bordas e linhas de grade. Há algo complicado demais? Dá para simplificar? O que parece dar trabalho? Como se pode remediar? Que outras mudanças você pode fazer para reduzir a carga cognitiva?

- **Há informações redundantes que você poderia simplificar?** É importante nomear e rotular tudo claramente, entretanto, procure redundâncias passíveis de exclusão. Por exemplo, decida se um eixo ou rótulos de dados atenderão melhor às suas necessidades: normalmente, não precisará de ambos. As unidades devem ser claramente exibidas, mas podem não precisar ser anexadas a todos os pontos de dados. Use títulos eficazes para ajudar a simplificar.

- **Todos os dados exibidos são necessários?** Analise cada segmento dos dados no gráfico ou apresentação e pondere se precisa deles. Caso tencione remover alguns dados, avalie o contexto que vai junto. Em certos casos, ainda pode fazer sentido. Considere ainda: Qual é o período de tempo correto? Que pontos de comparação são importantes? Todos são igualmente importantes? Reflita sobre qual agregação ou frequência faz sentido — por exemplo, transformar dados diários em semanais, ou mensais em trimestrais pode simplificar e facilitar a visualização de tendências abrangentes.

- **Algo poderia ser colocado em segundo plano?** Nem todos os elementos em um gráfico ou uma página são igualmente importantes. Pode-se usar o cinza para pôr em segundo plano itens que não afetam a mensagem e usar contraste estratégico para ajudar a direcionar a atenção?

- **Busque feedback.** Peça a um colega para observar seu visual e fazer perguntas que o forçarão a falar sobre o que está mostrando. Se você se pegar dizendo coisas como "ignore isso" ou houver perguntas sobre pontos que achava claros, essas são dicas verbais que podem ajudá-lo a refinar ainda mais seu visual, deixando elementos menos importantes como pano de fundo ou excluindo-os de vez. Faça as alterações e, em seguida, repita o procedimento com outra pessoa. Iterar com base no feedback colabora para reclassificar seu trabalho de bom para ótimo.

Exercício 3.13: vamos discutir

Considere as seguintes questões relacionadas às lições e aos exercícios do Capítulo 3. Discuta com um parceiro ou grupo.

1. Por que é importante identificar e eliminar os excessos? Quais são os tipos comuns de saturação que você removerá de suas comunicações visuais daqui em diante? Quando não faz sentido gastar tempo dessaturando?

2. Revise os princípios da Gestalt. Qual deles gostaria de usar mais em seu trabalho? Como você fará isso? Há algum que não faz sentido ou que não está claro como pode usá-lo no trabalho?

3. Há excessos comuns que seu aplicativo gráfico adiciona rotineiramente em seus recursos visuais? Como você pode otimizar a dessaturação para ser mais eficiente em suas ferramentas?

4. Vimos alguns exemplos em que são utilizadas barras para representar os dados ao longo do tempo. Quais são os benefícios, do ponto de vista da saturação, de mostrar esses dados como um gráfico de linhas? Quando isso faria sentido? Em que cenários você manteria as barras?

5. Que dica você aprendeu nas lições deste capítulo que pretende empregar daqui para frente? E como fará uso dela? Você pode prever exceções nas quais não colocaria em prática uma determinada estratégia?

6. Alinhar elementos, preservar o espaço em branco e empregar contraste estratégico: esses recursos servem apenas para embelezamento ou há mais do que isso? Esse tipo de atenção aos detalhes é importante? Por que (sim ou não)?

7. Você pode imaginar alguma situação em que saturar é desejável? Quando e por quê?

8. Que meta específica você definirá, para si próprio ou para sua equipe, relacionada às estratégias descritas neste capítulo? Como você pode se responsabilizar (ou à sua equipe) por isso? A quem recorrerá para obter feedback?

capítulo quatro

focalize a atenção

Para qual ponto você quer que seu público olhe? Uma pergunta simples, mas que frequentemente não levamos muito a sério quando estamos criando gráficos e as páginas em que são exibidos. Podemos agir com essa intenção utilizando nossos recursos visuais para deixar claro para o público onde devem prestar atenção e em que ordem geral. Isso pode ser feito usando atributos pré-atentivos — tais como cor, tamanho e posição — estrategicamente. Nem todos veem a mesma coisa ao analisar os dados, porém, ao ser criterioso nas etapas de design você pode ajudar seu público a se concentrar nas coisas certas.

Vamos praticar **focalize a atenção**!

Antes, revisaremos as principais lições do Capítulo 4 do *SCD*.

SCD LIVRO CAPÍTULO 4

PRIMEIRO, VAMOS RECAPITULAR

FOCALIZE A ATENÇÃO DE seu PÚBLICO

VOCÊ VÊ com SEU CÉREBRO

UMA IMAGEM SIMPLIFICADA de COMO VOCÊ VÊ

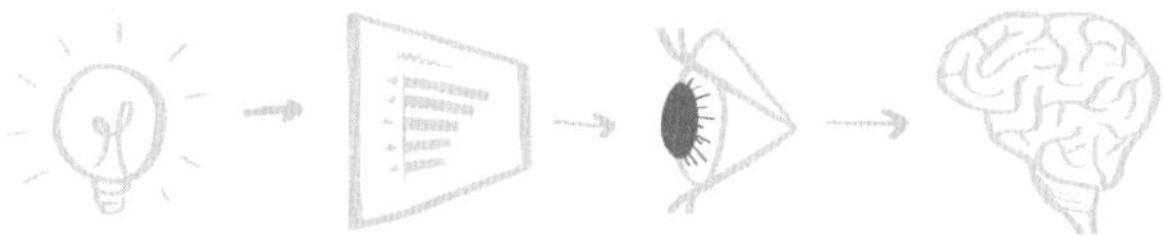

TRÊS TIPOS de MEMÓRIA

ICÔNICA * → DE CURTO PRAZO → DE LONGO PRAZO

Icônica: super rápida, frações de segundo antes de encaminhar

* capta atributos pré-atentivos

De curto prazo: as pessoas podem manter na memória cerca de 4 nacos de informação por vez

as coisas caem no esquecimento ou são enviadas para a memória de longo prazo

De longo prazo: o que estamos tentando acessar em nosso público

a história ajuda aqui, falaremos mais sobre isso em breve

TIPOS DE ANÁLISE

SINALIZAM ONDE PROCURAR e criar HIERARQUIA VISUAL para ajudar a facilitar o processamento de informações

TENHA EM MENTE

ATRIBUTOS ESPECÍFICOS PARA LEMBRAR

TAMANHO

tamanho relativo pode indicar importância relativa

TONALIDADE (COR)

usado com moderação é a ferramenta mais estratégica para direcionar a atenção do nosso público

POSIÇÃO ESPACIAL

sem outras pistas visuais, pegamos as informações começando no canto superior esquerdo e olhando em zigue-zague pela página

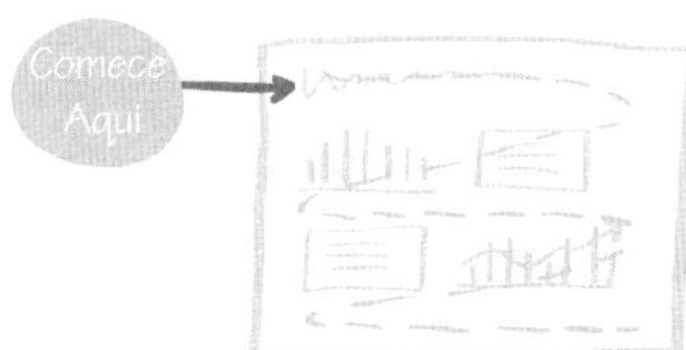

procure trabalhar dentro desse constructo natural, colocando informações importantes no canto superior esquerdo - ou deixando claro em que outra ordem as colocou

PARA ONDE SEUS OLHOS SÃO ATRAÍDOS?

UM TESTE para AVALIAR SE *você está usando* ATRIBUTOS PRÉ-ATENTIVOS ESTRATEGICAMENTE

feche os olhos

depois olhe de volta para seu slide/gráfico...

anote o que seus olhos veem...

é para aí que os olhos de seu público provavelmente irão

AVALIE & faça mudanças conforme for necessário

PRATIQUE com COLE

- 4.1 para onde seus olhos são atraídos?
- 4.2 focalize em...
- 4.3 dirija a atenção de diversas maneiras
- 4.4 visualize todos os dados

PRATIQUE por CONTA PRÓPRIA

- 4.5 para onde seus olhos são atraídos?
- 4.6 mantenha o foco em seus dados tabulados
- 4.7 direcione a atenção de diversas maneiras
- 4.8 como podemos focalizar a atenção aqui?

PRATIQUE no TRABALHO

- 4.9 para onde seus olhos são atraídos?
- 4.10 pratique diferenciar em sua ferramenta
- 4.11 descubra onde focar
- 4.12 vamos discutir

PRATIQUE com COLE

Começaremos olhando as fotos para entender melhor o que atrai nossa atenção; em seguida, pratique colocar em jogo aspectos semelhantes para focar nosso público, deixando claro para que ponto queremos que ele olhe e tomando medidas intencionais para este fim.

Exercício 4.1: para onde seus olhos são atraídos?

Costumo usar uma estratégia simples para descobrir se estou dirigindo a atenção do público de forma eficaz: o teste "Para onde seus olhos são atraídos?". É fácil de fazer: crie seu gráfico ou slide, feche os olhos ou desvie o olhar. Olhe de volta e anote que ponto seus olhos veem primeiro. Provavelmente, é o lugar onde os olhos do público vão pousar também. Você pode se valer desse método para testar se está direcionando a atenção da maneira certa e fazer os ajustes necessários.

Vamos praticar esse teste com algumas imagens e discutir as implicações quando estamos nos comunicando com dados.

Em cada foto que se segue, feche os olhos um instante, depois os abra e olhe-as de novo, prestando atenção aonde eles vão primeiro. Por que isso, você pergunta. O que pode aprender com esse exercício que seja aplicável às suas visualizações de dados? Escreva algumas frases ou parágrafos curtos para cada foto.

FIGURA 4.1a Para onde seus olhos são atraídos? ▢

FIGURA 4.1b Para onde seus olhos são atraídos? ▢

FIGURA 4.1c Para onde seus olhos são atraídos? ▢

FIGURA 4.1d Para onde seus olhos são atraídos? ▢

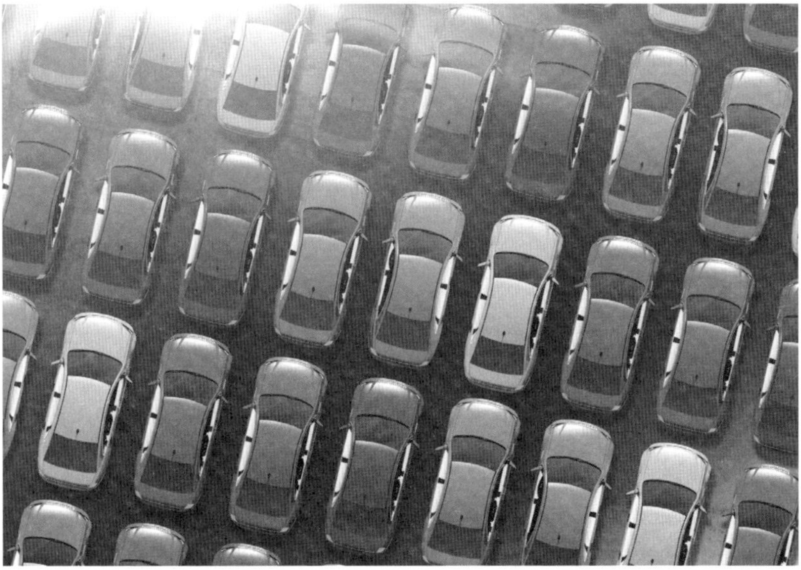

FIGURA 4.1e Para onde seus olhos são atraídos? ▢

Solução 4.1: para onde seus olhos são atraídos?

Eu me divirto muito com este teste. É interessante ver quais coisas em nosso ambiente chamam nossa atenção, e como podemos generalizar o que aprendemos com essas observações. Veja onde meus olhos pousaram primeiro nas fotos anteriores; também dou algumas ideias para aplicar aspectos semelhantes ao nos comunicarmos com dados.

FIGURA 4.1a: Meus olhos imediatamente se dirigem à placa de limite de velocidade à direita. Há uma série de razões para isso. A face da placa é grande em comparação com os demais elementos da foto. O grande número preto em negrito no fundo branco é chamativo. O vermelho do letreiro exige atenção, seja por ser muito diferente do fundo, seja pelo nosso condicionamento de longa data de que o vermelho é muitas vezes um alerta ao qual devemos estar muito atentos. Para alguém que é daltônico, no entanto, o vermelho provavelmente não terá o mesmo efeito. Essa é uma das razões que podem justificar ter alguma redundância de sinais para direcionar a atenção e garantir que todos em seu público possam ver completamente o que você está mostrando. Por fim, há um contorno branco na borda do letreiro que o distingue do pano de fundo.

Vamos considerar como podemos aplicar esses elementos às nossas visualizações de dados e às páginas em que os dispomos. Tamanho, tipo de letra, cor, formato: elementos que, quando usados com moderação, indicam algo relevante para o público, sinalizando que ponto olhar.

FIGURA 4.1b: Meus olhos vão para o sol, depois para o carro e em seguida voltam para o sol. Quando me concentro no sol, vejo o carro na minha visão periférica. Se mudo meu foco para o carro, ainda posso ver o sol brilhante com o canto do olho. Ao aplicar os aprendizados à visualização de dados, é preciso estar consciente da tensão introduzida quando damos ênfase a várias coisas simultaneamente em um gráfico ou em um slide.

FIGURA 4.1c: Meus olhos pousaram primeiro na placa para Queens Bronx. Há razões para isso. Uma delas é a nitidez em comparação com certos elementos desfocados na foto. Outra é que o sol está brilhando na placa de uma forma que o destaca. Além disso, ela é maior que as outras placas. Graças ao tamanho grande e relativamente menos palavras, também há mais espaço em branco, o que de fato faz com que ela se destaque no fundo movimentado. Ela aparece primeiro no arranjo das placas, então acho que meus olhos vão para lá inicialmente, depois continuam para a direita. Observe também os vários atributos pré-atentivos que fazem as coisas se destacarem de maneiras diferentes nas próprias placas: negrito, tudo em maiúsculas, setas, cor (amarelo). Falando em cor, a parte Exit Only da placa para Staten Island também chama a atenção. Há muita coisa acontecendo nessa imagem, o que pode complicar o processo de fazer todos verem a mesma coisa primeiro. Ainda assim, há o que ser aprendido com isso.

Como podemos aplicar aspectos similares quando visualizamos dados? Mantenha os elementos-chave nítidos e legíveis. Aja estrategicamente, realçando uma coisa em uma fileira de coisas semelhantes. Aumente o tamanho do que for mais importante (e como corolário: dimensione elementos de importância semelhante de forma consistente). É preciso estar convicto da forma como organizamos os elementos em uma página, e tentar fazê-lo de maneira a atrair os olhos de nosso público para o ponto que gostaríamos.

FIGURA 4.1d: Meus olhos vão imediatamente para o carro amarelo. Agora, volte para a Figura 4.1d e faça o exercício de novo. Observe aonde seus olhos vão primeiro e para onde vão em seguida. Os meus pousam no carro, depois seguem estrada abaixo, à esquerda. Outras pessoas podem olhar para o carro e continuar pela estrada sinuosa para cima, à direita. Não passamos muito tempo olhando para as árvores no canto superior esquerdo ou no canto inferior direito.

Ao pensar em nossos gráficos e slides, precisamos estar cientes de como estamos direcionando a atenção — intencional ou inadvertidamente. Assegure-se de que você, sem querer, não está desviando a atenção do público para longe do que deseja que ele olhe.

FIGURA 4.1e: Meus olhos tiveram dificuldade em pousar em qualquer coisa nessa coleção colorida de carros. Eles ficavam pulando: do azul para o amarelo, deste para o vermelho. Cores são uma boa pedida para uma concessionária de carros que deseja poder agradar a todos, mas não se a questão for visualizar dados. Ao fazer muitas coisas diferentes, na verdade abrimos mão do potencial valor estratégico pré-atentivo da cor. Com tantos tons, não é nada fácil criar contraste suficiente para focar os olhos do público no que desejamos. Usada com moderação, a cor é um dos recursos mais eficazes de direcionamento da atenção das pessoas para onde queremos que elas olhem. Confira a Figura 4.1f para verificar a procedência de tal afirmação.

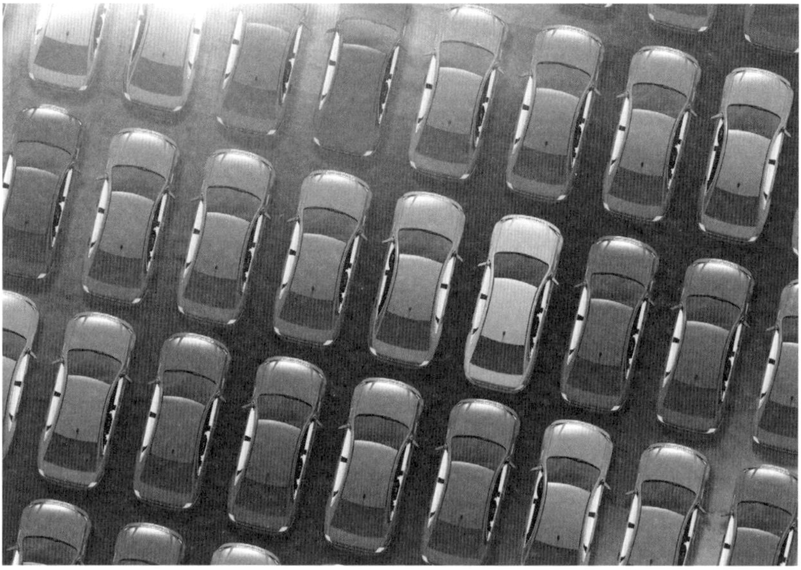

FIGURA 4.1f Para qual ponto seus olhos são atraídos?

Exercício 4.2: focalize em...

Vamos continuar a explorar como podemos concentrar a atenção e aplicar alguns dos aprendizados do Exercício 4.1 a gráficos. Quando visualizamos dados, é comum encontrar vários tópicos passíveis de destaque. Há ocasiões em que pode ser útil mostrar o mesmo gráfico várias vezes, cada uma destacando o ponto ou os pontos que desejamos enfatizar, mostrando ao nosso público diferentes particularidades dos dados. Isso permite a ele saber exatamente qual ponto procurar nos dados enquanto estamos falando ou quando estão lendo o texto correspondente. Vamos praticar como podemos conseguir isso com um exemplo específico.

Veja o gráfico a seguir, que mostra a variação ano a ano (acréscimo ou decréscimo do faturamento em %) para marcas de ração para gatos de um fabricante desse produto. Responda às perguntas a seguir, baixe os dados e empregue em sua ferramenta as estratégias descritas.

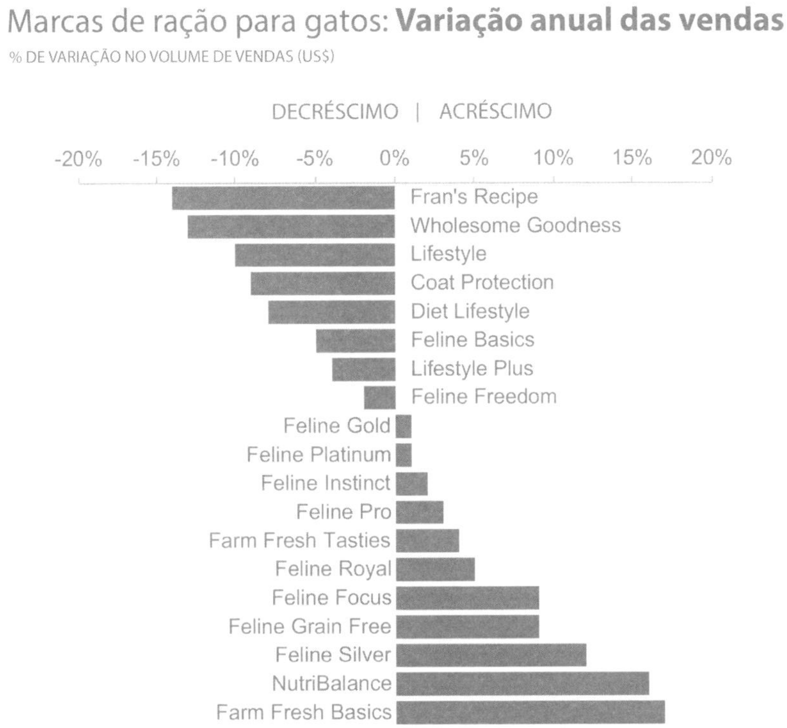

FIGURA 4.2a Vamos focalizar a atenção nesse gráfico

QUESTÃO 1: Digamos que você irá apresentar esses dados em tempo real e quer começar falando sobre a marca Lifestyle: Lifestyle, Diet Lifestyle e Lifestyle Plus. Como você indicaria visualmente ao público para observar esses pontos de dados?

QUESTÃO 2: Suponha que você queira falar sobre o grupo de marcas Feline, que inclui todos os produtos com "Feline" no nome. A marca dessa linha de comida para gatos tem um logotipo roxo. Como você indicaria a seu público que eles devem se concentrar ali?

QUESTÃO 3: Na sequência, você quer falar sobre as marcas que sofreram declínios ano após ano. Como poderia chamar a atenção do público para isso?

QUESTÃO 4: Vamos imaginar que, entre as marcas em declínio, você queira falar especificamente sobre as duas que mais caíram: Fran's Recipe e Wholesome Goodness. Como fazer isso?

QUESTÃO 5: Digamos que você queira falar sobre as marcas que tiveram aumentos nas vendas ano após ano. Como você chamaria a atenção do público para isso? O que se assemelha à forma como você direcionou a atenção para as marcas em declínio? Você faria alguma coisa diferente em comparação?

QUESTÃO 6: Você pretende criar e distribuir um visual final abrangente que destaque cada um dos tópicos descritos anteriormente: marcas Lifestyle, Feline, marcas em declínio de vendas (diferenciando aquelas com queda mais pronunciada) e marcas com crescimento de vendas (destacando as que mais aumentaram). Como você conseguiria isso? Como juntaria isso ao texto explanatório e deixaria claro como o texto se relaciona com os dados?

Solução 4.2: focalize em...

Neste exercício, quando o objetivo é chamar a atenção, dispomos de alguns elementos: os dados em si e também os rótulos de dados das várias marcas. Neste exemplo, cor e negrito serão minhas principais ferramentas de direcionamento do foco. Nas minhas ilustrações, também utilizarei o texto do título para descrever brevemente o ponto que estou destacando, movendo alguns dos detalhes originais inclusos no subtítulo.

QUESTÃO 1: Quando se trata de destacar as marcas Lifestyle, decidi deixar em preto os respectivos pontos de dados e os rótulos que os acompanham, além de colocar em negrito o texto do rótulo. Vale citar que outras cores também funcionariam, mas nesta visão inicial, dada a ausência de muitos outros contextos, optei pela neutralidade. Veremos mais maneiras de usar cores e considerações a respeito conforme avançarmos nesta solução.

Para de fato dar ênfase aos pontos de dados específicos, apliquei aos outros dados e rótulos um tom de cinza um pouco mais claro. Também usei o texto do título em negrito na cor preta correspondente para chamar a atenção brevemente.

Marcas de ração para gatos: **Declínio da linha da marca Lifestyle**

% DE VARIAÇÃO ANUAL DO VOLUME DE VENDAS (US$)

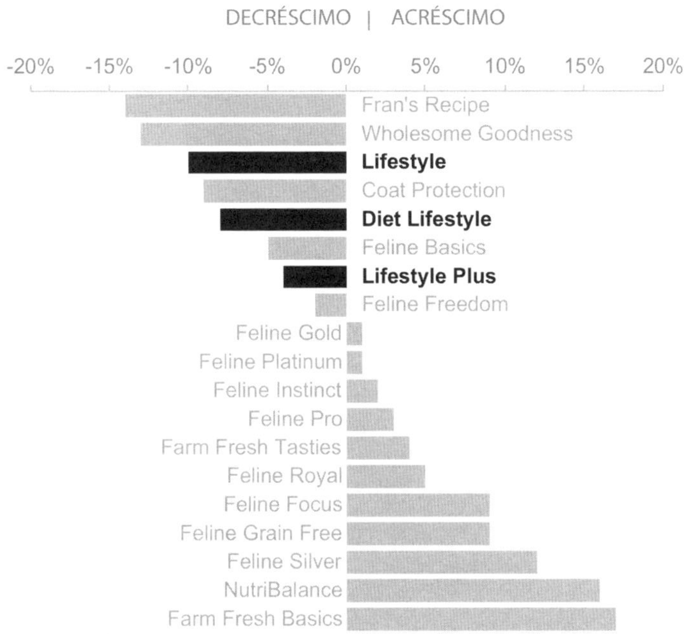

FIGURA 4.2b Foco na linha Lifestyle

QUESTÃO 2: Como a cor da marca Feline é o roxo, eu poderia usá-la para enfatizar essa linha, novamente combinando com rótulos de marca em negrito e um título de gráfico correspondente. Estamos usando o atributo pré-atentivo de matiz, ou cor, para direcionar a atenção e o princípio da Gestalt de similaridade (de cor) para unir os elementos separados espacialmente. Para outros princípios da Gestalt, podemos considerar o uso de posição e colocar toda a linha Feline no topo do gráfico; isso, porém, interferiria na ordenação criteriosa e dificultaria o entendimento do gráfico.

Pratique com Cole

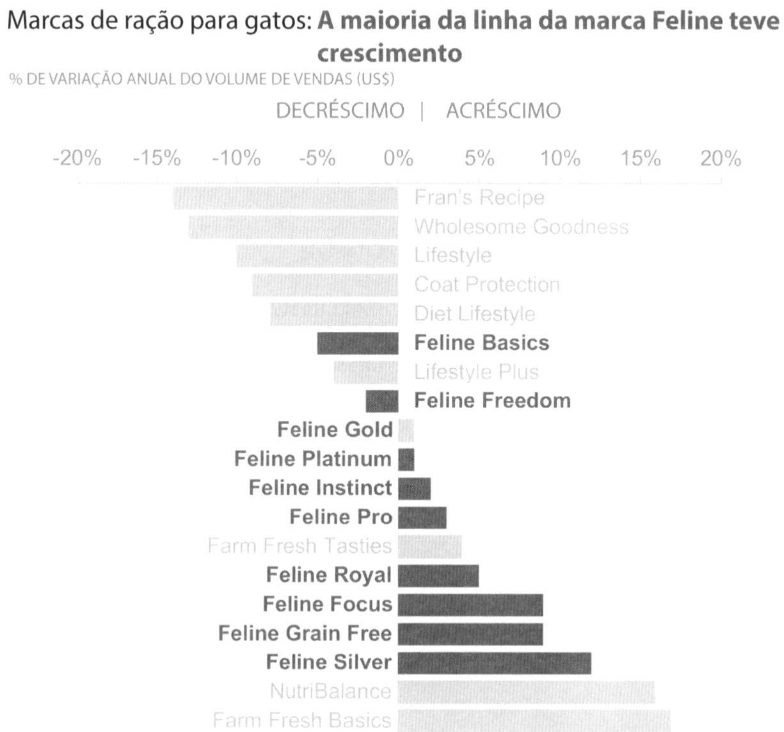

FIGURA 4.2c Foco na linha Feline

QUESTÃO 3: Para chamar a atenção para as marcas cujo faturamento declinou ano a ano, posso escolher uma cor que reforce esse aspecto negativo. Minha tendência é evitar vermelho e verde — e suas conotações ruim e boa, respectivamente — em razão da inacessibilidade para os daltônicos (o daltonismo vermelho/verde é o mais prevalente, afetando quase 10% da população). Costumo usar laranja para negativo e azul para positivo, pois sinto que transmite a conotação desejada. Veja a Figura 4.2d, que usa laranja para destacar as marcas decrescentes. Além do título do gráfico, pontos de dados e rótulos da marca, também colori o título Decrescente em laranja. Optei por não colocar os rótulos de dados em negrito, porque senti que já havia atraído atenção suficiente ao torná-los laranja e colocar em negrito parecia um pouco demais.

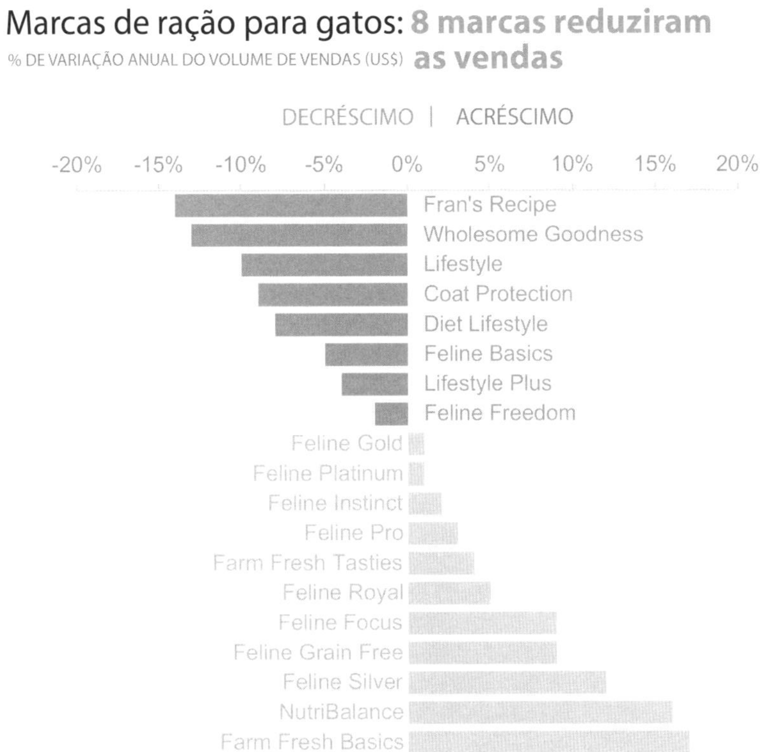

FIGURA 4.2d Foco nas marcas decrescentes

QUESTÃO 4: Para chamar a atenção para as duas marcas que mais diminuíram, eu poderia usar o laranja e colocar todo o resto em cinza. No entanto, como já cheguei nesse ponto no visual da Figura 4.2d, posso fazer isso de outro jeito: manter todas as marcas decrescentes na cor laranja, mas variar a intensidade para dar uma ênfase maior nas duas que mais diminuíram. Veja a Figura 4.2e.

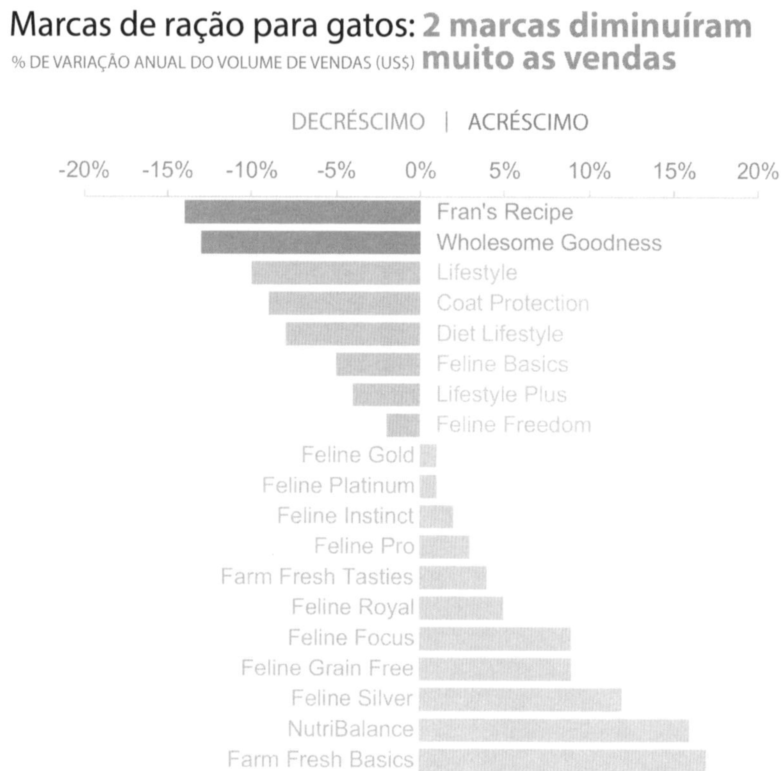

FIGURA 4.2e Foco nas marcas que mais diminuíram ▢

QUESTÃO 5: Para chamar a atenção para marcas com vendas crescentes, eu poderia usar azul, pelos motivos descritos na minha resposta à questão 3. Veja a Figura 4.2f.

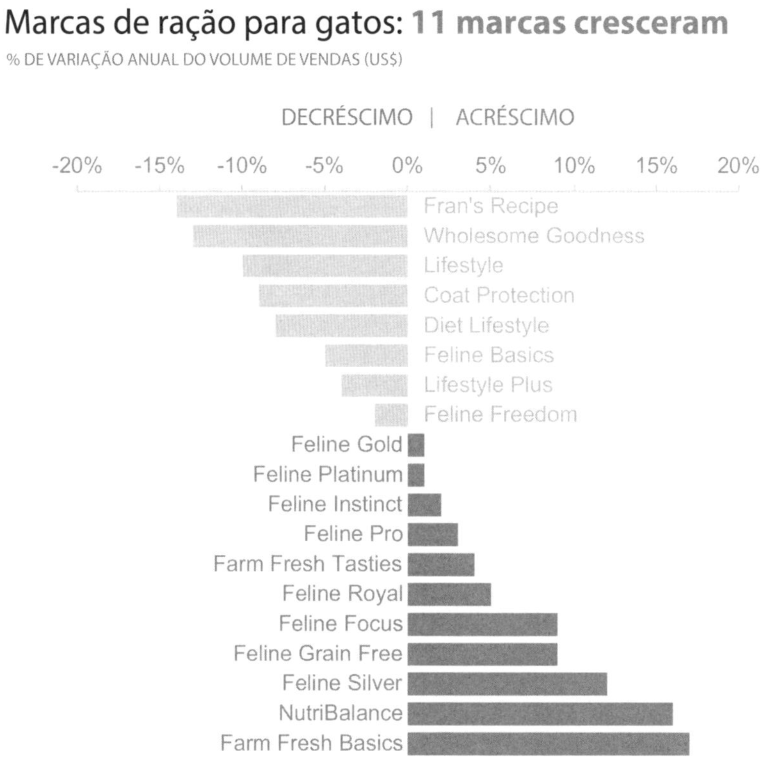

FIGURA 4.2f Foco nas marcas que cresceram

QUESTÃO 6: Por último, se eu quiser juntar várias dessas observações, posso fazê-lo em dois slides abrangentes. Isso permitiria que aqueles que processam as informações por si mesmos obtivessem uma progressão similar à que eu mostraria em tempo real. Cumpre observar que meu texto é principalmente descritivo (ou fabricado!) — preferencialmente, teríamos um contexto adicional sobre as causas das mudanças que estamos vendo e, talvez, informações relacionadas para compartilhar, ou um determinado ponto a fazer ou uma discussão a conduzir.

Como isso me parecia demais para apresentar em um único slide, utilizei duas visualizações dos dados para destacar tudo o que fizemos passo a passo anteriormente. Veja as Figuras 4.2g e 4.2h.

Marcas de ração para gatos: **Resultados mistos nas vendas anuais**

% DE VARIAÇÃO ANUAL DO VOLUME DE VENDAS (US$)

DECRÉSCIMO | ACRÉSCIMO

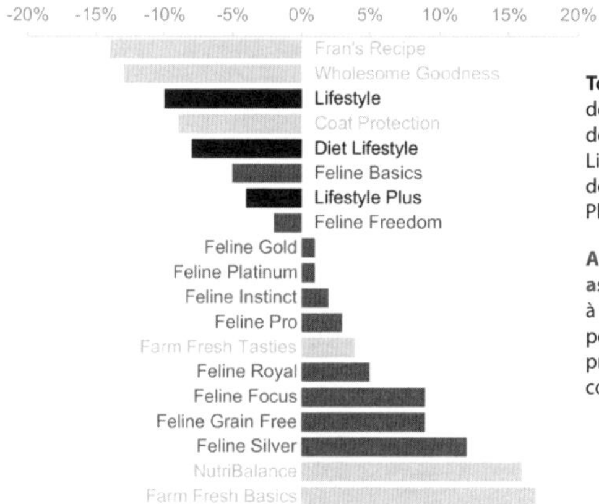

Toda a linha Lifestyle decresceu no ano, devido principalmente a uma mudança de marketing desses produtos. A marca Lifestyle clássica teve a maior queda anual de vendas, mais de 10%, enquanto Lifestyle Plus teve o menor decréscimo (4%).

A maioria da linha Feline aumentou as vendas no ano, em grande parte devido à parceria com varejistas de produtos para pets que entraram no meio do ano. Para o próximo ano nossa previsão é de continuidade desse movimento.

FIGURA 4.2g Slide abrangente n°1: marcas Lifestyle e Feline

Marcas de ração para gatos: **Resultados variados nas vendas anuais**

% DE VARIAÇÃO ANUAL DO VOLUME DE VENDAS (US$)

DECRÉSCIMO | ACRÉSCIMO

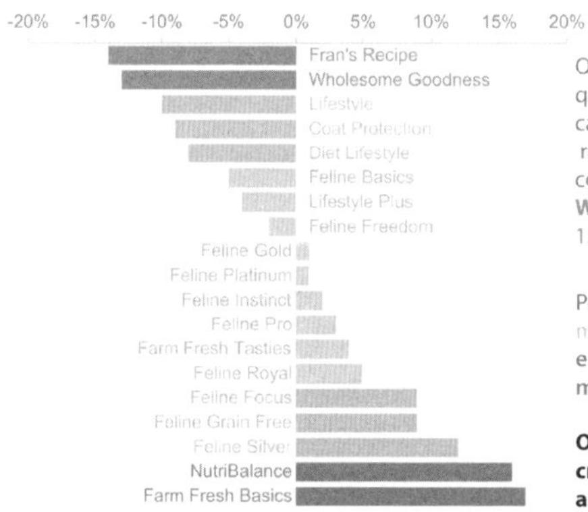

Oito das principais marcas apresentaram queda de vendas no ano, com cinco delas caindo mais de 7%. Isso era esperado em razão da mudança de foco para marcas com margens maiores. **Fran's Recipe e Wholesome tiveram**, ambas, queda de 13%, o que é mais do que se esperava.

Pelo lado positivo, cinco marcas cresceram mais de 8% no ano, com **NutriBalance e Farm Fresh Basic registrando um marcante crescimento de mais de 16%.**

O que podemos aprender com o crescimento das marcas que podemos aplicar em outras análises?
Vamos discutir os próximos passos.

FIGURA 4.2h Slide abrangente n°2: marcas que decresceram e marcas que cresceram

Exercício 4.3: direcione a atenção de diversas maneiras

Vimos no Exercício 4.2 que a moderação no uso da cor pode funcionar bem para dirigir a atenção do público para o ponto que queremos. Mas a cor não é o único elemento visual para fazer isso. Mais amplos, os atributos pré-atentivos são ferramentas extremamente importantes em nosso kit quando se trata de criar designs visuais eficazes. Além da cor (matiz), o tamanho, a posição e a intensidade — usados com cuidado e moderação — ajudam a dar contraste e direcionar a atenção do público. Em outras palavras, há muitos atributos diferentes de nossos designs visuais com os quais podemos jogar para conseguir isso, e várias circunstâncias ou restrições podem nos levar a adotar estratégias diferentes. Vamos analisar um exemplo específico e explorar as várias maneiras de indicar ao nosso público o ponto que queremos que ele olhe.

O gráfico a seguir mostra a taxa de conversão ao longo do tempo por canal de aquisição. Digamos que a ideia é chamar a atenção do público para a linha Referência. Como usar atributos pré-atentivos para fazer isso? **Quantas maneiras diferentes você pode encontrar para focar a atenção do seu público?** Liste-as! Para seguir adiante, aplique as estratégias que listou usando a ferramenta que escolheu.

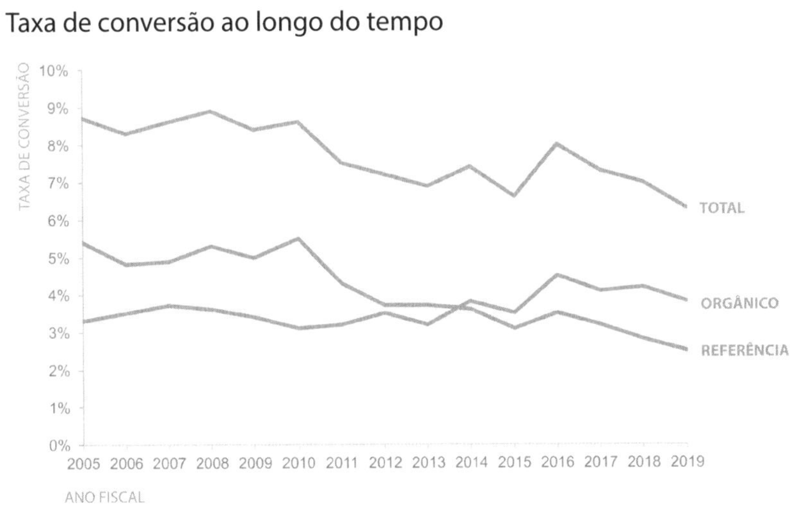

FIGURA 4.3a Como podemos focar a atenção na linha Referência neste gráfico?

Solução 4.3: dirija a atenção de diversas maneiras

Ilustrarei *15 maneiras* para indicar a meu público que gostaria que concentrasse sua atenção na linha Referência. Sua lista é menor? Caso seja, volte e tente gerar mais algumas ideias.

Pronto? Vamos verificar diversas maneiras pelas quais podemos direcionar a atenção. Começaremos com algumas opções menos elaboradas; depois, utilizaremos alternativas com mais nuances.

1. Seta. Pode-se usar uma seta para, literalmente, apontar para o público o que gostaríamos que eles olhassem: a linha Referência.

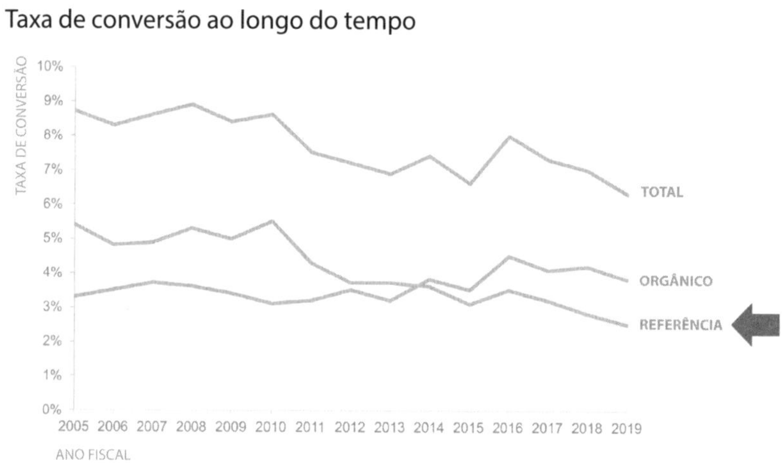

FIGURA 4.3b A flecha "olhe aqui"

2. Círculo. Pode-se circular a linha Referência. Sim, esta é outra ferramenta bruta. Seta e círculo: amo e odeio essas abordagens na mesma medida. Amo o fato de que isso significa que alguém olhou para os dados e disse "eu gostaria que você olhasse *aqui*" e, então, fez algo para que isso acontecesse. O desafio é que a seta e o círculo, são elementos que adicionamos e, por si só, não têm valor informativo. Então, desse ponto de vista, provocam saturação. Ainda assim, prefiro ter uma ferramenta contundente que indique ao público o ponto em que deve prestar atenção: é melhor do que nada. Mas será ainda melhor se eu puder encontrar algum aspecto dos dados para alterar e, com isso, dar essa ênfase.

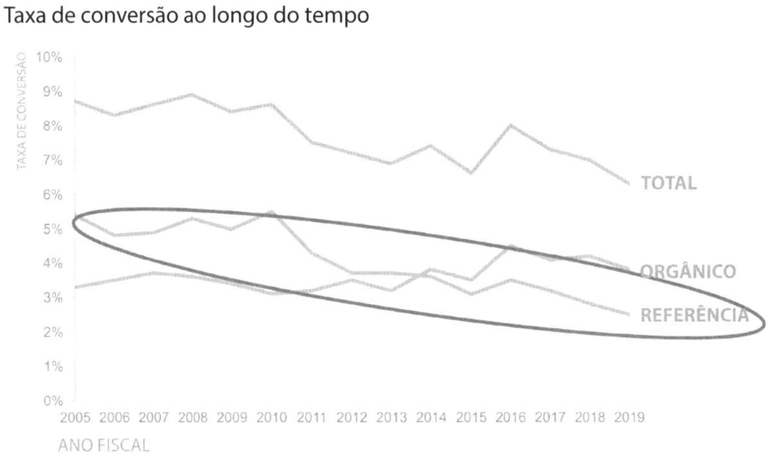

FIGURA 4.3c Circule os dados

3. Caixas brancas transparentes. Antes de ficarmos mais elegantes, eis outro método mais "bruto": caixas brancas transparentes. Esse método pode ser útil caso seja necessário fazer uma captura de tela de uma ferramenta e não for possível alterar o design dos dados. Use caixas brancas transparentes naquilo que deseja colocar em segundo plano: o efeito é a redução da intensidade de tudo o que é coberto, deixando o que você deseja chamar a atenção em plena intensidade. Veja a Figura 4.3d.

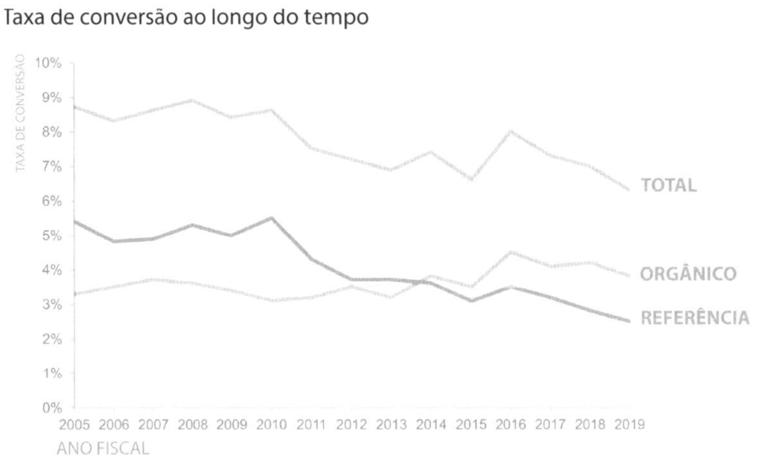

FIGURA 4.3d Cubra tudo que não deseja destacar com caixas brancas transparentes

Dependendo da forma dos dados, pode ser necessário usar várias caixas ou outros formatos para cobrir totalmente. Olhando atentamente para a Figura 4.3d, percebe-se que não fiz um trabalho perfeito: perto do ponto onde as linhas se sobrepõem no meio do gráfico, a linha Orgânica não foi completamente coberta. A Figura 4.3e descreve minhas várias caixas brancas transparentes (algumas delas giradas para melhor ajustar os dados) em preto para que você possa ver a manipulação exigida, às vezes, para que isso funcione bem.

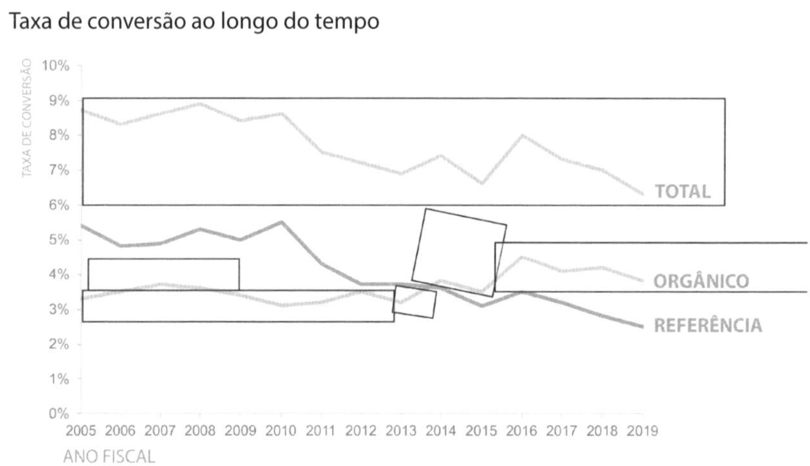

FIGURA 4.3e Destacando as caixas brancas transparentes

Este é outro método nada sofisticado, mas conforme forem as restrições impostas, às vezes pode ser útil. Em seguida, veremos algumas abordagens mais bem elaboradas para direcionar a atenção.

4. Engrosse a linha. Poderíamos tornar a linha Referência mais grossa ou as outras mais finas ou combinar as duas possibilidades. Também podemos manipular a palavra "Referência". Nesse caso, também engrossei ao deixar o texto em negrito. Veja a Figura 4.3f.

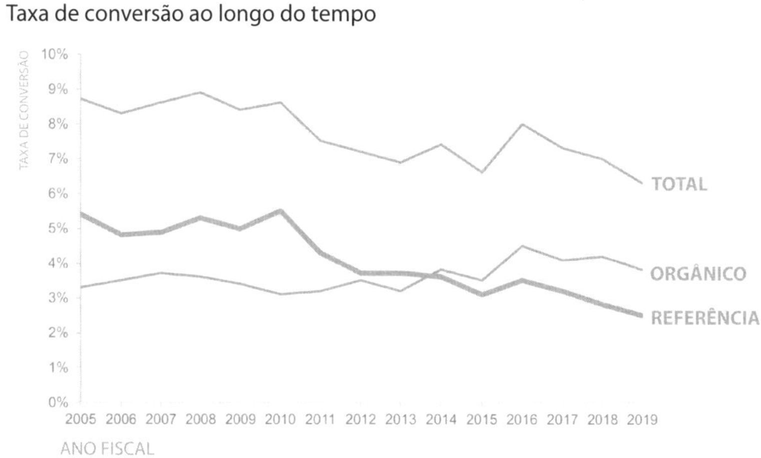

FIGURA 4.3f Engrossando a linha

5. Altere o estilo de linha. Variar o estilo de linha é outra maneira de sinalizar que algo está diferente e direcionar a atenção. Linhas tracejadas ou pontilhadas são enfáticas quando aparecem junto com linhas sólidas. O contraponto é que, quanto à carga cognitiva, dividimos em numerosos pedaços o que poderia ter sido um único elemento (uma linha). Isso adiciona algum distúrbio visual. Por isso, recomendo reservar o uso de linhas pontilhadas para quando houver incerteza para descrever: uma projeção, uma previsão, uma meta ou um objetivo de algum tipo. Nesses casos, a sensação visual de incerteza obtida com a linha pontilhada compensa a confusão visual adicional que ela introduz.

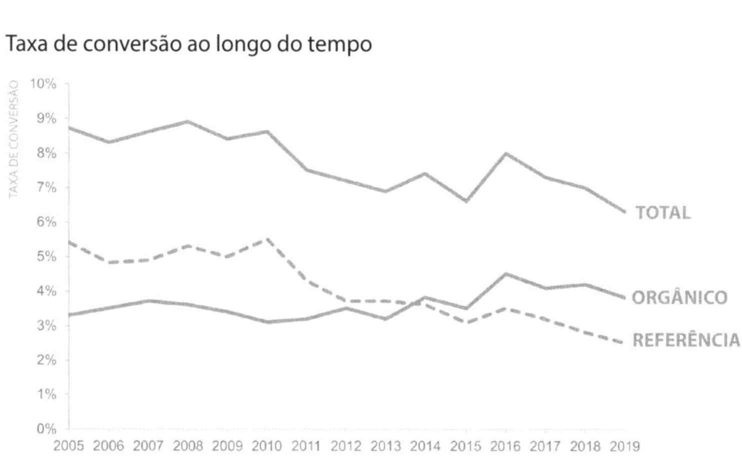

FIGURA 4.3g Mudando o estilo de linha

6. Incrementar a intensidade. Podemos escurecer ainda mais a linha que queremos enfatizar. Consulte a Figura 4.3h.

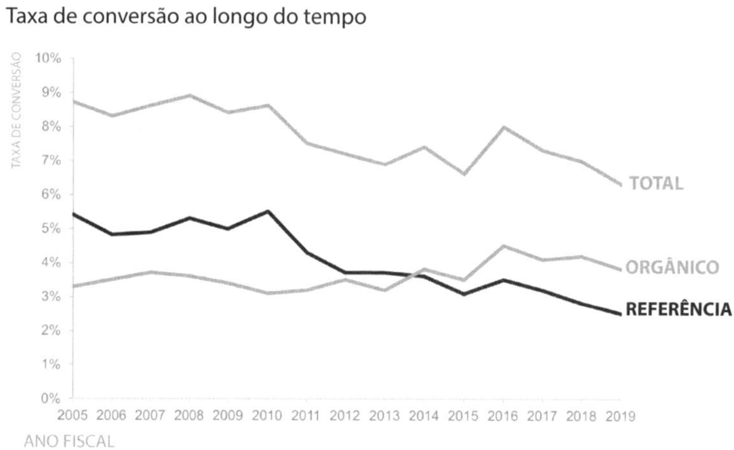

FIGURA 4.3h Escureça a linha ainda mais

7. Posicione na frente de outro dado. A posição é um outro atributo pré-atentivo. Não podemos alterar a ordem dos dados quando se trata de um gráfico de linhas — ela decorre dos dados que registra. Podemos, entretanto, tomar providências para garantir que não fique detrás de outros dados. Observe a Figura 4.3h no meio do gráfico, a linha Orgânica cinza cruza na frente da Referência. Podemos puxar a última para corrigir (isso normalmente é ditado pela ordem da série de dados, modificável na maioria das ferramentas). Veja a Figura 4.3i.

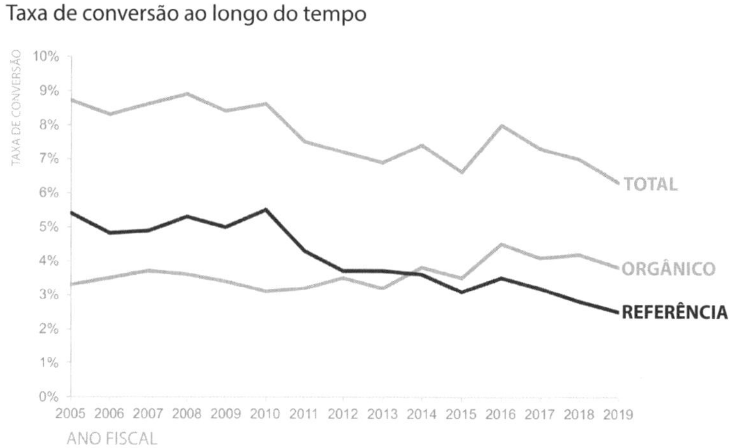

FIGURA 4.3i Posicione na frente de outro dado

8. Altere a tonalidade. Podemos mudar o tom, ou a cor, da linha onde queremos que nosso público se concentre, deixando tudo o mais em cinza. Consulte a Figura 4.3j.

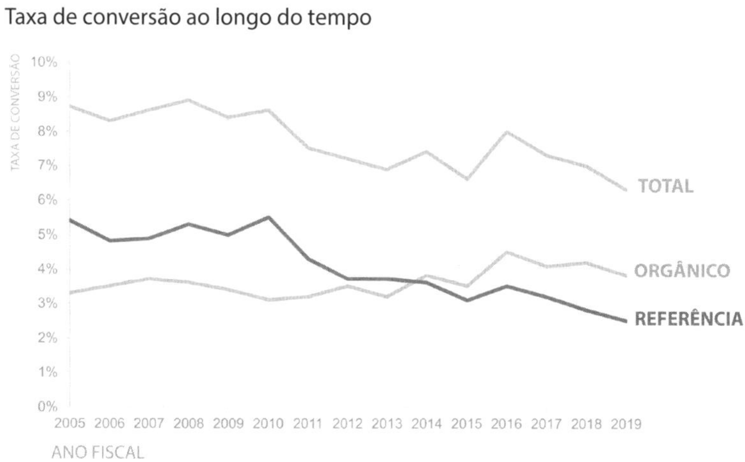

FIGURA 4.3j Altere a tonalidade

9. Use palavras para predispor seu público. Na Figura 4.3k, adicionei ao título um aspecto importante a respeito dos dados da Referência. Ao ler isso, meu público fica sabendo que deve procurar a linha Referência no gráfico. Veremos mais exemplos de títulos com adição de pontos importantes quando falarmos sobre palavras no contexto da história no Capítulo 6.

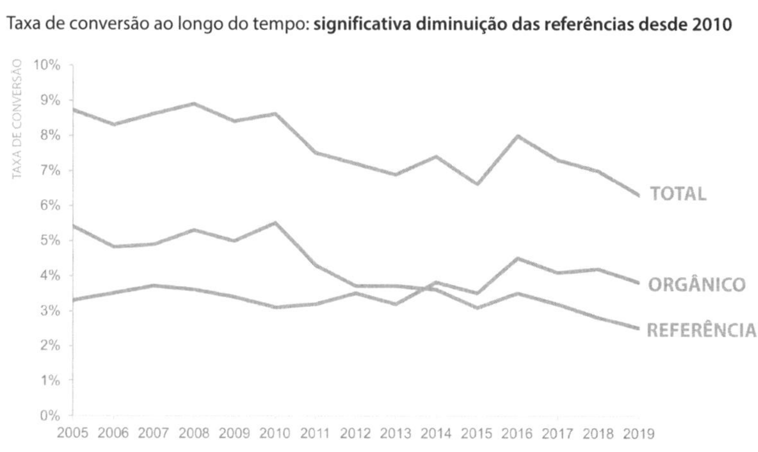

FIGURA 4.3k Use palavras para predispor seu público

10. Exclua os outros dados. Um jeito de fazer o público se concentrar nos dados que desejamos que ele veja seria eliminar todos os outros dados, tornando-os a única linha visível. Você deve sempre se perguntar se precisa de todos os dados que está mostrando. Ao mesmo tempo, contudo, sempre que estiver pensando em remover dados, considere que contexto você perde ao fazê-lo, e se essa escolha faz sentido em termos daquilo que precisa comunicar.

FIGURA 4.3l Exclua os outros dados

11. Animar para aparecer. Embora difícil de simular em um livro estático, o movimento é o atributo pré-atentivo que mais chama a atenção e pode funcionar muito bem em um ambiente ao vivo (no qual você está apresentando o gráfico e pode mostrar em sequência vários visuais). Imagine que iniciamos com um gráfico vazio com somente os eixos x e y. Em seguida, poderíamos adicionar uma linha representando a taxa de conversão Total e discutir a respeito. Depois, eu poderia colocar a taxa de conversão Orgânica e falar sobre isso. Por fim, eu adicionaria a linha Referência. Não estar lá e em seguida aparecer é, por si só, um fato que chamaria a atenção.

O aspecto desafiador relacionado ao movimento é que ele também causa, facilmente, irritação. A única animação que recomendo é aparecer, desaparecer e transparência. Nada de virtuosismos como voar, saltar daqui para lá ou esmaecer: eles adicionam brilho sem valor e são uma outra forma de saturação visual.

12. Adicione marcadores de dados. Voltando a mostrar todos os dados, podemos incluir marcadores de dados para chamar a atenção. Veja a Figura 4.3m.

Taxa de conversão ao longo do tempo

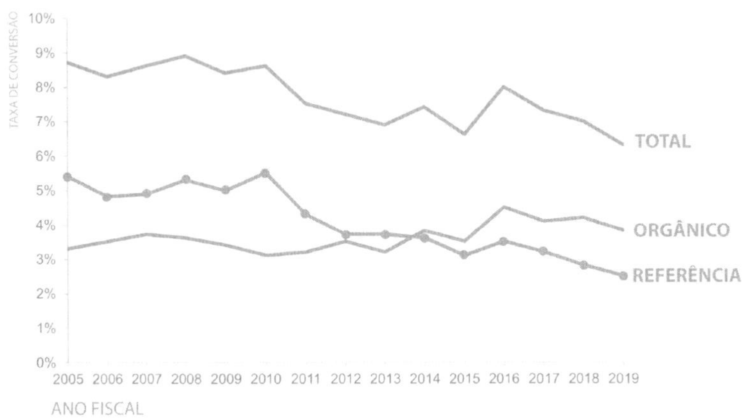

FIGURA 4.3m Adicione marcadores de dados

13. Adicione rótulos de dados. Dando um passo adiante, também podemos incluir rótulos de dados aos vários pontos da linha que queremos enfatizar. Essa é uma maneira de dizer ao público: "Ei, essa parte dos dados é tão importante que até adicionei alguns números para ajudar a interpretá-los". Veja a Figura 4.3n. Anotações que explicam contexto extra ou apontam nuances nos dados nas quais deseja que o público se concentre podem obter um efeito semelhante.

Taxa de conversão ao longo do tempo

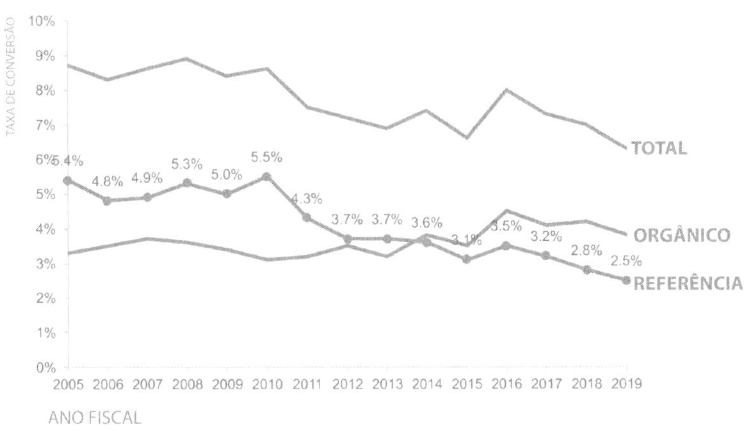

FIGURA 4.3n Adicione rótulos de dados

Ao adicionarmos marcadores e rótulos a cada ponto de dados, às vezes podemos ocasionar uma bagunça generalizada. Dito isso, quando selecionamos com critério os pontos nos quais colocar marcadores e rótulos, podemos direcionar nosso público para fazer determinadas comparações dentro dos dados. Vejamos um exemplo disso a seguir.

14. Coloque marcadores e rótulos no fim das linhas. Ao colocar marcadores e rótulos finais em cada linha, como fiz na Figura 4.3o, uma atitude óbvia para meu público é comparar entre si as diferentes taxas de conversão no ponto de dados mais recente. Isso não chama a atenção especificamente para a linha Referência, mas faremos isso novamente em nossa próxima etapa.

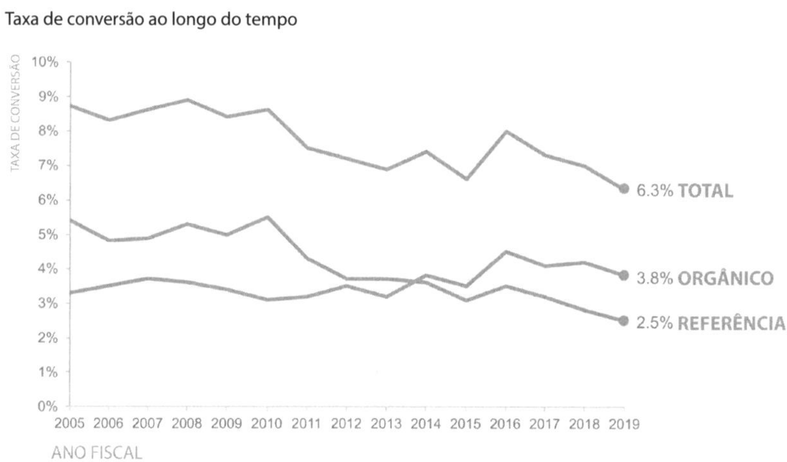

FIGURA 4.3o Coloque marcadores e etiquetas no fim das linhas

15. Combine vários atributos pré-atentivos. Podemos usar diversos atributos pré-atentivos para de fato deixar evidente para o ponto que queremos que nosso público olhe. Na Figura 4.3p, coloquei um texto escrito no título para predispor o público (utilizando nas palavras a mesma cor que os dados que elas descrevem, fazendo uso do princípio de similaridade da Gestalt), e posso fazer a linha que desejo que meu público preste atenção ser mais espessa e colorida, e também adicionar marcadores de dados e rótulos de dados. As anotações também podem ajudar a explicar o contexto extra para os dados de interesse.

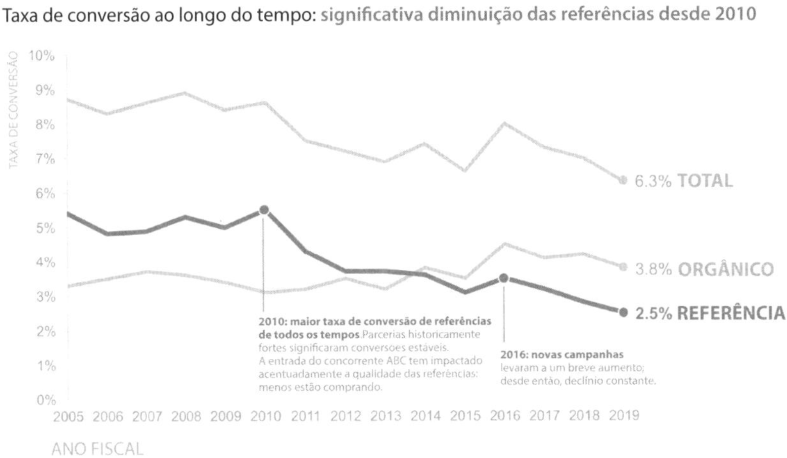

FIGURA 4.3p Combine vários atributos pré-atentivos

Pratique o teste "Para onde seus olhos são atraídos?", com a Figura 4.3p. Aonde seus olhos vão primeiro? Aonde vão em seguida? E depois disso?

Quando fecho os olhos e logo depois, ao abri-los, olho para a Figura 4.3p, meu olhar se dirige primeiro para o texto do título em vermelho. Em seguida, salta para a linha vermelha no gráfico. Então me desloco para a direita e consigo comparar facilmente as taxas de conversão Referência, Orgânico e Total no ponto de dados mais recente (2019). Posso mover meus olhos para a esquerda para ler detalhes adicionais nas anotações sob o que está sendo direcionado. Dessa forma, usei atributos pré-atentivos para dirigir a atenção e criar hierarquia visual, tornando meu visual geral mais fácil para o meu público consumir. Sucesso!

Exercício 4.4: visualize *todos* os dados

Vamos revisitar um exemplo que vimos no Capítulo 2. Lembre-se do cenário em que você trabalha na Financial Savings e deseja comparar o desempenho do seu banco com o de seus pares. Você dispõe de dados sobre o índice bancário (nível de satisfação) ao longo do tempo do seu banco e de alguns dos concorrentes. O gráfico original é mostrado na Figura 4.4a.

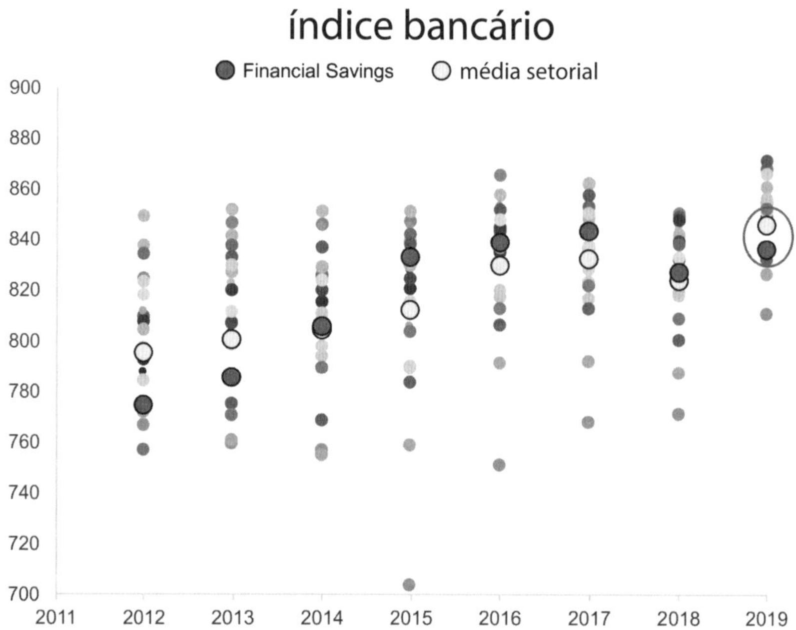

FIGURA 4.4a Índice bancário

Anteriormente, analisamos uma abordagem em que mudamos desse gráfico de pontos para um gráfico de linhas e resumimos todos os dados do concorrente com uma única linha média (veja a Solução 2.7).

E se quisermos, porém, mostrar todos os dados? Como poderíamos conseguir isso sem sobrecarregar o visual? Baixe os dados e crie seu visual preferido.

Solução 4.4: visualize todos os dados

Podemos mostrar muitos dados se colocarmos a maioria deles em segundo plano.

Muitas pessoas me disseram, em workshops, que não haviam percebido até então o poder do cinza. Esmaecido, ele funciona bem para coisas que precisam estar presentes (rótulos de eixos, títulos de eixos, dados que não comprometem a mensagem), mas não precisam chamar muita atenção. Confira como o uso estratégico do cinza na Figura 4.4b nos ajuda neste caso.

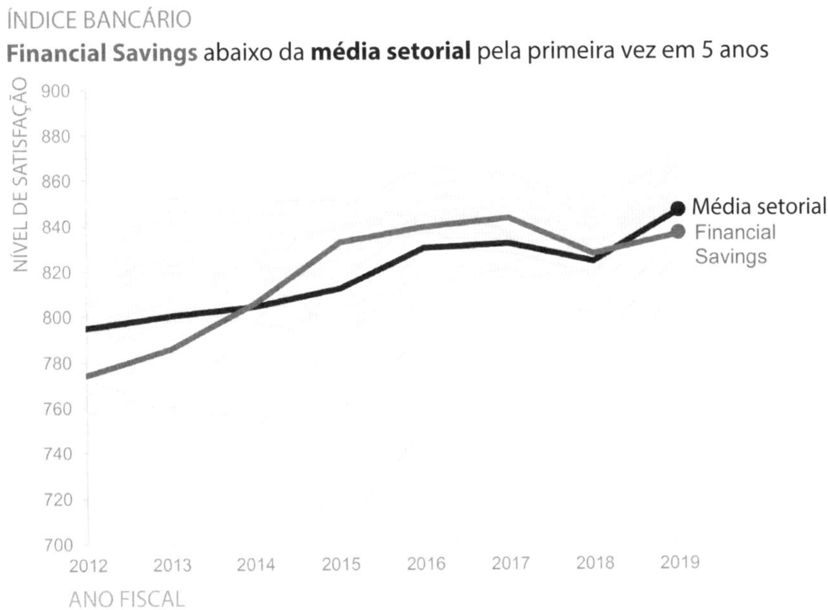

FIGURA 4.4b Pode-se mostrar todos os dados colocando a maior parte deles em segundo plano

Além de colocar as linhas dos bancos concorrentes em cinza, também as fiz mais finas do que a média do setor e a Financial Savings. Esse é outro modo de tirar a ênfase deles, e sua permanência lá é referencial, não para chamar a atenção. Se houver um banco concorrente específico que desejamos identificar, isso se torna difícil (podemos alternar entre vários concorrentes com pouca ênfase em uma apresentação ao vivo, ou rotular, quem sabe, um ou dois em uma visão estática; no entanto, dá para imaginar como isso rapidamente ficará confuso). Caso antepor a Financial Savings a concorrentes específicos for importante, essa não é a melhor maneira de analisar os dados. Nesse caso, eu poderia concentrar a atenção apenas no ponto de dados mais recente dos vários bancos e traçar como um único gráfico de barras horizontais.

Porém, mantendo esse visual, vamos dar um passo à frente. Digamos que dentro de tudo isso, e além de direcionar a atenção para a média setorial e a Financial Savings, queremos dar um destaque ao ano recente. Posso usar uma cor adicional para conseguir isso: veja a Figura 4.4c.

ÍNDICE BANCÁRIO

Financial Savings abaixo da **média setorial** pela primeira vez em 5 anos

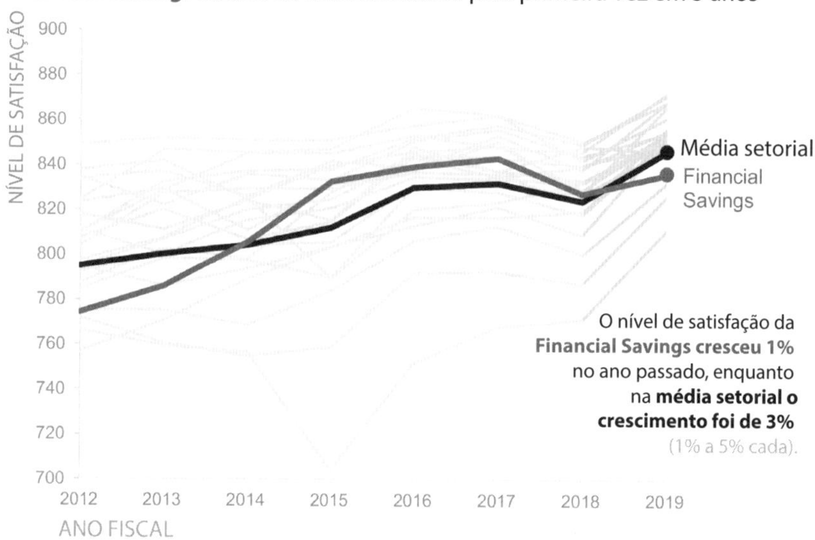

FIGURA 4.4c Foco no período de tempo mais recente

Tirar a ênfase permite direcionar a atenção ainda que se mostre muitos dados. Considere como você pode empregar essa tática em seu próprio trabalho.

Após ter-me visto resolver alguns exercícios relacionados a focalizar a atenção, vamos passar exercícios para você resolver sozinho.

PRATIQUE por CONTA PRÓPRIA

Vamos ver mais fotos para entender as sutilezas do que chama a atenção e como podemos utilizar esses aspectos ao nos comunicarmos. Não há uma só maneira de fazer isso: existem muitas, que continuaremos explorando nos exercícios a seguir.

Exercício 4.5: para onde seus olhos são atraídos?

Com vimos, o ponto onde nossos olhos pousam primeiro em uma imagem pode ajudar a determinar o uso estratégico dos atributos pré-atentivos para direcionar a atenção para o que é mais importante e criar uma hierarquia visual clara. Vamos praticar com este teste simples.

Considere os seguintes visuais. **Para cada um, feche os olhos ou desvie o olhar, depois olhe de volta e observe qual ponto seus olhos veem primeiro.** Por quê? Há algo a aprender com essa atividade que se pode generalizar sobre como se comunicar eficazmente com os dados? Escreva um pequeno parágrafo respondendo a essas perguntas para cada imagem.

FIGURA 4.5a Para onde seus olhos são atraídos?

FIGURA 4.5b Para onde seus olhos são atraídos? ▢

FIGURA 4.5c Para onde seus olhos são atraídos? □

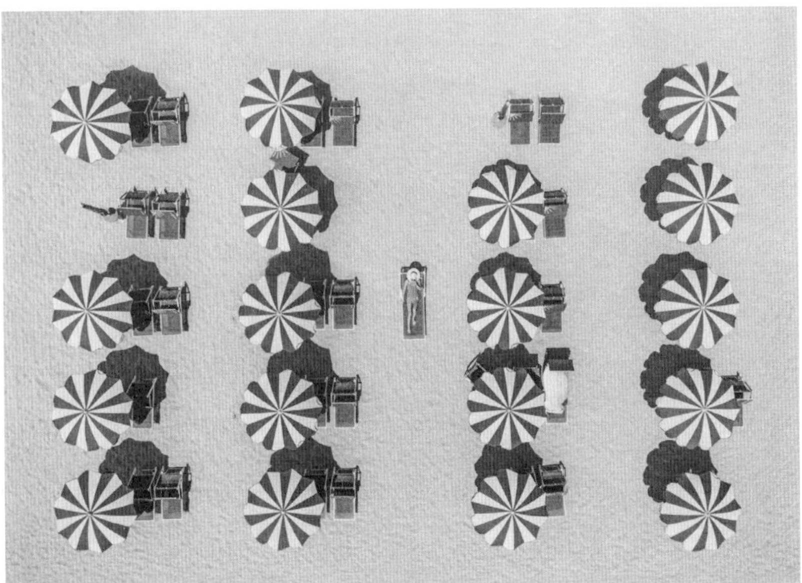

FIGURA 4.5d Para onde seus olhos são atraídos? □

FIGURA 4.5e Para onde seus olhos são atraídos?

FIGURA 4.5f Para onde seus olhos são atraídos?

Pratique por conta própria

Exercício 4.6: focalizar dados tabulares

Embora os exemplos vistos neste capítulo até agora tenham sido imagens e gráficos, também podemos usar atributos pré-atentivos para direcionar a atenção no caso de tabelas.

Observe a tabela a seguir, que apresenta dados sobre as últimas quatro semanas de vendas das dez principais contas de vendas de uma marca popular de café. Responda às seguintes questões.

WakeUp Café

10 principais contas: vendas de 4 semanas terminando em 31 de janeiro

Conta	volume de vendas	% variação s/ per. ant.	média de UPCs	% ACV Vendas	preço por libra-peso
A	US$15.753	3,60%	1.15	98	US$110,43
B	US$294.164	3,20%	1.75	83	US$15,76
C	US$21.856	-1,20%	1.00	84	US$12,74
D	US$547.265	5,60%	1.10	89	US$9,45
E	US$18.496	-4,70%	1.00	92	US$14,85
F	US$43.986	-2,40%	2.73	92	US$12,86
G	US$86.734	10,60%	1.00	100	US$17,32
H	US$11.645	37,90%	1.00	85	US$11,43
I	US$11.985	-0,70%	1.00	22	US$20,82
J	US$190.473	-8,70%	1.00	72	US$11,24

UPC é a sigla em inglês para Código Universal de Produtos, o código de barras.
ACV (All-Commodity Volume) é medida em uma porcentagem de 0 a 100.

FIGURA 4.6 Pratique focalizar a atenção dentro desta tabela

Pratique por conta própria

QUESTÃO 1: Digamos que o volume de vendas seja o dado mais importante e que os demais dados sirvam para contexto adicional ou por sabermos que nosso público vai querer vê-lo. Já o colocamos na primeira coluna de dados, mas o que mais podemos fazer para direcionar a atenção ou facilitar o processamento desses dados?

QUESTÃO 2: A conta D é de longe a maior em volume de vendas do que qualquer outra, mas leva algum tempo olhando a tabela para notar isso. Como chamar a atenção do público para a conta D mais rapidamente? Liste três estratégias específicas que pode usar para diferenciar essa linha das demais. Qual você mais gosta, e por quê?

QUESTÃO 3: Ainda com relação à conta D, e se quiséssemos destacar o preço baixo por libra? Como você poderia conseguir isso?

QUESTÃO 4: Digamos, agora, que você deseja focar a atenção no preço relativo por libra dessa tabela. Isso muda o ponto onde você posicionaria essa coluna ou como poderia ordenar as linhas de dados? Cite três maneiras diferentes pelas quais pode indicar a seu público que deseja que ele se concentre nesse ponto.

QUESTÃO 5: Faça as mudanças que descreveu. Baixe os dados e os aplique com a ferramenta de sua preferência.

Exercício 4.7: dirija a atenção de diversas maneiras

Conforme vimos, são muitas as opções para indicar ao público o ponto onde ele deve prestar atenção nos dados que mostramos.

O exemplo a seguir mostra a participação de mercado ao longo do tempo para um certo produto. Vamos supor que queremos direcionar a atenção do público para Nosso Produto. Como você poderia usar atributos pré-atentivos para fazer isso? Quantos métodos diferentes você pode criar para focar a atenção de seu público? Liste-os!

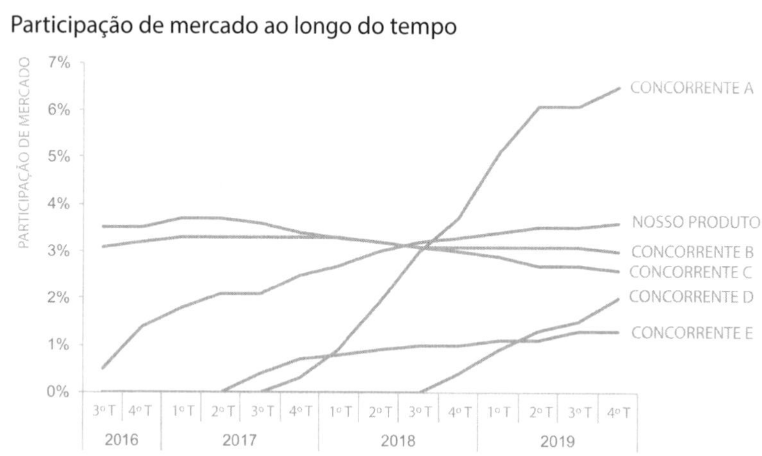

FIGURA 4.7 Como poderíamos direcionar a atenção para Nosso Produto neste gráfico?

Para dar um passo em frente, baixe os dados e aplique as estratégias que você listou usando a ferramenta de sua escolha.

Exercício 4.8: como podemos focar a atenção aqui?

Você praticou focar a atenção com tabelas e linhas; agora, vamos tentar fazer isso com barras.

Vamos rever um exemplo do Capítulo 2. Imagine que você trabalha em uma secretaria municipal de saúde e quer avaliar o sucesso relativo de um recente programa de educação e administração de vacinação contra a gripe em seus postos de saúde. A Figura 4.8 é uma versão ligeiramente modificada do gráfico original.

Suponha que queremos direcionar a atenção do público para os postos de saúde que estão acima da média. Como você poderia usar atributos pré-atentivos para fazer isso? Quantos métodos diferentes você pode criar para focar a atenção do seu público? Liste-os!

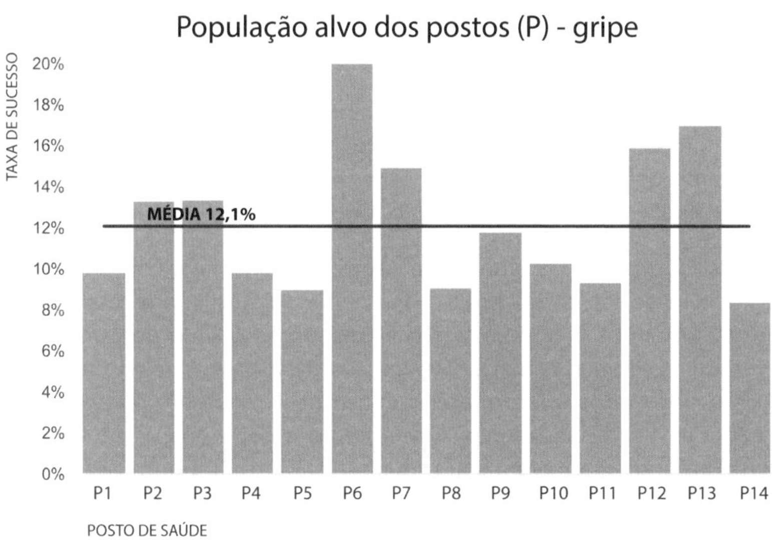

FIGURA 4.8 Como podemos focar a atenção nos postos de saúde acima da média?

Para ir um passo além, baixe os dados e pratique em sua ferramenta a aplicação das várias maneiras que listou para direcionar a atenção.

PRATIQUE no TRABALHO

Para focar a atenção, precisamos saber como modificar várias dimensões dos gráficos em nossas ferramentas — e, em primeiro lugar, procurar o ponto onde focar. Os exercícios seguintes o ajudarão a direcionar a atenção em suas comunicações visuais.

Exercício 4.9: para onde seus olhos são atraídos?

Seus olhos e sua atenção são bons procuradores de seu público. Após criar um gráfico ou slide, feche os olhos ou desvie o olhar. Olhe de volta e note onde seus olhos pousam primeiro. Isso é consistente com o ponto onde deseja que o público concentre sua atenção em primeiro lugar? Se não, que mudanças faria para obter isso? Considere como está usando atributos pré-atentivos com moderação, tanto para direcionar a atenção quanto para criar uma hierarquia visual.

Reconheça, porém, que como foi você o autor, já sabe coisas sobre os dados e está predisposto a se concentrar em certos aspectos de maneiras que seu público não pode. Diante disso, após praticar o teste "Para onde seus olhos são atraídos?" e iterado conforme necessário para ficar satisfeito com o resultado, peça ajuda a um amigo ou colega. Mostre-lhe seu gráfico ou slide e pergunte para que ponto os olhos dele vão primeiro. É para o lugar que você quer? Use essas informações para continuar a iterar à medida que for necessário.

Além do ponto que os olhos dele veem primeiro, faça com que essa pessoa fale sobre como processa as informações. Onde ela presta atenção primeiro? E depois disso? E em seguida? Que perguntas ela tem? Que observações faz? Entender isso de alguém que não está tão próximo dos dados e informações constitui-se em fonte relevante de percepções sobre o que está funcionando e se, e como, você pode fazer alterações que levem seu público a saber qual ponto procurar e como processar as informações que você coloca na frente dele.

Exercício 4.10: pratique a diferenciação em sua ferramenta

Há muitas ferramentas diferentes para usar na visualização dos dados. Cada uma tem seu próprio conjunto de habilidades e restrições. Para ser eficaz na forma como visualizamos e nos comunicamos com os dados, é preciso conhecê-las o suficiente para aplicar as várias estratégias abordadas aqui e no *SCD*. Em certos casos, isso pode significar elaborar um código. A beleza do código é que, uma vez escrito, provavelmente há linhas ou partes dele aos quais você pode dar um outro propósito mais tarde. Ou pode significar encontrar a combinação certa de menus suspensos e seleções na ferramenta (que você precisa criar ou aplicar a cada vez: tudo bem, fica mais rápido com a experiência).

Seja como for, vamos praticar para conhecer nossa ferramenta — e o que podemos fazer com ela — um pouco melhor.

Pegue um gráfico que você criou. Qualquer um. Se não tiver um exemplo de trabalho à mão, selecione dados de qualquer um dos exercícios deste livro para baixar e criar um gráfico para esta finalidade. Crie um gráfico de linhas ou de barras. Descubra como conseguir o seguinte na ferramenta que escolheu.

Negrito/espesso: escolha um elemento de texto no gráfico e aplique negrito. Faça uma única linha ou barra mais grossa do que as ao redor.

Cor: Comece deixando tudo cinza. Escolha uma única linha ou série de barras e a deixe azul. Escolha outra e faça com que corresponda à cor principal da marca de sua organização. Descubra como pegar um ponto de dados individual — um ponto em um gráfico de linhas ou uma única barra em uma série — e mudar a cor só desse ponto.

Posição: Vamos praticar mover as coisas. Caso esteja trabalhando com um gráfico de barras, reordene as barras: faça-as ascendentes e depois descendentes. Se estiver trabalhando com um gráfico de linhas e houver linhas que se cruzam, escolha uma e descubra como movê-la para a frente ou para trás das outras.

Linha pontilhada ou tracejada: Há alguma linha no que está mostrando que pode fazer pontilhada ou tracejada? Aposto que sim. Se for um gráfico de linhas, descubra como alterar o estilo de uma. Se forem barras, determine como fazer isso para o contorno de uma (ou mais) das barras.

Intensidade: Varie a intensidade, deixando-a maior em alguns dados e menor no restante. Para isso você pode aplicar transparência, um padrão ou simplesmente escolher uma cor menos intensa. Considere como fazer isso modificando a formatação dos dados diretamente, bem como se, ou como, pode usar caixas transparentes ou outras formas para obter esse efeito de maneira menos elegante.

Rotular pontos de dados: Comece isso em uma série de dados inteira. Depois, descubra como movê-los. Em um gráfico de linhas, ponha os rótulos acima da série e depois abaixo. Para barras, rotule-os em cima delas e, então, leve-os para dentro das extremidades das barras. Em seguida, determine como o abordaria se quisesse apenas rotular um único (ou alguns) ponto de dados. Se estiver usando um aplicativo gráfico (não escrevendo código), há soluções "brutas" para adicionar um por vez ou excluir rótulos individuais. Você pode adicionar outra série de dados (e torná-los invisíveis, mas use o posicionamento para rótulos, como exemplo) para otimizar seu processo.

O que mais você deseja aprender a fazer com sua ferramenta? Faça uma lista e determine quais recursos (colegas, pesquisas online inteligentes, talvez aulas ou tutoriais) podem ajuda a atingir seus objetivos. Aprender qualquer ferramenta leva tempo. No entanto, quase sempre é tempo bem gasto. Não há melhor satisfação do que quando você pode usar sua ferramenta de maneira a atender plenamente às suas necessidades!

Exercício 4.11: descubra onde focar

Este livro e o SCD geralmente fazem uma suposição e tanto: você analisou detalhadamente seus dados e já tem algo específico que deseja comunicar a seu público. Eu me inclino a fazer uma distinção entre análise exploratória e análise explanatória, supor que a primeira foi feita e me concentrar no ensino da segunda. Isso às vezes leva à pergunta: Como, antes de mais nada, você descobre onde focar?

Isso é algo mais difícil de ensinar, e é tão arte e ciência quanto o que focamos aqui com comunicação explanatória. Embora eu caracterize exploratória e explanatória como fases distintas, não há de fato uma linha definida entre as duas. Muitas vezes, alternamos entre elas ao longo de um projeto. Quando se trata da questão "onde eu foco?", há certas perguntas que você pode fazer a si mesmo para ajudar a navegar. Considere a seguinte lista (incompleta):

- Quando é apropriado agregar os dados?
- Quando e como você pode desagregar os dados?
- Qual é o intervalo de tempo certo a considerar? Quão longe ir?
- Como faz sentido dividir os dados? Pode ser por linha de negócios, região, produto, posse ou outras categorias. Em que ponto as coisas são semelhantes? Em que ponto são diferentes? Por quê?
- As coisas estão conforme você estava esperando? Em que casos são diferentes?
- De que modo coisas diferentes se relacionam entre si? Algumas coisas impulsionam outras?
- Que comparações são significativas ou levarão a um possível insight?
- Há algum contexto que possa ser útil e que você não conheça? A quem você pode perguntar a respeito?
- Que perguntas alguém faria ao olhar para esses dados?
- Que suposições você está fazendo? Qual o impacto se essas suposições estiverem erradas?
- O que está faltando? Em geral, os dados não contam toda a história. Como você pode abordar ou entender aquilo que está faltando?
- É provável que a história seja a mesma, ou diferente, no futuro?

Exercício 4.12: vamos discutir

Considere as seguintes questões relacionadas às lições e aos exercícios do Capítulo 4. Discuta com um colega ou grupo.

1. Que elementos de design temos à disposição para direcionar a atenção ao visualizar e comunicar com dados? Qual você acha mais eficaz e por quê?

2. O que é o teste "Para onde seus olhos são atraídos?" Quando e por que você usaria?

3. Há várias maneiras de direcionar a atenção em texto, tabelas, pontos, linhas e barras. Quais são as formas comuns de indicar a seu público onde deseja que ele se concentre? Como os meios pelos quais pode conseguir isso em vários tipos de gráficos são diferentes?

4. O que é importante ter em mente ao escolher a(s) cor(es) que você usa nos gráficos? Existem combinações de cores que você adotará ou evitará daqui em diante? Por quê?

5. De que modo evitar a ênfase em questões ligadas a comunicações explanatórias é diferente de como você projetaria um painel onde os dados deveriam ser explorados? Como abordar o uso de cores em um painel quando há um ponto específico que você deseja destacar?

6. O que é hierarquia visual? Por que é útil criar hierarquia visual em suas visualizações de dados e nas páginas que as contêm?

7. Por que a ênfase precisa ser moderada para ser eficaz?

8. Qual meta específica você definirá, para si mesmo ou para sua equipe, relacionada às estratégias descritas neste capítulo? Como pode se responsabilizar (ou à sua equipe) por isso? A quem você recorrerá para obter feedback?

capítulo cinco

pense como um designer

Você reconhece um ótimo design assim que o vê, mas como chegar lá, em especial se você não se considera um designer? O *SCD* abordou quatro tópicos que ajudam a pensar como um designer: affordances, estética, acessibilidade e aceitação. Este capítulo se dedica a praticar a aplicação desses conceitos e a ilustrar como pequenas alterações podem transformar seu visual de aceitável para excepcional. Antes, um breve lembrete do que quero dizer com esses termos.

Affordances é o que fazemos para deixar claro como processar o que mostramos. Isso se baseia no que você praticou nos Capítulos 3 e 4: vincule visualmente as coisas relacionadas, deixe elementos menos importantes em segundo plano e ponha o que é crítico na frente. Direcione a atenção do público intencionalmente para onde quer que eles olhem.

Investir na **estética** de seus visuais pode se traduzir em pessoas levando mais tempo com seu trabalho ou a negligenciar os problemas. A atenção aos detalhes entra em jogo: por vezes, muitos componentes aparentemente menores se somam para criar uma experiência ótima ou ruim. Para obter a excelência, devemos editar impiedosamente.

As pessoas são diferentes, e **acessibilidade** significa saber disso e trabalhar para criar designs utilizáveis pelas mais diversas pessoas. Já citamos o daltonismo, mas isso apenas arranha a superfície. Faremos exercícios que o ajudarão a pensar seus projetos de forma mais robusta. Há algo simples que pode nos ajudar a melhorar amplamente a acessibilidade de nossos gráficos: usar palavras com sabedoria.

Por fim, nossos designs visuais só funcionam se o público os **aceitar**; exploraremos as coisas que podemos fazer para tornar isso mais provável.

Vamos praticar **pense como um designer**!

Primeiro, revisaremos as principais lições do Capítulo 5 do *SCD*.

SCD LIVRO CAPÍTULO 5

PRIMEIRO, VAMOS RECAPITULAR

PENSE COMO UM DESIGNER

A FORMA SEGUE A FUNÇÃO

1 FUNÇÃO

o que você deseja PERMITIR que seu PÚBLICO FAÇA com seus DADOS?

2 FORMA

como você pode VISUALIZAR MELHOR para FACILITAR isso?

AFFORDANCES

ASPECTOS do DESIGN que tornam ÓBVIO COMO USAR

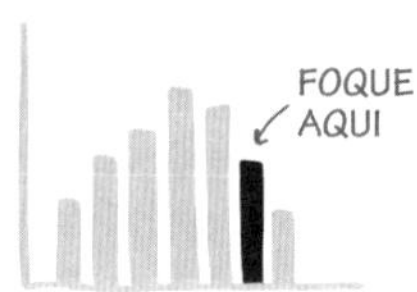

destaque as coisas importantes e exclua as distrações (no máximo 10% do design geral)

AFFORDANCES DO DESIGN GRÁFICO

negrito, CAIXA, Tamanho, *itálico*, fonte, cor, sublinhado, inversão

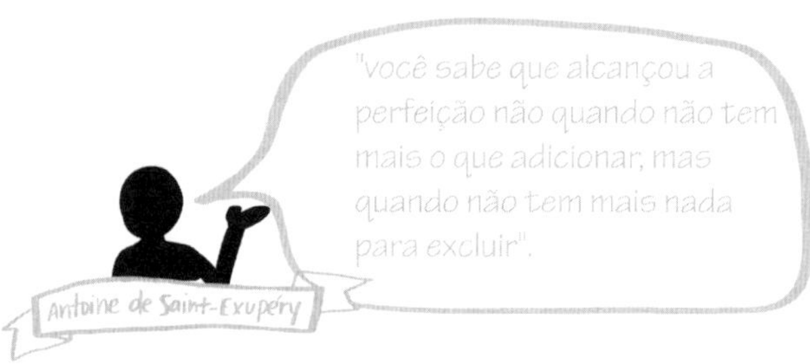

ACESSIBILIDADE

DESIGN que é UTILIZÁVEL por PESSOAS de HABILIDADES TÉCNICAS AMPLAMENTE VARIADAS

1. faça-o LEGÍVEL
2. mantenha-o CLARO
3. use LINGUAGEM clara
4. remova COMPLEXIDADE DESNECESSÁRIA

ESTÉTICA

quanto mais os DESIGNS VISUALMENTE ATRAENTES são PERCEBIDOS como FÁCEIS de USAR, MAIS PRONTAMENTE SÃO ACEITOS

...sim!

1. seja inteligente quanto à cor
2. preste atenção no alinhamento
3. aproveite o espaço em branco

ACEITAÇÃO

para que seu DESIGN seja EFICAZ, ele precisa ser ACEITO pelo PÚBLICO-ALVO

1. descreva os benefícios
2. faça uma comparação
3. ofereça diversas opções e busque opiniões
4. obtenha a adesão verbal de alguém do público

PRATIQUE com COLE

5.1
use as palavras com sabedoria

5.2
faça melhor!

5.3
preste atenção nos detalhes & na intuitividade do design

5.4
estilo do design

PRATIQUE por CONTA PRÓPRIA

5.5
examine e mimetize

5.6
faça pequenas mudanças para impactar mais

5.7
como podemos aprimorar isso?

5.8
marque isso!

PRATIQUE no TRABALHO

5.9
faça os dados acessíveis com palavras

5.10
crie uma hierarquia visual

5.11
preste atenção aos detalhes!

5.12
design mais acessível

5.13
acumule aceitação para seus designs

5.14
vamos discutir

PRATIQUE com COLE

As palavras que incluímos em nossos gráficos são importantes para torná-los compreensíveis. Começamos com um exercício destacando isso e depois praticamos o uso de outros aspectos do design para aprimorar os visuais, incluindo prestar atenção aos detalhes e incorporar a marca.

Exercício 5.1: use as palavras com sabedoria

Às vezes, há uma falsa crença de que aos nos comunicarmos com dados, as palavras não têm lugar ou devem ser reduzidas ao mínimo. Mas o papel delas é essencial, pois torna compreensíveis os números e gráficos que usamos para comunicar dados ao público. O texto que colocamos em nossos gráficos apoia as pessoas no entendimento do que estão vendo, ajudando a moldar suas percepções sobre os dados.

Abaixo, um exercício rápido que ilustra a importância das palavras nos gráficos.

Estude a Figura 5.1a. Ela mostra as vendas ao longo do tempo de quatro marcas de sabão em pó. Já existem palavras nesse gráfico, mas são suficientes? Poderíamos usar as palavras com mais sabedoria? Considere essas perguntas ao analisar os dados e, então, conclua as etapas a seguir.

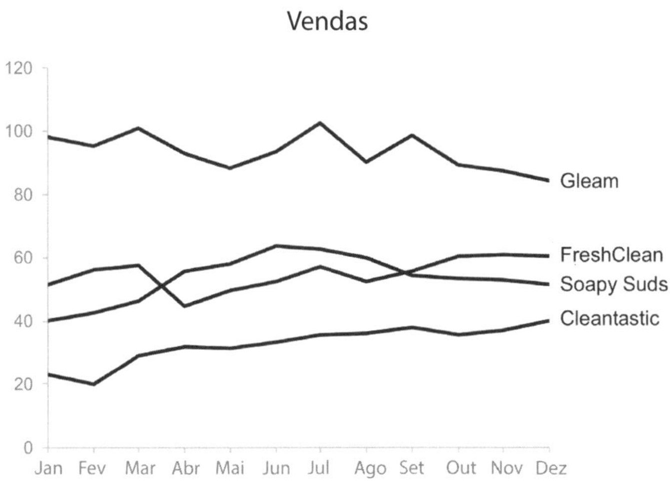

FIGURA 5.1a Poderíamos usar as palavras com mais sabedoria?

ETAPA 1: Que perguntas você tem sobre os dados mostrados na Figura 5.1a? Liste-as! Que suposições teria que fazer para interpretar esses dados?

ETAPA 2: Quais palavras você poderia adicionar a este gráfico para responder às questões levantadas na Etapa 1? Altere à vontade o título e o rótulo para deixar perfeitamente claro o que é mostrado.

ETAPA 3: De que modo colocar palavras *diferentes* neste gráfico pode mudar a interpretação dos dados? Como se pode alterar os títulos dos eixos e outros textos para causar uma compreensão alternativa à que esse visual mostra? Que implicações isso tem na escolha das palavras que devem estar presentes em cada gráfico? Escreva um ou dois parágrafos resumindo o que aprendeu com este exercício.

ETAPA 4: Para praticar, escreva na Figura 5.1a ou baixe os dados ou o gráfico. Adicione texto ao gráfico existente ou crie um novo na ferramenta escolhida, praticando o uso de palavras com sabedoria para fazer com que as informações sejam acessíveis.

Solução 5.1: use as palavras com sabedoria

Ao criar um gráfico, os detalhes quase sempre ficam claros para você. A questão é que eles não são necessariamente óbvios para seu público, cujas expectativas ou cujos entendimentos do contexto podem ser diferentes. Quando não há texto para tornar os dados compreensíveis, seu público pode fazer suposições, tal como você neste exercício. Isso não apenas o faz usar os neurônios mais do que o necessário, mas, pior: essas suposições podem estar erradas!

Deixe-me conduzi-lo através da minha abordagem para este exercício para ilustrar como a escolha de palavras é capaz de nos levar a interpretações completamente diferentes dos dados.

ETAPA 1: Tenho quatro perguntas principais sobre esses dados.

- **O que está representado no eixo y?** O título nos diz que são vendas, mas isso não é descritivo o suficiente. Os números se referem a unidades vendidas? Ou centenas de unidades vendidas? Ou, talvez, sejam vendas monetárias: por exemplo, milhares de dólares ou milhões de reais.

- **O que está representado no eixo x?** Os rótulos do mês indicam claramente o tempo, mas isso não basta. Que período é esse? Estamos olhando para dados históricos, projetando para o futuro ou, quem sabe, alguma combinação dos dois?

- **Em que contexto mais amplo as quatro marcas podem estar?** Os dados das quatro marcas se referem a um site específico ou a uma loja específica? Trata-se das quatro principais marcas de um determinado fabricante? São as quatro principais ou as de segunda linha de alguma população maior?
- **Qual é a representatividade dos dados?** Na ausência de uma referência, eu poderia assumir que se trata de uma representação de peso (por exemplo, vendas mundiais ou vendas nos EUA). Contudo, pode ser para algum segmento: uma determinada cidade, estado ou região; uma linha de produtos específica; um fabricante em particular; ou uma certa cadeia de lojas.

Considere como diferentes perspectivas quanto às questões levantadas acima podem nos levar a interpretações totalmente diferentes desses dados.

ETAPA 2: A Figura 5.1b mostra uma maneira de adicionar palavras a este gráfico para responder às perguntas que levantei na Etapa 1.

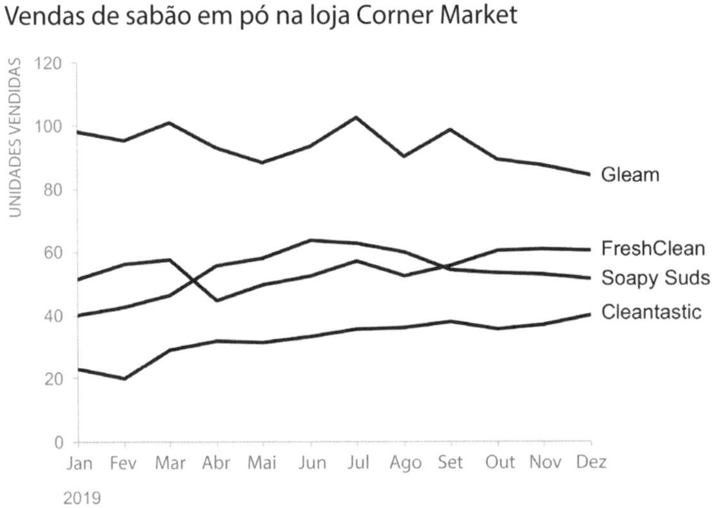

FIGURA 5.1b O texto claro do título ajuda na compreensão

Na Figura 5.1b, assumi que ela representa as vendas unitárias de quatro marcas de sabão em pó vendidas em uma loja específica. Deixei isso claro na titulação, adotando um título de gráfico mais descritivo e adicionando títulos de eixo aos eixos y e x.

Vamos revisar algumas escolhas específicas de design feitas no texto que adicionei a esse gráfico. Veja que o título do gráfico está alinhado à esquerda. Já discutimos o típico "z" em zigue-zague do processamento de informações algumas vezes (nas soluções dos exercícios 2.1 e 3.4, e também no *SCD*). Lembrando: não dispondo de outras dicas visuais, seu público começará no canto superior esquerdo do gráfico e fará zigue-zagues em "z" para absorver as informações. Ao orientar o título do gráfico no canto superior esquerdo, nosso público se conscientiza do que está vendo antes de visualizar os dados reais. Essa é a mesma razão para orientar os títulos dos eixos na parte superior (eixo y) e esquerda (eixo x).

Prestei muita atenção aos detalhes no alinhamento dos títulos dos eixos, orientando o título do eixo y para alinhar com a parte superior do rótulo do eixo y mais alto, e o título do eixo x está alinhado à esquerda com a etiqueta do eixo mais à esquerda. Optei por letras maiúsculas para meus títulos do eixo y (e geralmente faço isso para os títulos do eixo em geral). Como as letras maiúsculas têm a mesma altura, isso cria uma forma retangular elegante (em comparação com a borda irregular que você obteria com maiúsculas e minúsculas). Gosto do enquadramento que isso empresta ao gráfico. Também escrevi os títulos dos eixos em texto cinza, então, eles estão lá para deixar claro o que estamos vendo, mas sem chamar atenção indevida ou desviando o foco dos dados.

ETAPA 3: Palavras alternativas podem levar a uma interpretação totalmente diferente quanto ao que esses dados são e representam. Veja a Figura 5.1c.

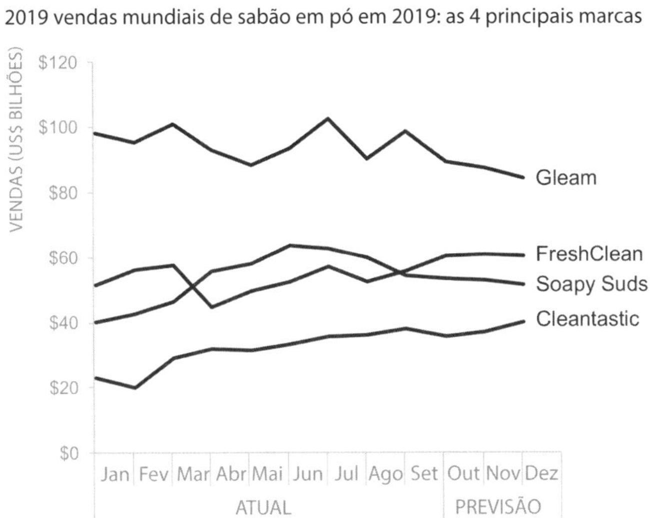

FIGURA 5.1c Um texto diferente pode levar a uma interpretação completamente diferente

Isso tem implicações quanto às palavras que devem estar presentes em cada gráfico. Dá para generalizar algumas diretrizes. Todo gráfico deve ter um título. Quando me comunico via slides, uso títulos descritivos para meus gráficos e títulos para meus slides (mais sobre esse último tópico no Capítulo 6). Essa, sem dúvida, não é sua única opção, e vimos exemplos neste livro em que o título do gráfico é descritivo e destaca um ponto importante. Seja consistente na forma como você intitula um determinado relatório ou uma apresentação.

Cada eixo também precisa ter um título. Exceções a esta diretriz são raras. Coloque um título explicitamente para que seu público não tenha que gastar energia cerebral tentando descobrir ou fazer suposições sobre o que está vendo.

As palavras fazem com que nossos visuais fiquem compreensíveis para nosso público. Use-as!

Exercício 5.2: faça melhor!

Os aplicativos gráficos usados para visualizar dados visam atender as necessidades de muitos cenários distintos. Ou seja, é raro que as configurações padrão satisfaçam necessidades exatas de qualquer cenário em particular. É aí que entramos: nossa compreensão do contexto e do sentido do design pode melhorar substancialmente os padrões, ajudando a tornar as informações mais fáceis de digerir, simplesmente mais agradáveis de se ver, e de se lidar.

Vamos dissecar um exemplo específico, considerando como podemos usar lições de design para melhorar a saída padrão de uma ferramenta adrede utilizada e criar uma experiência mais desejável para nosso público. A Figura 5.2a mostra o número de carros vendidos por uma distribuidora ao longo do tempo em uma determinada região.

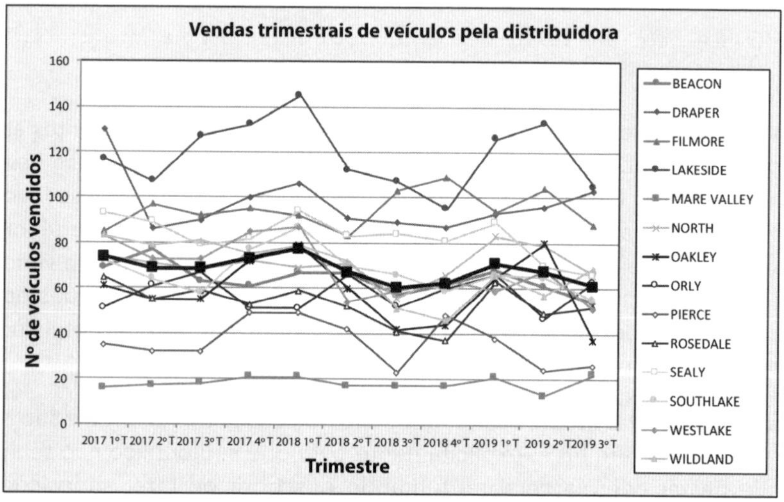

FIGURA 5.2a Saída padrão de uma ferramenta

ETAPA 1: Primeiro, vamos simplesmente reagir a este gráfico. Que palavras lhe vêm à mente em termos dos *sentimentos* que esse gráfico evoca? Faça uma pequena lista desses sentimentos.

ETAPA 2: Que mudanças você faria se precisasse comunicar os dados desse gráfico? Especificamente, quanto à (ao):

- **Uso de palavras:** Como discutimos, as palavras tornam os dados interpretáveis. Temos que considerar não só as palavras que usamos para isso, mas também onde as colocamos. Como e por que você faria alterações nos títulos ou no posicionamento deles? Há outras maneiras de melhorar o modo como as palavras são usadas nesse exemplo?
- **Hierarquia visual:** Aprendemos ser útil destacar com moderação e colocar em segundo plano elementos não essenciais ou que não impactam a mensagem. Como fazer isso aqui? Em quais informações ou aspectos do design você se concentraria e em quais não daria ênfase ou excluiria?
- **Design geral:** Há algum elemento do design atual que você considera que desvia a atenção? Como você poderia usar o alinhamento e o espaço em branco com mais eficácia? Que mudanças recomendaria fazer no design geral dessas informações?

ETAPA 3: Baixe os dados e o gráfico. Reconfigure o visual aplicando as alterações que você descreveu na ferramenta de sua escolha.

ETAPA 4: Imagine que lhe pediram para criar um único slide com foco nesses dados e que se encaixará em um conjunto mais amplo para ser compartilhado com a equipe de gerenciamento que supervisiona essa distribuidora. Como isso afetaria o que você mostra ou como escolhe mostrar? Que palavras adicionais você pode colocar nesse slide para ajudá-lo a fazer sentido? Que outras considerações de design você faria? Crie esse slide na ferramenta de sua escolha.

Solução 5.2: faça melhor!

ETAPA 1: Olhar para esse gráfico me trouxe de imediato à mente palavras como: confuso, caótico, sobrecarregado e complicado. Reações que eu gostaria de evitar quando me comunico com dados!

ETAPA 2: Em seguida, descrevo como eu abordaria a reconfiguração desse gráfico para transmitir melhor as informações e promover uma experiência geral mais agradável para meu público.

Uso das palavras: Gosto de tudo estar intitulado no original, mas não sou fã do alinhamento central dos títulos do gráfico e dos eixos. Eu justificaria todos os títulos no canto superior esquerdo; com isso, quando o público começa no canto superior esquerdo, encontra como ler o visual antes de chegar aos dados. Adotarei caixa alta em todas as letras do título do eixo y devido ao belo enquadramento retangular que isso, aliado ao título do gráfico, cria para o gráfico. No eixo x, provavelmente não precisamos do título Trimestre, pois isso é bastante óbvio nos rótulos individuais. Omitirei isso. Há também muita redundância com os rótulos do eixo x por causa dos anos repetidos, então vou retirá-los como rótulos de eixo de supercategoria.

Quando se trata de criar **hierarquia visual**, tenho que decidir o que focar neste gráfico. Como está, é difícil focar qualquer coisa graças ao excesso de competição por nossa atenção. Vejo que a Média Regional é enfatizada no original por meio de uma linha preta mais grossa (embora não haja tanto destaque quanto poderia devido a todas as outras linhas, cores e formas). Vou deixar todo o resto em segundo plano. Para excluir o que distrai a atenção, também removo o pano de fundo cinza, as bordas e as linhas de grade. Dispensar a presença de elementos que não contêm informações ajudará os dados a se destacarem mais e criarão um visual geral menos confuso.

No que tange a alterações adicionais que eu faria no **design geral**, do jeito que está é preciso trabalhar indo e vindo entre a legenda alfabética à direita e os dados a que ela se refere. Eis aí um trabalho para o público que eu gostaria de eliminar. Meu método característico de resolver isso é rotular as linhas diretamente. Isso é desafiador aqui porque muitas das linhas estão próximas, mas ainda vou tentar e ser um pouco criativa no processo. Este não será o melhor visual para mostrar o que está acontecendo para uma específica concessionária (a menos que as coloque em gráficos diferentes ou enfatize apenas um ou dois por vez), mas ainda posso dar uma noção do mais alto, do mais baixo, e do que geralmente fica no meio quando se trata dos dados mais recentes, rotulando em grupos no lado direito do gráfico.

ETAPA 3: A Figura 5.2b já incorpora essas mudanças.

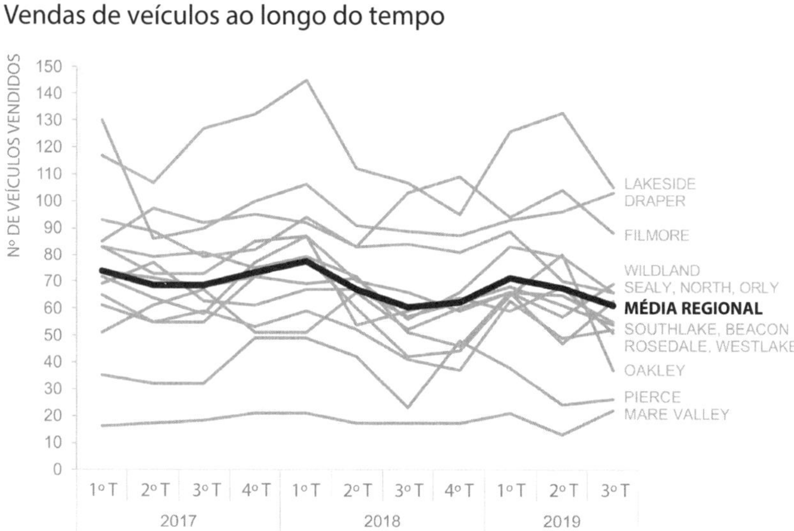

FIGURA 5.2b Visual refeito

Com a Figura 5.2b, meu público pode facilmente se concentrar na Média Regional e também ter uma noção do desempenho individual e relativo ao longo do tempo entre as concessionárias. No entanto, caso seja relevante ter uma compreensão mais específica a respeito de uma determinada loja, a dificuldade é maior. Se eu precisar resolver isso também, no lugar de tentar fazer mais com este gráfico, posso aumentá-lo com outra visão dos dados. Veremos isso em um momento.

ETAPA 4: Se houver um único slide para usar como meio de comunicação, eu gostaria de colocar mais palavras em torno de tudo para me assegurar de que faz sentido e tentar responder à pergunta: "E daí?". Usaria títulos e texto junto com meus elementos visuais — sendo consciencioso quanto ao espaço em branco e ao alinhamento — para criar uma estrutura clara na página. E enfatizaria com moderação, para obter hierarquia visual e também para facilitar a observação das informações. Isso ajudaria a unir elementos que se relacionam entre si, facilitando o processamento para meu público. Veja a Figura 5.2c.

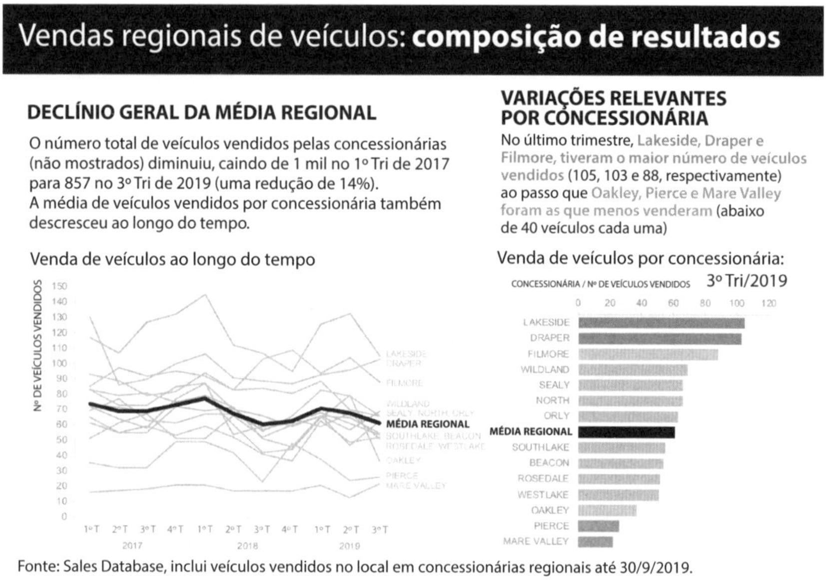

FIGURA 5.2c Apresentação com um único slide

Na Figura 5.2c, adicionei um segundo gráfico: barras horizontais comparando as vendas de veículos das várias concessionárias no período de tempo mais recente. Presumo que isso é o mais relevante e que não precisamos, necessariamente, da visão completa ao longo do tempo para cada um (podemos ver os altos e baixos com relativa facilidade à esquerda, mas se for importante distinguir os do meio, isso se torna impossível segundo o design atual).

Acresci mais texto ao redor dos gráficos; são títulos claros e concisos, bem como textos descritivos que ajudam a deixar evidente o que eu gostaria de destacar para meu público. Usei espaço em branco e alinhamento para criar um layout bilateral. Podemos considerar que, provavelmente, nosso público processará essas informações começando pelo canto superior esquerdo, em seguida lerá o título do slide, depois irá descer e ler "Declínio geral da média regional" e notará a linha preta mais abaixo no gráfico que mostra isso. Após essa sequência, o olhar do público normalmente se desloca para o lado direito, talvez parando no título "Variações relevantes por concessionária" ou no texto azul e laranja. Finalmente, as pessoas olhariam para o gráfico à direita, veriam a média em preto correlacionada no gráfico à esquerda, bem como as barras azuis e laranja que estão conectadas por semelhança de cor com as palavras no topo.

Experimentei uma segunda iteração do gráfico esquerdo na Figura 5.2c. Mantive uma coloração consistente de azul e laranja para as três concessionárias de maior e menor desempenho a partir do terceiro trimestre de 2019 (as chamadas à direita). Embora gostando da consistência, senti que elas competiam demais pela atenção com a Média Regional à esquerda, então decidi usar essas cores com moderação apenas no gráfico da direita.

A questão maior aqui é ser cuidadoso ao formar a estrutura geral e na utilização dos recursos visuais no design e nas páginas que os contêm. Não se apoie unicamente nos padrões da ferramenta; depois de fazer um gráfico, ainda há mais trabalho a fazer. Quando projetamos cuidadosamente, podemos criar uma experiência melhor para o público, aumentando a probabilidade de uma comunicação bem-sucedida.

Exercício 5.3: atenção aos detalhes & design intuitivo

O exemplo a seguir emprega uma estrutura bilateral semelhante à que utilizamos no Exercício 5.2. Contudo, uma estrutura clara não basta para obter sucesso. A atenção aos detalhes é um aspecto de extrema importância na criação de um design visual eficaz. Vejamos outro exemplo e como a atenção aos detalhes e escolhas de design cuidadosas podem aprimorar nossas comunicações visuais.

Digamos que você trabalha para uma empresa de impressão tipográfica por encomenda cujo alvo são pequenas empresas. Uma das métricas que você acompanha é a forma de contato com o cliente — quantas vezes alguém em sua organização interage diretamente com um cliente —, individualmente ou de maneira agregada. Há três modos principais de conexão: telefone, bate-papo e e-mail.

Seu colega montou um slide resumindo as formas de contato com os clientes ao longo do tempo e pediu seu feedback. Examine por um momento a Figura 5.3a, e faça o que lhe é solicitado a seguir.

Pratique com Cole

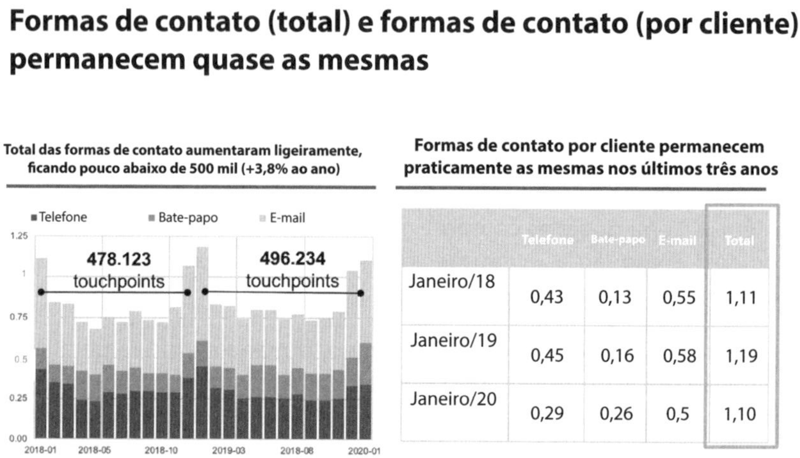

FIGURA 5.3a O slide original de seu colega

ETAPA 1: Que feedback você daria ao colega sobre o design do slide no que se refere à atenção aos detalhes? Anote seus pensamentos. Concentre-se não apenas *no quê* você recomendaria mudar, mas também no porquê. Baseie seu feedback usando os princípios de design que discutimos.

ETAPA 2: Pare um instante e pense em como o design está estruturado: barras empilhadas à esquerda, tabela à direita e números adicionais no texto. Você faria alterações na maneira como esses dados são exibidos? Como você pode reconfigurar o gráfico de modo a torná-lo mais intuitivo para o público? Anote suas ideias.

ETAPA 3: Baixe os dados e os visuais originais. Refaça o slide, incorporando seus comentários e ideias na ferramenta de sua escolha.

Solução 5.3: atenção aos detalhes & design intuitivo

ETAPA 1: Antes de mais nada, devo dizer que a atenção aos detalhes tem extrema importância nos designs visuais. Normalmente, o gráfico ou o slide é a única parte do processo analítico que nosso público de fato vê. Certo ou não, as pessoas tendem a fazer suposições sobre o nível geral de detalhe que satisfaz com base no que podem observar diretamente. Assim, faça com que seus recursos visuais e as páginas que os contenham impliquem coisas boas sobre seu trabalho no geral!

No que diz respeito à atenção aos detalhes, eu concentraria meu feedback em três áreas: consistência, alinhamento e rótulos de eixo intuitivos. Vamos rever cada um deles.

Consistência é um aspecto importante quando se trata de atenção aos detalhes: aborde de forma consistente, *a menos* que não faça sentido por algum motivo. Alterar elementos de design a torto e a direito, ou introduzir inconsistências desnecessárias podem desviar o foco, distrair e parecer desleixo. Coisas específicas que atraem meu olhar em função disso são: pontos decimais inconsistentes nos rótulos do eixo y do gráfico e na célula inferior da coluna e-mail na tabela. Ademais, a maneira como as datas são mostradas é inconsistente entre o gráfico e a tabela, e nem mesmo consistente *dentro* da tabela!

Quanto ao **alinhamento**, como já discutimos, o texto centralizado geralmente parece confuso. Quando há várias linhas, cria bordas irregulares: veja as instruções alinhadas ao centro logo acima do gráfico e da tabela. Embora eu possa preservar a centralização dos números na tabela (*se* eu a mantiver; mais sobre isso em breve), eu seria consistente no alinhamento vertical. Também centralizaria consistentemente nessa direção (as datas na tabela estão alinhadas no topo, e os números se alinham no centro verticalmente). Além disso, os elementos gerais da página podem ser alinhados um pouco melhor: a tabela não está diretamente sob a linha acima dela e a caixa laranja na extremidade direita pode ser dimensionada para se ajustar melhor às células que deve destacar.

Meu último dos pontos principais de feedback sobre o design atual seria em relação aos rótulos intuitivos dos eixos no gráfico. Atualmente, cada quinto mês é rotulado no eixo x. Fica clara a razão disso: não há espaço suficiente para rotular todos os pontos, em especial devido ao formato longo das datas. Um método é rotular apenas alguns, embora haja necessidade de ser cuidadoso com a frequência com que escolhemos rotular. Escolha uma frequência que seja intuitiva com base nos dados mostrados. Por exemplo, rotular a cada sétimo ponto faria sentido para dados diários (pois há sete dias em uma semana); ou poderia fazer sentido rotular por semanas em vez de dias. Para dados mensais, a cada terceiro ou sexto mês seria mais intuitivo. Se o espaço for limitado para o tempo no eixo x, rotular por trimestres ou anos é uma opção. Poderíamos considerar os anos como uma supercategoria, abreviar os meses e organizar o texto verticalmente, ou apenas usar a primeira letra de cada mês para manter o texto horizontal. Utilizarei este último método na minha solução. Não há uma abordagem única ou preferencial: escolha rótulos de eixo intuitivos, úteis e legíveis para seu público.

Como feedback adicional, eu diminuiria a redundância excluindo "formas de contato" de cada rótulo de categoria no gráfico e também rotulando os dados diretamente para que o público não precise ficar indo e voltando entre a legenda e o gráfico para decifrar os dados. A cor é claramente uma boa alternativa aqui, mas reservarei isso para quando considerar o design geral, em certo momento.

A Figura 5.3b ilustra como seria minha reconfiguração do gráfico incluindo as alterações que descrevi.

Formas de contato por cliente ao longo do tempo

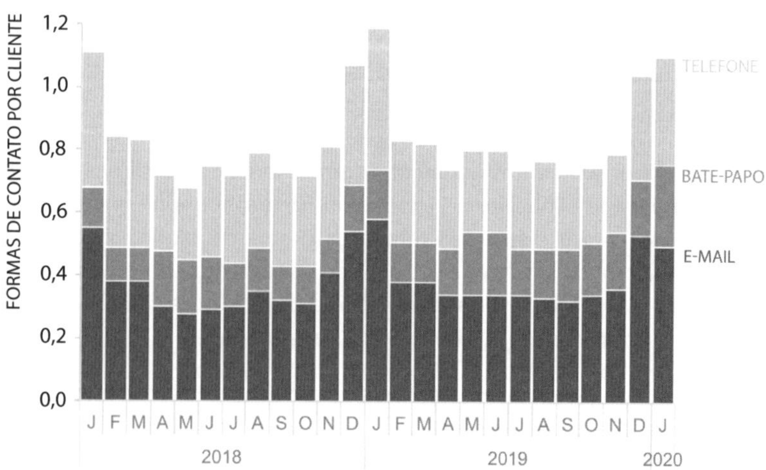

FIGURA 5.3b Gráfico reconfigurado com mais atenção aos detalhes

ETAPA 2: Quando se trata de voltar atrás e elaborar um design no qual os dados façam sentido, há mudanças mais abrangentes que eu recomendaria. Vejamos a seguir como mudaremos **o design para conseguir esse nosso intento.**

Voltando à Figura 5.3a, nota-se que há muitos números entre os mencionados nos títulos, os adicionados ao gráfico e aqueles na tabela. Não há necessidade disso tudo. Vamos iniciar falando sobre o número total de formas de contato. A referência a elas está no título, por meio de texto, e números adicionados ao gráfico. Se essa informação for crítica, eu poderia dividi-la em um slide separado, cujo design, é bom que seja dito, provavelmente incluiria mais dados do que simplesmente os dois números anuais mencionados atualmente. Caso contrário, eu estaria apta a incluir o contexto adicional como uma frase, em vez de atravancar meu gráfico com ele.

Ao voltar nossa atenção para a tabela, vemos que isso não adiciona nenhuma informação nova. Os dados ali mostrados já estão representados nos pontos de janeiro no gráfico à esquerda. Portanto, se esses números específicos forem relevantes, em vez de dividi-los separadamente, recomendo colocá-los diretamente no gráfico com os dados. Nesse caso, não acho que tais números sejam críticos. Se nos dermos um tempo para refletir sobre a questão, isso nos levará a olhar para diferentes visões dos dados, tanto para entender melhor em que queremos focar e a narrativa que podemos contar, quanto para descobrir como fazer para que isso fique claro e fácil para nosso público.

Vamos agora nos concentrar em outros modos de visualizar os dados. Uma dificuldade ao utilizar as barras empilhadas é que só podemos comparar facilmente a primeira série de dados na parte inferior da pilha e o total (altura geral das barras). Se houver algo interessante acontecendo em uma série de dados na pilha, fica muito complicado de se ver, uma vez que essas peças estão empilhadas em cima de outras peças que também estão mudando. Para dar maior facilidade a essas duas comparações, eu poderia abandonar as barras transformando-as em linhas: veja a Figura 5.3c.

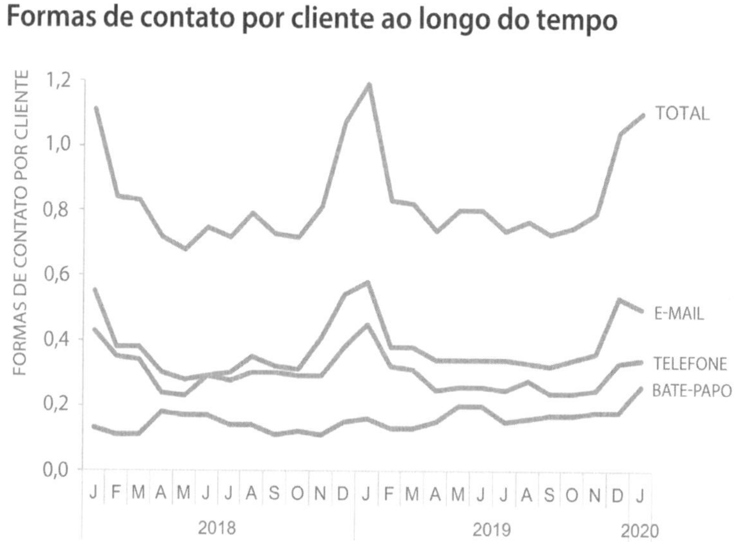

FIGURA 5.3c Utilize linhas para fazer um gráfico dos dados

Na Figura 5.3c, desempilhamos as barras e representamos graficamente cada tipo de forma de contato — e-mail, telefone, bate-papo — como linhas. Adicionei uma linha extra representando o Total. Também retirei totalmente a cor do gráfico, para tornar possível analisar todos os dados de forma crítica e determinar onde pode fazer sentido focar. Colocaremos de volta um pouco de cor em uma etapa posterior.

Quando examino esses dados, o que me salta aos olhos — mais ainda do que com as barras empilhadas — é a aparente sazonalidade. Quando queremos ver claramente a sazonalidade (ou, em alguns casos, a falta dela), pode funcionar bem usar um único ano e meses — por exemplo, de janeiro a dezembro — para nosso eixo x, com uma linha diferente para cada ano. Essa mudança resultará em muitas linhas caso façamos isso para todas as categorias. Com dados diferentes, talvez seja necessário dividi-los em vários gráficos. Aqui, porém, em virtude da dispersão dos dados, podemos fazer com que a coisa funcione em um único gráfico. Veja a Figura 5.4d.

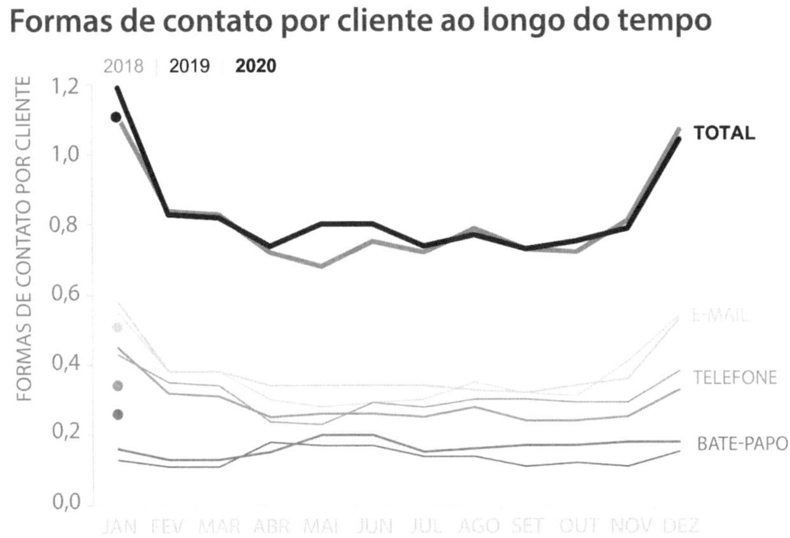

FIGURA 5.3d Altere o eixo x para o ano-calendário mensal para ver melhor a sazonalidade

Na Figura 5.3d, alterei o eixo x para janeiro a dezembro, com cada ano tendo sua própria linha. Dentro de cada agrupamento de cores, a linha fina representa 2018, a linha grossa representa 2019 e os pontos circulares à esquerda representam nosso único mês de dados — janeiro — para 2020. Há uma evidente sazonalidade nas formas de contato: na linha Total, com números mais altos por cliente em janeiro e dezembro e relativamente menores no resto do ano. Não se preocupe se você não estiver adorando este gráfico: é um passo provisório para nos ajudar a chegar ao ponto que queremos.

Vou assumir que estamos em fevereiro de 2020, já que os dados mais recentes são de janeiro de 2020. A partir daí, e considerando como os dados se distribuem ao longo do ano (maiores no início e no final, conforme mencionado, e menores no meio), ajustarei o eixo x. Em vez do ano civil típico (janeiro a dezembro), vou alterá-lo para ir de julho a junho no intuito de facilitar a comparação dos meses recentes com o ano anterior. Ao fazer isso, também eliminarei alguns dados, resolverei a incômoda questão do dado único de 2020 e simplificarei minhas linhas para "Este ano" e "Ano passado". Veja a Figura 5.3e.

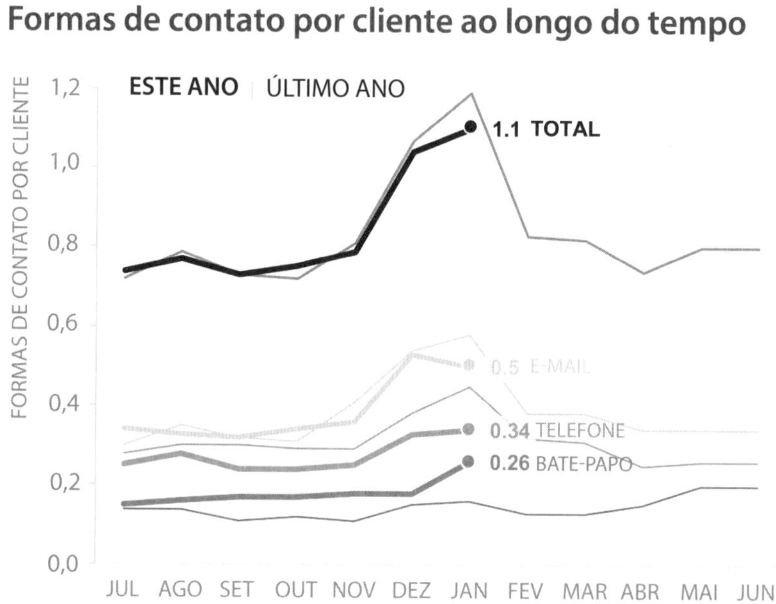

FIGURA 5.3e Alterando o eixo x para evolução de julho a junho

A partir daí, cabem algumas observações que me escaparam antes. Primeiro, quanto ao Total, podemos ver que a tendência deste ano seguiu de perto a do ano passado. No entanto, as formas de contato por cliente de janeiro são menores do que as do ano passado. Descendo um pouco, vemos que as formas de contato de e-mail e telefone tendem a cair este ano em comparação com o anterior. Já as formas de contato via bate-papo, por outro lado, ilustram algo diferente: eles foram consistentemente mais altos este ano em comparação ao ano passado, com essa diferença aumentando em janeiro.

Talvez você note as diferentes casas decimais nos rótulos da Figura 5.3e. Escolhi arredondar para uma casa decimal no Total e E-mail, devido à magnitude dos números. Coloquei uma casa decimal a mais para Telefone e Bate-papo, a fim de que possamos avaliar a diferença pequena, mas potencialmente significativa, e para que dois pontos de alturas variadas não sejam rotulados com o mesmo número (neste caso o 0,3), que poderia provocar confusão.

ETAPA 3: Juntando tudo isso e voltando com as palavras, meu slide final pode ser algo como a Figura 5.3f.

Total de pontos de contato relativamente estável, mudando para bate-papo

Há clara sazonalidade nas formas de contato dos clientes, com um **pico em janeiro**. Enquanto e-mail e telefone declinaram de um ano para o outro, bate-papo cresceu.

VAMOS DISCUTIR: **Como essa informação poderia instruir a estratégia e as metas daqui em diante?**

Formas de contato por cliente ao longo do tempo

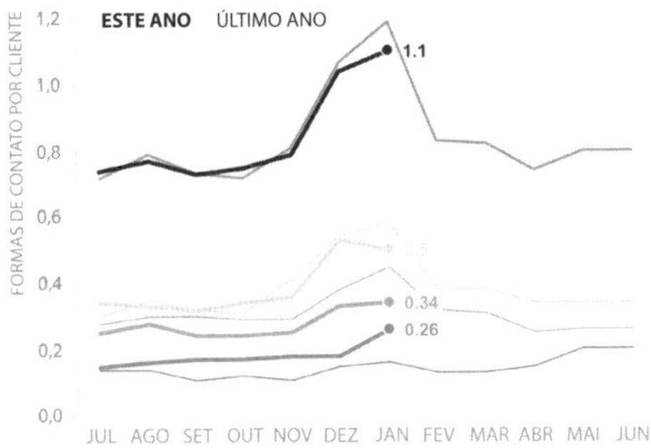

Total nos meses mais recentes a tendência tem sido acompanhar o ocorrido no ano passado, com ligeira queda das formas de contato por cliente no fim de janeiro.

E-mail continua sendo a maior forma de contato, embora com os números de janeiro caindo ligeiramente este ano em relação ao anterior (de 0,58 para 0,50).

Telefone esta forma de contato caiu de 0,45 em janeiro do ano passado para 0,34 este ano.

Bate-papo os pontos de contato aumentaram constantemente nos últimos meses. Embora baixo (0,26), isso representa uma proporção crescente do total e quase dobrou em relação ao ano anterior. Adicione mais contexto aqui: se isso é desejado, se espera que continue etc.

FIGURA 5.3f Meu slide reconfigurado

Se eu estivesse falando sobre isso em um ambiente ao vivo, meus slides se concentrariam no gráfico e eu o construiria peça por peça (exemplos nos Capítulos 6 e 7). Entretanto, se houver um único slide para transmitir as informações — talvez um slide sendo incorporado a uma apresentação mais ampla que será enviada —, então preciso colocar todas as palavras nele para que faça sentido. As palavras que adicionei são principalmente descritivas; o ideal seria usar essa anotação para fornecer contexto adicional, dar um enquadramento para saber se o que estamos vendo é bom, esperado e assim por diante. Vinculei palavras aos dados que elas descrevem por semelhança de cores. O resultado é que quando meu público lê as palavras, ele sabe onde procurar evidências nos dados e vice-versa. Usei cores de tom discreto, tamanho relativo e posição na página para criar hierarquia visual e ajudar a fazer uma rápida varredura nas informações.

Ao sermos cuidadosos em todos os aspectos de nosso design, podemos fazer com que os dados sejam mais facilmente inteligíveis para o público, ajudando a garantir que nossa mensagem seja transmitida com clareza.

Pratique com Cole

Exercício 5.4: design com estilo

Ainda não tocamos em algo que pode influenciar nosso estilo de design ao se comunicar com dados: a *marca*. As empresas geralmente gastam muito tempo e dinheiro para criar sua marca: logotipos, cores, fontes, modelos e diretrizes de estilo relacionados a ela. Além da obrigação do uso, pode haver valor em levar em conta a marca na maneira de visualizar os dados, o que ajuda a criar uma aparência coesa e pode até adicionar alguma personalidade às suas comunicações de dados. Vamos praticar a aplicação da marca a um gráfico!

Originalmente, examinamos o gráfico a seguir no Exercício 3.1. A Figura 5.4a mostra o tamanho do mercado ao longo do tempo para um certo produto. A aparência e sensação típicos do *storytelling com dados* foi preservada. A fonte é Arial. Os títulos foram justificados no canto superior esquerdo, e os dos eixos estão em maiúsculas. A maioria dos elementos está em cinza, com exceção do uso de cor para direcionar a atenção (laranja para um texto explicativo negativo e ponto de dados associado, e marca em azul para ponto de dados positivo e comentário correspondente).

FIGURA 5.4a Gráfico com storytelling com marca de dados

Faça o download dos dados e do gráfico e faça o seguinte.

ETAPA 1: Vamos supor que você trabalha para uma marca semelhante à United Airlines e precisa fazer um relatório anual analisando o tamanho do mercado. Comece fazendo uma pesquisa: visite o site da United, pesquise imagens do Google e navegue por fotos relacionadas. Escreva 10 adjetivos que descrevem a marca. Reconfigure a Figura 5.4a, renomeando com um estilo semelhante ao da United Airlines. Pondere sobre como isso afeta sua escolha de cores e fonte. Como essa marca pode influenciar as mudanças no design do gráfico?

ETAPA 2: Vamos fazer isso uma segunda vez. Agora, você é um analista da Coca-Cola. Repita o exercício, primeiro pesquisando e fazendo uma lista de palavras ou sentimentos que você associaria à marca. Depois, recrie este gráfico novamente, renomeando com base em sua pesquisa. Que mudanças você fez para conseguir isso? De que modo o vermelho como cor da marca se encaixa em seu design?

Solução 5.4: design com estilo

ETAPA 1: As palavras que me vêm à mente quando vejo o site da United Airlines e pesquiso no Google por imagens relacionadas incluem: limpo, clássico, negrito, azul, navegável, aberto, minimalista, simples, sério e estruturado. O logotipo tem um fundo azul-escuro intenso, texto em letras maiúsculas alinhado ao centro, em negrito, branco e uso moderado de um azul mais claro e suave. São elementos e percepções que posso usar no design do gráfico. Veja a Figura 5.4b.

FIGURA 5.4b Marca inspirada na United Airlines

Minhas principais mudanças iniciais foram na cor e na fonte. Usei azul-escuro e claro em todos os lugares, menos nos eixos do gráfico, para os quais escolhi preto para títulos e rótulos de eixo, e cinza para linhas de eixo. A fonte que escolhi (Gill Sans) ocupa um pouco mais de espaço que a Arial, o que fazia com que parecessem excessivas as caixas de texto acima da linha de dados. Para remediar, movi as caixas de texto abaixo dos dados e também reduzi o máximo do eixo y para deslocar a linha para cima, criando espaço abaixo dela para reposicionar as caixas de texto. E coloquei a nota de rodapé abaixo do gráfico.

Alinhei ao centro a maior parte do texto (mexi no alinhamento esquerdo e direito das grandes caixas de texto e, mesmo gostando da estrutura da borda limpa criada, algo nela não batia com o resto do gráfico). O logotipo e a marca da United me passam uma sensação de organização clara, então manifestei isso adicionando retângulos azuis atrás do título e da nota de rodapé, e também uma borda azul em volta do gráfico. Engrossei a linha de dados porque gosto de como isso equilibra o texto do título em negrito. Ainda que a cor primária da marca seja azul (semelhante ao *SCD*), este gráfico parece bem diferente do original da Figura 5.4a como resultado dessas mudanças.

ETAPA 2: A inspiração, agora, é a marca Coca-Cola. Vi rótulos de latas e garrafas, logos e anúncios. As palavras que eu associaria à marca incluem: vermelho, prata, redondo, clássico, ousado, doce, brincalhão, internacional, diverso e molhado (muitas vezes as latas "suam"!). Há um uso intenso de fundos vermelhos, contrastando o texto em branco e evitando o preto. O texto é, em geral, alinhado ao centro e muitas vezes combina letras maiúsculas em negrito com maiúsculas sem negrito um pouco menores. Uso mínimo de palavras. Tais componentes estão em meu redesenho. Veja a Figura 5.4c.

FIGURA 5.4c Marca inspirada na Coca-Cola

Um aspecto da marca Coca-Cola que optei por não incorporar é o texto cursivo no logotipo da Coca-Cola. Embora isso seja bom para um logo, minha prioridade para texto relacionado ao gráfico é a legibilidade.

O texto deve ser grande o suficiente para que possa ser lido e em uma fonte que seja fácil de ler. Escolhi uma fonte sans serif semelhante ao texto de apoio que vi nos rótulos das latas e garrafas (Montserrat, uma fonte gratuita que baixei). Para mimetizar um pouco da sensação de "redondo" que você obtém do logotipo, optei por uma forma de fundo meio arredondada (em vez de retangular).

Por falar no pano de fundo, o vermelho na Figura 5.4c é bem ousado. Isso pode ser bom se for o único gráfico sendo visualizado, ou se os gráficos forem projetados um a um em slides. Se houver vários gráficos ocupando uma única página, ou se eu souber que meu público deseja imprimi-lo, posso optar por uma versão mais leve, tipo "Diet Coke". Veja a Figura 5.4d.

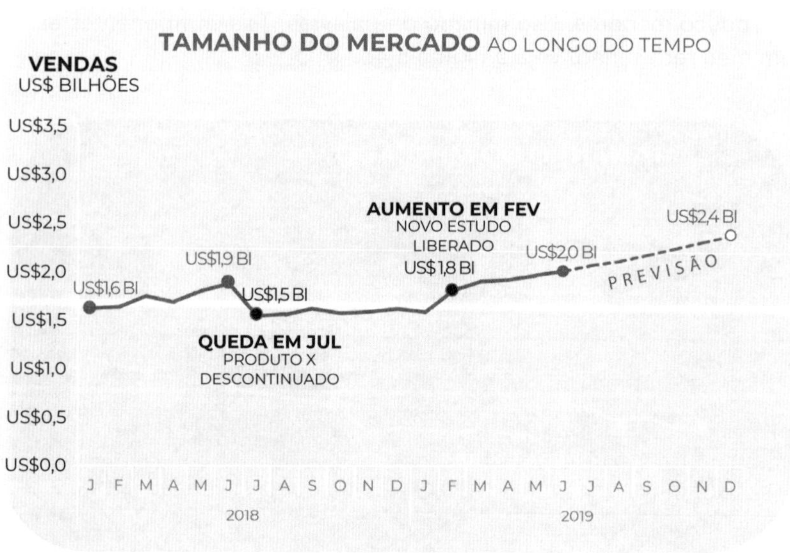

FIGURA 5.4d Pano de fundo com cor mais suave

Na Figura 5.4d, escolhi por um fundo cinza-claro, similar ao prateado que vi utilizado em alguns designs da Coca-Cola. Esse fundo mais claro faz com que o preto se destaque mais, então optei por mais alguns elementos pretos em relação ao da Figura 5.4c. Posso usar o branco, que desbota no fundo em cinza (enquanto ganha muito realce contra o fundo em vermelho) para elementos como linhas de eixo. Limitei o uso da marca vermelha ao título e aos dados do gráfico.

Vermelho como uma cor de marca harmoniza bem com cinza e com pouco uso de preto, e parece bastante elegante como vemos na Figura 5.4d. Quando se trata de cores, há uma tendência de usar vermelho e verde para denotar ruim e bom, ou negativo e positivo, respectivamente. Devido a considerações sobre daltonismo, não recomendo o uso, mas desencorajo-o especialmente para organizações que têm o vermelho como cor de marca. Você deseja que só coisas positivas estejam associadas à sua marca; assim, se a cor da sua marca for vermelha, não associe vermelho a coisas negativas ou ruins. Uma alternativa nesta circunstância pode ser usar o vermelho para o bom e o preto para o ruim. No gráfico anterior, usei vermelho para dados gerais e preto para chamadas (sem conotação de ruim ou bom), que é outra opção.

Resumindo: pode haver valor em se valer da marca na forma como você se comunica com dados. Se entre seus clientes há organizações, considere como pode realizar pesquisas semelhantes às que fizemos aqui e integrar o que aprendeu em seus projetos. Quando se trata da marca de sua própria organização, muitas delas têm guias de estilo que você pode usar para entender melhor a marca e saber qual o leque de opções viáveis. Não considere isso como restrições irritantes, mas sim como uma bússola que pode inspirar criatividade e coesão na comunicação de seus dados.

PRATIQUE
por
CONTA PRÓPRIA

Podemos aprender muito imitando visualizações de dados eficazes, então começaremos com um exercício centrado nisso e continuaremos nossa prática elaborando intuitivamente um design para aprimorar visuais que estejam aquém do desejável.

Exercício 5.5: examine & mimetize

Tenho um conselho a lhe dar: simplesmente observe os exemplos de visualização de dados que você encontra ao redor. Uma pausa para reflexão. Para os bem-feitos, verifique o que você pode imitar em seu próprio trabalho; para os nem tanto, identifique em quais armadilhas o criador caiu e que você pode evitar. Vamos fazer um exercício quando se trata do lado eficaz das coisas.

Em vez de simplesmente pausar e descobrir o que funciona bem, podemos ir adiante e dedicar um tempo para mimetizar os exemplos eficazes que identificamos, reconfigurando-os e aprendendo como obter os aspectos de designs eficazes em nossas ferramentas. O nível de atenção aos detalhes provocado por esse processo é tal que pode nos ajudar a ser mais conscienciosos em nosso próprio trabalho e aprimorar nossas habilidades e estilo de design visual. Vamos praticar tudo isso!

Em primeiro lugar, identifique um visual (gráfico ou slide) que foi criado por outra pessoa e que você acredita ser eficaz. Pode ser um exemplo de um colega de trabalho, da mídia, storytellingwithdata.com ou de outra fonte qualquer. Depois de escolher um exemplo, cumpra as etapas seguintes.

ETAPA 1: Considere os quatro aspectos do design que discutimos: (1) affordances, (2) estética, (3) acessibilidade e (4) aceitação. Tendo em vista sua escolha e fazendo suposições conforme necessário para o propósito do exercício, qual sua opinião, baseando-se nas escolhas retratadas nesse design, sobre as ponderações do criador quanto a cada uma dessas áreas? Escreva algumas frases descrevendo como cada um desses quatro aspectos do design foi alcançado.

ETAPA 2: Pare um instante agora e responda: *Por que* o exemplo que você escolheu é eficaz? Existem elementos específicos de design cuidadosamente pensados que o fazem funcionar, e que você ainda não descreveu? Como você pode generalizar para aplicar esses aprendizados em seu próprio trabalho?

ETAPA 3: Há alguma coisa no exemplo que você escolheu que acredita não ser o ideal ou que você teria feito diferente? Escreva algumas frases descrevendo seus pensamentos.

ETAPA 4: Reconfigure o visual que você identificou na ferramenta de sua escolha. Antes de mais nada, procure imitá-lo o mais próximo possível quanto aos detalhes (tipografia, cor e estilo geral).

ETAPA 5: Faça outra versão que inclua qualquer um dos aspectos descritos no Passo 3 que você teria abordado de forma diferente. Coloque seus visuais da Etapa 4 e da Etapa 5 lado a lado e observe. Qual você prefere e por quê?

Exercício 5.6: faça pequenas mudanças para impactar mais

Não raro, muitas pequenas coisas trabalhando juntas criam uma experiência ótima ou não tão boa para nosso público ao visualizar o design para comunicação de dados que elaboramos. Isso significa que pequenas mudanças podem ter um grande impacto no aprimoramento de nossos designs visuais. A seguir, um exemplo prático de como essas modificações podem se somar para nos ajudar a elevar o patamar do trabalho de aceitável para excepcional.

Digamos que você trabalha em uma agência de publicidade e lhe pediram para avaliar uma campanha publicitária recente de seis semanas para um cliente. Você está se concentrando em dados sobre o alcance incremental, medido "por 1 mil impressões". Uma colega fez há pouco tempo uma análise semelhante para um cliente diferente, então, em vez de começar do zero, você atualizou o visual dela tendo os dados de que você dispõe como ponto de partida. Em seguida, você deseja editar e aprimorar.

A Figura 5.6 mostra o visual que você criou. Leve alguns minutos familiarizando-se com os detalhes e, em seguida, complete o seguinte.

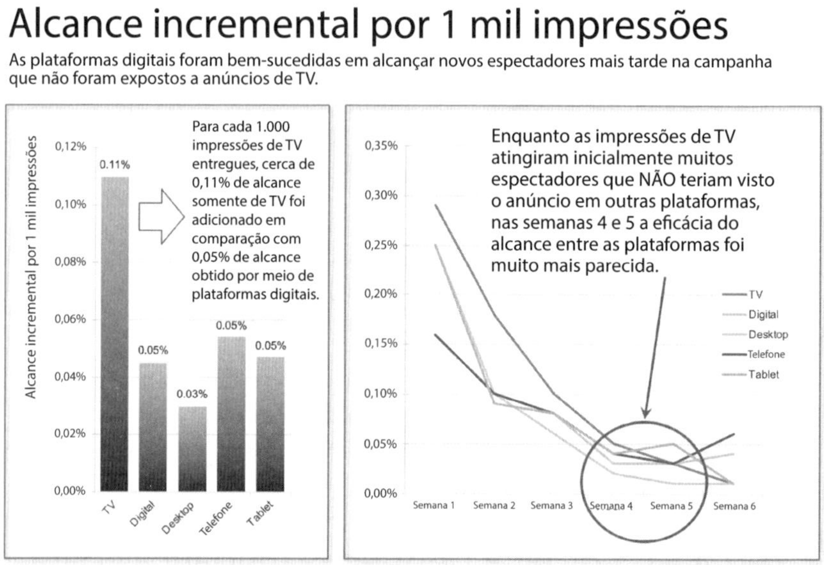

FIGURA 5.6 Seu slide original

ETAPA 1: Primeiro, faça uma pausa para considerar o que está funcionando bem. O que você gosta na visão atual dos dados?

ETAPA 2: Vários passos foram dados na Figura 5.6 para dirigir a atenção e ajudar a explicar. Quais estão funcionando bem? Onde e como você pode fazer ajustes?

ETAPA 3: Há alguma coisa que você eliminaria por achar excessiva? Quais elementos você colocaria em segundo plano?

ETAPA 4: Que outras escolhas de design feitas aqui que você questiona em face das lições deste capítulo? Que mudanças adicionais você faria?

ETAPA 5: Baixe os dados e gráficos atuais. Aprimore o visual aplicando as alterações descritas nas etapas acima usando a ferramenta de sua escolha.

Exercício 5.7: como poderíamos aprimorar isso?

Imagine que você trabalha para a mesma empresa tipográfica que presumimos no Exercício 5.3 quando analisamos os dados das formas de contato do cliente. Vimos como o modo de sua empresa interagir com os clientes é um tópico possivelmente interessante. Outro pode ser o cenário competitivo para seus produtos. Nesta última área de foco, seu colega foi encarregado de reunir alguns dados sobre a participação de mercado dos principais concorrentes ao longo do tempo.

Ele mostra a você seu slide — Figura 5.7 — e lhe pede feedback.

Examine a Figura 5.7 e, então, complete o seguinte.

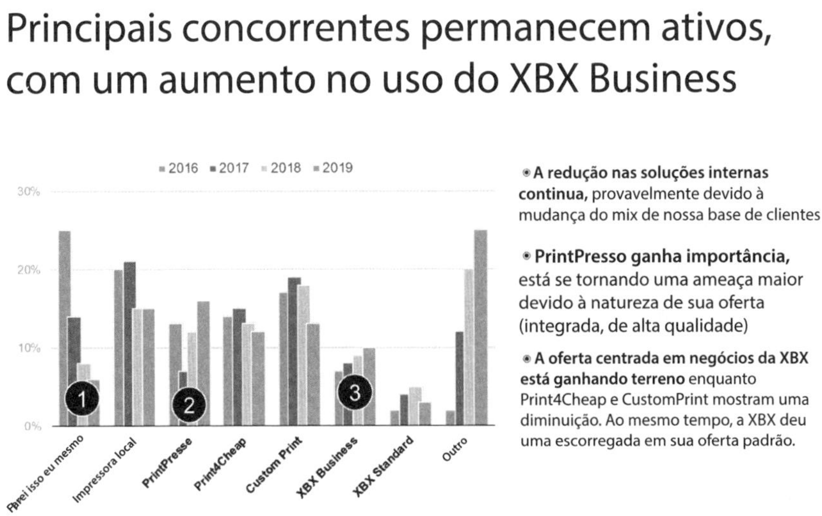

FIGURA 5.7 Como poderíamos aprimorar isto?

ETAPA 1: Liste 5 melhorias de design que você recomendaria fazer nesse slide. Articule não apenas o quê, mas também o porquê. Como, especificamente, suas ideias melhorarão o design?

ETAPA 2: Baixe os dados e execute as alterações que você descreveu na ferramenta de sua escolha.

ETAPA 3: Considere como você apresentaria esse material em uma reunião ao vivo em comparação com algo que precisa ser enviado como um documento independente. Nesse caso, como sua abordagem mudaria? Escreva algumas frases para explicar.

Exercício 5.8: marque isto!

Vimos no exercício 5.4 que existem maneiras de incorporar a empresa ou a marca pessoal à forma como nos comunicamos com os dados. Isso pode ser facilitado por meio da escolha da fonte, cor e outros elementos. Em certos casos, pode significar incorporar um logotipo ou usar um modelo de slide ou gráfico personalizado. Vamos agora praticar como incorporar a marca em um gráfico.

Vamos supor que você trabalha em uma empresa que produz alimentos para pets. A Figura 5.8, abaixo, mostra as vendas relativas de ração para gatos ao longo do tempo (expressas em % do total) para uma determinada linha da marca Lifestyle. Complete o seguinte.

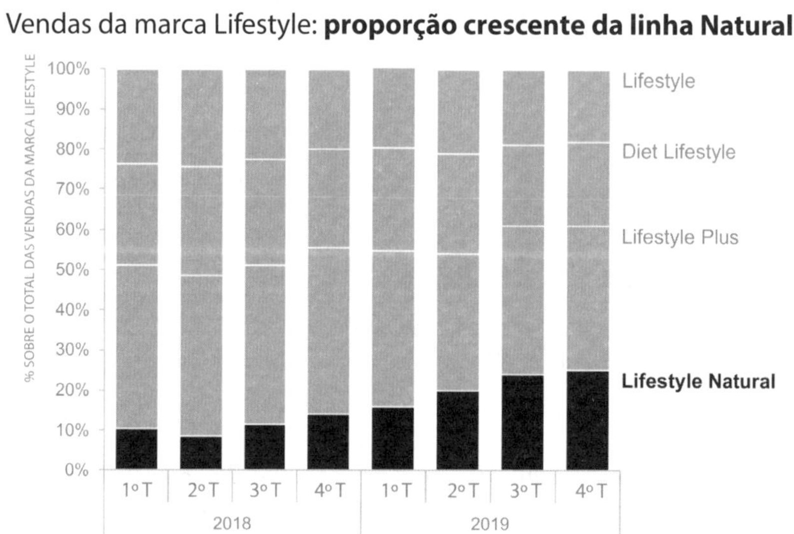

FIGURA 5.8 Marque isto!

STEP 1: Identifique duas marcas reconhecíveis. Para este exemplo, podem ser marcas de empresas ou equipes esportivas. Será mais divertido e um exercício melhor se você escolher duas que sejam bem diferentes uma da outra em termos de estilo. Pesquise imagens relacionadas à marca e liste dez adjetivos sobre a aparência de cada uma. Refaça este visual duas vezes, incorporando componentes de marca de cada um deles, respectivamente.

ETAPA 2: Pare um instante e compare os dois visuais que você criou. Qual *a sensação* que cada um deles provoca? Você teve êxito em dar vida aos adjetivos que listou na Etapa 1? Como a marca pode afetar a maneira como nos comunicamos com os dados em geral? Quais os prós e contras que você vê nisso? Escreva algumas frases com seus pensamentos a respeito.

ETAPA 3: Considere a marca de sua empresa ou escola. Que descrições você acha que podem ser associadas a ela? Refaça o gráfico, estilizando-o segundo essas descrições. Para dar um passo adiante, integre seu gráfico de marca em um slide, aplicando nele uma marca consistente em todos os elementos que adicionar (título, texto, logotipos e cores).

ETAPA 4: Como você generalizaria os componentes da marca em que se deveria pensar ao visualizarmos e nos comunicarmos com dados? Quais são os benefícios decorrentes disso? Há cenários, em nossas comunicações de dados, nos quais podemos não querer ser consistentes com a marca? Escreva algumas frases descrevendo seus pensamentos a respeito.

PRATIQUE no TRABALHO

Acessibilidade, atenção ao detalhe, promover aceitação — quando bem feitos, as pessoas provavelmente gastarão mais tempo com nossas criações, aprimorando nossa capacidade para conduzir as ações. Escolha um projeto em que trabalha e pratique pensando como um designer por meio dos seguintes exercícios.

Exercício 5.9: torne os dados acessíveis com palavras

Ao olhar para um gráfico que você fez, é provável que saiba o que está vendo: no que prestar atenção, como interpretá-lo e o que aprender com ele. Mas, como discutimos, não é necessariamente assim tão claro para nosso público. Palavras, se bem usadas, podem ser uma ferramenta estratégica para tornar nossos dados compreensíveis para o público, capazes de responder a perguntas antes que elas surjam e ajudando-o a tirar a mesma conclusão que você.

Palavras tornam os dados acessíveis!

Recomendação: use texto para destacar os pontos principais

Título do gráfico

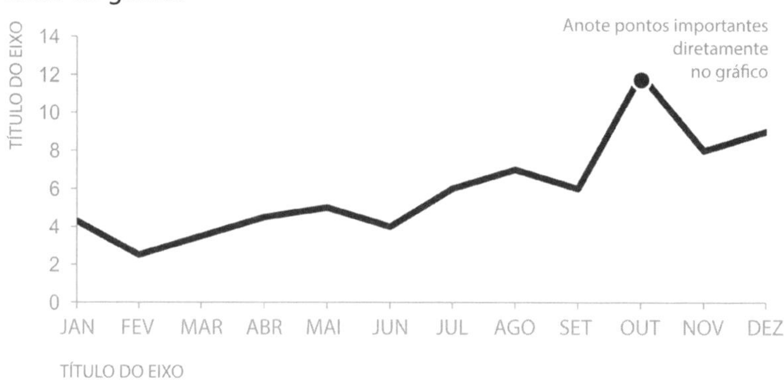

Sempre que você mostrar dados, deve colocar uma nota de rodapé com a fonte dos dados, a data inicial e os pressupostos e/ou a metodologia necessários (dadas as circunstâncias e o público).

FIGURA 5.9 Use palavras com sabedoria

Algumas palavras precisam estar presentes: títulos são imprescindíveis para o gráfico como um todo e os eixos. Exceções são raras (por exemplo, se o eixo x refletir meses, provavelmente não é necessário intitular "meses do ano" — no entanto, é preciso deixar claro qual é o ano!). Defina como padrão rotular diretamente os eixos para que seu público não precise adivinhar ou fazer suposições. Também não assuma que as pessoas que analisam os mesmos dados terão a mesma conclusão. Se houver uma conclusão que deseja que seu público tire — algo que deve ocorrer ao usar dados para fins explanatórios —, declare isso em palavras. Use o que sabemos sobre atributos pré-atentivos para destacar essas palavras: torne-as grandes, em negrito e coloque-as em posição de alta prioridade, como o topo da página.

Falando nisso, o alto da página (na Figura 5.9, "Palavras tornam os dados acessíveis!") é um espaço precioso. É para lá que seu público vai quando olha sua página ou tela. Muitas vezes, usamos esse precioso ativo para títulos descritivos. Em vez disso, use-o para um título mais atuante, que force o público a agir. Isso também funciona para estabelecer o que estará no restante da página. (Vamos explorar mais e praticar títulos de ação no Capítulo 6.)

Considere também o que é útil ter presente, mas não necessariamente precisa chamar a atenção. Um exemplo: ao mostrar dados, em geral, uma nota de rodapé que liste detalhes como a fonte de dados, o período de tempo representado (ou o momento ao qual os dados se referem), pressupostos ou detalhes metodológicos. São coisas que podem dar credibilidade e ajudar seu público a interpretar os dados, além de ser uma referência caso você precise replicar e criar algo semelhante no futuro. É algo importante, mas não precisa competir com outras coisas por atenção. Esse texto pode ser menor, em cinza e em locais de menor prioridade na página, como a parte inferior.

Após criar seu gráfico ou slide, faça as seguintes perguntas para ajudar a garantir que você está usando as palavras com sabedoria:

- Qual é o ponto-chave? Você escreveu isso em palavras claras e objetivas para que seu público não o perca?

- Seu gráfico tem um título? Ele basta para definir a expectativa certa para seu público ao analisar os dados?

- Todos os eixos são rotulados e nomeados diretamente? Se não, que providências você tomou para deixar isso claro para o público?

- Você tem uma nota de rodapé listando detalhes que são importantes, mas não precisam ser protagonistas? Se não, você deveria?

- Pare e reflita: o total de palavras lhe parece apropriado, considerando como você se comunicará com seu público? É normal haver menos palavras em um slide para apresentações ao vivo, e mais palavras para algo que está sendo enviado e precisa das próprias pernas para se sustentar. Seu nível de palavras no caso em questão corresponde à forma como os dados serão comunicados?

Exercício 5.10: crie uma hierarquia visual

Affordances são aspectos do design visual que auxiliam o público a entender como interagir com os dados que comunicamos. Podemos chamar a atenção para alguns componentes e colocar outros em segundo plano a fim de criar uma hierarquia visual e tornar nossas comunicações rastreáveis. Eis um teste rápido para ver se você fez isso bem: estreite seus olhos para ver a impressão geral do gráfico. Isso muda sua percepção o suficiente para obter um novo olhar sobre o design. Os elementos mais importantes devem ser as primeiras coisas que você vê e as que mais se sobressaem.

Para dicas mais específicas sobre como alcançar a hierarquia visual, leia o seguinte do *SCD* (parafraseado de *Universal Principles of Design*, de Lidwell, Holden e Butler) para realçar o importante e eliminar distrações. Determine como aplicá-los em seu próximo projeto!

Destaque o que é importante

- **Negrito**, *itálico* e sublinhado: use para títulos, subtítulos, legendas e sequências curtas de palavras, para diferenciar elementos. Negrito geralmente é preferível em relação ao itálico e ao sublinhado, pois adiciona ruído mínimo ao design, ao passo que realça claramente os elementos escolhidos. O itálico adiciona ruído mínimo, mas não destaca tanto e é menos legível. O sublinhado adiciona ruído e compromete a legibilidade; portanto, deve ser usado moderadamente (se for usado).

- CAIXA e fonte: texto em maiúsculas em sequências curtas de palavras é facilmente visualizado, o que pode funcionar bem quando aplicado a títulos, legendas e palavras-chave. Evite o uso de fontes diferentes como técnica de realce, pois é difícil conseguir uma diferença perceptível sem atrapalhar a estética.

- Cor é uma técnica de realce eficaz quando usada moderadamente e, em geral, junto com outras técnicas de realce (por exemplo, negrito).

- Inverter elementos é eficaz para atrair a atenção; como pode adicionar ruído considerável a um design, deve ser usado com moderação.

- Tamanho é outro modo de chamar a atenção e sinaliza importância.

Elimine as distrações

- **Nem todos os dados têm a mesma importância.** Use bem seu espaço e a atenção do público, desfazendo-se de dados ou componentes desnecessários.

- **Quando detalhes não forem necessários, resuma.** Você deve conhecer os detalhes, mas isso não significa que seu público precise conhecê-los. Considere se é adequado resumir.

- **Pergunte-se:** Eliminar isso mudaria alguma coisa? Não? Elimine! Resista à tentação de manter coisas porque você trabalhou pesado para criá-las; se elas não contribuem para a mensagem, não servem para a comunicação.

- **Coloque em segundo plano os itens necessários, mas que não impactam a mensagem.** Use seu conhecimento dos atributos pré-atentivos para retirar a ênfase. O cinza funciona bem para este fim.

Exercício 5.11: preste atenção aos detalhes!

Muitos elementos atuam em conjunto para propiciar a experiência geral do público diante dos visuais que criamos. Já notou como alguns designs parecem fáceis e elegantes, enquanto outros parecem desajeitados e complicados? Dar a devida atenção aos detalhes pode ajudar a garantir que os visuais que criamos sejam bem recebidos pelo nosso público. Seguem-se alguns aspectos específicos de seu design visual a serem considerados para conseguir isso. Na próxima vez que você criar um gráfico ou slide, leia e aplique o seguinte.

- **Use corretamente a ortografia, gramática, pontuação e matemática.** Não deveria acontecer, mas encontro regularmente exemplos de problemas com isso. Erros ortográficos são um excelente motivo para colocar um segundo par de olhos em seu trabalho: solicite feedback de alguém. O cérebro realmente conserta erros em nosso trabalho e você nem percebe que os cometeu! (Infelizmente, esse descuido inocente pode vir a ser o foco não intencional da atenção de seu público.) Um truque que ouvi uma vez para verificar a ortografia de seu próprio trabalho é ler de trás para frente: não se pode passar por cima quando faz isso e fica mais fácil identificar erros. Outra maneira é usar uma fonte muito feia, que tem um efeito semelhante. Além disso, se você mostrar matemática, certifique-se de que está correta: não há maior destruidor de credibilidade do que erros de matemática!

- **Alinhe os elementos com precisão.** Faça o possível para criar uma estrutura vertical e horizontal limpa em todos os elementos (evite a diagonal, que parece confusa, chama a atenção e é mais lenta para ler no caso de texto). Use para isso estrutura de tabela ou ative as linhas de grade ou réguas em sua ferramenta. Como mencionei, sou fã de títulos de gráficos justificados no canto superior esquerdo e títulos de eixos. Isso cria um bom enquadramento para o gráfico (particularmente com os títulos de eixos em maiúsculas, que formam retângulos limpos em comparação com maiúsculas e minúsculas). Ademais, dada a típica varredura em "z" no exame visual, esse posicionamento significa que o público entende como ler os dados antes de chegar a eles. Bônus!

- **Use espaço em branco estrategicamente.** Não tema o espaço em branco ou o preencha só porque está lá. Ele ajuda a destacar as coisas que não são espaços em branco. Use-o como separador. Emparelhado com um bom alinhamento, é um instrumento útil que o ajuda a criar uma estrutura organizada em seu gráfico ou página.

- **Junte visualmente as coisas que se relacionam entre si.** Quando alguém examinar os dados, deixe claro onde olhar no texto que os acompanha para obter informações relacionadas. Quando alguém ler o texto, deixe claro que ponto devem procurar nos dados para obter evidências do que está sendo dito. Pense nos princípios da Gestalt, que vimos no Capítulo 3, para métodos de unir visualmente os elementos; especificamente, volte ao Exercício e Solução 3.2 para uma ilustração.

- **Mantenha a consistência quando fizer sentido.** Quando as coisas são diferentes, as pessoas se perguntam o porquê. Não faça o público usar energia mental nisso sem necessidade. Se fizer sentido representar graficamente as coisas de maneira semelhante, faça-o. Caso use uma cor específica para direcionar a atenção para um lugar, faça a mesma coisa para outro, a menos que haja um bom motivo para alterá-la.

- **Observe "a sensação" geral do visual.** Pare e considere: Qual a sensação que o visual lhe dá? É pesado ou complicado? Como tornar isso mais fácil? Na dúvida, obtenha feedback de alguém. Peça-lhe os adjetivos que usaria para descrever seu trabalho, e refine, se necessário.

Exercício 5.12: faça um design mais acessível

O que se segue é uma adaptação do post de Amy Cesal publicado no blog SWD; você pode ler o artigo completo dela, que inclui vários exemplos e links para recursos adicionais, em storytellingwithdata.com [conteúdo em inglês] *sob o título "accessible data viz is better data viz."* ["Visualização de dados acessíveis é a melhor visualização de dados", em tradução livre].

Quando estamos criando tabelas e gráficos, é comum pensarmos em nós mesmos como o usuário ideal. Trata-se não apenas de um problema porque sabemos mais sobre os dados do que o usuário-alvo, mas também porque outros usuários podem ter um conjunto de restrições diferente do nosso.

Princípios de design inclusivos e acessibilidade são considerações importantes a fazer ao construir a visualização de dados porque ajudam um público mais amplo a entender seu gráfico. Projetar tendo em mente a acessibilidade pode até ajudar a tornar suas visualizações mais fáceis de entender para pessoas sem deficiências.

Clareza no texto, rotulagem bem caracterizada e disponibilização de várias maneiras de identificar o ponto em seus visuais tornarão mais fácil para pessoas, com ou sem deficiências, interpretarem seus gráficos. Há maneiras fáceis de adicionar os princípios de acessibilidade em suas comunicações visuais. Eis cinco simples:

1. **Adicione texto alternativo (alt text).** Utilizado para dar assistência a pessoas com deficiência visual quando uma imagem é exibida. Leitores de tela, que são dispositivos com sintetizador de voz, leem o texto alternativo referente à imagem. É importante ter um texto alternativo valioso em vez de "figura-13.jpg", que não ajuda o usuário a entender o conteúdo que está faltando. Os leitores de tela ditam o texto alternativo sem permitir que os usuários

acelerem ou pulem, portanto, assegure-se de que as informações sejam descritivas, mas sucintas. Um bom texto alternativo inclui uma frase sobre o que o gráfico trata, incluindo o tipo de gráfico para usuários com visão limitada que podem ver apenas parte dele. Ele também deve incluir um link para uma extensão de arquivos CSV ou outro formato de dados legível por máquina para que pessoas com deficiência visual possam navegar pelos dados do gráfico com um leitor de tela.

2. **Utilizar um título de ação.** Pesquisas sugerem que os usuários leem primeiro o título do gráfico. Há também uma tendência da parte deles de apenas reformular o título do gráfico quando solicitadas a interpretar o significado da visualização. Quando o título do gráfico inclui o ponto principal, o dispêndio cognitivo para compreender o gráfico diminui. As pessoas sabem o que procurar nos dados ao ler o título de um gráfico assim construído.

3. **Rotule os dados diretamente.** Outra maneira de reduzir a carga cognitiva dos usuários é rotular diretamente seus dados em lugar de legendas. Muito útil para usuários daltônicos ou deficientes visuais com dificuldade de combinar as cores do gráfico com as da legenda. Também diminui o trabalho de varredura do olhar ao redor do gráfico tentando combinar a legenda com os dados.

4. **Verifique o tipo e contraste de cores.** O daltonismo é um problema para 8% dos homens e 0,5% das mulheres com ascendência do norte da Europa. Contudo, também é preciso levar em conta usuários com baixa visão e uma variedade de outras condições que afetam a visão. As Diretrizes de Acessibilidade de Conteúdo da Web (www.w3.org) especificam o contraste e os tamanhos de texto necessários para a legibilidade na tela. São várias as ferramentas que ajudam a respeitar esses padrões de contraste e tamanho, como o Color Palette Accessibility Evaluator [conteúdo em inglês, assim como o site acima].

5. **Use espaço em branco.** Ele é seu amigo. Quando as informações são muito adensadas, o gráfico fica sobrecarregado e ilegível. Pode ser útil deixar um espaço entre as seções de um gráfico (por exemplo, delineando em branco as seções de uma barra empilhada). Usado com critério, o espaço em branco melhora a legibilidade, auxiliando a demarcar e distinguir as diferentes seções

sem depender apenas da cor. Isso também pode complementar as opções de cores acessíveis, ajudando os usuários a notar a diferença entre as cores que identificam seções separadas.

Essas são apenas algumas coisas que podem ser feitas para ajudar todos a compreender facilmente os gráficos que você cria. É necessário se esforçar para garantir que todos — não só você ou seu usuário ideal — entendam o propósito da visualização. Considerar a acessibilidade é criar um produto melhor para todos.

Na próxima vez que precisar se comunicar com dados, consulte e aplique essas dicas!

Exercício 5.13: obtenha aceitação para seus designs

Mudanças desagradam as pessoas. É da natureza humana. No caso de sempre mostrarmos os dados de uma certa maneira e as pessoas estiverem acostumadas a ela, como podemos convencê-las a fazer diferente? Como agir quando encontramos resistência do público?

Ocorre aqui um processo de gerenciamento de mudanças. Nos exercícios do Capítulo 1, tentamos entender o que motiva nosso público; podemos fazer isso de novo, agora. Trata-se de uma situação na qual queremos influenciar um comportamento. Em primeiro lugar, quando queremos convencer nosso público a estar aberto aos nossos designs, precisamos fazê-lo de uma maneira que funcione para *eles*.

A maneira *errada* de mudar a opinião dos outros soa mais ou menos assim: "Acabei de ler este livro e me dei conta de que estávamos fazendo errado; nós realmente deveríamos estar olhando *isto*." Pode ser fácil, mas não é tão atraente ou inspirador. Então, a não ser que você seja o chefe e as pessoas tenham que fazer o que você diz (mesmo assim, provavelmente deveria ser mais sutil em sua abordagem!), você tem que trabalhar para influenciar quem está envolvido a mudar.

Aqui estão algumas estratégias do *SCD* — mais algumas novas ideias — que você pode aproveitar para ganhar aceitação no design de sua visualização de dados.

- **Anuncie as vantagens do design novo ou diferente.** Às vezes, simplesmente ser transparente com as pessoas sobre o porquê as coisas serão diferentes pode ajudá-las a se sentir mais à vontade. Existem observações novas ou melhoradas que você pode fazer vendo os dados de um modo diferente? Ou outras vantagens que você pode anunciar para ajudar a convencer seu público a ficar aberto à mudança?

- **Mostre lado a lado.** Se o novo jeito é claramente superior ao antigo, mostrá-los lado a lado demonstrará isso. Junte a sugestão nova com a anterior, mostrando o antes e depois e explique por que você quer mudar a maneira como vê as coisas.
- **Ofereça várias opções e busque opiniões.** Em vez de impor o design, crie diversas opções e obtenha opiniões de colegas ou de seu público (se apropriado) para determinar qual design atenderá melhor as necessidades. Envolva as partes interessadas no processo: elas estarão mais propensas a encontrar soluções.
- **Obtenha a adesão de um membro com voz ativa de seu público.** Identifique membros influentes de seu público e fale com eles um a um, tentando ganhar aceitação para seu design. Peça suas opiniões e as incorpore. Identifique pessoas de peso fora de sua equipe que apoiam o que você pretende fazer e podem ajudar a influenciar outras pessoas. Se você conseguir a adesão de um ou dois membros com voz ativa, outros poderão acompanhar.
- **Inicie com o familiar e faça a transição a partir daí.** Eis uma estratégia que pode ser particularmente eficaz em apresentações ao vivo. Comece com aquilo que seu público está acostumado a ver e, em seguida, rearticule para algo diferente, deixando claro como isso se relaciona com o visual original e destacando o que o novo visual lhe permite ver, ou como ele pode ajudar a articular a conversa de uma nova maneira. Quando um gráfico é bem-feito, você descobrirá, na maioria das vezes, que não precisa gastar muito tempo falando sobre ele, e pode aproveitar a ocasião para discutir o que os dados mostram. Isso pode mudar a conversa geral de uma maneira realmente satisfatória.
- **Não substitua — aumente.** Como um passo provisório, em vez de mudar *qualquer coisa*, deixe tudo como está. Isso inclui seu novo visual. Por exemplo, não reconfigure seu relatório regular, deixe-o igual. Integre alguns slides antecipadamente ou adicione conteúdo ao e-mail que o distribui, aplicando neles as melhores práticas. Se estiver bem-feito, é como dizer a seu público: "Não mudamos nada, os

dados estão todos aí e estamos satisfeitos em analisá-los com você, mas já reservamos um tempo para fazer isso, e já adiantamos (aplicando as lições abordadas em todo o *SCD* e neste livro) as coisas nas quais vocês devem se concentrar neste momento." Conforme seu público for ganhando confiança em sua capacidade de aprimorar as coisas certas de maneira eficaz, você pode reduzir a dependência de todos os dados e, potencialmente, ao longo do tempo, diminuir o que compartilha com seu público.

Verifique, na situação em que você se encontra agora, se algum dos itens acima pode ser empregado para ajudá-lo a implementar a mudança que procura e a aceitação de seus designs visuais. Em geral, reflita sobre como você pode se preparar para ter êxito. Conhecer seu público — aquelas pessoas a quem deseja influenciar para que aceitem seu design — e o que está por trás de seus comportamentos pode ajudar. Pense nas razões pelas quais elas deveriam querer mudar, e não porque você acha que elas deveriam mudar. Sua abordagem deve funcionar, antes de tudo, para o público. Consulte o Capítulo 1 para ver os exercícios que o ajudarão a conhecer seu público.

É preciso considerar, ainda, se é uma luta que vale a pena. Não comece com grandes batalhas. Comece com pequenas escaramuças e alcance pequenas vitórias. O tempo lhe trará credibilidade; a essa altura, se e quando quiser fazer mudanças mais radicais, terá conquistado o respeito de seus colegas e do público e, provavelmente, terá mais facilidade para fazer isso acontecer!

Exercício 5.14: vamos discutir

Pondere sobre as seguintes questões relacionadas às lições e aos exercícios do Capítulo 5. Discuta com um colega ou grupo.

1. Qual a importância das palavras para tornar compreensíveis nossas visualizações de dados? Que tipo de texto deve estar presente em cada gráfico? Existem exceções a isso?

2. Quando criamos uma hierarquia visual em nossos designs é preciso enfatizar o que é importante e fazer o contrário com certos elementos. Quais componentes de nossos gráficos e slides são bons candidatos para redução de ênfase? Como podemos colocar visualmente as coisas em segundo plano?

3. Como você descreveria um design cuidadosamente configurado quando se trata de visualização de dados?

4. Qual o significado de *acessibilidade* quando a questão é comunicação com dados? Que providências podemos tomar para tornar nossos projetos mais acessíveis?

5. Vale a pena dedicar um tempo para deixar nossos gráficos bonitos? Por que sim? Por que não?

6. Como a marca pessoal ou da empresa entra em jogo na comunicação com os dados? Quais as vantagens disso? Há alguma desvantagem?

7. Ao querer fazer uma alteração em um gráfico, ou na maneira como visualiza os dados, você encontrou resistência? O que você fez? Teve sucesso? De um modo geral, quais as estratégias que podemos usar para influenciar nosso público quando isso acontece? O que você fará na próxima vez que enfrentar essa situação?

8. Que meta específica você estabelecerá para si próprio ou para sua equipe relacionada às estratégias descritas neste capítulo? Como pode se responsabilizar (ou à sua equipe) por isso? A quem recorrerá para obter feedback?

capítulo seis

conte uma história

Dados em uma planilha ou fatos em um slide são coisas que normalmente não guardamos conosco e são facilmente esquecidas. Já histórias, bem, essas são memoráveis. Combinar a força da história com visuais eficazes significa que o público pode se lembrar do que ouviu ou leu, além do que viu. Isso é poderoso. Neste capítulo, exploraremos o uso da história para comunicar dados de maneiras concretas.

Um aparte. Às vezes, minha ordem de aulas causa surpresa. Se certos elementos de uma narrativa se relacionam com algo que surgiu no Capítulo 1, por que não discutir isso então? Essa é, em minha visão, a progressão natural. Comece com contexto, público e mensagem. O tempo gasto aí valerá a pena, mesmo não fazendo uso da história, parcial ou por completo. Trata-se de uma preparação antes de gastar muito tempo com seus dados que pode ajudá-lo a direcionar seu processo de visualização de dados e torná-lo mais eficiente. Porém, *após* passar um tempo com seus dados, conhecê-los bem e identificar o que utilizar para ajudar os outros a ver, é hora de olhar para o quadro geral novamente e descobrir a melhor forma de comunicá-lo a seu público. Esse é o momento exato em que a história entra em cena.

Palavras, tensão e o arco narrativo: componentes da história que podemos usar para chamar a atenção de nosso público, construir credibilidade e inspirar ação. Quando bem contadas, as histórias de dados não são apenas memoráveis, mas também podem ser passadas adiante pelo nosso público, colaborando para divulgar nossa mensagem. Neste capítulo, faremos exercícios que ajudarão a destacar a importância não só de mostrar dados, mas torná-los um aspecto central em uma história abrangente.

Vamos praticar **conte uma história**!

Primeiro, revisaremos as lições mais relevantes do Capítulo 7 do *SCD*.

PRIMEIRO, VAMOS RECAPITULAR

LIÇÕES SOBRE STORYTELLING

CHAPEUZINHO VERMELHO

EVIDÊNCIA de ELEMENTOS-CHAVE da HISTÓRIA na PRÁTICA

conflito & tensão são partes integrantes

O ARCO NARRATIVO

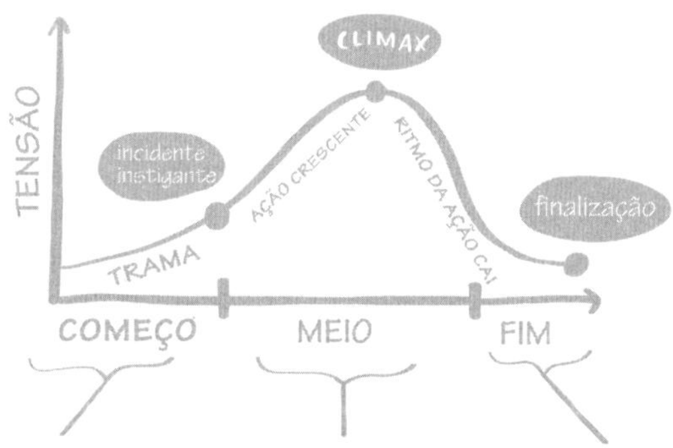

- introduz a trama
- Constrói contexto para o público
- Responda "por que devo prestar atenção?"

- desenvolve "o que poderia ser"
  - ilustra com exemplos
  - inclui dados que demonstram o problema
  - anuncie o que pode acontecer se nenhuma ação for tomada

- chamada à ação
- deixa claro o que você quer que seu público faça com aquilo que aprendeu

ESTRUTURA DA NARRATIVA

PALAVRAS FALADAS ou ESCRITAS (ou ambas) que CONTAM uma HISTÓRIA em uma ORDEM que FAZ SENTIDO e FAZ COM QUE as PESSOAS PRESTEM ATENÇÃO

FLUXO DA NARRATIVA

a ORDEM de SUA HISTÓRIA...
o CAMINHO pelo qual você CONDUZ SEU PÚBLICO

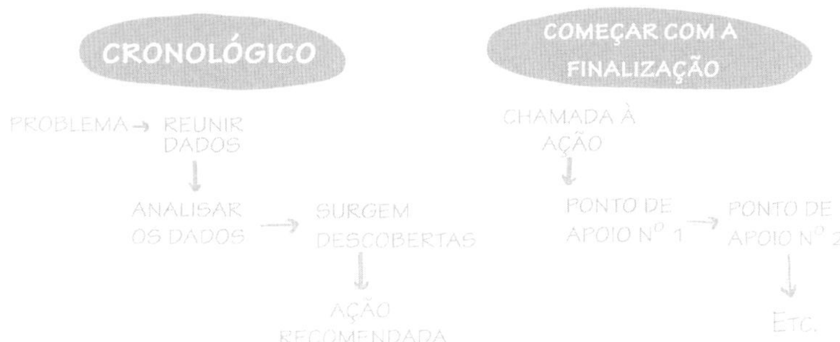

NARRATIVA FALADA VS. ESCRITA

ANUNCIE CLARAMENTE qual o PAPEL
que você QUER que o PÚBLICO DESEMPENHE

RELATÓRIO ESCRITO

O publico está por conta dele mesmo para fazer com que o conteúdo seja relevante... use a narrativa por escrito para que o "E daí?" fique claro

APRESENTAÇÃO AO VIVO

faça com que o "E daí?" fique claro por meio das palavras que você diz, usando visuais como reforço

REPETIÇÃO

AJUDA A LEVAR AS COISAS do CURTO
para o LONGO PRAZO

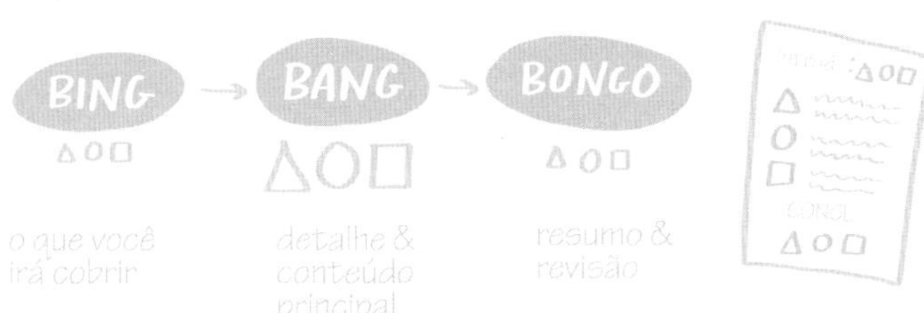

PRATIQUE com COLE

6.1 use títulos de ação

6.2 coloque em palavras

6.3 identifique a tensão

6.4 utilize os componentes da história

6.5 organize ao longo do arco narrativo

6.6 diferencie histórias ao vivo de histórias independentes

6.7 transição do painel para história

PRATIQUE por CONTA PRÓPRIA

6.8 identifique a tensão

6.9 mude do modo linear para o arco narrativo

6.10 construa um arco narrativo

6.11 evolua do relatório para a história

PRATIQUE no TRABALHO

6.12 formule uma frase expressiva e repetível

6.13 qual é a história?

6.14 implemente o arco narrativo

6.15 vamos discutir

PRATIQUE com COLE

Começaremos explorando duas estratégias específicas com palavras para deixar clara nossa mensagem e como contá-la. A seguir, falaremos sobre tensão e apresentaremos o arco narrativo como uma ferramenta poderosa para construir e comunicar nossas histórias com dados.

Exercício 6.1: use títulos de ação

Vimos nos exercícios do Capítulo 5 (5.1 e 5.9) que o texto desempenha um papel importante quando nos comunicamos com dados: as palavras ajudam a torná-los compreensíveis para nosso público. Os títulos dos slides representam um espaço importante — e frequentemente subutilizado — para usar bem as palavras.

Pense em um slide. Normalmente, há um título no alto. Esse lugar do título é um ativo precioso, pois se trata da primeira coisa que nosso público encontra quando vê a página, seja ela projetada em uma tela grande, exibida no monitor do computador, ou impressa em uma folha de papel. Não raro, usamos esse precioso ativo para títulos descritivos. Em vez disso, sou fã de usar títulos de ação. Se houver algo importante — e deveria haver — coloque lá, para que seu público não o perca!

Há estudos que mostram que títulos eficazes podem auxiliar a memorização e a lembrança do que é mostrado em um gráfico. Quando utilizamos o aspecto principal para nomear um gráfico, geramos a expectativa certa para nosso público. E quando isso é bem feito, define o que se deve seguir no restante da página.

Vamos praticar a elaboração de títulos de ação e entender como mudar títulos pode fazer com que nosso público se concentre em diferentes componentes de nossos dados. Consulte a Figura 6.1, que mostra o Net Promoter Score (NPS) para nossos negócios e nossos principais concorrentes. O NPS é uma métrica comum usada na análise de voz do cliente. Quanto maior o número, melhor.

Qual é a história?

NPS (Net Promoter Score) ao longo do tempo

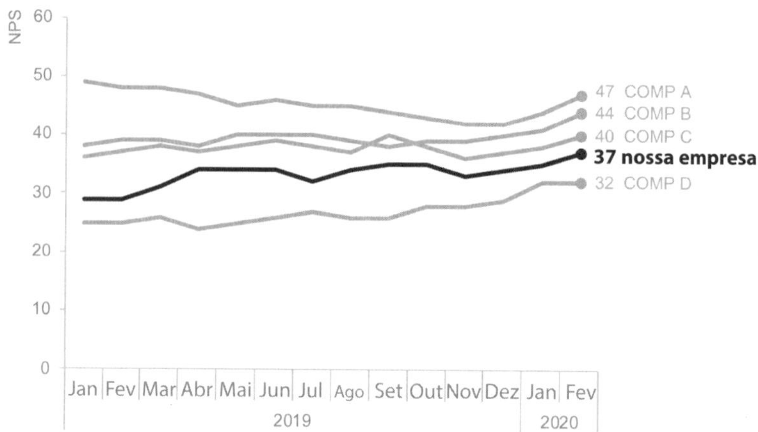

FIGURA 6.1 Qual é a história?

ETAPA 1: Crie um título de ação para responder à pergunta: "Qual é a história?". Anote-o. No que o título estimula seu público a se concentrar no gráfico? Escreva uma ou duas frases.

ETAPA 2: Crie um título de ação *diferente* para esse slide e repita as outras ações da Etapa 1.

ETAPA 3: Considere que impressão os títulos de ação que você criou provocam: eles dizem a seu público como se sentir sobre esses dados? Se sim, como? Se não, de que maneira você pode renomear para transmitir uma mensagem positiva ou negativa?

Solução 6.1: use títulos de ação

Qual é a história? Uma pergunta que às vezes fazemos quando não queremos dizer *história*. Em vez disso, queremos dizer "Do que se trata?", ou "Qual é o objetivo?", ou ainda "E daí?". Para mim, esse é o nível mínimo de "história" que deve existir sempre que mostramos dados para fins explanatórios. Podemos usar nosso espaço de título para deixar claro nosso objetivo principal.

ETAPA 1: O título poderia ser "**NPS está aumentando ao longo do tempo**". Se fizesse isso, meu público simplesmente leria essas palavras e então estaria preparado para procurar uma linha se elevando para a direita. Ao ver o gráfico, com a atenção voltada para Nossa Empresa, as palavras lidas no título seriam confirmadas na imagem.

ETAPA 2: Um título alternativo seria "**NPS: estamos em 4° lugar entre os concorrentes**". Isso induz o leitor a olhar para o gráfico e começar a contagem regressiva do lado direito... 1°, 2°, 3°, opa, o 4°, de fato. As palavras estabelecem uma noção do que está por vir no gráfico e este reforça as palavras do título.

ETAPA 3: O título pode, ainda, definir uma expectativa para o público. Isso é bom ou ruim? Os títulos anteriores não fizeram isso. Mas imagine um título como: **"Ótimo trabalho! O NPS está crescendo ao longo do tempo".** O sentimento sobre os dados que ele provocaria seria muito diferente se o título fosse: **"Mais trabalho pela frente: ainda não estamos entre os três primeiros".** Palavras em gráficos são extremamente importantes. Use esse poder com cuidado!

Cabe um aparte: muitas vezes me perguntam sobre minha escolha de caixas alta e baixa. Para títulos de slides, costumo usar caixa alta na primeira letra e baixa nas demais. Faço isso porque acho que se presta mais facilmente a títulos de ação; cada letra em maiúscula acaba fazendo com que o título provavelmente se torne descritivo, como por exemplo: "NPS Ao Longo do Tempo". Seja cuidadoso e consistente no uso de letras maiúsculas.

E, além de tudo — batendo na mesma tecla —, use as palavras com sabedoria! Empregar títulos de ação é uma maneira de usar bem suas palavras.

Exercício 6.2: coloque em palavras

Depois de criar um gráfico, pode ser útil criar uma frase que o descreva. Essa prática leva a nomear um aspecto-chave (ou, em alguns casos, vários possíveis aspectos-chave), que às vezes pode até gerar diferentes maneiras de mostrar os dados para destacar melhor o ponto principal que se quer mostrar.

Vamos praticar isso com um gráfico específico. Desta vez, você trabalha em um banco e analisa dados de cobranças. Os departamentos de cobrança costumam usar discadores telefônicos automáticos. Muitas ligações não são atendidas. Quando alguém atende, o agente de cobrança entra no circuito para conversar com a pessoa sobre um plano de pagamento: a conta foi "operacionalizada". Há numerosas métricas relacionadas a isso; aqui, veremos a taxa de penetração — a proporção de contas operacionalizadas em relação ao total de contas discadas.

Considere a Figura 6.2a, que mostra as Contas Operacionalizadas [CO], Discagens Feitas [DF] e a Taxa de Penetração [TP].

Comportamento das chamadas ao longo do tempo

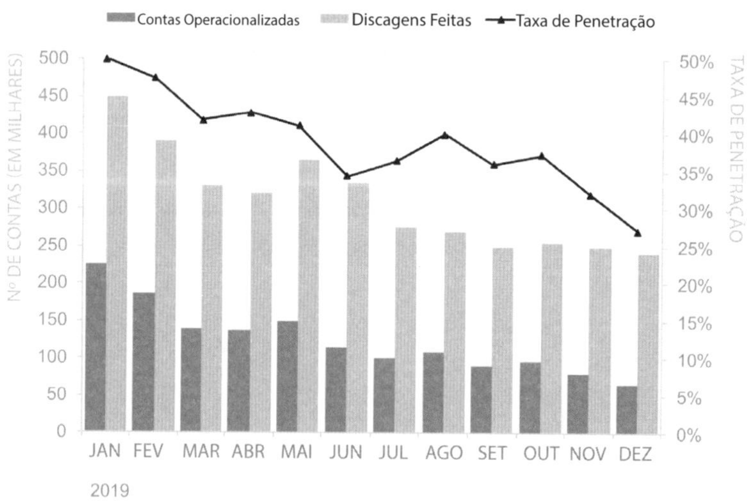

FIGURA 6.2a Coloque em palavras

ETAPA 1: Escreva três frases distintas articulando três observações diferentes a partir desses dados. Você pode pensar nisso como três possíveis aspectos-chave que podem ser destacados nesses dados.

ETAPA 2: Em qual das três frases que escreveu você se concentraria se estivesse comunicando esses dados? Por quê? Há algum aspecto das outras que também gostaria de incluir? Como conseguir isso?

ETAPA 3: Você faria alguma(s) mudança(s) no visual para focar melhor o público no aspecto-chave que escolheu destacar? Descreva-a(s).

ETAPA 3: Baixe os dados e faça as alterações que descreveu na ferramenta de sua escolha.

Solução 6.2: coloque em palavras

Descrever meu gráfico em palavras me leva a olhar com cuidado para os dados e pensar no que é importante e quais aspectos devo apontar para meu público.

ETAPA 1: Observando os dados, vejo que, de modo geral, as coisas diminuem ao longo do ano. Mas dá para ser mais específico do que isso — uma vantagem de escrever várias frases sobre um único gráfico (em vez de apenas a primeira que vem à mente). Há três séries de dados representadas, então escreverei uma observação sobre cada:

1. O número de contas operacionalizadas varia ao longo do tempo, e a tendência geral é de queda no passar dos anos.

2. As discagens tiveram uma queda de 47% entre janeiro e dezembro, chegando a aproximadamente 250 mil neste último mês.

3. A taxa de penetração caiu significativamente ao longo do ano.

ETAPA 2: Estou inclinada a centrar a atenção na diminuição da TP, pois isso é um reflexo das outras séries de dados. Dito isso, não gostaria de deixar de lado todo o outro conteúdo, o qual dá um contexto relevante. É notável, por exemplo, que a TP tenha diminuído *apesar* da redução das discagens. Poderia se pensar que quanto menos discagens, maior seria o número relativo de CO, mas é evidente que não é isso que está acontecendo. Talvez as contas fáceis (aquelas acessíveis ou com maior probabilidade de pagamento) tenham sido todas operacionalizadas e, assim, agora há menos contas para discar e trabalhar, mas são as mais difíceis. Estou supondo, mas esse seria o tipo de contexto sobre o qual eu gostaria de aprender mais para entender melhor o que está por trás do que vemos nos dados.

Voltando à questão de como eu incorporaria aspectos dos dados — e aproveitando para fins de exercício — eu poderia planejar colocar alguns deles em palavras. Por exemplo, minha frase de há pouco, "As discagens tiveram uma queda de 47% entre janeiro e dezembro, chegando a aproximadamente 250 mil neste último mês", pode ser o contexto que incorporo apenas dizendo ou escrevendo. Isso abre algumas maneiras adicionais de mostrar os dados, que veremos em breve.

ETAPA 3: Sim, eu faria mudanças na forma como esses dados são exibidos. Gosto do design geral limpo do gráfico. Porém, a legenda no alto, e o eixo y secundário à direita, significam que meu público precisa trabalhar — um pouco para frente e para trás — para descobrir como ler os dados. Quero tornar isso mais fácil. Ademais, como já disse, acho que há como colocar um pouco do contexto em palavras para que possamos nos concentrar na TP no gráfico.

ETAPA 4: A seguir, mais visualizações dos dados para mostrar meu processo de pensamento. Primeiro, excluirei os dados secundários do eixo y e da TP que o acompanhavam (logo reincorporarei a TP). Observe também que as CO no gráfico original são uma proporção das discagens, portanto, se alterar um pouco os dados, posso mostrá-los juntos. Em vez de DF e CT, podemos mostrar as Operacionalizadas e as Não Alcançadas. Veja a Figura 6.2b.

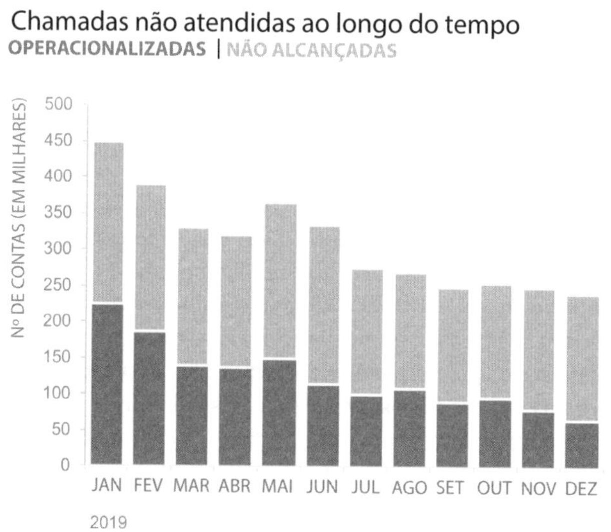

FIGURA 6.2b Modifique os dados para que possamos empilhá-los

Na Figura 6.2b, a altura total das barras (operacionalizadas mais as Não Alcançadas) representa o número total de contas que foram discadas. Já havíamos dito que para a diminuição das contas discadas usaríamos palavras, o que significa que não há necessidade de mostrar isso diretamente. Nesse caso, uma opção poderia ser transformar em barras 100% empilhadas. Perde-se a visão da diminuição das contas discadas, mas obtemos uma visão mais clara da proporção de contas Operacionalizadas em relação às Não Alcançadas, ou seja, a Taxa de Penetração. Veja a Figura 6.2c.

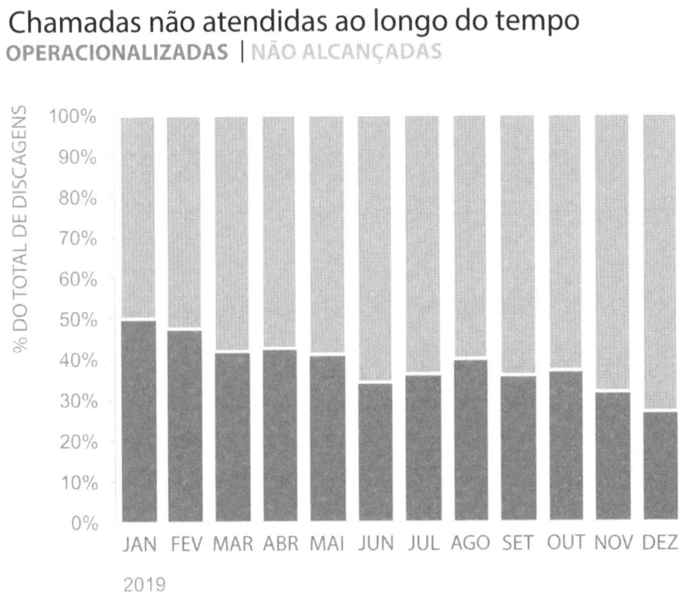

FIGURA 6.2c Mudando para barras 100% empilhadas

A vantagem de passar para barras 100% empilhadas é poder ver mais facilmente a proporção de contas discadas que são operacionalizadas. Podemos ir um pouco adiante, eliminando o espaço entre as barras e modificando para um gráfico de área. Veja a Figura 6.2d.

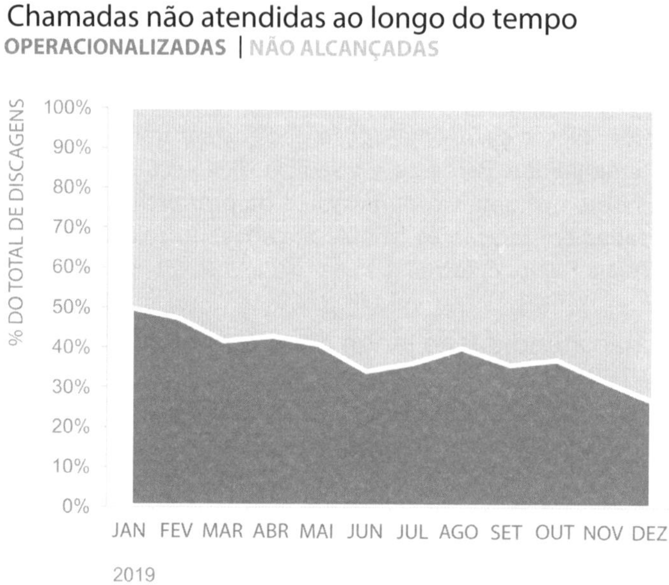

FIGURA 6.2d Vamos mudar para um gráfico de área

Não costumo usar gráficos de área, mas há casos nos quais podem funcionar bem e acho que este é um deles. Às vezes, eles nem sempre deixam claro se as séries individuais estão empilhadas uma em cima da outra ou devem ser lidas do eixo x para cima de forma cumulativa. Aqui, dada a pilha de 100%, isso provavelmente é intuitivo.

Este visual tem algumas vantagens. A ênfase proporcionada pela cor permite focar claramente na proporção de contas Operacionalizadas. Nessa imagem, a linha que separa o verde do cinza agora representa a Taxa de Penetração.

Algo que eu a princípio esperava resolver eram idas e vindas entre a legenda e os dados. Já vimos aqui que um método que comumente emprego é colocar a legenda no canto superior esquerdo (em geral logo abaixo do título do gráfico, como fiz neste caso). Dado o "z" em zigue-zague da varredura, isso ajuda a garantir que meu público veja como ler os dados antes de chegar a eles. Outra alternativa é rotular os dados diretamente. Tentei isso, colocando os rótulos Não Alcançado e Operacionalizado no gráfico de área como texto branco à esquerda, e outra opção alinhando-os à direita. Ambos me pareceram confusos, então mantive a legenda separada no topo e optei por rotular apenas a Taxa de Penetração diretamente.

Vamos fazer isso e adicionar mais algumas palavras em torno dos dados e dando ênfase ao ponto de dados final. Sem contexto extra para saber o que embasa o que estamos vendo, a Figura 6.2e é o ponto em que eu terminaria este exercício.

As discagens tiveram uma queda de 47% entre janeiro e dezembro, chegando a aproximadamente 250 mil
neste último mês. Durante o mesmo período, **a taxa de penetração diminuiu acentuadamente.**

Chamadas não atendidas ao longo do tempo

OPERACIONALIZADAS | NÃO ALCANÇADAS

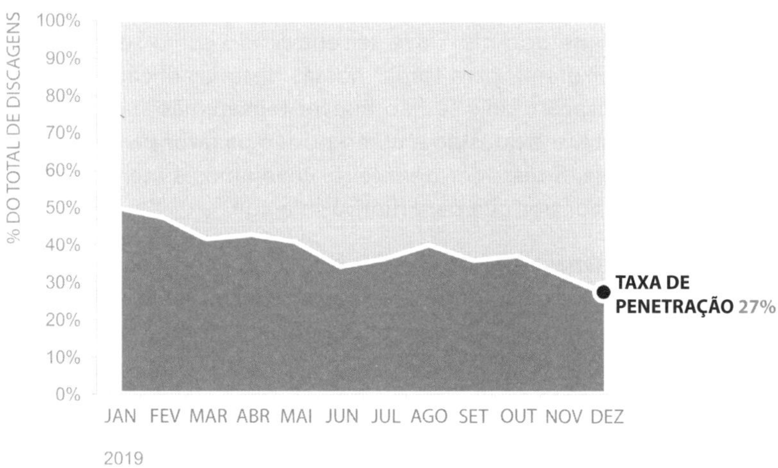

FIGURA 6.2e Coloque em palavras!

Essa reforma em particular, devo mencionar, teve uma repercussão mista. Houve os que acharam o aspecto 100% confuso ou preferiram a visualização de barras empilhadas simples que, afinal, também forneciam informações sobre números absolutos. É possível que eu tenha me apegado demais à solução que criei. Não obstante esse feedback, optei por incluí-lo aqui porque destaca uma abordagem diferente da que normalmente adotamos, reforçando a ideia de que está tudo bem experimentar coisas fora do usual. Caso a apresentação estivesse destinada a um ambiente de negócios, eu receberia feedback adicional que me auxiliaria a determinar se deveria ir adiante com esta solução ou modificá-la para melhor atender às necessidades do meu público.

O essencial a ter em vista é que colocar nossos gráficos em palavras pode nos ajudar a esclarecer o que queremos mostrar, bem como possibilita maneiras eficazes de fazer isso. Colocar palavras diretamente no gráfico pode ser útil para garantir que faça sentido para nosso público!

Exercício 6.3: identifique a tensão

Vamos agora dar um tempo quanto a dados e gráficos nos próximos exercícios e nos aprofundarmos nos elementos da história.

A tensão é um componente crítico — e não raro negligenciado — quando nos comunicamos com dados. Quando discorro sobre histórias em minhas oficinas, muitas vezes dramatizo bastante minha apresentação, em especial na discussão a respeito da tensão. A ideia é enfatizar esse aspecto, mas tal método não deve ser entendido como se fosse uma necessidade criar drama para tornar nossas histórias eficazes. Não se trata de compensação, pois se não houver tensão, não há nada a comunicar. Ela existe, e a questão é como podemos fazer para o público lidar bem com ela. Se isso for bem-feito, chamamos a atenção dele e estamos em melhor posição para motivá-lo a agir.

Relembrando algumas das lições do Capítulo 1, conhecer nosso público e o que importa para ele não pode ser enfatizado o suficiente. Focar o que é importante para nós, embora fácil, não é uma boa maneira de influenciar. Em vez disso, precisamos nos abstrair e pensar na tensão que existe para *nosso público.* Lembra-se da Grande Ideia? Somos remetidos a um dos componentes dela: O que está em jogo? Ao identificar de fato a tensão em uma situação, então a ação que queremos que nosso público tome se constitui em como ele pode resolver a tensão na história de dados (trataremos disso mais adiante em vários exercícios futuros neste capítulo).

A seguir, veremos diversos cenários — alguns são novos, outros podem parecer familiares — nos quais praticaremos a identificação da tensão. Considere cada um. **Primeiro, identifique a tensão. Depois, identifique uma ação que determinado público pode tomar para resolver a tensão que você identificou.**

CENÁRIO 1: Você é um analista que trabalha em uma rede varejista nacional. Acabou de fazer uma pesquisa sobre a experiência dos clientes na recente temporada de compras de volta às aulas, tanto para sua loja quanto seus principais concorrentes. No lado positivo, descobriu que os dados confirmam algumas coisas que supunha serem verdadeiras: as pessoas gostam da experiência geral de comprar em sua loja e associam à marca uma imagem positiva. Por outro lado, você descobriu que há inconsistências nos níveis de serviço que os clientes estão relatando em suas lojas. Sua equipe fez um brainstorming de soluções para isso e deseja apresentar uma recomendação específica ao Diretor de Varejo: desenvolver e implementar um treinamento de vendas que gere um entendimento compartilhado de como atender o cliente de maneira exemplar e consistente.

CENÁRIO 2: Você administra o RH em uma empresa cuja política de cargos em nível de diretoria sempre foi a de promover pessoal interno em vez de buscar no mercado. Há um clima de desgaste na diretoria em razão de haver aumentado o número de membros que deixaram a empresa recentemente. Diante disso, você pediu à equipe uma previsão para os próximos cinco anos com base nesse fato e nas tendências recentes de promoções. Sua crença, com base no crescimento contínuo esperado da empresa, é que, a menos que algo mude, haverá carência de futuros talentos de liderança. Você pretende usar esses dados para conversar com a equipe executiva sobre o que fazer. As opções, como as vê, são: entender melhor as causas do desgaste no nível de diretoria e trabalhar para contê-lo; investir no desenvolvimento de gerentes para poder promover em um ritmo mais rápido; fazer aquisições estratégicas para trazer talentos de liderança para a organização; ou mudar a estratégia de contratação e passar a preencher cargos de nível de diretor por meio de contratações externas.

CENÁRIO 3: Você trabalha como analista de dados em uma secretaria municipal de saúde. Estão em andamento iniciativas para melhorar a eficiência geral, o custo e a qualidade do atendimento. Entre elas, estimulou-se nos últimos anos um maior uso de comunicações virtuais por médicos (via e-mail, telefone e vídeo), quando possível, em vez de atendimento presencial. Pediram-lhe para reunir dados para incluir na revisão anual de avaliação dessa orientação e fazer recomendações de metas para o próximo ano. O principal público é a liderança em todos os postos de saúde. Sua análise indica que, de fato, houve um aumento relativo da atividade virtual nos cuidados primários e especializados. Você fez uma previsão para o próximo ano com base na continuidade dessa tendência. E pode usar dados recentes e sua previsão para dar consistência às metas. E acredita que buscar a opinião do médico também é necessário para evitar ser excessivamente agressivo e estabelecer metas que possam, inadvertidamente, impactar de maneira negativa a qualidade do atendimento.

Solução 6.3: identifique a tensão

Não há uma única resposta certa. Mas, em cada um desses casos, eu enquadraria assim a tensão e a finalização:

CENÁRIO 1:

- **Tensão:** Há inconsistência nos níveis de serviço entre as lojas.
- **Finalização:** Aplique recursos para desenvolver e conduzir o treinamento dos vendedores.

CENÁRIO 2:

- **Tensão:** Dadas as recentes tendências, as perspectivas para o futuro são de escassez de diretores.
- **Finalização:** Discuta e decida sobre quais mudanças estratégicas são requeridas para preencher as funções no nível de liderança.

CENÁRIO 3:

- **Tensão:** Dúvida sobre o que é mais importante: eficiência ou qualidade dos cuidados. A mudança desejada para encontros virtuais está acontecendo, mas quanto mais queremos ir nessa direção?
- **Finalização:** Use os dados em conjunto com as opiniões dos médicos para definir metas razoáveis para o próximo ano de modo a equilibrar adequadamente a eficiência com a qualidade do atendimento.

Exercício 6.4: use os elementos da história

A maneira como abordo histórias mudou, e talvez bastante, desde que escrevi *SCD*. Naquele livro, a história foi examinada por meio de peças de teatro, livros e filmes. A estrutura geral que apresentei compunha-se de começo, meio e fim. Embora isso seja útil, creio que podemos evoluir considerando o arco narrativo.

Histórias têm uma forma. Começam com uma trama. A tensão é introduzida e se desenvolve em ações que vão crescendo. Chegam a um clímax. A ação diminui o ritmo. As histórias terminam com uma finalização. Estamos programados para nos envolver e lembrar das informações que nos chegam nessa estrutura geral.

O desafio é que uma apresentação de negócios típica não se parece com isso! Ela é linear. Não há um subir ou descer, o caminho é reto. Começa com uma pergunta que nos propomos a responder, depois discutimos e analisamos os dados e, por fim, apresentamos nossas descobertas ou recomendações. Os nossos storyboards no Capítulo 1, a propósito, geralmente eram assim. Uma grande vantagem advém de repensar os componentes de nossos storyboards ao longo do arco narrativo. A Figura 6.4a mostra o arco narrativo.

FIGURA 6.4a O arco narrativo

Vamos revisitar um storyboard que já concluímos. Volte ao Exercício 1.7, que trata de um storyboard sobre as compras de volta às aulas. Olhe para seu storyboard ou para o meu (Solução 1.7). **Como você poderia organizar esses elementos ao longo do arco narrativo? Para isso é preciso reordenar, adicionar ou eliminar peças?**

Um jeito de fazer isso é utilizar um monte de notas adesivas e anotar nelas os elementos do storyboard da Solução 1.7. Em seguida, organize-os ao longo do arco, aumentando com novas ideias e removendo e reorganizando conforme fizer sentido.

Solução 6.4: use os elementos da história

A Figura 6.4b mostra como eu poderia organizar os elementos do cenário de compras de volta às aulas ao longo do arco narrativo.

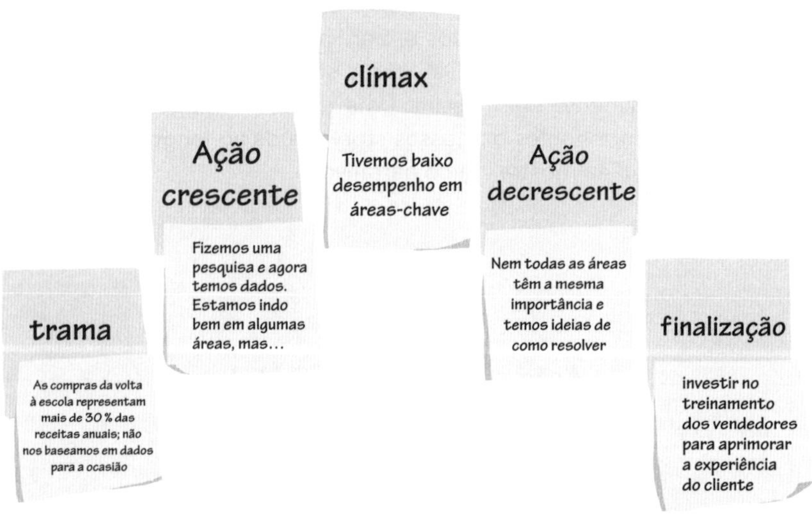

FIGURA 6.4b Arco narrativo das compras da volta às aulas

Eu poderia começar definindo a **trama**. Essa é a informação básica — o enquadramento — que meu público precisa saber para ter um contexto consistente para usar como ponto de partida: "A temporada de compras da volta às aulas é uma parte crítica do nosso negócio e tradicionalmente não a temos abordado com base em dados."

Em seguida, introduzo a tensão e passo a impulsionar a ação. "Realizamos uma pesquisa e, pela primeira vez, temos dados. Eles mostram que estamos indo bem em algumas áreas, mas várias áreas-chave têm baixo desempenho!". Este é o clímax, no qual a tensão atinge o pico. Posso detalhar as áreas com fraco desempenho e o que isso representa para meu público: estamos perdendo para a concorrência e continuaremos assim a menos que façamos uma mudança.

Posso então suavizar as coisas com a ação decrescente. "Nem todas as áreas têm a mesma importância, e identificamos um punhado delas para focar. Além disso, já analisamos várias ideias para resolver o problema e selecionamos uma que acreditamos terá um grande impacto." **Finalização**: "Investiremos no treinamento dos vendedores para aprimorar a experiência do cliente na loja, e fazer com que a próxima temporada de compras da volta às aulas seja a melhor." Eis aí o que você — o público — pode fazer para resolver a tensão.

Exercício 6.5: organize ao longo do arco narrativo

Neste outro exemplo de organização dos elementos de uma história ao longo do arco narrativo, revisitaremos uma situação que analisamos algumas vezes no Capítulo 1.

Veja o Exercício 1.8. Releia o cenário de adoção de pets. Você completou esse exercício e criou um storyboard? Se não, pode parar e fazê-lo agora ou rever meu storyboard de exemplo da Solução 1.8. Como você pode repensar os elementos fazendo uso do arco narrativo?

Para referência, segue um arco narrativo em branco (parecerá familiar caso você tenha concluído o exercício anterior; se não, leia-o para obter um contexto geral adicional). Uma maneira de fazer este exercício é escrever os elementos de sua história em notas adesivas e organizá-los na Figura 6.5a. Não há necessidade de que seus adesivos correspondam aos do storyboard original: fique à vontade para dispensar o uso desse formato e respectivos elementos. Seja criativo em sua abordagem!

FIGURA 6.5a O arco narrativo

Solução 6.5: organize ao longo do arco narrativo

Esse cenário parece exigir menos rigidez do que uma apresentação de negócios típica. Mas há vidas em jogo (os pets), então é imperativo refletir sobre o público e como convencê-lo a fazer o que precisamos. Pensando nos exercícios do Capítulo 1: O que motiva o público? Nossa meta de adoção está sendo cumprida ou podemos ir além disso? Diferentes contextos e suposições aqui mudarão sua abordagem.

Na Figura 6.5b, o arco narrativo que criei.

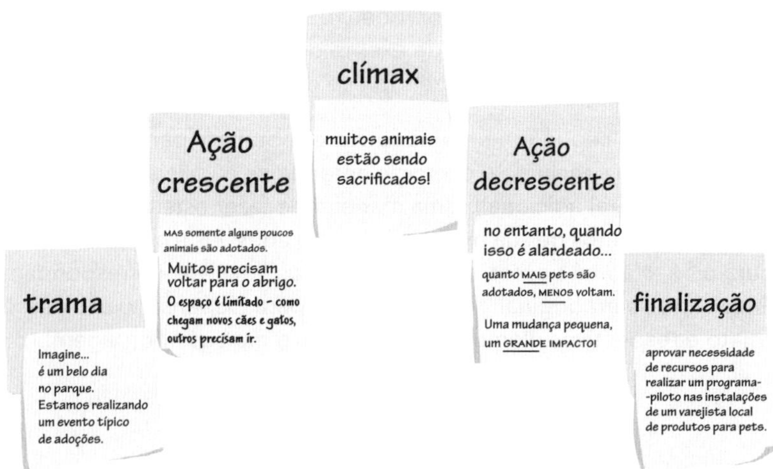

FIGURA 6.5b Arco narrativo das adoções de pets

Arrisquei um pouco neste exemplo, idealizando um dia lindo no parque, onde estamos realizando um evento normal de adoção (a **trama**). A introdução da **Tensão** provém de haver poucas adoções bem-sucedidas. Ela ganha corpo na forma de uma **ação crescente** conforme faço meu público seguir o curso normal dos eventos para animais que acabam em nosso abrigo. Essa tensão atinge um ponto culminante quando animais inocentes são sacrificados. Posso amenizar esse clímax (**ação decrescente**) descrevendo o evento recente que foi inesperadamente transferido para uma loja de pets local devido ao mau tempo e o sucesso do evento. Posso resumir os recursos limitados que precisaríamos para fazer isso novamente. Meu público pode resolver a tensão (**finalização**) aprovando recursos para o programa-piloto.

Cumpre frisar que esses não são os únicos elementos que devemos considerar; e essa, com certeza, não é a única ordem possível. Em vez disso, esse é um exemplo de como podemos fazer uso do arco narrativo em função do que sabemos e das suposições que fiz. Variações são possíveis, principalmente se eu não tiver certeza de ser capaz de manter a atenção do meu público até o final, ou se eu achar que ele pode simplesmente atender ao que peço e eu não precisar entrar em detalhes — eu poderia optar por partir do final. Eu poderia começar dizendo: "Preciso de US$500 e 3 horas do tempo de um voluntário para lançar um programa-piloto que, estou convicto, aumentará as adoções: você quer ouvir mais?". (Observe que isso se parece muito com a Grande Ideia que formamos no Exercício 1.5!)

São infinitas as maneiras como podemos reorganizar, adicionar ou excluir, e existem inúmeras abordagens diferentes que levariam a uma comunicação bem-sucedida. É da maior importância que você pense em como fazer isso para estar pronto para o sucesso.

Exercício 6.6: diferencie histórias ao vivo de histórias independentes

Quando precisamos nos comunicar com o público para fazer explanações sobre dados, há duas maneiras para isso: (1) uma apresentação ao vivo (em uma reunião, seja presencial ou virtualmente via webex ou similar) e (2) enviando algo (normalmente por e-mail, embora ainda possamos encontrar uma ocasional situação de imprimir e deixar na mesa de alguém).

Na prática, é comum criar uma única comunicação destinada a atender às necessidades de ambas as instâncias. Mencionamos isso brevemente no *SCD*: isso dá origem ao "slidemento": parte apresentação, parte documento, não atende exatamente às necessidades de nenhuma das circunstâncias. Normalmente, o conteúdo que criamos para atender a ambas necessidades é muito detalhado para a versão de apresentação e, às vezes, não detalhado o suficiente para a versão a ser tratada por conta própria sem a sua presença para apoiá-la.

Há uma abordagem que frequentemente recomendo: elabore a apresentação ao vivo ponto por ponto e termine com um slide totalmente anotado. Faremos um exercício para praticar e ilustrar esse conceito.

Imagine ser um consultor da Empresa X e que o chamaram para analisar o processo de contratação. Seu objetivo é trazer uma compreensão maior de como as coisas têm funcionado de modo geral — já que ninguém passou muito tempo analisando esses dados antes — e usar isso para facilitar as discussões com a comissão da diretoria da Empresa X, que financiou o trabalho para identificar melhorias específicas. As várias reuniões com a comissão lhe trouxeram uma boa noção do contexto de negócios. O tempo para contratar (o total de dias para preencher uma vaga após a divulgação) é uma métrica na qual as pessoas estão altamente interessadas e será o foco deste exercício.

A Figura 6.6a mostra o número de dias que leva para preencher as vagas abertas para transferências internas e contratações externas. Familiarize-se com os dados e conclua as etapas a seguir.

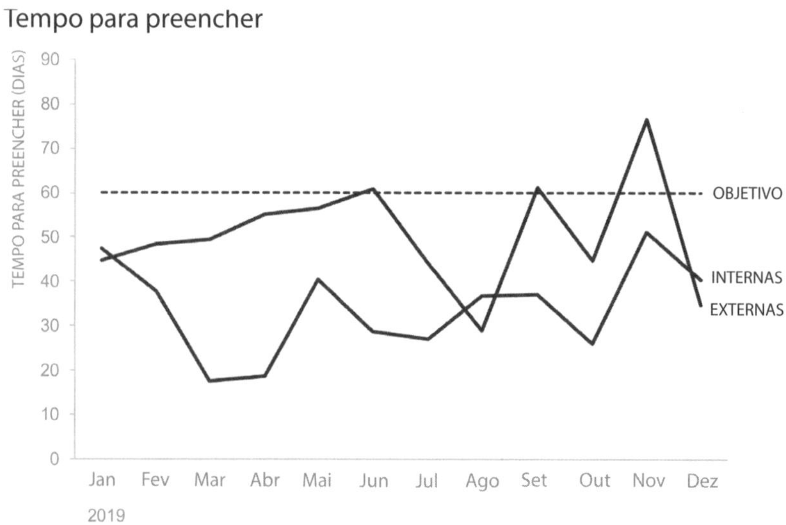

FIGURA 6.6a Tempo para preencher

ETAPA 1: Digamos que há uma reunião marcada com a comissão de direção, e você tem reservados nela 10 minutos para discutir o tempo para contratar. Você gostaria de levar alguns minutos para definir o contexto, conduzindo seu público pelos dados da Figura 6.6a e usá-los para facilitar a conversação. Aproveitando o fato de que você estará ao vivo com seu público, em vez de simplesmente mostrar a Figura 6.6a, considere de que modo pode configurar o gráfico ou alguns elementos de cada vez. Liste os itens que você mostraria, passo a passo. Fique à vontade para fazer todo tipo de suposições.

ETAPA 2: Baixe os dados e use a ferramenta de sua escolha para configurar o que descreveu na Etapa 1.

ETAPA 3: Você prevê que a comissão da diretoria vai querer seus visuais após a reunião. Em vez de compartilhar o processo, decidiu criar um único gráfico abrangente (ou slide). Isso servirá como lembrete do que compartilhou e também será um bom recurso para quem perder a reunião. Crie um visual para atender a essa necessidade na ferramenta de sua escolha.

Solução 6.6: diferencie histórias ao vivo de histórias independentes

ETAPA 1: A construção peça a peça deste gráfico pode ser a seguinte.

- **Comece com o esqueleto do gráfico**, colocando títulos e rótulos dos eixos x e y, mas sem dados. Uso isso para definir o cenário para o meu público.

- **Inclua a linha Objetivo**, compartilhando qualquer contexto conhecido sobre como ela foi estabelecida.

- **Construa a linha Externa**. Comece com o primeiro ponto em janeiro, vá adicionando dados até junho e planeje falar sobre o contexto conhecido que provoca essa tendência. Em seguida, complete o restante da linha, destacando dados específicos para os quais queira chamar a atenção.

- **Construa a linha Interna**. Esmaeça a linha Externa para que ela não concorra por atenção; depois, construa a linha Interna de maneira semelhante, destacando e planejando levantar aspectos relevantes ao longo do caminho.

ETAPA 2: O que se segue mostra como eu executaria as etapas que descrevi, bem como meus comentários de acompanhamento planejados. Agi livremente quanto às suposições que fiz a propósito do contexto, para fins de ilustração.

Dê-me alguns minutos para compartilhar com você dados recentes relativos ao tempo de contratação. Usarei isso para estruturar uma conversa a respeito de algumas possíveis decisões que você pode tomar para impactar o tempo de contratação daqui para frente.

Antes de lidar com os dados, deixe-me configurar para você o que iremos ver. O eixo y, vertical, destina-se aos registros referentes ao tempo de preenchimento da vaga em aberto. Trata-se do número médio de dias, contados após a divulgação da vaga, para uma contratação bem-sucedida relativa a um determinado mês. No eixo x, vou traçar o tempo. Estamos analisando os dados de 2019, começando em janeiro, à esquerda, e indo até dezembro, à direita. (Figura 6.6b)

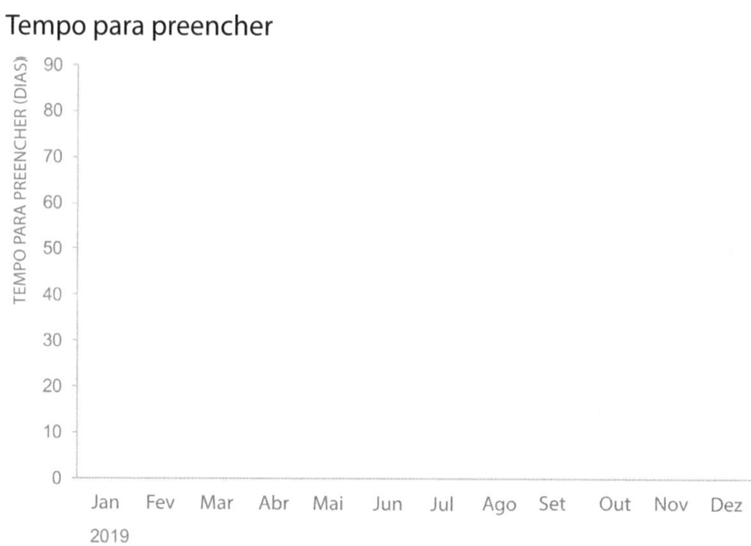

FIGURA 6.6b Esqueleto do gráfico

O objetivo da empresa é preencher as vagas em até 60 dias. (Figura 6.6c)

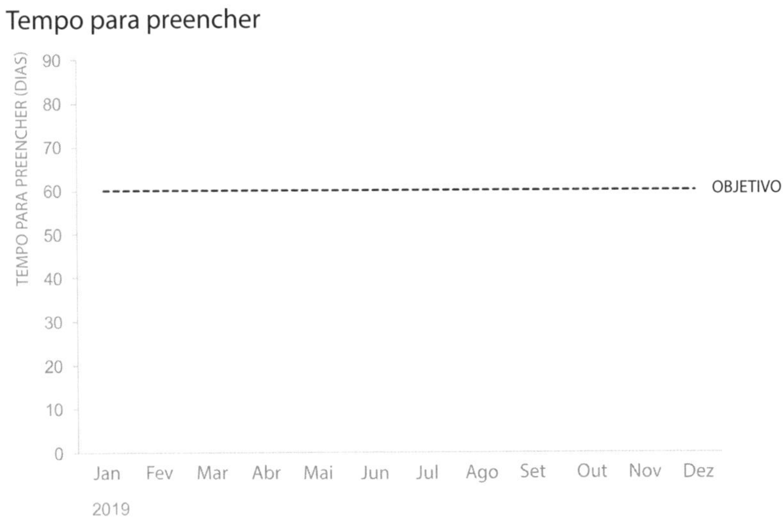

FIGURA 6.6c Introduza o objetivo

Vejamos primeiro as contratações externas. O tempo médio de contratação em janeiro foi de pouco menos de 45 dias, bem abaixo do objetivo de 60 dias. (Figura 6.6d)

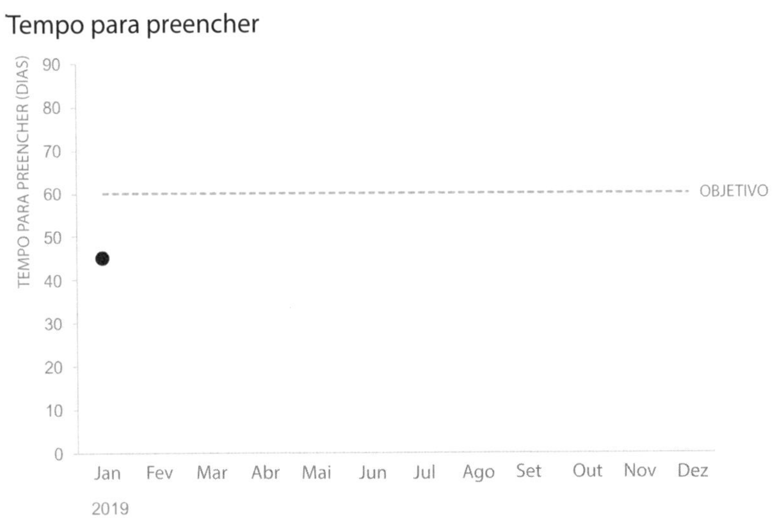

FIGURA 6.6d Primeiro ponto da linha externa

No entanto, as contratações externas aumentaram de forma constante durante o primeiro semestre do ano. Isso coincide com o aumento do número médio de entrevistas por candidato. Como se pode esperar, quanto mais entrevistas, mais longo o processo de contratação, o que nos levou a ficar um pouco acima do objetivo em junho, com 61 dias em média para preencher uma vaga. (Figura 6.6e)

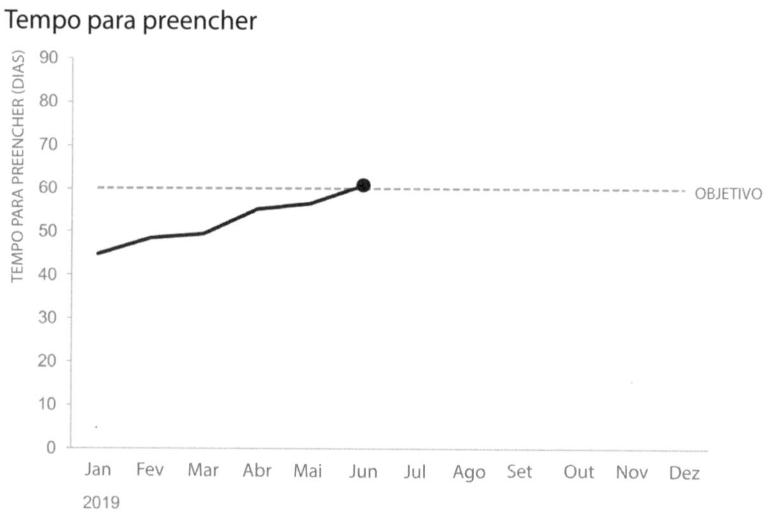

FIGURA 6.6e Tempo médio de contratações externas aumentou no primeiro semestre do ano

O tempo médio mensal de preenchimento para contratações externas variou bastante ao longo do segundo semestre do ano. Verificamos que nos meses com menor tempo de contratação — indicados por marcadores em azul — houve, em média, menos entrevistas por candidato. A maior quantidade de entrevistas, assim como os períodos de férias dos entrevistadores, provavelmente contribuíram para os meses acima da meta — indicados pelos marcadores em laranja. (Figura 6.6f)

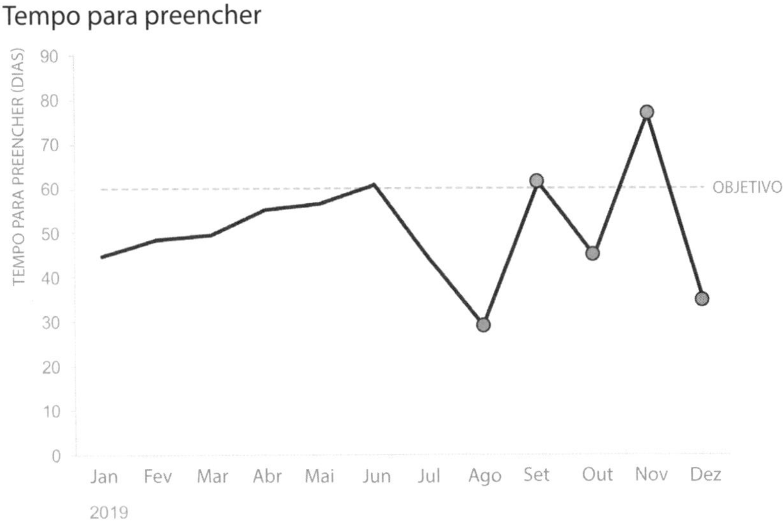

FIGURA 6.6f Tempo médio de contratações externas variou no segundo semestre do ano ▢

Passaremos, agora, a analisar o tempo de preenchimento de vagas por transferência interna. Começamos o ano com 48 dias, batendo o objetivo. (Figura 6.6g)

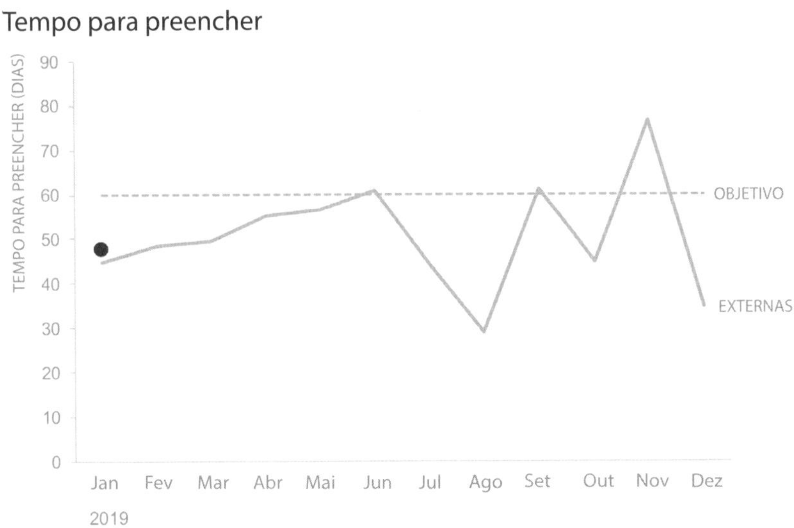

FIGURA 6.6g Adicione o primeiro ponto da linha interna

O tempo de preenchimento via transferência interna diminuiu nos primeiros meses do ano: em março e abril era inferior a três semanas — isso é impressionantemente rápido! (Figura 6.6h)

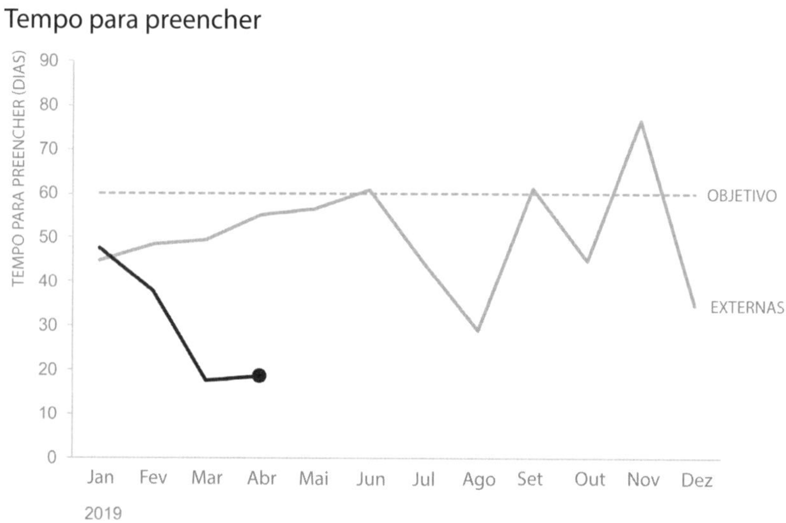

FIGURA 6.6h Tempo médio de transferências internas foi baixo nos primeiros meses do ano

No que se refere às transferências internas, o tempo para contratar aumentou em maio, indicando que nossos procedimentos podem não ser capazes de lidar eficientemente com um número maior de transferências. (Figura 6.6i)

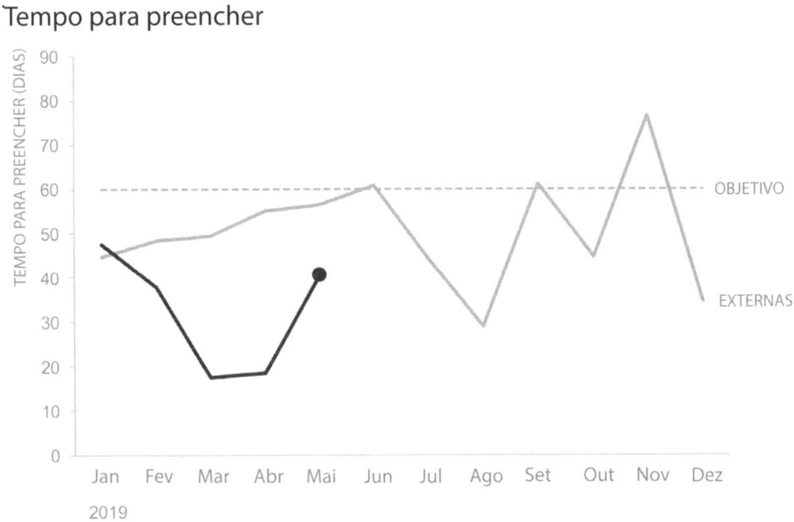

FIGURA 6.6i Aumento de abril para maio

Depois de maio, ocorreu uma ligeira queda seguida de outro aumento. (Figura 6.6j)

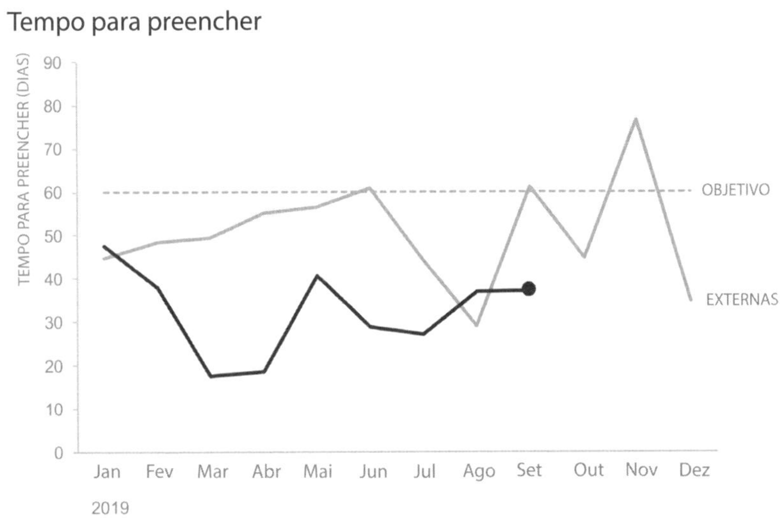

FIGURA 6.6j Outro mergulho e aumento

Entre setembro e novembro, outro mergulho seguido de aumento. (Figura 6.6k)

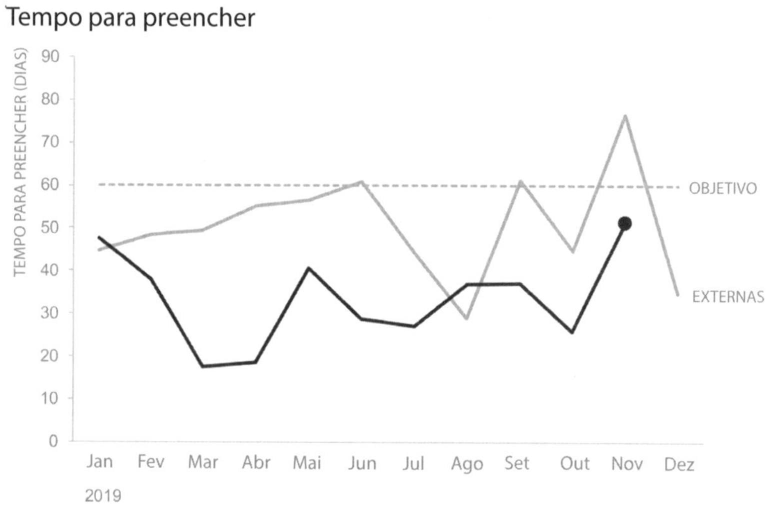

FIGURA 6.6k Mais um mergulho seguido de aumento

Embora tenha diminuído de novembro a dezembro, o tempo interno para preenchimento foi maior que o externo em dezembro. No segundo semestre, apesar das oscilações mensais, houve um aumento geral no tempo para preencher contratações internas. (Figura 6.6l)

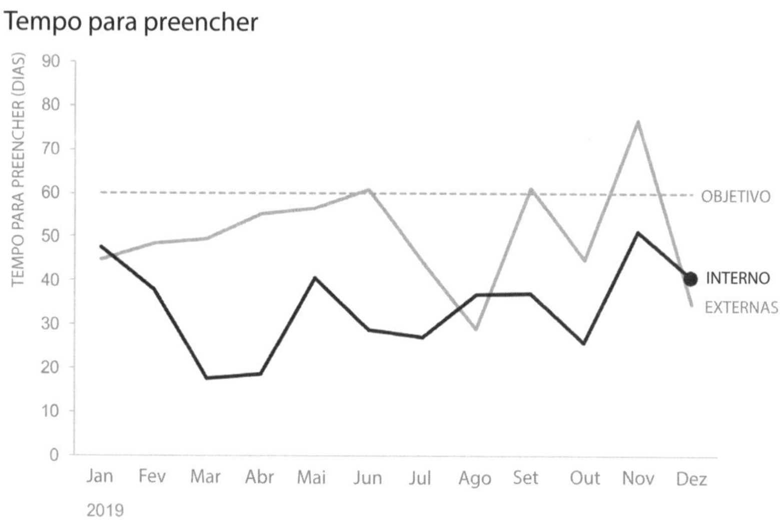

FIGURA 6.6l Tempo interno termina o ano acima do externo

Vamos ver o gráfico completo e resumir. Tanto o tempo externo quanto o interno para preencher as vagas variaram durante o ano. A despeito de ambos baterem a meta de 60 dias na maior parte do ano, o tempo de preenchimento de modo geral aumentou na parte final de 2019. É provável que não tenha sido algo inesperado: mais entrevistas levam a mais tempo para preencher cargos. Os períodos de férias também contribuíram para os atrasos. No lado interno, as coisas demoram mais quando há mais candidatos internos, sugerindo que cabem alguns aperfeiçoamentos no processo para lidar melhor com quantidades maiores.

Vamos discutir: o que isso significa para o próximo ano? Há alguma mudança que você gostaria de fazer? (Figura 6.6m)

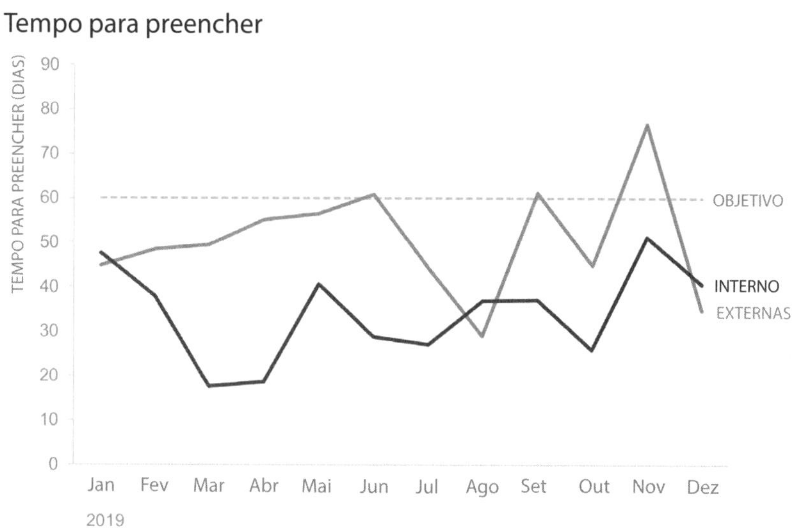

FIGURA 6.6m Vamos discutir as implicações para o que vem adiante

ETAPA 3: Eu poderia resumir a progressão ilustrada na Etapa 2 com o seguinte visual totalmente anotado. Veja a Figura 6.6n

Pratique com Cole

Discussão necessária sobre o tempo de preenchimento de vagas: para onde vamos a partir daqui?

Tanto o tempo externo quanto o interno para preencher as vagas variaram no decorrer do ano. Entender os fatores que contribuíram para isso – número de entrevistas, períodos de férias e restrições de volume de transferência interna atuais – podem nos ajudar a planejar melhor o futuro.

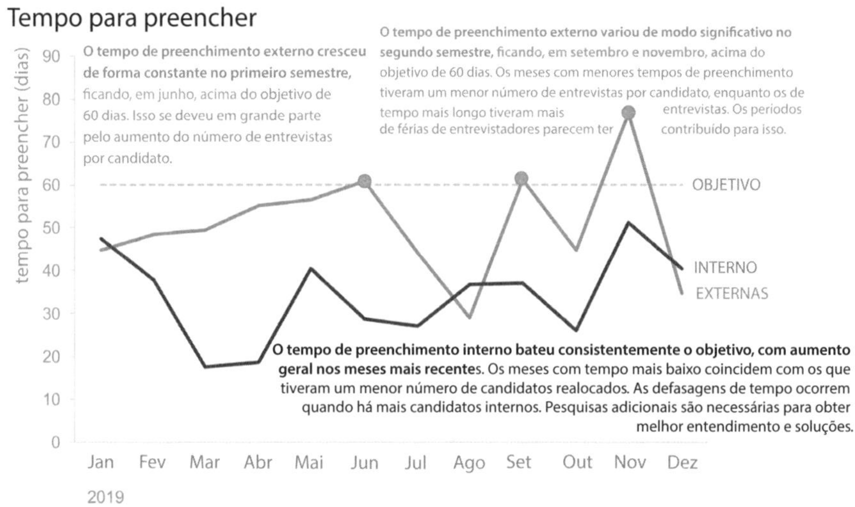

Vamos discutir: Deveríamos colocar diretrizes mais rígidas quanto ao número máximo de entrevistas? Como podemos equacionar os períodos de férias sem comprometer o tempo de contratação? O que podemos fazer para aprimorar a eficiência do processo de transferências internas para lidar melhor com volumes maiores?

FIGURA 6.6n Visual totalmente anotado a ser distribuído

De posse da Figura 6.6n, o público que está processando por conta própria — aqueles que não participaram da reunião ou precisam de algo que os lembre do que foi tratado — podem ler uma história semelhante à que eu seguiria em uma apresentação ao vivo.

Considere como essa abordagem de construir passo a passo, aplicada em uma apresentação ao vivo, ao lado de um ou dois slides totalmente anotados, pode atender às suas necessidades de contar de modo eficaz suas histórias de dados.

Exercício 6.7: transição de painel para história

No Capítulo 1 de *SCD*, fiz uma distinção entre análise exploratória e explanatória. Em poucas palavras, a exploratória é o que se faz para entender os dados e explanatória é o que se faz para comunicar algo sobre os dados para alguém.

Painéis de controle são uma ferramenta útil na parte *exploratória* do processo. Alguns dados precisam ser analisados regularmente (semanal, mensal ou trimestralmente) para verificarmos em que pé as coisas estão em relação às nossas expectativas. O painel pode nos ajudar a identificar em que pode estar acontecendo algo inesperado ou que desperta interesse. Contudo, uma vez localizadas essas coisas interessantes que queremos comunicar, devemos retirar tais dados do painel e aplicar as várias lições que abordamos.

Veremos a seguir um exemplo de painel e praticaremos como passar de um painel exploratório para uma história explanatória. Consulte a Figura 6.7a, que mostra o Painel de Controle do Projeto. Disfunções entre capacidade e demanda estão ali registradas em diferentes categorias (por região e departamento). A métrica que está sendo representada graficamente no painel são as horas do projeto.

Isso pode lhe parecer familiar, pois já vimos alguns desses dados nos Exercícios 2.3 e 2.4. Estude por algum tempo a Figura 6.7a e, em seguida, conclua as etapas que se seguem.

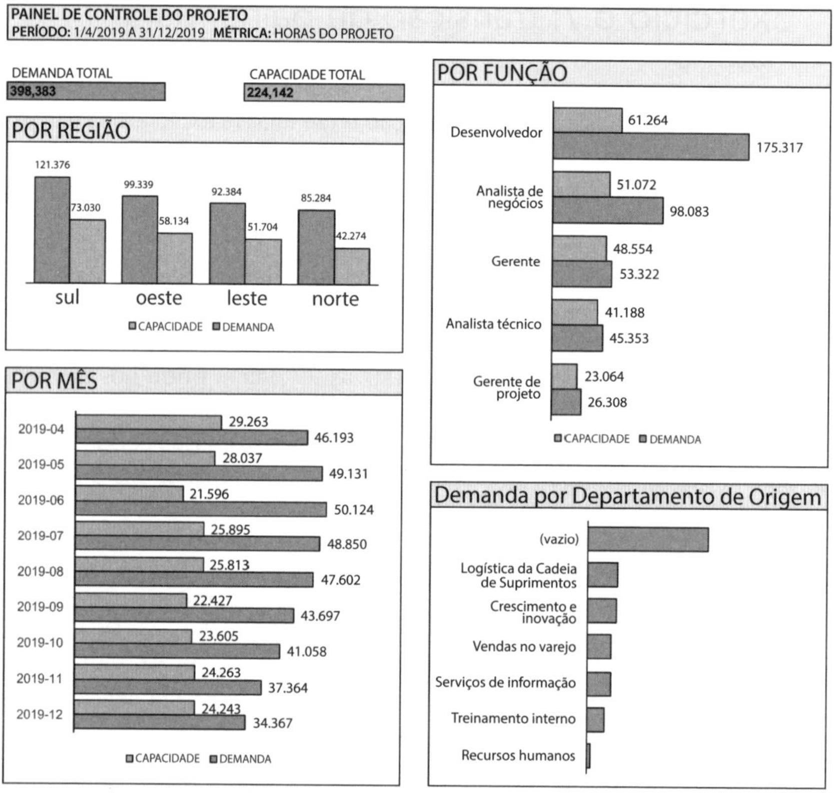

FIGURA 6.7a Painel do Projeto

ETAPA 1: Vamos começar praticando como colocar isso em palavras. Faça uma frase descrevendo uma conclusão de cada componente do painel na Figura 6.7a.

ETAPA 2: Precisamos de todos os dados? Pode ser importante observar as horas de projeto segmentadas em cada uma dessas dimensões como parte da exploração dos dados, mas nem todos eles têm igual interesse quando se trata de comunicá-los ao nosso público. Suponha que você precisa contar uma história com esses dados: em quais partes do painel você se concentraria e quais ignoraria?

ETAPA 3: A partir dos elementos selecionados na Etapa 2, crie uma história visual. Faça suposições conforme necessário para os propósitos do exercício. Como mostrará os dados? Como incluirá palavras? Decida entre uma apresentação ao vivo ou o envio das informações para uso por conta própria. Otimize sua abordagem para o cenário escolhido.

Solução 6.7: transição de painel para história

ETAPA 1: Eis como posso resumir a principal conclusão dos vários componentes do painel:

- **Resumo:** A demanda excede em muito a capacidade no período de 01/04/2019 a 31/12/2019.
- **Por Região:** a demanda excede a capacidade em todas as regiões em proporções aproximadamente semelhantes.
- **Por Mês:** A defasagem entre capacidade e demanda foi maior em junho e em geral bem alta no segundo e no quarto trimestres, diminuindo na última parte do ano.
- **Por função:** A defasagem entre demanda e capacidade atinge seu máximo entre os Desenvolvedores; a lacuna entre capacidade e demanda também é elevada para Analistas de Negócios.
- **Por Departamento de Origem:** Há muitos dados faltantes relacionados à fonte de demanda — ou talvez nem todos os projetos tenham um departamento de origem?

ETAPA 2: Começarei eliminando o que não quero incluir. É bastante óbvio omitir aspectos que faltam dados ou tem bastante consistência (a menos que fujam de nossas expectativas, caso em que podem ser interessantes). Não há uma única resposta certa: estamos perdendo muito contexto e precisamos fazer várias suposições. Na vida real, você gostaria de criar esse contexto para fazer escolhas inteligentes sobre o ponto em que concentrar seus esforços, o que é relevante e quais dados incluir ou omitir ao criar sua história de dados.

Noto algumas coisas interessantes acontecendo ao longo do tempo e por função, então é aí que vou concentrar minha atenção. Quanto a mudanças na forma como os dados são mostrados, meu foco está na lacuna decrescente ao longo do tempo e também em ilustrar mais claramente a diferença entre capacidade e demanda por função. Colocarei mais palavras em torno dos dados, seja para deixar claro o que estamos vendo, seja para ajudar meu público a transitar pela história.

ETAPA 3: Presumirei que este material seja parte de uma atualização de fim de ano e que as informações estejam sendo enviadas para meu público fazer uso por conta própria. A Figura 6.7b ilustra como pode ser um único slide com as informações que escolhi me concentrar (com meu contexto imaginado para fins de ilustração).

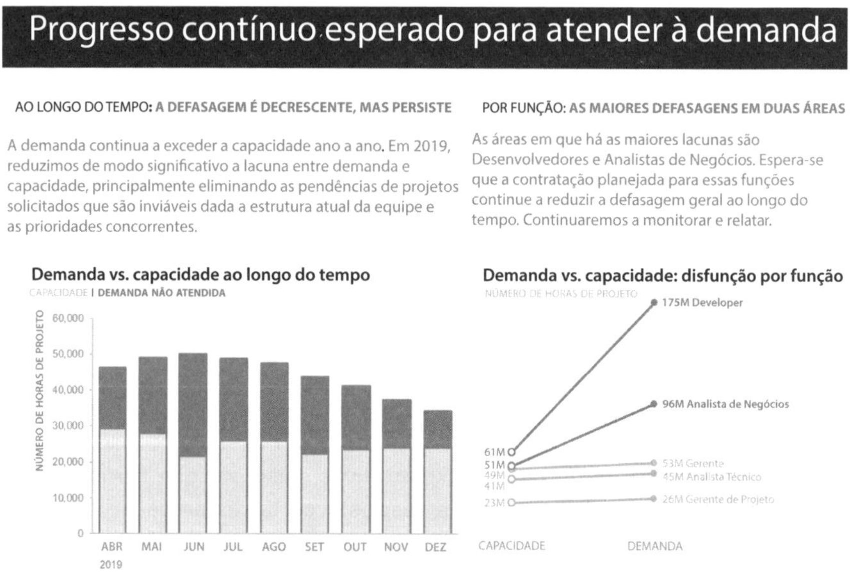

FIGURA 6.7b História em um único slide

Vamos discutir algumas de minhas decisões na Figura 6.7b. Usei um título de ação no topo que cobre todos os dados mostrados e estabelece uma expectativa para o futuro. Escolhi um layout de dois lados para a história que enviarei. Você verá outros exemplos dessa abordagem, pois ela tende a ser minha estrutura preferida quando se tem vários visuais que deseja colocar em um único slide. Dois visuais são o número mágico para mim quando é necessário mostrar mais de um único gráfico: pode-se tornar os gráficos grandes o suficiente para ler e também ter espaço para contextualizar com palavras (para mais do que isso, recomendo dividir em vários slides).

Neste exemplo, o lado esquerdo evidencia (mediante cores e palavras) a evolução decrescente da lacuna ao longo do tempo. Optei pela barra empilhada entre as várias iterações que vimos no Exercício 2.4 porque gosto de como isso mostra a Capacidade e a Demanda, com o condão de dirigir a atenção para a Demanda Não Atendida. No lado direito, mostrei a divisão por função em um gráfico de inclinação. Essa visualização dos dados, aliada ao uso estratégico de cores e palavras, deixa em flagrante evidência o comportamento do Desenvolvedor e do Analista de Negócios.

Presumi as especificidades desse cenário para fins de ilustração. Eu o enquadrei mais como um "para seu conhecimento" do que uma determinada chamada à ação, mas uma conotação diferente nos detalhes pode exigir algo mais específico. Observe como as etapas pelas quais passamos — colocar nossos gráficos em palavras, considerar o que focar e o que omitir, representar graficamente os dados de forma eficaz e conscienciosa usando cores e palavras — ajudam a fazer a transição de um painel exploratório para uma história de dados explanatória.

PRATIQUE por CONTA PRÓPRIA

Ficar à vontade para se comunicar com história requer prática. Vamos identificar a tensão em alguns cenários do mundo real e, em seguida, fazer exercícios adicionais com o arco narrativo para nos ajudar a atrair a atenção do nosso público, criar credibilidade e incentivar a ação.

Exercício 6.8: identifique a tensão

Já sabemos que a tensão é um componente-chave da história. Juntos, praticamos como identificá-la e resolvê-la no Exercício 6.3. Aqui está uma oportunidade para você praticar mais por conta própria.

Leia cada um dos cenários a seguir (alguns podem lhe ser familiares devido ao uso em outros lugares). **Para cada um, primeiro identifique a tensão. Em seguida, identifique uma ação que o público pode realizar para resolver a tensão identificada.**

CENÁRIO 1: Como diretor financeiro de um varejista nacional, você recebeu de seus analistas uma revisão do 1º trimestre e identificou que a empresa provavelmente encerrará o ano com um prejuízo de US$45 milhões caso as despesas e receitas confirmem as últimas projeções. Em face da recente desaceleração econômica, é improvável um aumento nas vendas. Portanto, você acredita que a perda projetada só pode ser combatida controlando as despesas operacionais e que a administração deve implementar já uma política nesse sentido ("iniciativa de controle de despesas ABC"). Você planeja apresentar, via PowerPoint, os resultados do 1º trimestre em uma próxima reunião do Conselho de Administração, ocasião em que fará sua recomendação.

CENÁRIO 2: Imagine que você trabalha para um convênio médico. Você e vários colegas recém concluíram uma avaliação dos fornecedores A, B, C e D para a categoria de produtos XYZ. Os dados históricos mostram que houve muita variação entre as instalações médicas, com algumas usando principalmente o Fornecedor B e outras usando principalmente o Fornecedor D (e de modo limitado os Fornecedores A e C). Também descobriu haver uma maior satisfação em todos os setores quanto ao Fornecedor B. Analisando os dados, você percebeu que há uma economia significativa de custos ao optar por um contrato de fornecedor único ou duplo. No entanto, qualquer um deles significará mudanças no mix histórico de fornecedores para alguns centros médicos. Você está se preparando para apresentar o estudo à direção, que decidirá por maioria de votos.

CENÁRIO 3: A empresa de produtos alimentícios em que você trabalha está se preparando para lançar em breve seu novo produto, o iogurte Craveberry. A equipe de produto à qual você pertence decidiu fazer mais uma rodada de testes de sabor para obter uma avaliação final. Ao analisar os resultados do teste, você acredita que há algumas mudanças que devem ser feitas — pequenas, mas que podem ter um grande impacto quando se trata da recepção do consumidor no mercado. Você tem uma reunião com o chefe de produto, que terá que decidir se adiará o lançamento para dar tempo de fazer essas alterações, ou entrar no mercado com o Craveberry do jeito que está.

Exercício 6.9: do caminho linear para o arco narrativo

Antes de organizar os possíveis elementos de nossa história ao longo do arco narrativo, às vezes pode ser útil começar com uma visão mais linear. Especificamente, o caminho cronológico é o preferido em apresentações de negócios. Faz todo o sentido, pois é a ordem que nos vem mais naturalmente por se tratar do caminho geral que percorremos para ir da questão inicial que nos propusemos a resolver para o resultado ou curso de ação proposto.

Entretanto, linear ou cronológico, nem sempre esse é o melhor caminho pelo qual conduzir nosso público. Devemos ser cuidadosos em como organizamos as informações com as quais guiamos nosso público. Considerar o arco narrativo pode ser uma maneira de conseguir isso. Voltando a um storyboard linear que discutimos no Capítulo 1 sobre eleições universitárias, vamos agora reimaginar nosso caminho de comunicação potencial usando o arco narrativo.

Imagine que você é um estudante universitário aplicado participando, nos últimos três anos, do Diretório Central de Estudantes. Um dos objetivos do diretório é gerar uma experiência positiva no campus, representando o corpo discente para professores e administradores e elegendo representantes de cada disciplina de graduação. Você está envolvido no planejamento das próximas eleições. No ano passado, a participação estudantil nas eleições foi 30% menor do que nos anos anteriores, indicando menor envolvimento entre o corpo discente e o conselho. Você e um outro membro do diretório concluíram uma pesquisa de benchmarking em outras universidades e descobriram que naquelas em que há maior participação eleitoral, seus diretórios eram mais eficazes para efetuar mudanças. Em sua opinião, há uma oportunidade de aumentar a participação eleitoral na eleição deste ano mediante uma ação de conscientização sobre a missão do diretório através de uma campanha publicitária voltada aos alunos. Você tem agendada uma reunião com o presidente do corpo discente e o comitê financeiro, ocasião em que apresentará sua recomendação.

Seu objetivo final é obter um orçamento de US$1 mil para a campanha publicitária de conscientização de por que o corpo discente deve votar nessas eleições. Para isso, seu colega do diretório criou o seguinte storyboard (Figura 6.9). Revise o storyboard e conclua as etapas a seguir.

FIGURA 6.9 Storyboard do colega sobre eleições universitárias

ETAPA 1: Revise as notas adesivas no storyboard da Figura 6.9 e determine como você pode alinhá-las aos elementos do arco narrativo. Para ser mais específica, liste quais pontos você cobriria em cada seção do arco: trama, ação crescente, clímax, ação decrescente e finalização (você pode não usar todas as ideias do storyboard original).

ETAPA 2: Escreva em seus próprios adesivos os pontos que delineou na Etapa 1 e organize-os em forma de arco. Continue a reorganizar, adicionar, excluir e modificar componentes de sua história, e nesse meio tempo faça suposições conforme necessário.

ETAPA 3: Organizar fisicamente as ideias ao longo de um arco mudou sua abordagem? Escreva um ou dois parágrafos sobre seu processo e quaisquer aprendizados que obteve com ele. Essa é uma estratégia que você imagina empregar no futuro? Por que (sim ou não)?

Exercício 6.10: construa um arco narrativo

Vamos de arco narrativo novamente. Desta vez, pularemos a etapa de storyboard, passando direto do cenário para criar nosso arco da história usando um exemplo do Exercício 6.8 que fazia parte de nossa prática de identificação da tensão. Refresque sua memória lendo o próximo parágrafo e conclua as etapas subsequentes.

A empresa de produtos alimentícios em que você trabalha está se preparando para lançar em breve seu novo produto, o iogurte Craveberry. A equipe de produto à qual você pertence decidiu fazer mais uma rodada de testes de sabor para obter uma avaliação final do sentimento do consumidor antes de ir ao mercado com o produto. Esse teste coleta dados sobre o que os participantes gostam ou não em vários itens: doçura, tamanho, proporção de frutas, quantidade de iogurte e viscosidade. Ao avaliar os resultados do teste de sabor, acredita que há algumas mudanças que devem ser feitas — ligeiras, mas que podem ter um grande impacto na recepção do consumidor no mercado. Especificamente, sua recomendação será manter a doçura e o tamanho consistentes. Mas como as pessoas acham que o produto é muito denso e tem muita fruta, você recomenda reduzir a quantidade de frutas e aumentar a de iogurte, o que deve tornar o produto menos espesso. Há uma reunião marcada com o chefe de produto, que precisará decidir se adiará o lançamento para fazer essas alterações ou entrará no mercado com o Craveberry como está.

ETAPA 1: Pegue algumas notas adesivas e anote as partes do conteúdo que você acredita que farão parte de sua história do Craveberry.

ETAPA 2: Coloque essas notas adesivas na forma de um arco, alinhando suas várias ideias aos elementos do arco: trama, ação ascendente, clímax, ação descendente e finalização. Sinta-se à vontade para adicionar, excluir ou alterar coisas conforme necessário para atender às suas necessidades, fazendo suposições para o propósito do exercício.

ETAPA 3: Compare este processo com o que você experienciou no Exercício 6.9. Foi mais fácil começar com um storyboard ou uma lousa em branco na hora de planejar os componentes de sua história de dados ao longo do arco narrativo? Quais implicações advindas do processo de planejamento você realizará no futuro? Escreva um ou dois parágrafos descrevendo suas observações e aprendizados.

Exercício 6.11: evolua do relatório para a história

Painéis de controle e relatórios regulares (semanal, mensal, trimestral) são ferramentas que podemos utilizar como uma maneira de explorar nossos dados e descobrir o que pode ser interessante e convém destacar ou aprofundar. Do ponto de vista de atendimento a seus próprios interesses, também pode ser de grande valia compartilhar relatórios com usuários finais, pessoas que podem usá-los para responder às muitas perguntas que podem ter, liberando-o para análises mais interessantes.

Porém, é muito comum compartilhamos painéis ou relatórios destinados à exploração quando, na verdade, deveríamos ir além, deixando claro para nosso público aquilo em que deve se concentrar e o que deve fazer com as informações que compartilhamos.

Examine a Figura 6.11, que mostra uma página de um relatório mensal sobre o volume de tickets e as métricas relacionadas. Depois, conclua as etapas a seguir.

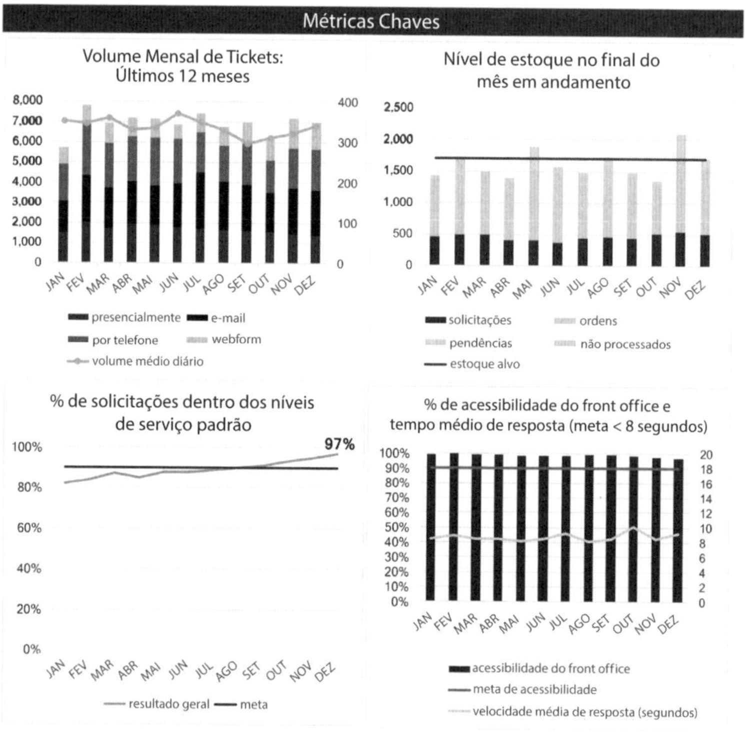

FIGURA 6.11 Métricas Chave

ETAPA 1: Vamos colocar em palavras. Escreva uma frase descrevendo um título de ação para cada gráfico mostrado na Figura 6.11.

ETAPA 2: Precisamos de todos os dados? Todos podem ser importantes para observar ao explorarmos os dados, mas nem todos necessariamente têm o mesmo interesse quando se trata de comunicá-los ao público. Imagine precisar contar uma história com esses dados: em quais partes do relatório você se concentraria e quais (se houver) omitiria?

ETAPA 3: Baixe os dados e crie gráficos e/ou slides para contar uma história visual com os elementos que você selecionou na Etapa 2. Como você mostraria os dados? Como incluirá palavras? Crie seus visuais preferidos. Decida se fará uma apresentação ao vivo ou se enviará as informações para uso do público por conta própria. Otimize sua abordagem para o cenário que escolheu, fazendo suposições conforme necessário para os propósitos deste exercício.

PRATIQUE no TRABALHO

Faremos três exercícios direcionados para ajudar a transmitir suas histórias de dados a seu público — articulando sua mensagem de maneira a ficar repetível, respondendo à pergunta "qual é a história?" e alavancando o arco narrativo. Identifique um projeto e comece a trabalhar.

Exercício 6.12: forme uma frase concisa e repetível

Repetições ajudam a formar uma ponte que une nossa memória de curto prazo com nossa memória de longo prazo. Podemos usar essa conexão nas palavras utilizadas para nos comunicarmos com dados, articulando nosso ponto principal em uma frase concisa e repetível.

Selecione um projeto no qual está trabalhando para se comunicar com dados para fins explanatórios. Já elaborou sua Grande Ideia? Não? Então consulte o Exercício 1.20 e complete-a. Depois, transforme sua Grande Ideia em uma frase concisa e repetível. Isso ajuda a esclarecer seu objetivo ao se comunicar e também pode ser incorporado a seus materiais reais, contribuindo para aumentar a memorização do público. A frase concisa e repetível, curta e cativante, pode incorporar aliteração. Não precisa ser bonitinha. Precisa ser memorável. (Caso queira um exemplo — já antecipo — você terá a chance de praticar e ver essa ideia empregada nos Exercícios e Soluções 7.4 e 7.6.)

Em uma apresentação ao vivo, você pode começar com a frase concisa e repetível. Pode também terminar com ela ou usá-la de maneiras diferentes durante a apresentação. A ideia é que, quando seu público sair da sala, tenha ouvido algumas vezes. Com isso, ele fica mais propenso a lembrar *e ser capaz de repeti-la.*

Quando você está enviando algo (não apresentando ao vivo), a frase concisa e repetível pode ser escrita. Como usá-la, fica a seu critério: como título ou subtítulo do seu conjunto de slides; nomear um slide importante, ou colocar no slide final que seu público vê. Em algumas situações, pode fazer sentido combinar essas ideias. Considere de que modo pode usar a repetição em suas palavras — faladas ou escritas — para tornar seu ponto principal claro e inesquecível.

Na próxima vez que se comunicar com dados, pense em como você pode usar uma frase concisa e repetível.

Exercício 6.13: qual é a história?

Ao analisar os dados, é frequente nos fazermos, e uns aos outros, versões desta pergunta: qual é a história? Refletindo melhor, geralmente não queremos dizer história, mas estamos tentando entender o ponto ou argumento principal. Responder claramente à pergunta: "E daí?" é o nível *mínimo* de "história" que deve existir sempre que nos comunicarmos com dados para fins explanatórios. É comum deixarmos que nosso público descubra isso por conta própria e, assim, perde-se um bom trabalho e uma melhor compreensão.

No passado, diferenciei a forma de pensar sobre histórias no que se refere às nossas comunicações de dados em dois tipos. Eu me refiro a elas como *história, com "h" minúsculo*, e *História, com "H" maiúsculo.* Vamos discutir ambas, incluindo dicas sobre como pensar e fazer uso delas no trabalho.

história com "h" minúsculo

Para cada gráfico e slide que você criar, pergunte-se: "Qual é o ponto principal?". Coloque em palavras, como praticamos nos Exercícios 6.2, 6.7, 6.11, 7.5 e 7.6. Após fazer isso, providencie para que esse ponto fique claro para seu público. Empregue um slide ou título de gráfico para definir as expectativas para o público (para lembrar o que é isso ou fazer uma prática adicional, consulte os Exercícios 6.1 e 6.7). Concentre a atenção como praticamos no Capítulo 4. Use palavras — em sua narrativa falada ou escrita — para explicar a seu público o que deve ver e o que isso significa.

Nunca deixe seu público ficar se perguntando: "E daí?". Responda a essa pergunta claramente para as pessoas!

História com "H" maiúsculo

Anunciar claramente a conclusão principal é um passo na direção certa, porém, há todo um outro nível de história que podemos empregar: *História com "H" maiúsculo*. Esta é a História [narrativa] no sentido tradicional. Há uma trama, e então a tensão é introduzida. A tensão chega a um clímax. Segue-se uma ação descendente, o que nos leva à finalização. Histórias bem contadas chamam nossa atenção, ficam guardadas conosco e podem ser lembradas e recontadas. Podemos usar a "História" estrategicamente ao nos comunicarmos com dados.

O arco narrativo é a ferramenta que recomendo para estruturar sua História. Quando concebemos nossa história de dados na forma de um arco, há implicações. Primeiro, para criar uma ação crescente, devemos identificar a tensão. Um lembrete: não é a tensão que existe para nós, mas a que existe para o público. Não se trata de compensar a tensão: se ela não existisse, não haveria nada para comunicar. Um caminho em arco também nos induz a pensar em como uma ideia ou um componente se relaciona com o seguinte. Fácil de ignorar quando organizamos as coisas linearmente, isso pode nos ajudar a identificar onde podemos precisar de conteúdo ou fazer transições adicionais para garantir um fluxo suave. O arco nos obriga a pensar no caminho pelo qual conduzimos nosso público. E, talvez o mais importante de tudo, o arco narrativo nos leva a pensar sobre as coisas da perspectiva do nosso público de uma forma alheia à que carateriza o storyboard linear. Essa é a mudança mais significativa que vejo acontecer quando as pessoas deixam de se comunicar como é hábito em um ambiente de negócios, e passam a usar o arco narrativo e a História: com esta, devemos nos abstrair e pensar criticamente sobre o que funcionará para nosso público.

Considere como você pode usar uma *história com um "h" minúsculo* e uma história com um "H" maiúsculo na próxima vez que se comunicar com dados. Quanto a este último, você encontrará etapas mais específicas para fazer uso do arco narrativo no próximo exercício.

Exercício 6.14: empregue o arco narrativo

As histórias que encontramos em livros, filmes e peças de teatro geralmente percorrem um caminho: o arco narrativo. Também podemos usar vantajosamente o arco narrativo ao contar histórias com dados.

A Figura 6.14 mostra a estrutura geral do arco narrativo.

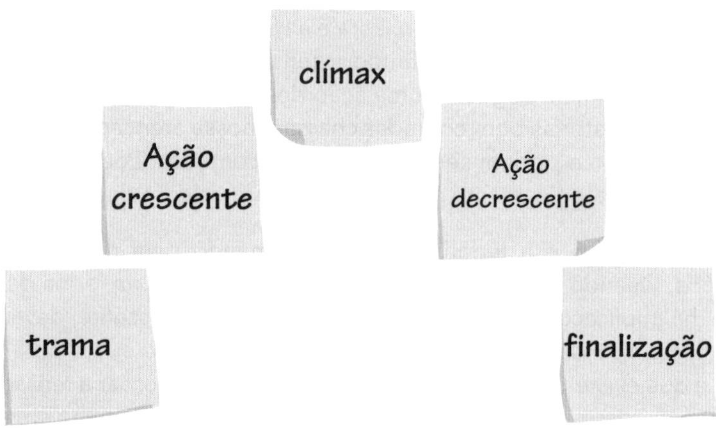

FIGURA 6.14 O arco narrativo

Vamos revisar cada elemento do arco, relacionando alguns pensamentos e perguntas que você pode usar ao se comunicar com dados.

- **Trama:** O que seu público precisa saber para estar preparado para o que você pedirá a eles? Identifique o conhecimento tácito que você tem que seria útil para comunicar explicitamente, garantindo assim que as pessoas estejam trabalhando com o mesmo conjunto de suposições ou entendimento da situação.

- **Ação crescente:** Há alguma tensão entre seu público? Como você pode revelar essa tensão e moldá-la — no nível apropriado, dadas as circunstâncias — para seu público?

- **Clímax:** Qual é o ponto máximo de tensão? Falo da tensão para seu público, não para você. Pense na Grande Ideia e transmita o que está em jogo. Com o que seu público se importa? Como utilizar isso para obter e manter a atenção dele?

- **Ação decrescente:** Este talvez seja o mais impreciso dos componentes quando se trata de aplicação em um ambiente de negócios. O objetivo principal é não passar abruptamente do ponto mais alto de tensão — o clímax — para a finalização. A ação decrescente intermedeia essa transição, facilitando-a. Em nossas histórias de dados, pode ter a forma de novos itens ou detalhamento adicional (eis como a tensão se desenrola por produto ou região), ou ser opções que você ponderou, soluções viáveis ou uma discussão que você gostaria que houvesse para facilitar seu público.

- **Finalização:** Essa é a resolução, a chamada à ação. A finalização é o que seu público pode fazer para resolver a tensão que você trouxe à tona. Mas, normalmente, não é tão simples quanto "Encontramos X; portanto, você deve fazer Y". Nossas histórias de dados costumam ter mais nuances do que isso. A finalização pode ser uma conversa que você deseja conduzir, dar opções para escolher ou talvez até uma informação que você precisa do seu público para completar sua história. Seja como for, identifique a ação que necessita que seu público tome e como torná-la clara e atraente.

Para mim, em um ambiente de negócios, é mais importante a presença de cada um dos componentes do arco narrativo do que uma sequência na ordem canônica. Afinal, na vida cotidiana, é comum ver histórias desviarem desse caminho por meio de flashbacks, prenunciações e por aí vai. Em particular, acho que quando seguimos, em um ambiente de negócios, o caminho linear típico para comunicar informações, a tensão e o clímax podem ser totalmente perdidos. Como elementos críticos da história, se os retirarmos dela, prestamos um desserviço aos dados e histórias que queremos contar.

Dito isso, às vezes pode ser difícil saltar de tudo o que sabemos sobre um determinado cenário para o arco. O storyboard pode ser um bom passo intermediário. Consulte o Exercício 1.24 para obter instruções sobre o storyboard. Com o storyboard em mãos, organize os componentes ao longo do arco. Essa é simplesmente mais uma ferramenta no arsenal de formas de comunicação que lhe pode ser útil em algumas situações. Acho que quando tenho algo importante para comunicar, passar pelo processo de organizar as peças ao longo do arco pode destacar o que pode estar faltando para fazer as peças se encaixarem ou mostrar que não estou com o pensamento totalmente voltado ao meu público, na tensão e em como eles podem ajudar a resolver.

Considere de que modo você pode usar o arco narrativo ao se comunicar para contar uma história de dados que chamará a atenção do seu público, criará credibilidade e os inspirará a agir!

Exercício 6.15: vamos discutir

Atente para as seguintes questões relacionadas às lições e aos exercícios do Capítulo 6. Discuta com um colega ou grupo.

1. O que é um título de ação? Em que ele difere de um título descritivo? Quando, por que e onde você escolheria usar um título de ação em suas comunicações?

2. Qual é o papel da tensão quando comunicamos com os dados? Como identificar a tensão em uma determinada situação? Reflita sobre um projeto atual: qual é a tensão? Como você pode incorporá-la em sua história de dados?

3. Quais são os componentes do arco narrativo? Você pode listá-los? Quando e como se pode fazer uso do arco narrativo ao se comunicar com dados? Algum elemento do arco é vago ou confuso? Há algum sobre o qual gostaria de falar mais?

4. Como devemos ordenar os diversos elementos de nossas histórias baseadas em dados? O que deve ser considerado ao se determinar como organizar as informações?

5. Você prevê a resistência do seu público ou outros desafios usando a história para se comunicar nas formas descritas no *SCD* e ilustradas neste capítulo? Como lidará com isso? Quando não faz sentido usar a história para se comunicar?

6. Como podemos usar a repetição estrategicamente em nossas comunicações de dados? Por que fazer isso?

7. O que há de diferente em uma apresentação ao vivo para seu público (em uma reunião ou exposição) em comparação com quando você envia algo para que o público utilize por conta própria? Como os materiais que você cria devem ser diferentes? Que estratégias você pode empregar em cada um desses cenários para ajudar a ser bem-sucedido?

8. Que meta específica você estabelecerá para si próprio ou sua equipe relacionada às estratégias descritas neste capítulo? De que maneira você pode se responsabilizar (ou à sua equipe) por isso? A quem recorrerá para obter feedback?

capítulo sete

pratique mais com cole

Nos capítulos anteriores o foco esteve voltado à lição dada; já este capítulo tem uma visão mais abrangente de todo o processo de *storytelling with data*. Cenários baseados no mundo real e visualizações de dados relacionadas são apresentados e combinados com questões específicas a serem consideradas e resolvidas. A isso se seguem ilustrações passo a passo que dão uma visão completa do meu processo de pensamento e decisões de design.

Encontro muitos exemplos de comunicação de dados em nossas oficinas. Os clientes compartilham o trabalho que estão fazendo e usamos isso como base de discussão e prática. Isso envolve uma série de tópicos e setores, e todos são fonte de aprendizado. O processo de criação de visualizações de dados a partir de exemplos selecionados para destacar as lições do *SCD* foi fundamental para aprimorar minhas próprias habilidades e as de minha equipe, para criticar, refazer, compartilhar e discutir exemplos. Nesta seção, você terá a oportunidade de praticar exatamente como a equipe da SWD — então percorrerá nossa solução como se fosse um participante de uma de nossas oficinas práticas.

Embora as lições no *SCD* e aqui possam ser vistas como instruções passo a passo, minha abordagem normal para ir de dados para história de dados é mais holística — você notará isso nos próximos exemplos. Em vez de seguir por todas as partes do processo todas as vezes, os vários exemplos são usados para destacar diferentes elementos, expondo você a vários desafios e soluções potenciais. Começaremos com algumas reconfigurações simples de gráficos e slides, e ampliaremos cada vez mais a abrangência conforme formos avançando pelos estudos de caso apresentados e resolvidos neste capítulo.

Vamos praticar!

Antes, porém, revisaremos as principais lições abordadas até agora.

SCD LIVRO

PRIMEIRO, VAMOS RECAPITULAR

LIÇÕES SOBRE STORYTELLING COM PROCESSAMENTO DE DADOS

ETAPA 1: ENTENDENDO O CONTEXTO

QUEM quem é nosso público?

O QUE o que você precisa que eles façam?

COMO como os dados o ajudarão nisso?

ANUNCIE sua GRANDE IDEIA

CRIE um STORYBOARD

→ brainstorm
→ edite
→ obtenha feedback

ETAPA 2: ESCOLHA UM VISUAL APROPRIADO

DESENHE-O!

depois... CRIE COM sua ferramenta

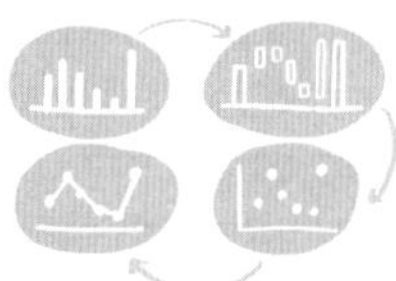

interaja e olhe para seus dados de maneiras diferentes

PEÇA FEEDBACK PARA outras pessoas

ETAPA 3: ELIMINE A SATURAÇÃO

IDENTIFIQUE ELEMENTOS DESNECESSÁRIOS e OS EXCLUA

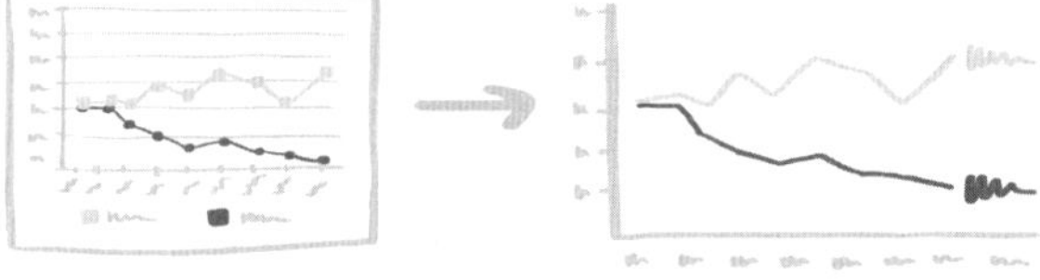

aproveite os espaços brancos
alinhe os elementos
evite componentes diagonais

ETAPA 4: CHAME A ATENÇÃO para onde VOCÊ QUER

UTILIZE POSIÇÃO, TAMANHO e COR para dar FOCO à ATENÇÃO DO SEU PÚBLICO

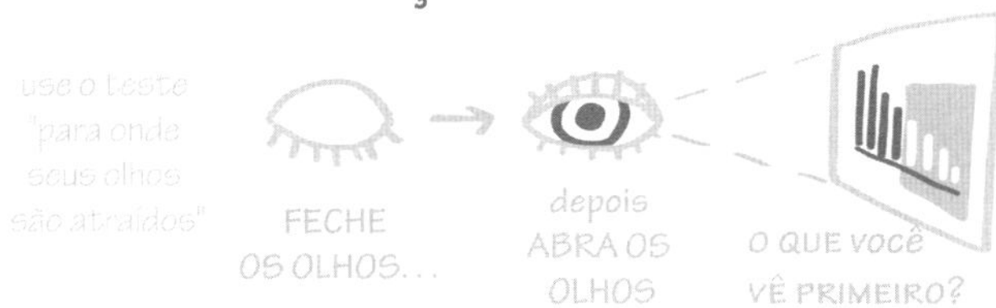

ETAPA 5: PENSE COMO UM DESIGNER

ETAPA 6: CONTE UMA HISTÓRIA

VOLTE ao seu STORYBOARD

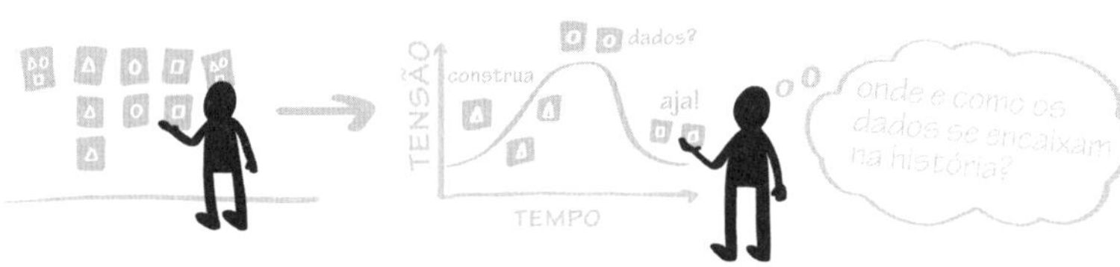

use o arco narrativo para planejar sua história e formar uma frase concisa e repetível para ajudar sua mensagem a ficar memorável

PRATIQUE mais com Cole

7.1
receita de novos anunciantes

7.2
atualização do canal de vendas

7.3
desempenho do modelo

7.4
vendas da volta às aulas

7.5
taxas de diabetes

7.6
Net Promoter Score (NPS)

Exercício 7.1: receita de novos anunciantes

Imagine que você é analista de uma empresa de marketing digital. Um novo recurso foi lançado em 2015 — ao qual chamaremos de Recurso Z — que permite aos clientes de sua empresa criarem anúncios melhores e trará um novo fluxo de receita para sua plataforma. No entanto, mesmo com o Recurso Z tendo uma curva de aprendizado íngreme, o que causa certa dificuldade em fazer com que os clientes o utilizem, no geral você viu melhorias ao longo do tempo, tanto em termos de clientes o utilizando quanto no aumento da receita proveniente dele. Em uma reunião recente ao discutir esse tópico, o chefe de suporte ao cliente levantou uma questão sobre como está a adoção do Recurso Z especificamente para novos anunciantes, aqueles que criam um anúncio em sua plataforma pela primeira vez. Ninguém subdividiu os dados para analisar isso antes, então você está trabalhando com um colega para responder a essa pergunta.

Seu colega montou o mapa de calor mostrado na Figura 7.1a. Passe alguns momentos estudando-o e, depois, conclua as etapas a seguir.

Os anunciantes estão ficando mais sofisticados mais cedo

trimestre de criação do primeiro anúncio

Idade do anunciante (trimestre cheio)	2015 T1	2015 T2	2015 T3	2015 T4	2016 T1	2016 T2	2016 T3	2016 T4	2017 T1	2017 T2	2017 T3	2017 T4	2018 T1	2018 T2	2018 T3	2018 T4	2019 T1
0	13%	17%	14%	17%	16%	18%	17%	19%	21%	22%	24%	23%	24%	25%	26%	25%	28%
1	21%	18%	18%	18%	19%	21%	22%	23%	23%	25%	26%	23%	26%	31%	30%	33%	
2	20%	20%	20%	19%	20%	22%	24%	25%	22%	22%	23%	25%	29%	31%	32%		
3	20%	27%	26%	23%	23%	24%	23%	23%	24%	24%	27%	27%	33%	34%			
4	21%	26%	27%	26%	25%	24%	25%	23%	26%	28%	29%	30%	34%				
5	25%	33%	30%	26%	27%	25%	25%	23%	29%	29%	33%	32%					
6	28%	35%	31%	27%	28%	25%	29%	27%	31%	31%	34%						
7	29%	35%	32%	30%	28%	30%	33%	28%	35%	33%							
8	30%	37%	32%	33%	28%	32%	35%	32%	39%								
9	30%	38%	30%	35%	33%	32%	39%	34%									
10	31%	38%	33%	35%	37%	35%	41%										
11	35%	41%	37%	35%	39%	40%											
12	38%	43%	40%	39%	42%												
13	42%	46%	43%	43%													
14	44%	47%	43%														
15	47%	49%															
16	50%																

28% das receitas com novos anunciantes no 1º Tri/2019 foram provenientes do Recurso Z, maior que os 21% das receitas com novos anunciantes no 1º Tri/2017

FIGURA 7.1a Os anunciantes estão ficando mais sofisticados mais cedo

ETAPA 1: É fácil notar o que está "errado" quando confrontado com a visualização de dados de outra pessoa; vamos primeiro fazer uma pausa e refletir sobre pontos positivos para compartilhar como feedback. O que você gosta no visual atual? Escreva uma ou duas frases.

ETAPA 2: O que não é ideal na Figura 7.1a? Faça uma lista.

ETAPA 3: Como você mostraria esses dados? Baixe-os e itere na ferramenta de sua escolha para criar seu visual preferido.

ETAPA 4: Qual é a tensão neste cenário? Que ação você deseja que seu público tome para resolver essa tensão?

ETAPA 5: Solicitaram-lhe fornecer um único slide que conte a história. Crie esse slide na ferramenta de sua escolha, fazendo suposições conforme necessário para o propósito deste exercício.

Solução 7.1: receita de novos anunciantes

ETAPA 1: Há algumas coisas que gosto neste visual. As palavras estão bem usadas no geral. O título de ação no alto cumpre um bom papel, configurando a história e começando a abordar a questão colocada. Os eixos estão intitulados diretamente. Também me agrada a anotação direta no gráfico (na caixa de texto cinza à direita), que apoia o título de ação e também está conectada diretamente aos dados descritos me liberando de ter de buscar por eles. Dito isso, desgosto das setas para criar essa conexão porque elas parecem confusas e encobrem alguns dos dados. Opa, acabei pulando para o que eu faria diferente! É o que iremos abordar agora.

ETAPA 2: Há um bocado de coisas que poderiam ser melhoradas nesse visual. A seguir, três aspectos primários que não são ideais no meu ponto de vista.

- **A tabela dá trabalho.** Acho os dados difíceis de entender. O mapa de calor ajuda, mas ainda assim requer esforço para descobrir o que devemos ver.

- **Foi empregado um esquema de cores problemático.** O duo de cores vermelho/verde será um problema para os daltônicos em nosso público. E, ademais, o vermelho e o verde competem pela minha atenção, dificultando o foco.

- **Há falta de alinhamento.** Os vários elementos na página não estão alinhados. Nota-se uma mistura de posicionamento de texto e números — alinhados à esquerda, centralizados e alinhados à direita —, sem uma razão aparente. Isso dá uma sensação geral de desorganização.

ETAPA 3: Provavelmente, será necessária a iteração por meio de várias maneiras de representar graficamente os dados a fim de observar como os visuais resultantes nos permitem ver coisas diferentes com mais ou menos facilidade. O tempo é marcado de duas maneiras neste exemplo: por trimestre no qual um anúncio foi criado pela primeira vez, e por idade do anunciante. Isso significa que podemos representar graficamente esses dados em linhas de duas maneiras totalmente distintas. Começarei criando alguns gráficos rápidos sem capricho dos dados (tratam-se simplesmente de gráficos padrão; não estou me preocupando com a formatação nesta etapa). Consulte a Figura 7.1b.

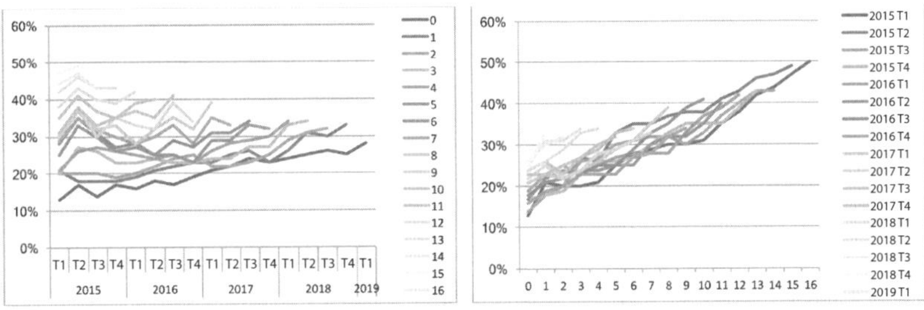

FIGURA 7.1b Visuais de dados rápidos e sem capricho

O que os visuais da Figura 7.1b nos permitem ver? Em ambos, o eixo y representa a porcentagem (%) de receita total gerada pelo Recurso Z. No lado esquerdo, o eixo x é a data em que o primeiro anúncio foi criado. Cada linha representa anunciantes de certa faixa etária. Isso nos permite ver que aqueles no 1° trimestre (0) são menos bem-sucedidos (a linha azul escura para 0 trimestres está na parte inferior do gráfico, ponto onde a % de receita é mais baixa), embora esteja melhorando (a linha para 0 aumenta conforme você se move da esquerda para a direita). Em geral, a receita aumenta de acordo com a idade (as linhas são cada vez mais altas), com aqueles em seu 15° trimestre aparecendo mais alto no gráfico (não vemos uma linha para 16 trimestres pois há apenas um único ponto de dados e são necessários dois pontos para fazer uma linha). Se você está lendo isso e pensando: nossa, isso parece complicado, está certo. Vamos mudar nossa atenção para o segundo gráfico.

À direita está a idade do anunciante no eixo x. Cada linha representa o trimestre em que o primeiro anúncio foi criado. As linhas subindo à direita ilustram o aumento da sofisticação com a idade do anunciante. As que se movem para cima no gráfico mostram a sofisticação aumentando mais cedo, com os trimestres mais recentes no topo. Observe como era mais simples colocar em palavras em relação ao lado esquerdo! Esta será uma boa visão geral dos dados, tendo em vista o que queremos ilustrar.

Mas há, ainda, muitos dados para processar. Precisamos de tudo? Mostrar menos simplificaria. Uma maneira seria mostrar menos trimestres de dados. Dito isso, não quero necessariamente restringir nossa janela de tempo, pois gostaria de comparar como eram as coisas quando o Recurso Z foi introduzido em 2015 e nossos dados recentes. Restam porém, algumas opções. Como o ponto de dados mais recente é o 1° trimestre de 2019, eu poderia optar por mostrar apenas a linha do 1° trimestre de cada ano. Outra abordagem poderia ser utilizar conjuntos de dados anuais. Olhe para o lado direito da Figura 7.1b e imagine que há apenas 5 linhas de dados (2015 a 2019). Agregar assim simplificaria as coisas e possibilitaria mostrar claramente nosso ponto de vista: a receita vem mais cedo segundo a melhoria da sofisticação do anunciante, tanto com o tempo (aumenta conforme avançamos no gráfico) quanto com a idade (aumenta para a direita). É isso!

ETAPA 4: Paremos por um momento para identificar a tensão e a finalização. Eu caracterizaria assim a tensão: embora existam, em geral, melhorias na receita com a adoção do Recurso Z, não sabemos como isso funciona para nossos anunciantes novatos. As coisas estão bem? Há questões que precisamos resolver?

As coisas parecem boas: nenhuma ação imediata é necessária. Costumo sugerir que, se não pudermos articular claramente a ação que queremos que nosso público tome, a primeira coisa a fazer é revisitar a necessidade de comunicar. Mas aqui, nosso público fez uma pergunta e, embora nenhuma ação seja necessária, isso não basta para não responder! É preciso ser claro quanto ao que queremos do público: ele deve estar ciente de que não precisa fazer nada agora. Podemos tomar medidas para continuar a monitorar as coisas dessa perspectiva e alertá-los caso isso mude.

ETAPA 5: A Figura 7.1c mostra a história em um único slide. Estude-o por um instante e compare com o que criou. Há semelhanças? Há diferenças? Observe o que funciona bem em cada abordagem.

FIGURA 7.1c Sofisticação aumentando com o tempo e a idade

Analisamos várias lições durante esta solução. Sempre se pergunte: Preciso de todos os dados? Determine o que deseja que seu público veja e selecione um visual que facilite isso, iterando conforme necessário para identificar um visual eficaz. Projete cuidadosamente, alinhando elementos para criar estrutura, usando cores com moderação para dirigir a atenção, intitulando e anotando eficazmente com palavras de modo que os dados façam sentido.

Exercício 7.2: atualização do canal de vendas

A Figura 7.2a mostra as vendas por unidade do canal ao longo do tempo para um determinado produto. Familiarize-se com os detalhes e conclua as etapas a seguir por conta própria ou com um colega.

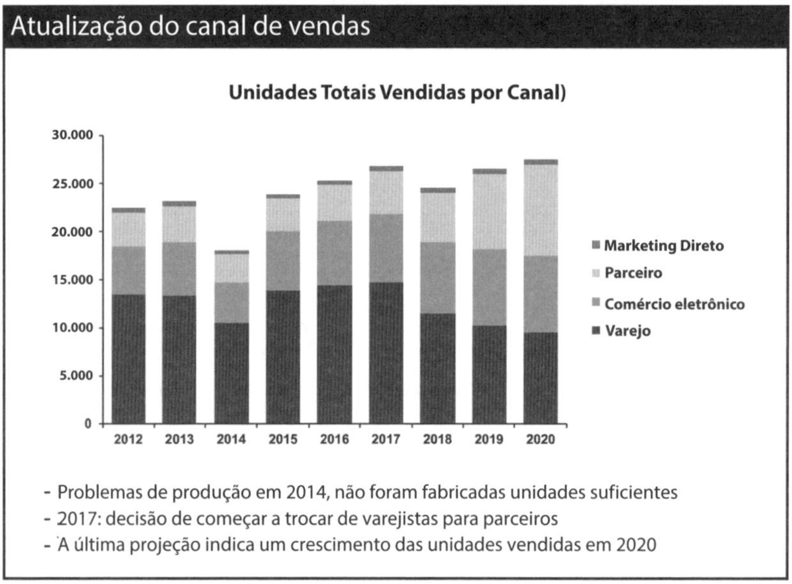

FIGURA 7.2a Atualização do canal de vendas

ETAPA 1: Comecemos pelo positivo: o que você gosta neste slide?

ETAPA 2: Que perguntas podemos responder com este gráfico? Onde procuramos nos dados, especificamente, as respostas para essas perguntas? Quão eficazmente essas perguntas são respondidas? Escreva algumas frases delineando seus pensamentos.

ETAPA 3: Quais mudanças você recomendaria com base no que abordamos? Escreva algumas frases ou faça uma lista descrevendo pontos específicos de feedback e o modo como você resolveria.

ETAPA 4: Verifique de que maneira sua abordagem variaria caso você (1) apresentasse esses dados ao vivo em uma reunião e (2) os enviasse a seu público para que ele os considerasse por conta própria. Como seu modo de lidar com isso seria diferente? Escreva algumas frases explicando seus pensamentos. E, para dar um passo à frente, reconfigure esse visual para esses diferentes casos de uso na ferramenta de sua escolha.

Solução 7.2: atualização do canal de vendas

Para mim, esta é uma situação em que estamos tentando responder a diversas perguntas em um único gráfico. Com isso, não respondemos a nenhuma pergunta de forma eficaz. Em vez de juntar muita coisa em um gráfico, será melhor que tenhamos vários visuais.

ETAPA 1: Do que gosto no slide original? Gosto como foram destacados alguns pontos de interesse específicos utilizando texto com marcadores abaixo do gráfico. O design geral do gráfico também é bastante limpo; não há excessos que levem a distrair dos dados.

ETAPA 2: Há algumas questões principais diferentes que se pode responder com este gráfico: Como as vendas unitárias mudaram ao longo do tempo? Como a composição das vendas entre os canais mudou ao longo do tempo? Para a primeira, comparamos os topos das barras; para a última, as peças dentro da pilha. Mas barras empilhadas são problemáticas, porque quando se empilha coisas que estão mudando em cima de outras coisas que estão mudando, fica muito difícil ver o que está acontecendo. O segundo ponto delineado por meio de marcadores diz que houve uma decisão de transferir as vendas do varejo para parceiros. Os dados mostram que isso está acontecendo? Essa é uma história de sucesso ou um apelo à ação? Difícil dizer!

ETAPA 3: Tenho três pontos principais de feedback que abordarei na reconfiguração desse visual. Falaremos sobre cada um deles.

Use vários gráficos. Minha maior mudança é usar vários gráficos. Às vezes penso no gráfico de barras empilhadas como um canivete suíço. Pode-se fazer muitas coisas com ele e, de vez em quando, restrições podem exigir seu uso. Mas não dá para fazer nenhuma dessas tarefas tão bem como ao usar uma ferramenta dedicada. A tesoura em um canivete suíço funciona bem o bastante para cortar um fio solto, mas para qualquer outra coisa prefiro uma tesoura. No lugar da barra empilhada, usarei dois gráficos diferentes, cada um respondendo diretamente às perguntas da Etapa 2. Explicarei os detalhes na Etapa 4.

Una visualmente o texto aos dados. No que se refere a alterações adicionais, conforme mencionado na Etapa 1, gosto que alguém tenha analisado os dados e delineado as conclusões. A questão, porém, é que ao ler o texto na parte de baixo do slide, gasto tempo pensando e pesquisando as evidências do que está sendo dito nos dados. Tenho que resolver isso: quando alguém ler o texto, quero que saiba procurar nos dados. Quando alguém olhar os dados, quero que saiba procurar nas palavras o contexto relacionado ou as conclusões. Para vincular o texto e os dados, devemos pensar nos princípios da Gestalt. Podemos usar a proximidade, colocando o texto perto dos dados que ele descreve. Podemos usar conexão e desenhar explicitamente uma linha entre o texto e os dados. Podemos usar similaridade, usando no texto a mesma cor dos dados que ele descreve. Vou empregar aspectos de cada uma dessas abordagens na minha solução.

Diferencie claramente os dados projetados. Ao reservar um tempo para ler o texto integral, o marcador final revela algo talvez inesperado — nem todos os dados são reais: os de 2020 são uma projeção. Mas não há nada no design dos dados que nos indique isso. Mudarei essa informação, demonstrando claramente quais pontos são dados reais e quais são previstos.

STEP 4: Meu redesenho abordará os pontos de feedback levantados na Etapa 3. Primeiro, abordaremos a questão inicial: como as vendas totais de unidades mudaram ao longo do tempo? Veja a Figura 7.2b.

FIGURA 7.2b Visualize unidades vendidas ao longo do tempo com uma linha

Mudei de barras para uma linha porque a conexão entre os pontos nos possibilita ver a tendência com mais facilidade. Optei por omitir o eixo, rotulando, em vez disso, alguns dos pontos de dados; a razão para essa escolha ficará clara no momento oportuno. Fiz uma distinção visual entre os dados reais (linha sólida, pontos preenchidos) e dados projetados (linha pontilhada, ponto não preenchido) e também incluí o termo "Projetado" ao eixo x vinculado pela proximidade ao rótulo 2020.

Apresentar essas informações em um ambiente ao vivo abre oportunidades adicionais. Sempre que analisamos dados ao longo do tempo, temos um construto natural para o storytelling: a história cronológica. Em ocasiões ao vivo, posso construir o gráfico item por item, explanando em função do contexto relativo a como faço. Veja o seguinte (Figuras 7.2c – 7.2r) para uma ilustração de como eu poderia fazer isso, em paralelo com minha narração por escrito.

Veremos agora as vendas de unidades ao longo do tempo. Começarei em 2012, analisaremos os dados reais até 2019 e, depois, nossa projeção mais recente para 2020. (Figura 7.2c)

FIGURA 7.2c Em uma progressão ao vivo, primeiro configure o gráfico

Nosso produto entrou no mercado em 2012. As vendas no primeiro ano foram de 22,5 mil unidades, o que nos deixou muito satisfeitos, uma vez que nossa meta inicial era de 18 mil unidades. (Figura 7.2d)

FIGURA 7.2d Progressão ao vivo

As vendas aumentaram ligeiramente em 2013, para pouco mais de 23 mil unidades vendidas. (Figura 7.2e)

FIGURA 7.2e Progressão ao vivo

Entretanto, em 2014, ocorreram problemas de produção. Com isso, não conseguimos atender à demanda. As unidades vendidas desabaram. (Figura 7.2f)

Total de unidades vendidas

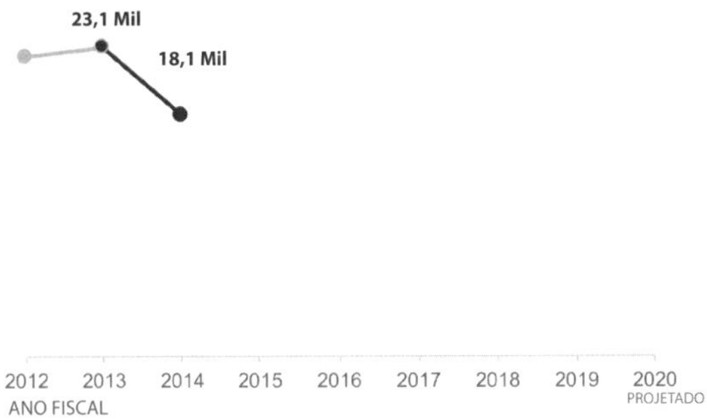

FIGURA 7.2f Progressão ao vivo

A recuperação foi rápida: corrigimos os problemas e alcançamos quase 24 mil unidades vendidas em 2015. (Figura 7.2g)

Total de unidades vendidas

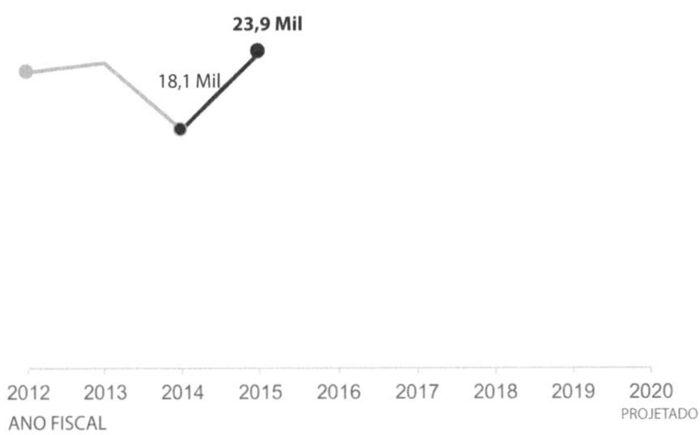

FIGURA 7.2g Progressão ao vivo

As vendas continuaram a aumentar ao longo de 2016 e 2017. (Figura 7.2h)

Total de unidades vendidas

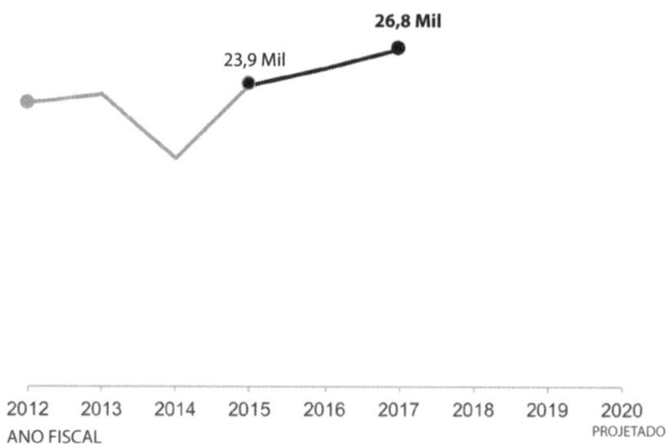

FIGURA 7.2h Progressão ao vivo

Em 2017, tomamos a decisão de começar a transferir as vendas do varejo para o canal parceiro. Em consequência, as vendas em 2018 diminuíram. (Figura 7.2i)

Total de unidades vendidas

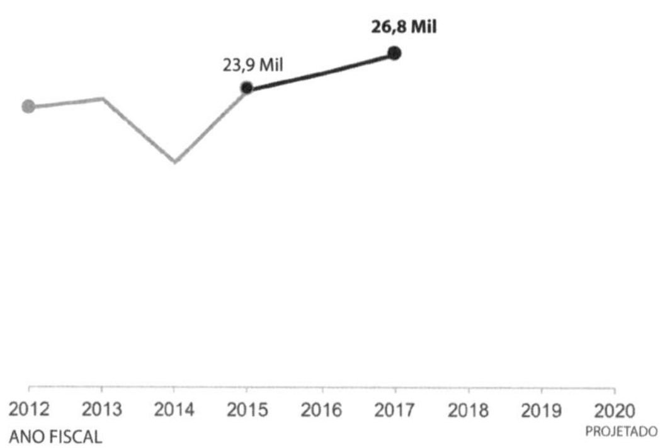

FIGURA 7.2i Progressão ao vivo

Nós nos recuperamos dessa queda em 2019. (Figura 7.2j)

FIGURA 7.2j Progressão ao vivo

Esperamos continuar aumentando as vendas em 2020. (Figura 7.2k)

FIGURA 7.2k Progressão ao vivo

Caso eu não estivesse apresentando ao vivo, poderia anotar esse contexto diretamente no gráfico. Com essa providência, meu público processando por conta própria obteria o mesmo tipo de história. Consulte a Figura 7.2l.

FIGURA 7.21 Gráfico de linha com anotações

Veremos em breve como integrar uma versão desse gráfico em um slide. Mas antes de chegarmos lá, iremos determinar como podemos responder à questão de composição via uma barra 100% empilhada em um cenário ao vivo. A barra 100% empilhada enfrenta alguns dos mesmos desafios que a barra empilhada típica, pois os segmentos intermediários são mais difíceis de comparar. Contudo, há também algum benefício. Com uma linha de base consistente na parte inferior e superior do gráfico, temos duas séries de dados que nosso público pode comparar mais facilmente ao longo do tempo. Dependendo do que for preciso destacar, e se formos inteligentes sobre como ordenamos os dados, podemos realmente fazer isso funcionar muito bem. Vamos voltar à minha apresentação ao vivo.

A seguir, a composição das vendas entre os canais. (Figura 7.2m)

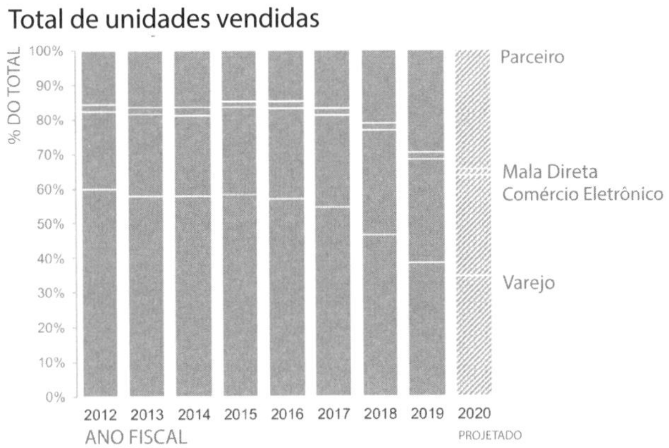

FIGURA 7.2m Outra visão: detalhamento do canal

O canal varejo diminuiu como proporção do total ao longo do tempo. (Figura 7.2n)

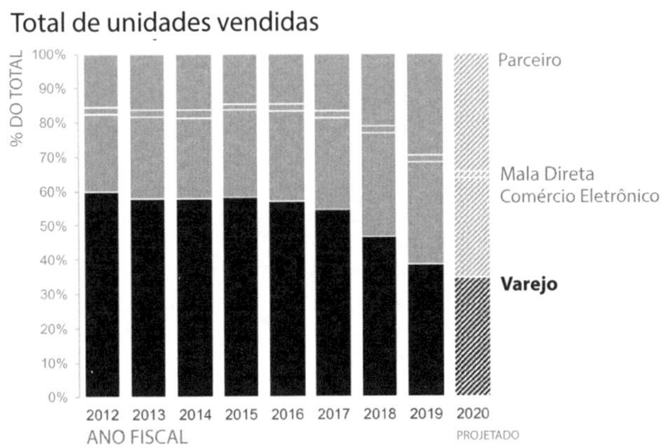

FIGURA 7.2n Foco: varejo

O canal comércio eletrônico cresceu marginalmente desde o lançamento, mas sua proporção em relação ao total de vendas manteve-se consistente nos últimos anos. (Figura 7.2o)

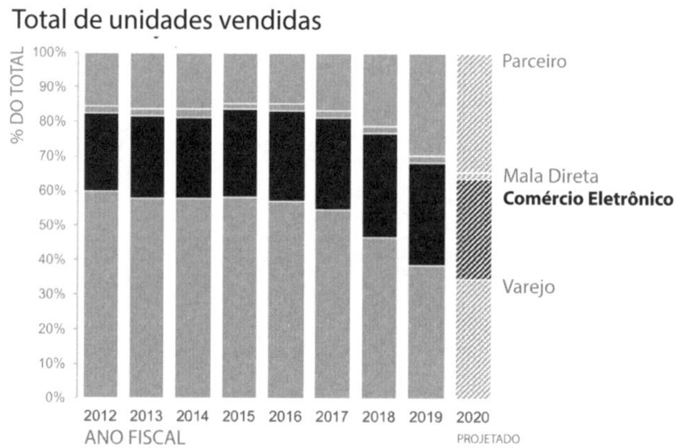

FIGURA 7.2o Foco: comércio eletrônico

A participação da mala direta é, sempre foi, e continuará pequena. (Figura 7.2p)

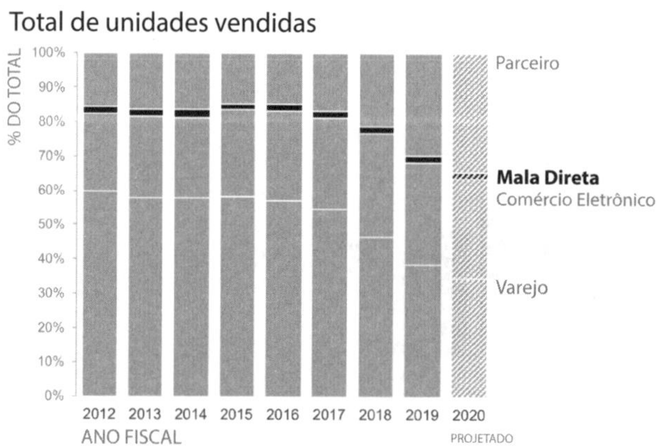

FIGURA 7.2p Foco: mala direta

As vendas de parceiros aumentaram sua participação do total. (Figura7.2q)

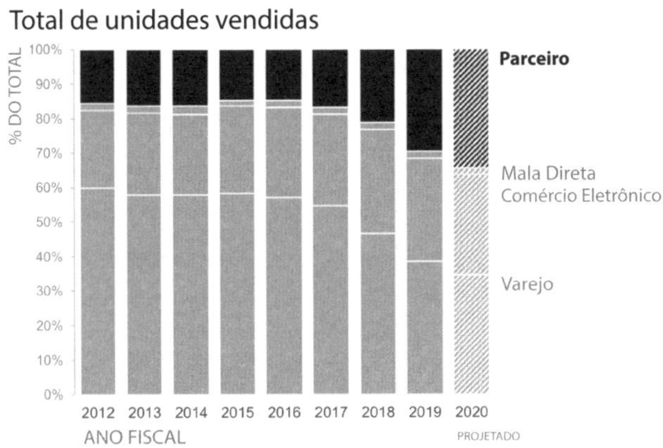

FIGURA 7.2q Foco: parceiro

Chama a atenção a composição das vendas por canal ao longo do tempo. Em particular, vemos isso desde que foi tomada a decisão, em 2017, de transferir as vendas do varejo para o parceiro. Varejo tem uma proporção decrescente das vendas totais, enquanto o canal parceiro apresenta uma proporção crescente das vendas ao longo do tempo. Esperamos que isso continue em 2020. (Figura 7.2r)

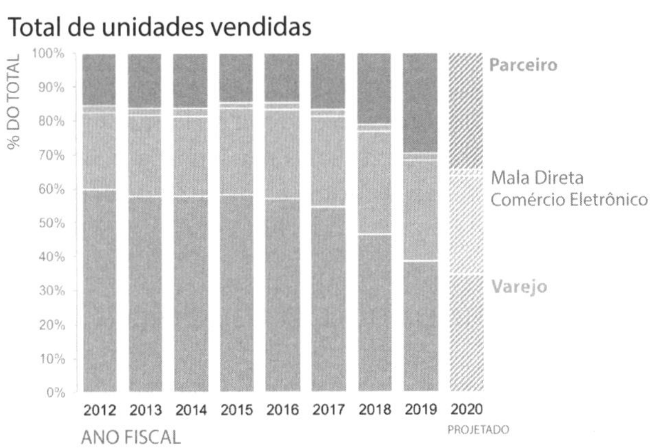

FIGURA 7.2r A desejada mudança de canais aconteceu: sucesso! □

Esta é uma história de sucesso! Se for necessário reunir tudo de uma maneira que possa ser enviada e ficar por conta própria, eu optaria por um único slide com títulos de ação, estrutura clara e mais palavras escritas para dar contexto. Veja a Figura 7.2s.

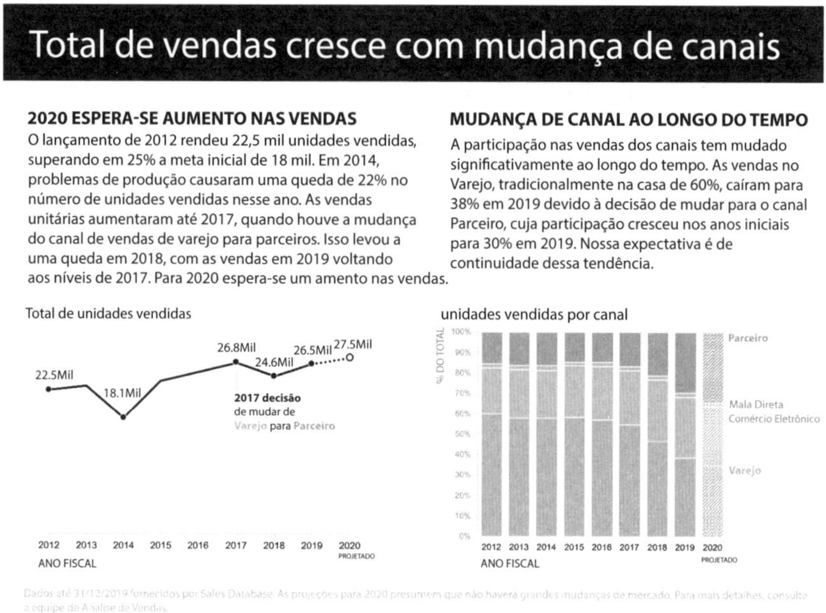

FIGURA 7.2s Slide único para distribuição

Ao nos permitirmos ter mais de um gráfico, podemos de fato responder a diversas perguntas. Observe também as várias maneiras pelas quais o texto é usado no visual anterior e as várias maneiras pelas quais as palavras são visualmente vinculadas aos dados. Quando meu público lê o texto, sabe em quais pontos procurar nos dados aquilo que importa. E no sentido inverso, também. Trata-se de uma experiência mais agradável para o público ao processar esses dados, além de se poder obter muito mais informações!

Exercício 7.3: desempenho do modelo

Você trabalha em um grande banco, gerenciando uma equipe de estatísticos. Um de seus funcionários lhe mostra o gráfico a seguir (Figura 7.3a) durante a conversa individual semanal e pede seu feedback. Analise-o por um momento e conclua as etapas a seguir.

FIGURA A: desempenho do modelo por LTV

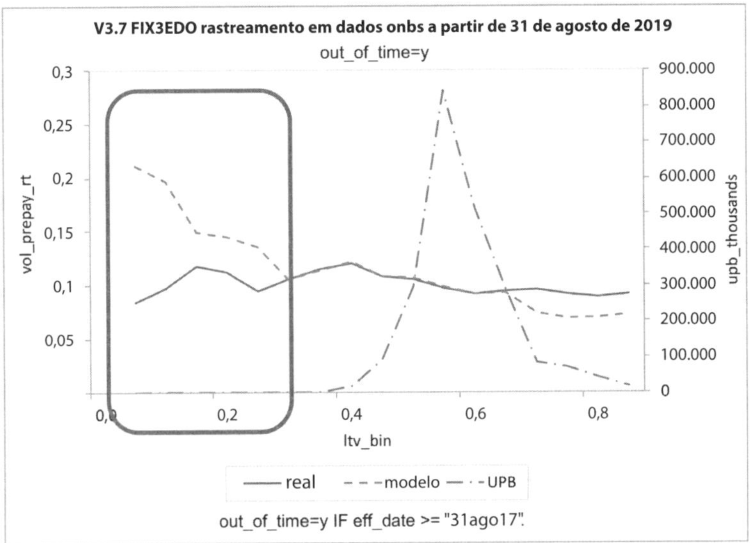

FIGURA 7.3a Desempenho do modelo por LTV

ETAPA 1: Que perguntas você faria sobre esses dados? Liste-as.

ETAPA 2: Que feedback você daria baseado nas lições que já vimos? Descreva seus pensamentos, concentrando-se não somente no *quê* recomendaria mudar, mas também no *porquê*. Ao fundamentar nosso feedback em princípios subjacentes, ajudamos a melhorar não apenas um único gráfico, mas também uma compreensão mais profunda que pode levar a uma melhor visualização de dados no futuro.

ETAPA 3: Como você recomendaria apresentar isso? Qual é a história e como ela pode ser desenvolvida? Para ambas possibilidades — apresentação ao vivo ou enviada —, descreva seu plano de ação recomendado. Dê um passo adiante criando sua comunicação recomendada na ferramenta de sua escolha.

Solução 7.3: desempenho do modelo

ETAPA 1: Essa é difícil! As perguntas sobre o gráfico são tantas que é difícil voltar atrás e considerar o que os dados estão mostrando. Eu perguntaria sobre a linguagem utilizada: o que significam as siglas e o que os eixos representam? Quais dados devem ser lidos no eixo y secundário no lado direito? Por que tais opções específicas para o estilo de linha? O que a grande caixa vermelha está destacando?

ETAPA 2: Após obter respostas às minhas perguntas levantadas na Etapa 1, eu ofereceria o seguinte feedback.

Use uma linguagem mais acessível. Isso me parece saído de software de programação estatística (SAS ou similar). Se essa comunicação é entre estatísticos, tudo bem. Se você está se comunicando com *qualquer outra pessoa no planeta*, precisa transformar isso em uma linguagem acessível. Em vez de colocar coisas como "vol_prepay_rt" (título do eixo y na Figura 7.3a), é preciso traduzi-lo para "voluntary prepayment rate" [taxa de pré-pagamento voluntária, em tradução livre]. Trata-se da proporção de pessoas que estão pagando seu empréstimo antes do vencimento. Só faço alguma ideia do que acontece nesse gráfico porque já trabalhei em gerenciamento de risco de crédito, então tenho experiência bancária suficiente para entender isso.

Sobre linguagem compreensível, é preciso soletrar quaisquer siglas. Se alguém em seu público não souber o que significa um acrônimo, geralmente ficará com vergonha de perguntar — ou poderá fazer uma suposição incorreta. Isso o faz perder a capacidade de se comunicar totalmente com todos. Soletre siglas em cada página pelo menos uma vez. Pode ser na primeira vez que usa ou colocando uma nota de rodapé na parte inferior da página definindo siglas ou linguagem especializada. Não se trata de chamar ninguém de burro, mas sim de não tornar as coisas mais complicadas do que o necessário. A propósito, "ltv_bin" no eixo x, representa a relação empréstimo/valor. Isso é comumente chamado de LTV e representa o valor do empréstimo em relação ao valor da propriedade (normalmente expresso em porcentagem, mas aqui temos um decimal). Quanto maior o LTV, mais arriscado é o empréstimo, porque é maior a proporção do valor do empréstimo em relação ao valor do imóvel. UPB ["Unpaid Principal Balance"] é a soma total de Empréstimos Não Pagos [ENP].

Há também uma linguagem bem complexa no título do gráfico e na parte inferior dele. Eu lhe garanto que a pessoa que criou esse gráfico sabe exatamente o que isso significa. Consigo decifrar o suficiente para crer que indica o produto no título e o que eles usaram como amostra de validação [que usa dados diferentes dos usados no desenvolvimento do produto] do modelo. Se e com que destaque precisamos apresentar isso caberá ao tipo de público-alvo. Caso nos reportemos à liderança sênior, tais detalhes provavelmente não serão necessários — eles irão confiar que sabemos o que estamos fazendo de uma maneira que faça sentido. Se a comunicação for com pessoas que se importam com os detalhes técnicos, talvez precisemos incluir alguns deles, mas provavelmente como nota de rodapé e não algo em destaque como no original.

Mude, com moderação, o estilo das linhas. Linhas tracejadas chamam muito a atenção e também adicionam algum ruído visual. Se pensarmos nessa linha do ponto de vista da saturação, pegamos o que poderia ter sido um único elemento visual (uma linha) e o dividimos em várias partes. Por isso, recomendo reservar o uso de linhas tracejadas para quando houver incertezas para retratar: uma projeção ou meta. Nesses casos, a sensação visual de incerteza provocada pela linha pontilhada ou tracejada mais do que compensa o ruído adicional que ela adiciona. A linha azul do modelo na Figura 7.3a é o uso perfeito de uma linha assim. Mas quando se trata da linha UPB verde, certamente espero que não indique uma estimativa do volume de empréstimos não pagos em nossa carteira: é preciso ter certeza disso! Use elementos grossos, sólidos e preenchidos para representar dados reais, e pontos finos, pontilhados e não preenchidos para dados estimados.

Elimine o eixo Y secundário. Recomendo evitar o uso de um eixo Y secundário, neste exemplo específico e em geral. Acontece que com ele — não importa quão claramente as coisas sejam intituladas e rotuladas — sempre há algum trabalho a ser realizado para descobrir quais dados ler em relação a qual eixo. Não quero que meu público tenha esse trabalho. Em vez de usar um eixo Y secundário, você pode ocultá-lo e, em vez disso, nomear e rotular os dados que devem ser lidos diretamente contra ele. Uma alternativa é criar dois gráficos, usando o mesmo eixo X em cada um. Colocar os dados em gráficos separados significa poder nomear e rotular cada uma das séries de dados à esquerda, então não ocorre aquela dúvida de "olho para a esquerda ou para a direita para obter os detalhes de que preciso?".

Os dados que devem ser lidos em relação ao eixo secundário são os dos empréstimos não pagos. Isso é mostrado de uma maneira estranha na Figura 7.3a: milhares de milhares. Mil vezes mil é um *milhão*. Alterar nossa escala para milhões tornará o gráfico mais representativo e mais fácil de processar.

Parece que o formato geral dos dados é mais importante do que os valores numéricos específicos. Diante disso, recomendo empregar a segunda alternativa levantada há pouco: dividir os dados em dois gráficos, conforme mostrado na Figura 7.3b.

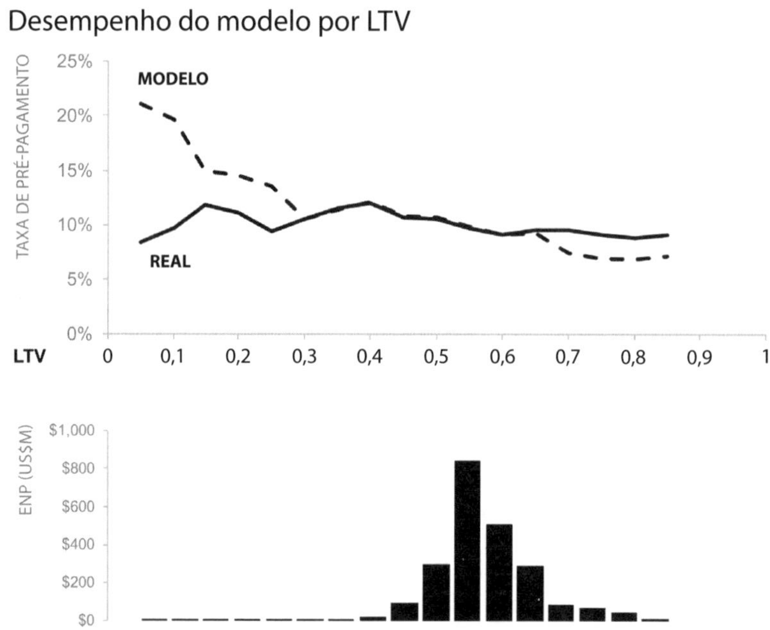

FIGURA 7.3b Separe os dados em dois gráficos

Na Figura 7.3b, separei o visual em dois gráficos. O superior mostra a taxa de pré-pagamento Modelo e Real. O eixo LTV no meio deve ser lido em ambos os gráficos (se achar isso confuso, você pode simplesmente repeti-lo novamente abaixo do segundo gráfico). O gráfico inferior mostra a distribuição dos empréstimos por Empréstimos Não Pagos [ENP]. Veremos, a seu tempo, outra opção para apresentar esses dados. Primeiro, vamos continuar meus pontos de feedback.

A grande caixa vermelha não destaca a coisa certa. Alguém olhando para esse gráfico pensou: *Eu gostaria que você olhasse aqui.* Então desenhou uma caixa vermelha ao redor dele. Aprecio a intenção. No entanto, acho que isso pode ser uma pista falsa.

Agora que esperamos ter respondido a um bocado de perguntas sobre esses dados, dê uma olhada na caixa vermelha na Figura 7.3a. O que devemos ver? Você pode dizer isso em uma frase?

Fosse eu a fazer isso, minha frase seria: *nosso modelo prevê valores mais altos de pré-pagamento para baixos LTVs*. Isso é um problema? Reveja a Figura 7.3a. Há em nossa carteira empréstimos com LTVs baixos? (Dica: para responder, examine a linha pontilhada verde.)

Não. Não há empréstimos inadimplentes nessa parte da carteira. Provavelmente é por isso que nosso modelo não tem um bom desempenho lá: não havia o que contrapor ao modelo nessa área. Além disso, LTVs baixos representam nossos empréstimos *menos* arriscados. Nesses casos, o valor do empréstimo é baixo em relação ao valor do imóvel (ou seja, se alguém não pagar e o banco precisar tomar a casa, eles devolverão o dinheiro devido... e um tanto a mais). Isso não é, provavelmente, motivo de preocupação. Dito isso, ainda há algo de interessante a respeito. Veremos isso em breve.

ETAPA 3: Permita-me orientá-lo quanto à maneira como eu apresentaria esses dados em um ambiente ao vivo. Já vimos, no exercício anterior, algumas opções interessantes para comunicar esses dados.

Posso começar configurando o gráfico para meu público. *Veremos, agora, as taxas de pré-pagamento conforme modelo comparadas às reais por LTV. A taxa de pré-pagamento é mostrada no eixo y vertical. As relações empréstimo/valor, LTV, estão no eixo x.* (Figura 7.3c)

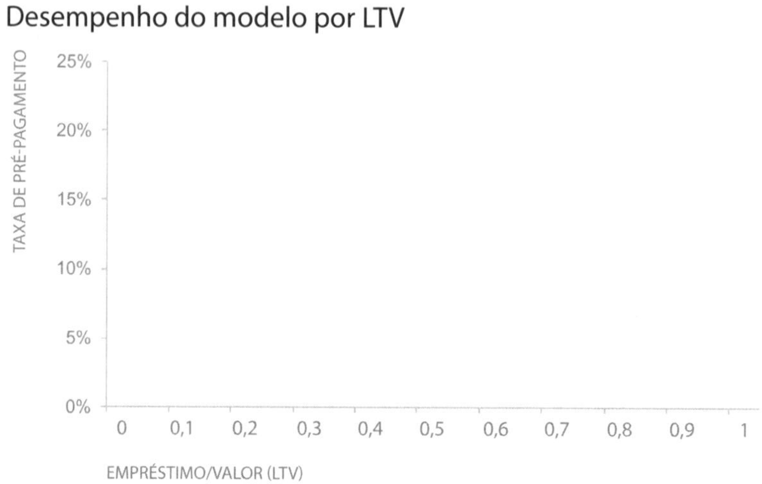

FIGURA 7.3c Primeiro, monte o palco

O pré-pagamento real não varia muito em função do LTV: essa linha é bem plana. (Figura 7.3d)

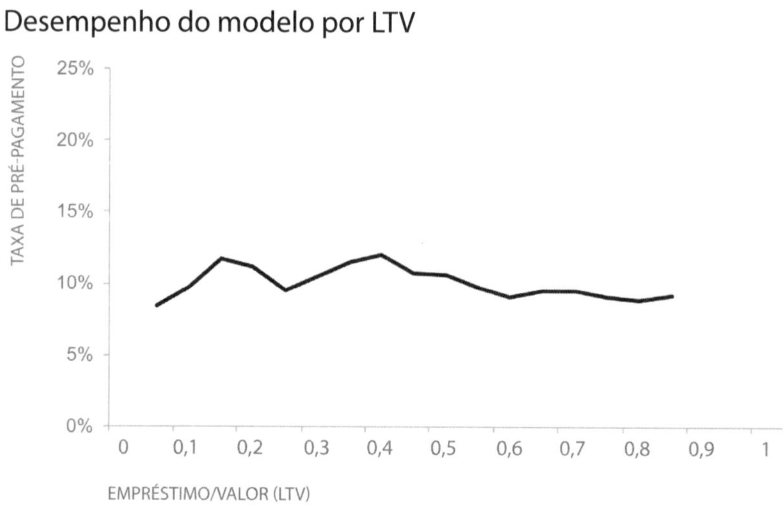

FIGURA 7.3d O pré-pagamento real não varia em função do LTV

Nosso modelo, porém, tem um comportamento diferente. Ele superestima em LTVs baixos e subestima em LTVs altos. (Figura 7.3e)

Desempenho do modelo por LTV

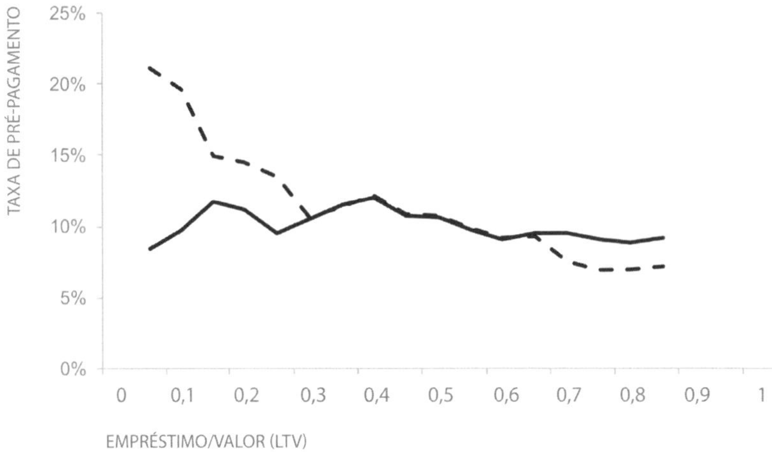

FIGURA 7.3e O modelo superestima em LTVs baixos e subestima em LTVs altos

A seguir, farei algo um pouco diferente. Você pode perguntar: qual a dimensão desse deslocamento do modelo? Onde os empréstimos estão concentrados na carteira? Vou substituir a taxa de pré-pagamento no eixo y pelo valor não pago dos empréstimos. O gráfico mostra como isso se parece. (Figura 7.3e)

Desempenho do modelo por LTV

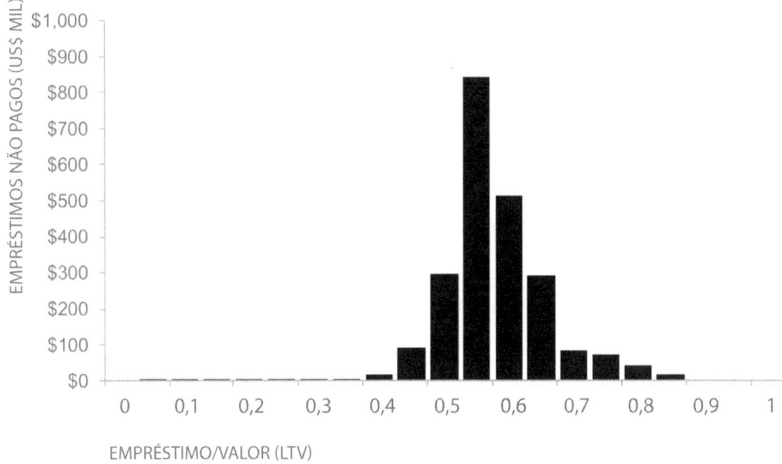

FIGURA 7.3f Distribuição de empréstimos na carteira

Veja como os empréstimos são distribuídos pela carteira. Vamos dar uma pausa e observar a escala do eixo y e como os dados estão alinhados com ela: a barra mais alta representa aproximadamente US$ 800 milhões em empréstimos não pagos. Porém, mais importante do que os números específicos é nos concentrarmos no formato geral dos dados, então, na próxima etapa me livrarei desse eixo. Ao mesmo tempo, colocarei essas barras em segundo plano e voltarei a colocar as taxas de pré-pagamento do modelo e as reais no gráfico. (Figura 7.3g)

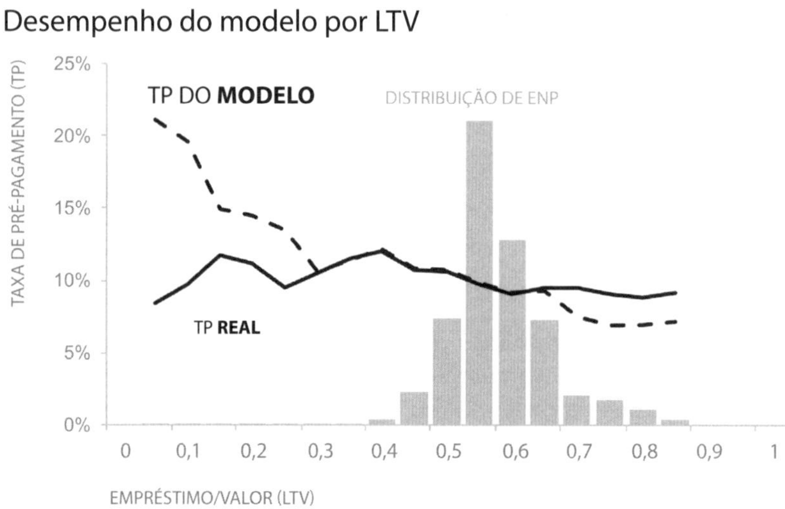

FIGURA 7.4g Colocar pré-pagamentos de volta ao gráfico

Isso nos permite ver que o modelo prevê o pré-pagamento em LTVs baixos, mas não há nada na carteira concentrado lá. (Figura 7.3h)

Desempenho do modelo por LTV

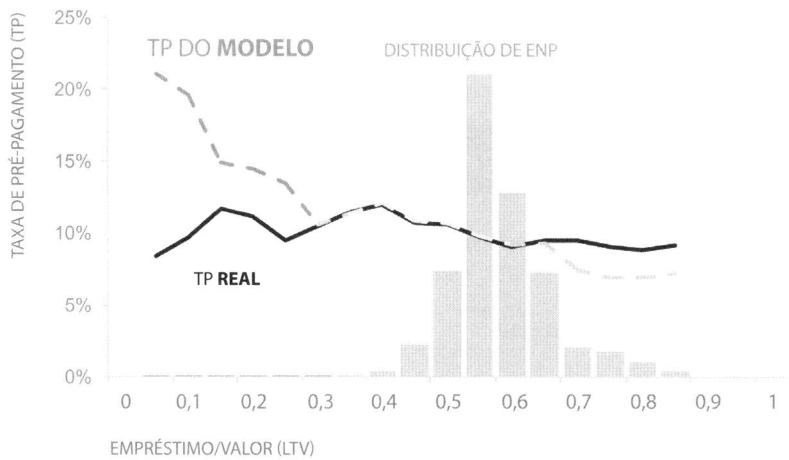

FIGURA 7.3h O modelo superestima o pré-pagamento em LTVs baixos ▫

O modelo subestima o pré-pagamento em LTVs altos. Por falar nisso, há empréstimos não pagos nessa parte da carteira. Veremos isso daqui em diante. (Figura 7.3i)

Desempenho do modelo por LTV

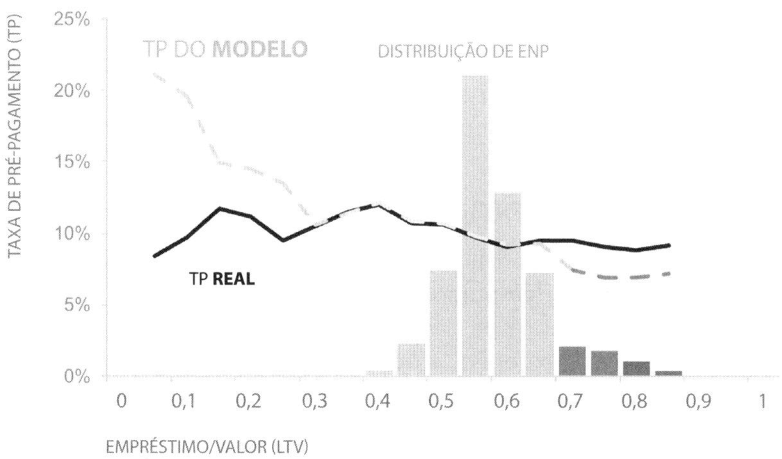

FIGURA 7.3i Modelo subestima o pré-pagamento em LTVs altos ▫

A sequência anterior funcionaria bem em uma apresentação ao vivo. Caso seja preciso um único visual para enviar a fim de lembrar às pessoas o que foi discutido, ou para aqueles que perderam a reunião, eu anotaria pontos importantes diretamente no slide. Com isso, ficará claro para meu público o que deve levar consigo e seu significado. Veja a Figura 7.3j.

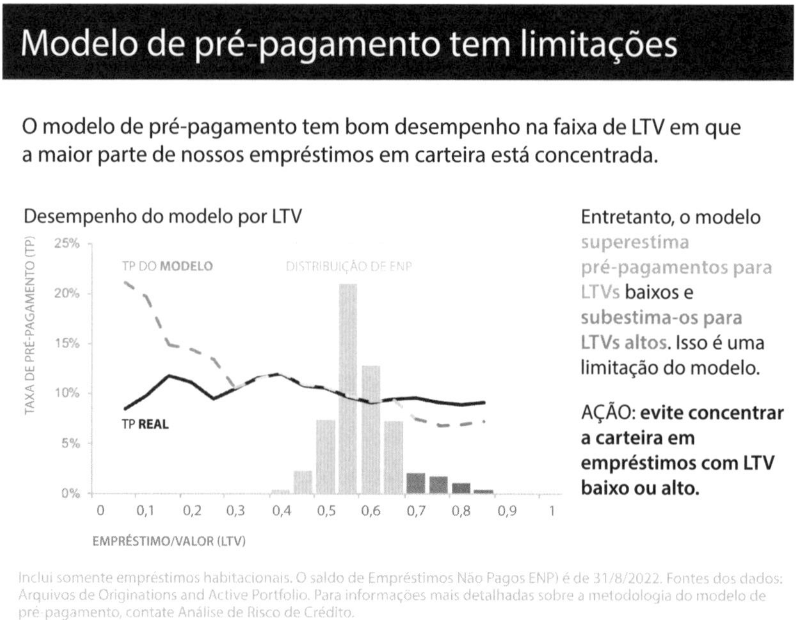

FIGURA 7.3j Anote pontos importantes diretamente no slide

Lições colocadas em prática: use uma linguagem acessível e não sofistique. Para destacar, use cor com moderação. Articule sua mensagem com clareza para possibilitar uma boa recepção de seu público!

Exercício 7.4: compras de volta às aulas

Como analista de dados em uma varejista nacional de roupas, você está se preparando para a temporada de compras da volta às aulas deste ano. Você analisou dados de pesquisa dessa temporada no ano anterior para entender a experiência dos clientes — o que eles gostaram ou não. Você acredita que os dados revelam algumas oportunidades claras e deseja utilizá-los na elaboração da estratégia para a temporada de compras de volta às aulas deste ano nas lojas de sua empresa.

Esse exemplo pode lhe ser familiar; já vimos isso antes nos Exercícios 1.2, 1.3, 1.4, 1.7, 6.3 e 6.4. Consulte esses exercícios e soluções correspondentes para se lembrar de como pensamos a respeito de nosso público, Grande Ideia, storyboard, tensão, finalização e o arco narrativo para este cenário. Observe a Figura 7.4a e complete o seguinte.

Resultados da pesquisa de compras da volta às aulas

	FAVORÁVEL (%)	
O QUE A LOJA OFERECE	NOSSA LOJA	TODAS AS LOJAS
a loja é bem organizada.	40%	38%
processo de vendas rápido e fácil.	33%	34%
funcionários amáveis e prestativos.	45%	50%
boas promoções.	45%	65%
encontro o que estou procurando.	46%	55%
encontro o tamanho certo.	39%	49%
ambiente agradável.	80%	70%
tecnologias de ponta para facilitar a compra.	35%	34%
preços baixos.	40%	60%
ampla variedade.	49%	47%
itens exclusivos.	74%	54%
última moda.	65%	55%

FIGURA 7.4a Resultados da pesquisa de compras da volta às aulas

ETAPA 1: Qual é a história aqui? Como você visualizaria os dados na Figura 7.4a para fornecer informações quanto ao que devemos centrar a atenção? Reflita sobre tudo que abordamos e como aplicaria as lições recebidas. Faça suposições sobre o cenário conforme necessário. Baixe os dados e crie seus visuais preferidos.

ETAPA 2: Você levará esses dados para seu público em uma reunião. Como apresentaria a informação para essas pessoas? Desenvolva seus materiais na ferramenta de sua escolha.

ETAPA 3: Você sabe que as pessoas nessa reunião querem que você lhes envie conteúdo após a apresentação. Isso servirá como lembrete para aqueles que estiveram presentes, bem como permitirá que as pessoas que não puderam comparecer saibam o que foi discutido. Como você criaria gráficos ou slides para atender a essa necessidade? Crie na ferramenta de sua escolha.

Solução 7.4: compras da volta às aulas

ETAPA 1: Algumas iterações desses dados podem ajudar a facilitar aquele momento eureca de entender o que gráficos bem feitos fazem. Primeiro, vou tentar um gráfico de dispersão. Consulte a Figura 7.4b.

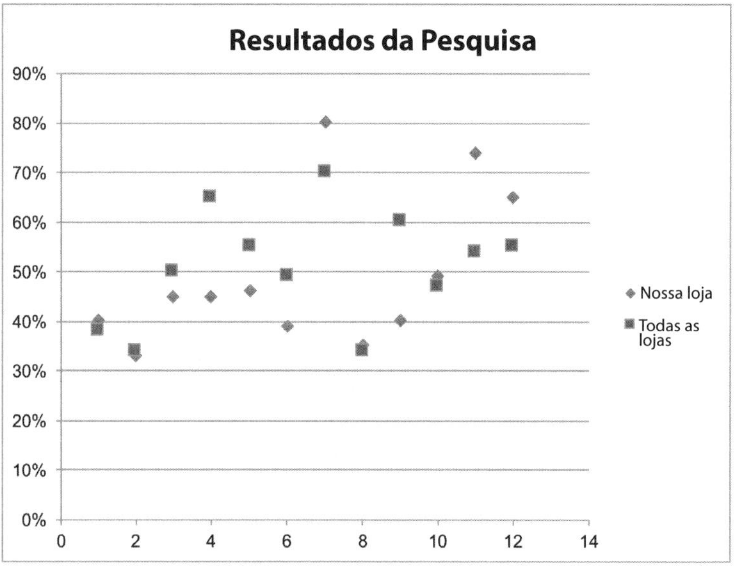

FIGURA 7.4b Gráfico de dispersão

Esse gráfico levanta mais perguntas do que respostas; não funciona bem neste caso. Vamos tentar um gráfico de linhas. Veja a Figura 7.4c.

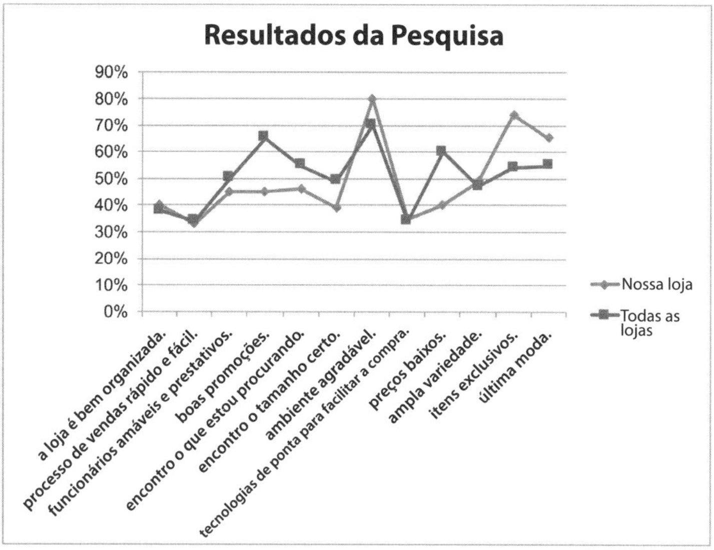

FIGURA 7.4c Gráfico de linha

As linhas funcionam para nós aqui? Podemos escolher com mais facilidade altos e baixos do que o visual anterior. Mas as linhas estão conectando dados categóricos de uma maneira que não faz sentido. Considerando que temos dados categóricos, vamos tentar um gráfico de barras. Veja a Figura 7.4d.

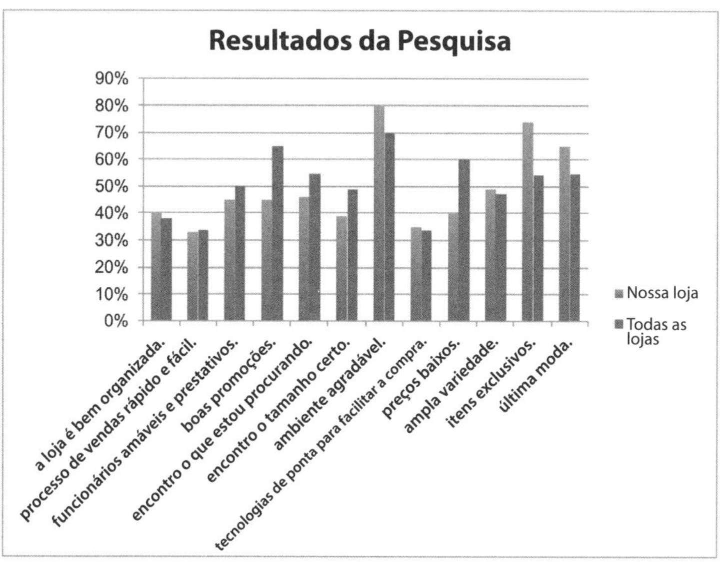

FIGURA 7.4d Barras verticais

A razão mais recorrente que me faz mudar de um gráfico de barras vertical padrão para um gráfico de barras horizontal é simplesmente a de obter mais espaço para escrever os rótulos do eixo x. Elementos diagonais chamam a atenção. E também são confusos: criam bordas irregulares, que dão a impressão de algo desorganizado. No entanto, o pior de tudo é que o texto diagonal é mais lento para ler do que o texto horizontal. Esta é uma solução fácil: podemos girar nosso gráfico 90° para um gráfico de barras horizontal, abrindo mais espaço para escrever os nomes das categorias de forma legível. Veja a Figura 7.4e.

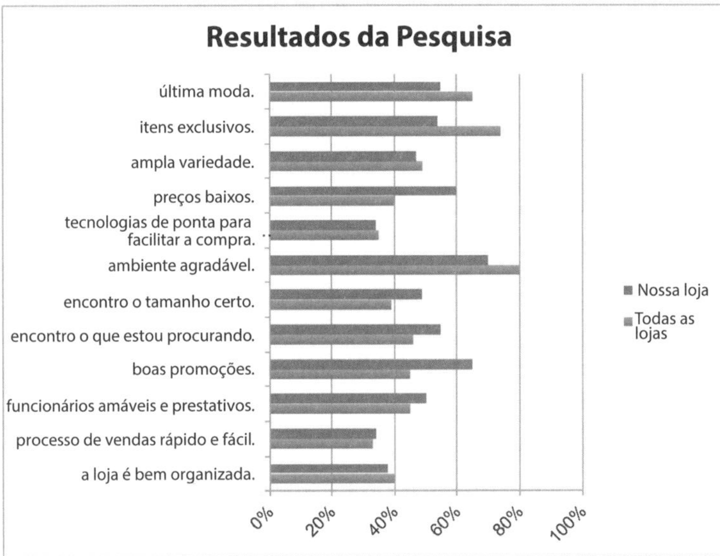

FIGURA 7.4e Barras horizontais

Sempre que mostramos dados, queremos pensar em como os ordenamos. Às vezes, há um ordenamento natural próprio das categorias com as quais lidamos. Se não houver uma ordem definida para nossas categorias, queremos fazê-lo de forma significativa pelos dados. Ao fazer isso, é preciso pensar naquele "z" em zigue-zague de processamento: na ausência de outras dicas visuais, seu público começará no canto superior esquerdo da página ou tela e ziguezagueará com os olhos para absorver as informações. Isso significa que as pessoas vão em primeiro lugar pousar o olhar no canto superior esquerdo do seu gráfico. Se os elementos pequenos são os mais importantes, podemos colocá-los no topo. Consulte a Figura 7.4f.

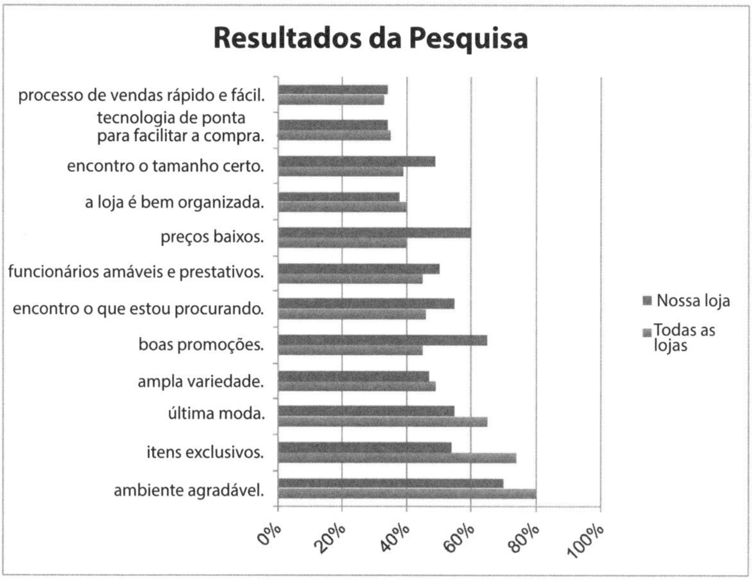

FIGURA 7.4f Ordem ascendente

Contudo, se pensarmos na progressão da história, estaríamos começando com o pior desempenho, o que pode ser um tanto abrupto. Ou talvez queiramos começar com um bom desempenho e depois ir para as oportunidades, colocando as grandes categorias no alto e classificar de forma decrescente. Veja a Figura 7.4g.

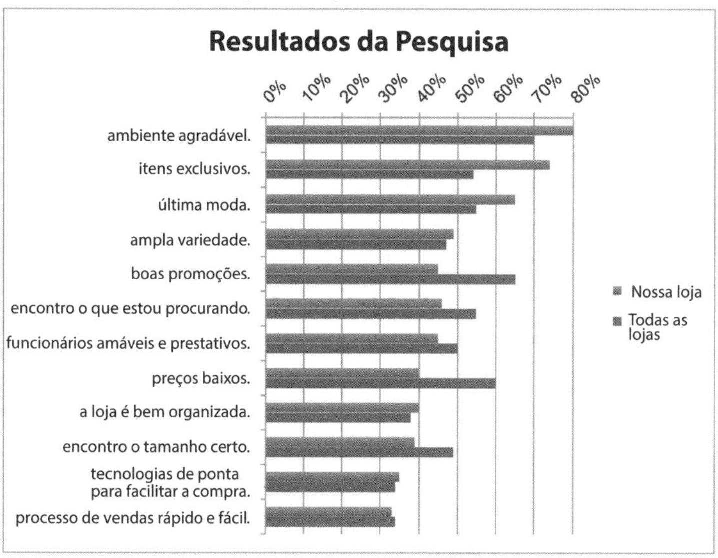

FIGURA 7.4g Ordem descendente

O Excel moveu meu eixo X para o topo com essa reorganização na Figura 7.4g, algo de que gosto. Isso significa que meu público sabe como ler os dados antes de chegar a eles.

Seguindo a linha de aplicar as outras lições que abordamos, vamos, em seguida, remover os excessos. Antes de continuar lendo, fique por um momento estudando a Figura 7.4g. Há saturação nela, algo que eliminaria? Que outras alterações faria para agilizar o processamento desses dados?

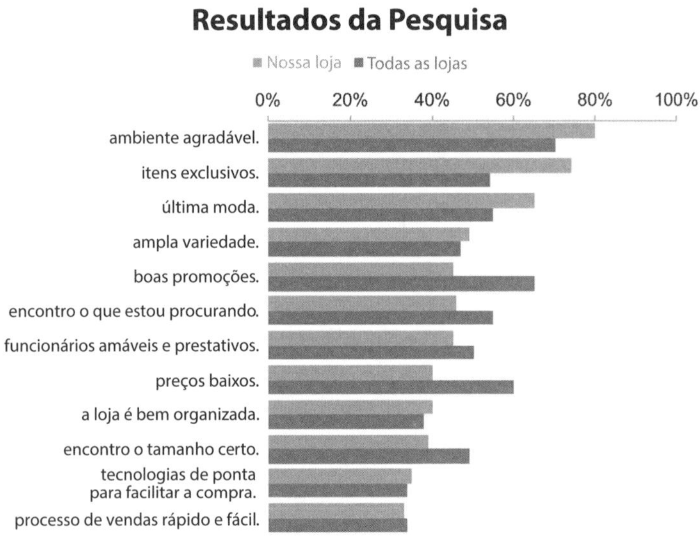

FIGURA 7.4h Gráfico dessaturizado

A Figura 7.4h representa meu gráfico livre da saturação. Removi a borda do gráfico e as linhas de grade. Engrossei as barras. Aumentei o nível máximo do eixo X para 100% e reduzi a frequência dos rótulos do eixo X para encaixá-los horizontalmente. Excluí a linha do eixo Y e as marcas de escala. Eliminei os pontos finais dos rótulos do eixo Y e encurtei o penúltimo rótulo para caber em uma única linha. Coloquei a legenda no alto do gráfico, para que meu público a encontre antes de chegar aos dados; e usei a semelhança de cores para vincular visualmente aos dados que descreve.

Antes de prosseguir, olhe para a Figura 7.4h: seu olhar vai para qual ponto?

Se você se parece comigo, a resposta é: em nenhum lugar muito claramente. Isso significa que no momento não estamos usando nossos atributos pré-atentivos estrategicamente para direcionar a atenção. Vamos agora ser mais cuidadosos em como usamos nossa cor e nosso contraste. Veja a Figura 7.4i.

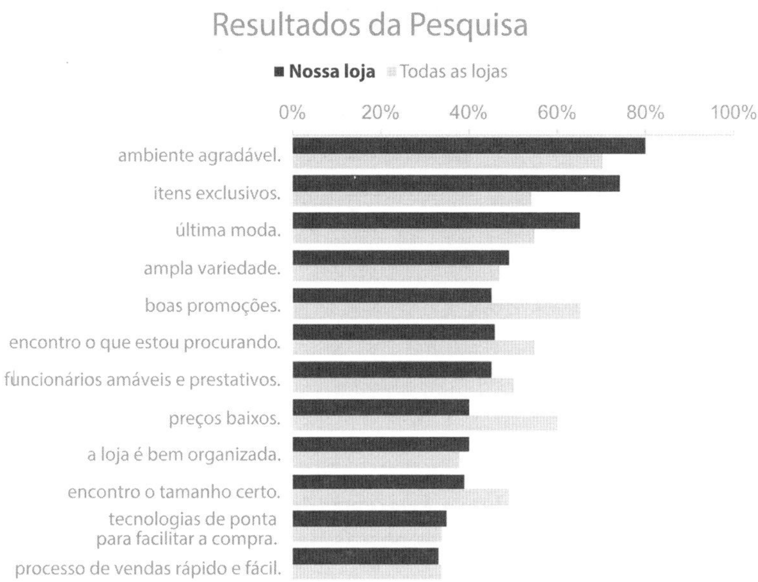

FIGURA 7.4i Concentre a atenção

Na Figura 7.4i, coloquei a maioria dos elementos do gráfico em segundo plano, usando a cor cinza. Direcionei a atenção para Nossa Loja tornando-a azul-escuro. Concentraremos ainda mais a atenção em alguns lugares diferentes quando, logo mais, contarmos nossa história em uma progressão ao vivo. Antes, vamos adicionar as palavras que precisam estar presentes para assegurar que os dados sejam acessíveis: veja a Figura 7.4j.

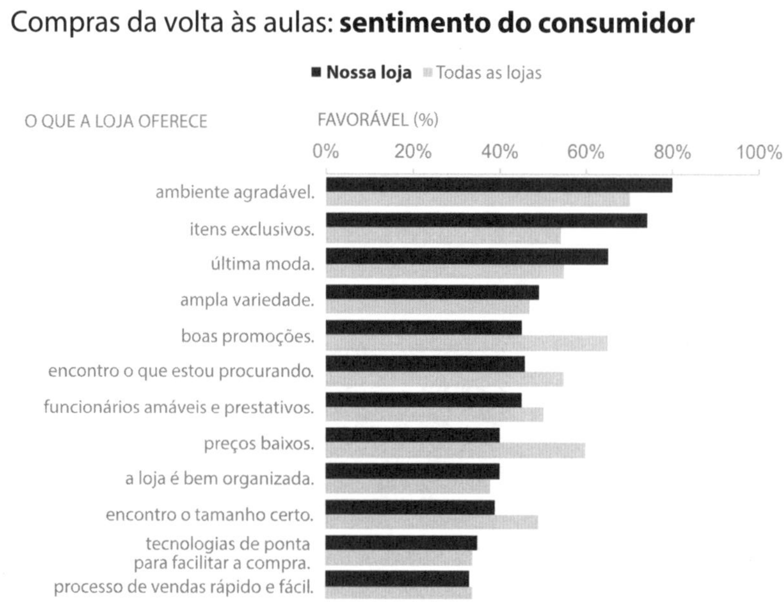

FIGURA 7.4j Palavras adicionadas

As histórias têm palavras. No mínimo, são necessárias palavras descritivas no gráfico que o ajudem a fazer sentido: título de gráfico e títulos de eixo. Podemos avançar e usar nossas palavras para contar uma história. Faremos isso a seguir.

ETAPA 2: Se eu estivesse fazendo uma apresentação ao vivo, poderia realizar uma progressão semelhante à seguinte.

Farei uma recomendação hoje: investir em treinamento de funcionários para melhorar a experiência do cliente na loja (Figura 7.4k)

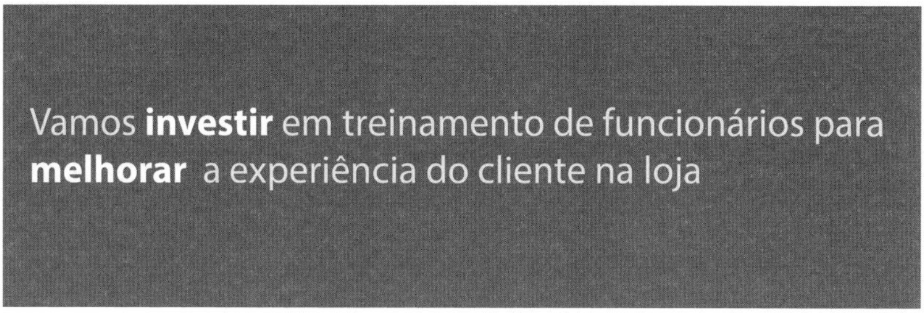

FIGURA 7.4k Minha Grande Ideia resumida em uma frase concisa e repetível

Vou definir a trama. A temporada de compras de volta às aulas representa quase 1/3 de nossa receita anual, portanto, tem grande relevância em nosso sucesso geral. Mas, historicamente, não tratamos disso baseados em dados. Para nós, elogios ou críticas pontuais na loja determinavam como fazíamos as coisas. Funcionou bem quando éramos pequenos, mas claramente não em maior escala. Então, pensamos em nos orientar por dados para planejar essa parte importante do nosso negócio. Após a última temporada de compras de volta às aulas, realizamos uma pesquisa com nossos clientes e os clientes da concorrência. Os dados coletados fornecem informações importantes sobre como nos saímos em diferentes dimensões de nossa experiência na loja e como nos comparamos à concorrência. (Figura 7.4l)

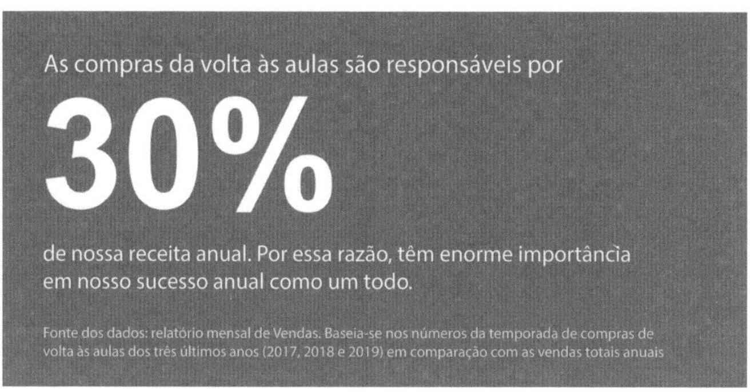

FIGURA 7.4l Faça backup e defina a trama

Hoje vou mostrar os resultados da pesquisa e usá-los para elaborar uma recomendação específica. Como já havia dito, acredito que devemos investir no treinamento dos funcionários para melhorar a experiência do cliente na loja. (Figura 7.4m)

O que abordaremos hoje

1 Discutir o que aprendemos
Com nossa análise[1] da pesquisa e

2 Sugerir recomendações específicas
Sobre a próxima temporada de compras da volta às aulas para melhorar a satisfação dos clientes e aumentar as vendas

[1] Para o detalhamento da metodologia da pesquisa, e informações relacionadas, consulte o Apêndice (páginas 15 a 20).

FIGURA 7.4m O que abordaremos hoje

Antes de chegarmos aos dados, deixe-me dizer a vocês o que veremos. Fizemos às pessoas perguntas envolvendo vários aspectos da experiência de compra — coisas como se a loja oferece um ambiente agradável, itens exclusivos ou na última moda. Para cada um desses aspectos, a proporção de respostas favoráveis, indicando um sentimento positivo, está expressa em índices porcentuais. (Figura 7.4n)

Compras da volta às aulas: **sentimento do consumidor**

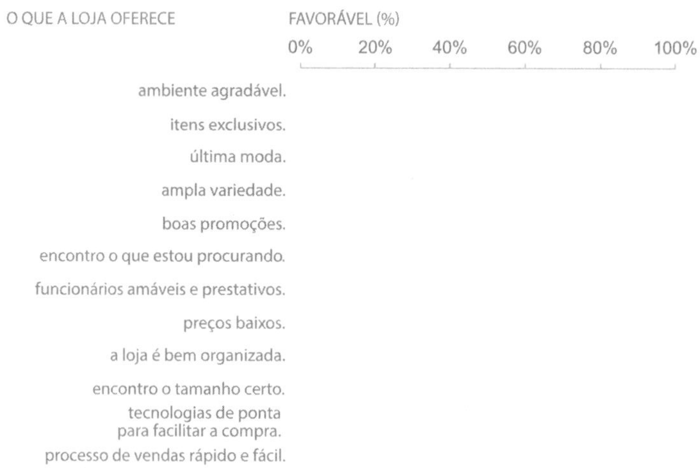

FIGURA 7.4n Configure o gráfico

Vamos adicionar os dados para nossas lojas. Você notará que há variação no desempenho entre os diferentes itens. (Figura 7.4o)

Compras da volta às aulas: **sentimento do consumidor**

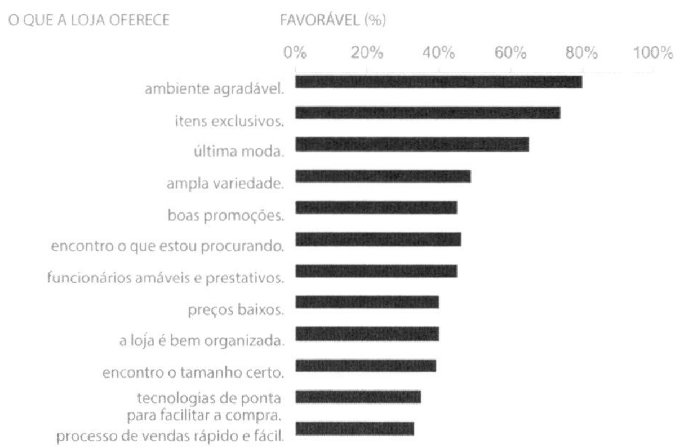

FIGURA 7.4o Foco em nosso negócio

Vamos nos concentrar primeiro nos pontos onde as coisas estão indo bem. A pontuação mais alta está em três áreas: ambiente agradável, itens exclusivos e última moda. As pessoas ouvidas também comentam, literalmente, que gostam da ideia de comprar conosco e têm uma associação positiva com a marca. (Figura 7.4p)

Compras da volta às aulas: **sentimento do consumidor**

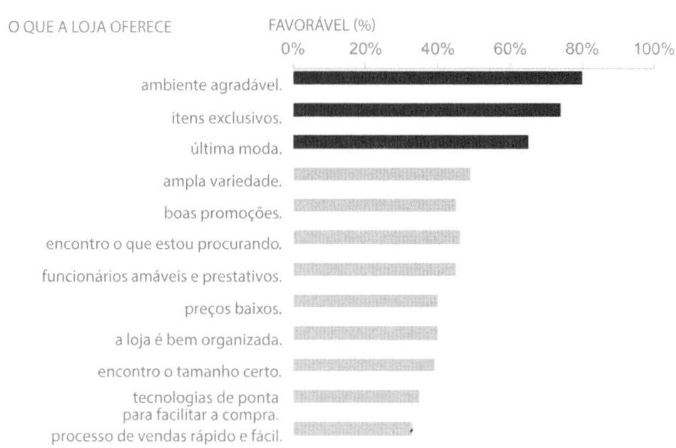

FIGURA 7.4p Foco nos itens de maior pontuação

Mas há também o outro lado da história: itens em que nossa pontuação foi mais baixa. (Figura 7.4q)

Compras da volta às aulas: **sentimento do consumidor**

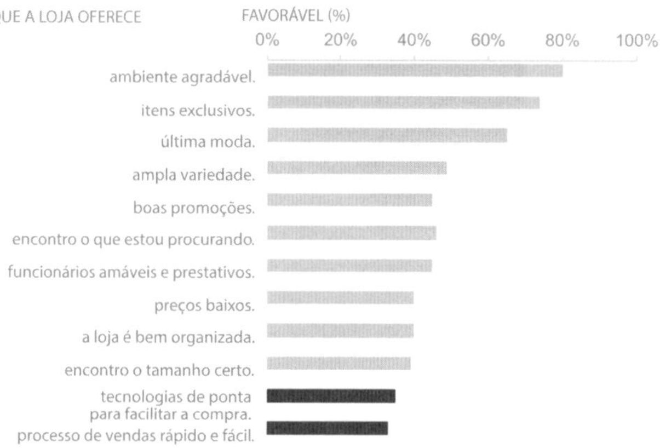

FIGURA 7.4q Foco nos itens de pontuação mais baixa

Curioso notar que, quando incluímos os dados de nossos concorrentes — o que farei a seguir por meio de barras cinzas — nos ombreamos à concorrência nessas áreas de baixa pontuação. Então não é aí que recomendamos focar. (Figura 7.4r)

Compras da volta às aulas: **sentimento do consumidor**

FIGURA 7.4r Adicionando os dados dos concorrentes

Há outros itens, no entanto, nos quais pontuamos abaixo da concorrência. (Figura 7.4s)

Compras da volta às aulas: **sentimento do consumidor**

FIGURA 7.4s Enfatizando a concorrência

Farei, a seguir, a transição para uma visão diferente dos dados. Em vez de traçar um porcentual absoluto favorável, representarei graficamente a diferença entre as barras. No lado esquerdo estão os aspectos com desempenho inferior aos da concorrência. O lado direito mostra os pontos onde superamos a concorrência. (Figura 7.4t)

Compras da volta às aulas: **sentimento do consumidor**

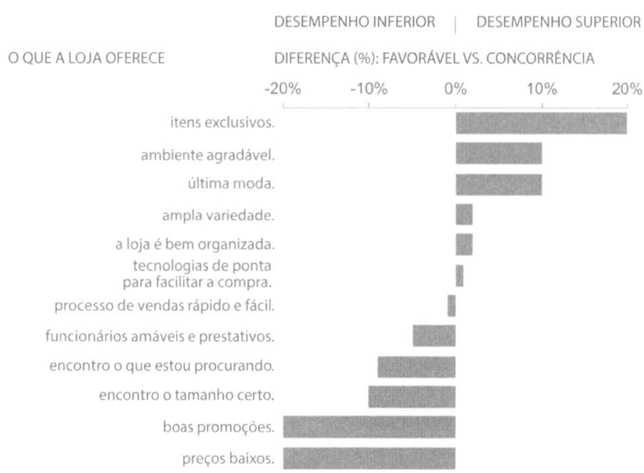

FIGURA 7.4t Mudança do foco: do absoluto para a diferença

Vamos nos concentrar novamente, primeiro os pontos onde as coisas estão indo bem. As três áreas onde superamos a concorrência — itens exclusivos, ambiente agradável e última moda — são os mesmos três itens nos quais pontuamos mais em uma base porcentual favorável absoluta. (Figura 7.4u)

Compras da volta às aulas: **sentimento do consumidor**

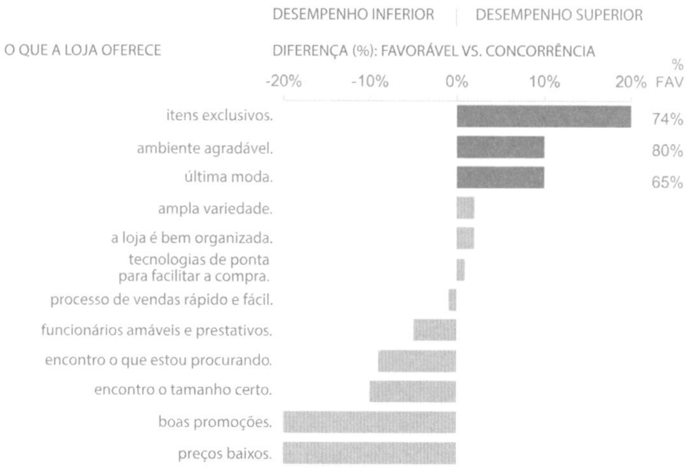

FIGURA 7.4u Foco nos itens de desempenho superior

Mas também há áreas onde temos um desempenho inferior ao da concorrência. (Figura 7.4v)

Compras da volta às aulas: **sentimento do consumidor**

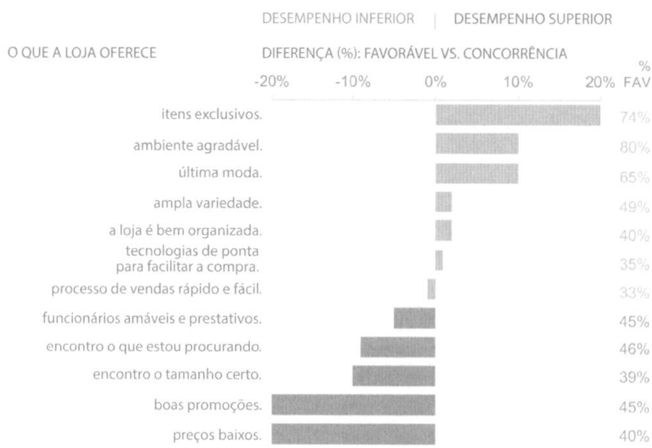

FIGURA 7.4v Foco nos itens de desempenho inferior

Temos o nosso pior desempenho em itens relacionados a promoções e vendas. Tradicionalmente — e de modo intencional — essas são áreas que evitamos devido ao risco de que possam resultar em diluição da marca. Não recomendamos focar aqui. (Figura 7.4w)

Compras da volta às aulas: **sentimento do consumidor**

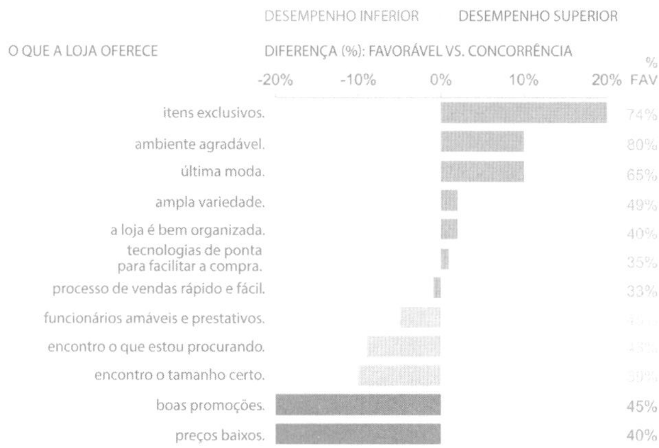

FIGURA 7.4w Promoções tem o maior desempenho inferior

Em vez colocar o foco nessas áreas, olhe para as outras áreas cujo desempenho também é inferior. Funcionários amigáveis e prestativos, encontro o que estou procurando e encontro o tamanho certo: é alarmante ficar tão abaixo da concorrência nesses aspectos. A boa notícia é que nossos vendedores têm controle direto em todos esses aspectos da experiência do cliente. (Figura 7.4x)

Compras da volta às aulas: **sentimento do consumidor**

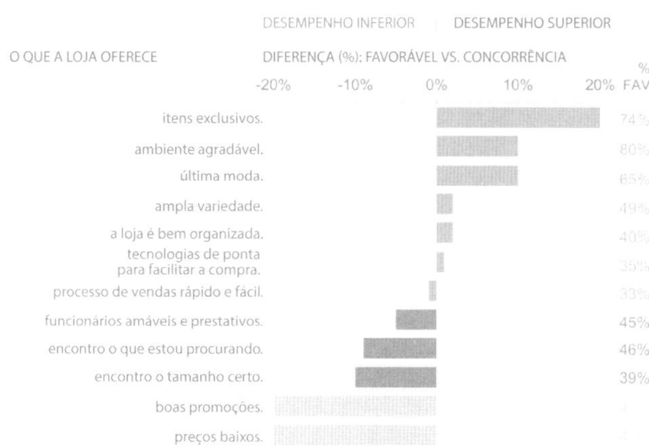

FIGURA 7.4x Recomendação: focar em áreas que podemos controlar

O investimento que vamos fazer no treinamento de funcionários tem por finalidade estabelecer um entendimento compartilhado das características de um atendimento ao cliente capaz de fazer com que a experiência de compras na loja seja aprimorada, tornando a próxima temporada de compras da volta às aulas a melhor jamais realizada! (Figura 7.4y)

FIGURA 7.4y Repita minha Grande Ideia resumida em uma frase concisa e repetível

ETAPA 3: Se eu precisar enviar algo após minha apresentação ao vivo, preencho um slide com comentários para que as pessoas envolvidas que estiverem por conta própria obtenham uma história semelhante à que eu conduzi meu público na progressão ao vivo. Veja a Figura 7.4z.

FIGURA 7.4z Versão final comentada

Vimos uma boa ilustração de quanto vale aplicar as muitas lições que abordamos: construir uma compreensão sólida do contexto, escolher uma exibição visual apropriada, identificar e eliminar a saturação, direcionar a atenção para onde queremos, pensar como um designer e contar uma história. Não mostre apenas os dados: faça deles um elemento crucial em uma história abrangente!

Exercício 7.5: taxas de diabetes

O seguinte estudo de caso foi criado e resolvido por Elizabeth Hardman Ricks, membro da equipe da storytelling with data (SWD).

Imagine que você trabalha como analista de uma grande prestadora de serviços de saúde com centros médicos em vários estados. Sua função é usar dados para entender tendências relacionadas aos pacientes conveniados e comunicar suas descobertas aos administradores para ajudá-los a tomar decisões organizacionais. Sua análise revelou um aumento recente nas taxas de diabetes em todos os centros médicos (A-M) de determinada região. Caso essa tendência permaneça no ritmo atual, pode haver falta de pessoal para manter um nível adequado de atendimento. Especificamente, você estimou que haverá 14 mil pacientes adicionais por ano nos próximos quatro anos. Você deseja que os administradores se conscientizem dessa tendência das taxas de diabetes e usem as informações que obteve para determinar se recursos adicionais serão necessários.

Sua ideia é compartilhar essa análise em uma próxima reunião. Você visualizou as taxas de diabetes de quatro maneiras diferentes, conforme mostrado na Figura 7.5a. Familiarize-se com os dados e conclua as etapas a seguir.

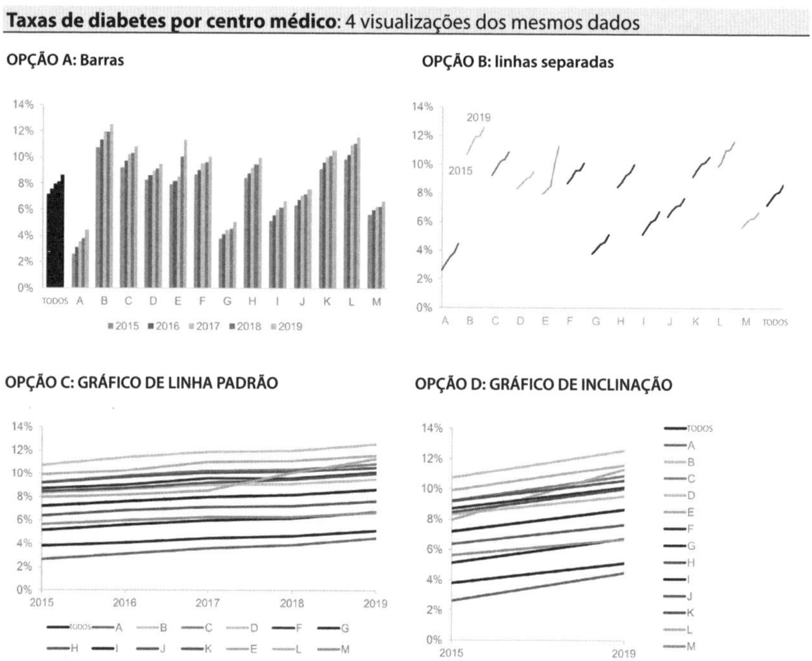

FIGURA 7.5a Taxas de diabetes por centro médico

ETAPA 1: Primeiro, consideremos nosso público. O tomador de decisão é um administrador sênior. O exemplo é anônimo; assim, não cabe identificar as necessidades de uma pessoa específica; em vez disso, podemos pensar *genericamente* sobre quais fatores motivacionais alguém nesse papel pode ter. O que o faria perder o sono? O que pode motivá-lo? Após um curto brainstorming, faça uma lista.

ETAPA 2: Crie a Grande Ideia para sua comunicação (se for útil, consulte a planilha da Grande Ideia no Exercício 1.20). Faça quaisquer suposições que achar necessárias para o propósito do exercício.

ETAPA 3: Em seguida, vamos pensar no arco narrativo. Que tensão existe para o público? O que em sua análise sugere resolver essa tensão? Que espécie de conteúdo você precisará dar ao público? Tendo isso em mente, crie um storyboard (se for útil, consulte os Exercícios 1.23 e 1.24) e organize as partes do conteúdo ao longo do arco narrativo (consulte o Exercício 6.14).

ETAPA 4: Volte aos quatro gráficos na Figura 7.5a. Analise-os e observe o que cada um lhe permite ver mais facilmente nos dados. Escreva uma frase a título de observação para cada gráfico. Pense na Grande Ideia que você criou na Etapa 2: qual dessas abordagens exprime melhor sua mensagem?

ETAPA 5: Suponha dispor de um cronograma apertado para comunicar suas descobertas. Uma parte interessada chave solicitou uma atualização até o final do dia de hoje. Consulte o gráfico que você identificou como o melhor na Etapa 4. Imagine não ter tempo para alterar nada no layout do gráfico. Como você poderia usar cores e palavras para deixar claro o principal argumento? Baixe os dados e faça essas mudanças no gráfico selecionado.

ETAPA 6: Seu visual da Etapa 5 foi bem recebido (bom trabalho!). Os administradores gostariam de discutir os dados em uma próxima reunião na qual seu gerente apresentará a análise completa, incluindo suas projeções futuras de que as taxas de diabetes continuarão crescendo. Crie, em sua ferramenta de escolha, o conjunto de slides que seu gerente usará para contar uma história com esses dados. Forneça a narrativa que acompanha cada slide como notas para o orador.

Solução 7.5: taxas de diabetes

ETAPA 1: Ao refletir sobre o que meu público poderia se importar, cronometrei cinco minutos e listei as ideias que me vieram. Ao finalizar, percebi que poderia agrupar o que encontrei em cinco categorias:

1. **Financeiro:** controlar despesas operacionais, atingir metas de receitas

2. **Pessoas:** recrutar fornecedores, gerenciar e reter talentos para oferecer atendimento de qualidade ao paciente

3. **Credenciamento e padrões:** manter-se dentro de certos padrões, seguir as regulamentações governamentais

4. **Fornecedores:** manter os níveis de reembolso das seguradoras, negociar contratos, comprar equipamentos médicos

5. **Concorrentes:** manter um nível superior de atendimento e/ou custo em relação a outras instalações e opções de pacientes

ETAPA 2: Enquanto eu trabalhava na planilha da Grande Ideia, os fatores motivacionais da minha lista na Etapa 1 me ajudaram a entender os interesses do meu público nesta circunstância específica. Ele pode perder receita (reembolso) e ficar aquém dos padrões de credenciamento caso o atendimento ao paciente não atinja certo nível. Para mitigar esse risco, vou sugerir a contratação de recursos adicionais para atender à crescente demanda por cuidados com o diabetes.

Minha Grande ideia para a comunicação é:

Devemos considerar a contratação de pessoal adicional para cuidar do aumento projetado de pacientes diabéticos para que não percamos receita e permaneçamos dentro dos padrões nacionais de credenciamento

ETAPA 3: Ainda que a tensão do meu público tenha múltiplas procedências (olhando minha lista na Etapa 1, é uma verdadeira dádiva eles dormirem à noite!), considero as implicações financeiras uma *forte* fonte de tensão. Se não houver receita, uma hora o sistema será desligado. Esta análise mostra uma maneira de permanecer ativo: ter uma equipe capaz de oferecer o nível adequado de atendimento.

Meu storyboard inicial é mostrado na Figura 7.5b. Note que organizei as notas cronologicamente. Isso me parece mais natural porque reflete os passos que segui em meu processo analítico.

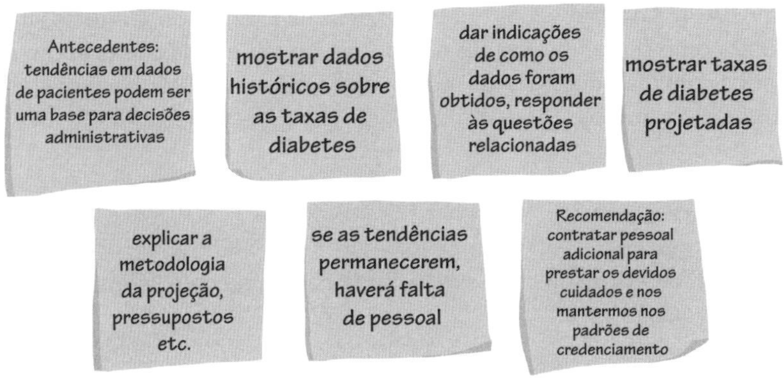

FIGURA 7.5b Meu storyboard inicial

Quero, porém, levar em conta a perspectiva do meu público. Posso usar o arco narrativo para organizar esses adesivos e alinhar como os dados resolvem sua tensão, conforme mostrado na Figura 7.5c.

FIGURA 7.5c Meu storyboard organizado ao longo do arco narrativo

ETAPA 4: Ao observar os quatro gráficos na Figura 7.5a, é interessante notar como diferentes visuais nos permitem ver certas coisas sobre os dados com mais nitidez. Aqui estão minhas observações, em uma frase, sobre cada gráfico:

1. OPÇÃO A: O centro A tem a taxa mais baixa enquanto o B tem a taxa mais alta.

2. OPÇÃO B: Cada linha está voltada para cima com vários graus de inclinação.

3. OPÇÃO C: Cada linha está inclinada para cima com o Centro A mais embaixo (cerca de 3%) e um aumento acentuado no Centro E entre 2017 e 2019 (aproximadamente 8% a 11%).

4. OPÇÃO D: O Centro E foi o que mais aumentou (de aproximadamente 8% em 2015 para 11% em 2019); o centro A está sempre embaixo (ligeiramente acima de 4% em 2019).

Qual gráfico ajudará meu público a entender melhor minha Grande Ideia? Para mim, a Opção C, o gráfico de linhas padrão, por três razões principais (embora eu com certeza precise fazer algumas alterações no design — cor e saturação — antes de apresentá-lo). Primeira: essa visão dá contexto histórico suficiente, necessário para meu público fundamentar o que aconteceu e como isso afeta as expectativas. Segunda: o gráfico de linhas faz sentido para esses dados ao longo do tempo e parecerá familiar ao público, portanto, não haverá obstáculos para entender o gráfico. E terceira: quero destacar em minha comunicação final a linha que indica a taxa de diabetes em todos os centros médicos e mostrar a projeção. Esse visual, com algumas modificações, me dará condições de fazer isso facilmente.

ETAPA 5: Restrições de tempo são uma realidade. Ocasiões em que é preciso "apagar incêndios" acontecem, então terei de priorizar quais mudanças posso fazer para obter o maior impacto. Em face de tais contingências, não modificarei o layout do gráfico; em vez disso, farei alterações em cor e uso de palavras. A Figura 7.5d mostra como isso pode ser feito.

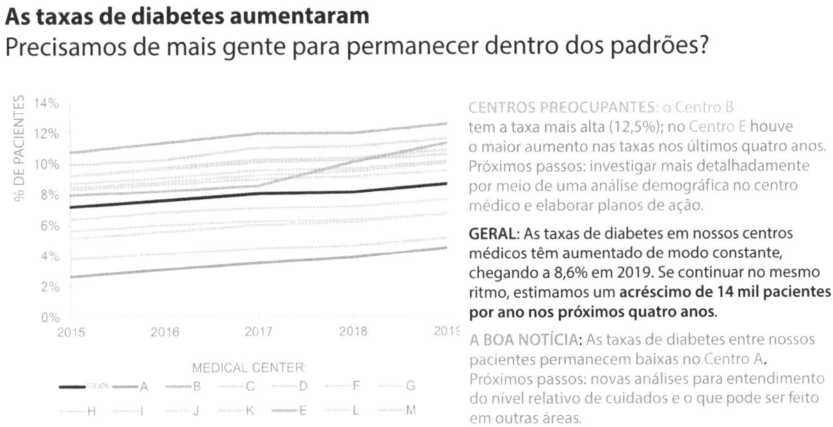

FIGURA 7.5d Visual completo para o pedido de "apagar incêndio" do fim do dia ▢

Escolhi laranja para destacar os pontos negativos: pontos onde a taxa de diabetes é mais alta e onde ela mais aumentou. Usei o preto para vincular meu título ("As taxas de diabetes aumentaram") aos dados que ele descreve (Todos). A legenda serve para expressar a tensão e também para sugerir como o público pode resolvê-la. Escolhi o azul para acentuar o positivo: nem tudo é ruim! Adicionei texto à direita (ligado por proximidade e semelhança de cor aos dados que descreve) com algum contexto adicional e para ajudar meu público a entender por que chamei a atenção desse jeito.

Em um ambiente com restrição de tempo, as considerações contextuais feitas nas Etapas 1 e 2 têm ainda mais valor. Como eu já havia refletido sobre elas, consegui criar o visual da Figura 7.5d em menos de 15 minutos.

ETAPA 6: As Figuras 7.5e a 7.5p mostram os materiais que eu construiria e notas do palestrante para meu gerente apresentar esta história de dados.

Gostaria que vocês, agora, contemplassem um número alarmante: 14 mil. Trata-se do aumento de pacientes com diabetes que teremos por ano caso a atual tendência crescente das taxas de diabetes em nossos centros médicos continue. Logo mais vou entrar em detalhes como chegamos a esse número, mas lembrem-se de que nosso principal objetivo hoje é discutir se, em virtude desse aumento previsto nas necessidades dos pacientes, devemos considerar a contratação de mais pessoas para permanecer dentro dos padrões de credenciamento de cuidados adequados. (Figura 7.5e)

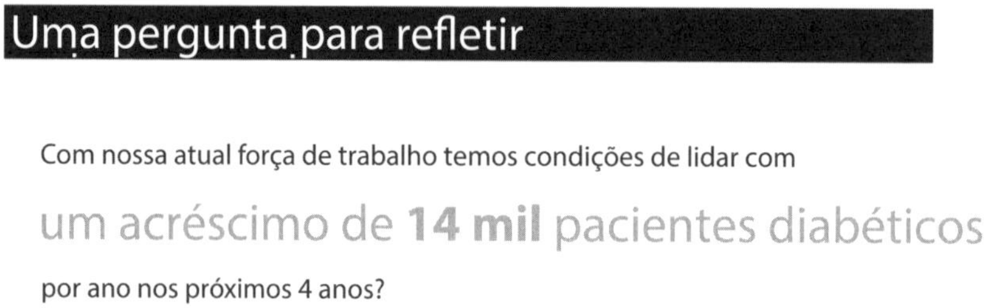

FIGURA 7.5e Uma pergunta para refletir

Antes de mais nada, deixe-me falar sobre as tendências históricas. Analisaremos as taxas de diabetes — expressas como uma porcentagem de nossa base total de pacientes — por centro médico, de 2015 a 2019. (Figura 7.5f)

FIGURA 7.5f Vamos montar o palco

Vamos analisar todos os nossos centros médicos: a taxa geral de diabetes entre nossos pacientes em 2015 foi de 7,2%. (Figura 7.5g)

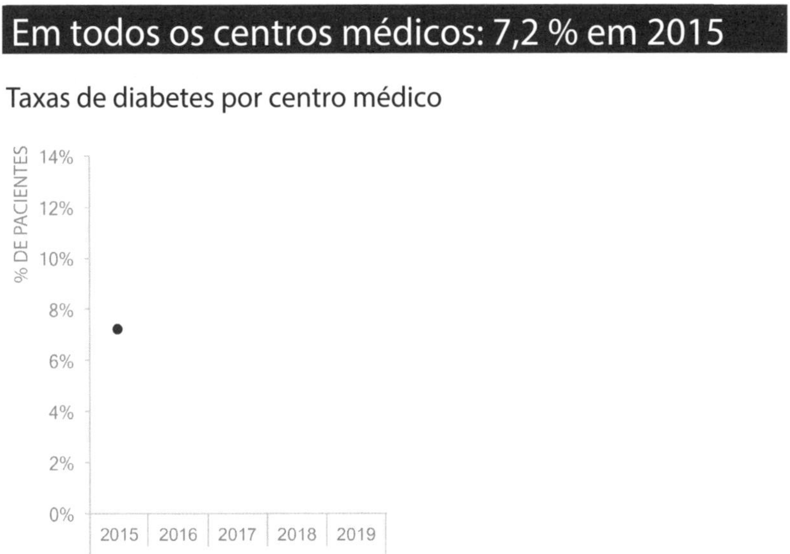

FIGURA 7.5g A taxa geral de diabetes foi de 7,2% em 2015

Àquela altura, havia oito centros com taxas de diabetes acima desta média (Figura 7.5h)

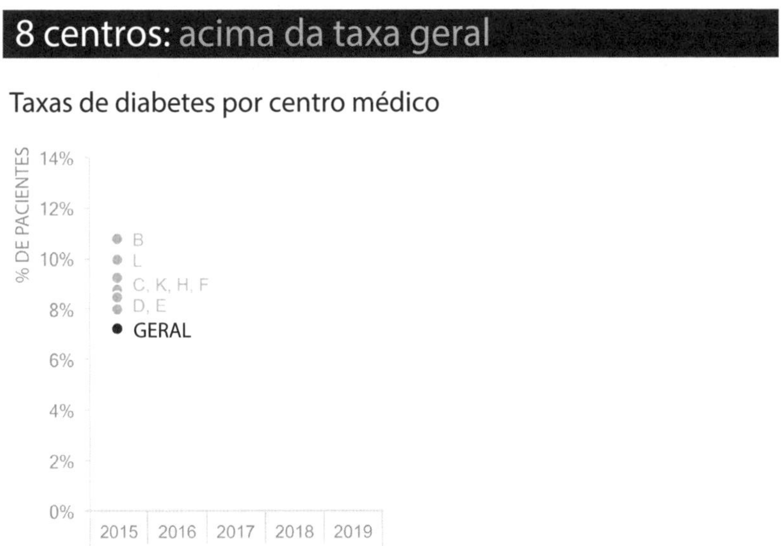

FIGURA 7.5h Havia 8 centros com taxas superiores ao total ▢

... e cinco centros com taxas de diabetes mais baixas que a mesma média. (Figura 7.5i)

5 centros: abaixo da taxa geral

Taxas de diabetes por centro médico

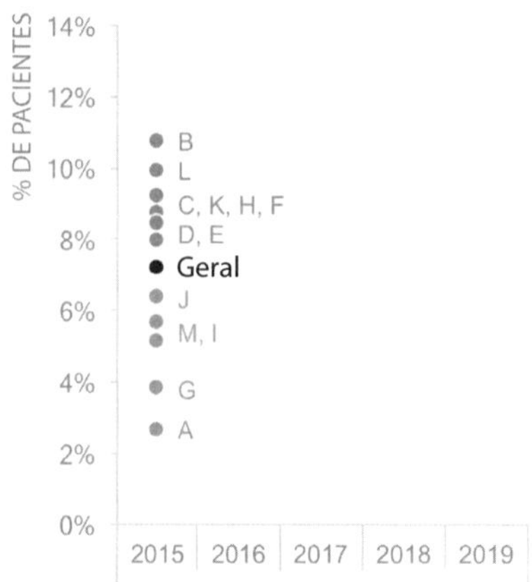

FIGURA 7.5i Havia 5 centros com taxas de diabetes relativamente baixas ▢

Houve um aumento constante na taxa geral de diabetes em nossos pacientes nos últimos cinco anos. Hoje, é de 8,6%. (Figura 7.5j)

Em todos os centros médicos: 8,6 % hoje

Taxas de diabetes por centro médico

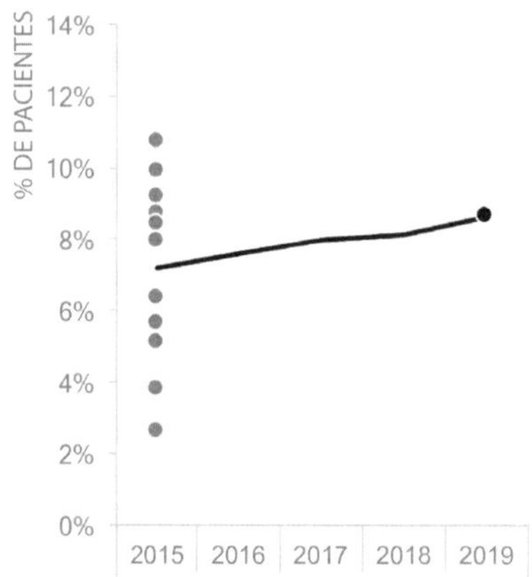

FIGURA 7.5j A taxa de diabetes em nossos centros médicos era de 8,6% em 2019

Durante este período, todos os oito centros médicos com taxas maiores que a geral, aumentaram essas taxas. (Figura 7.5k)

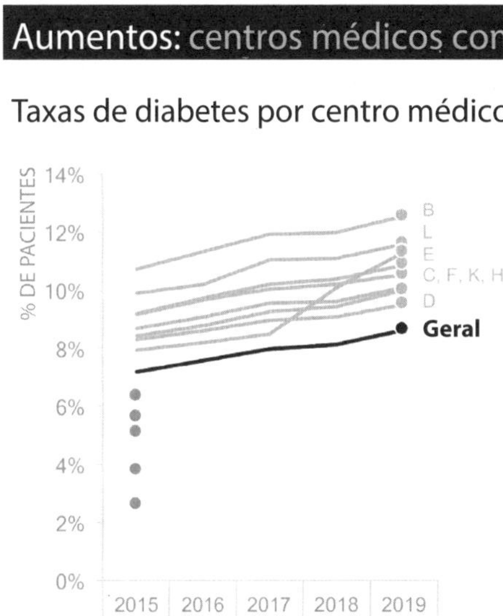

FIGURA 7.5k Centros médicos com taxas de diabetes relativamente altas aumentaram essas taxas

Aqueles com taxa de diabetes relativamente mais baixa também aumentaram. (Figura 7.5l)

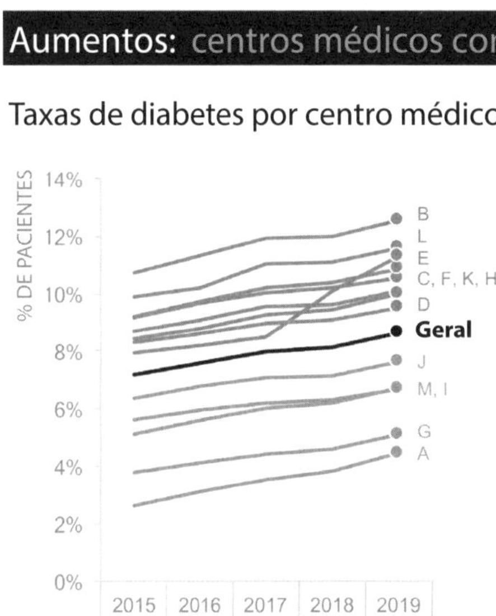

FIGURA 7.5l Os centros com taxas mais baixas de diabetes também aumentaram

A taxa geral teve um aumento de cerca de 0,5 ponto porcentual por ano. (Figura 7.5m)

Aumento consistente de 0,5 pontos porcentuais ao ano

Taxas de diabetes por centro médico

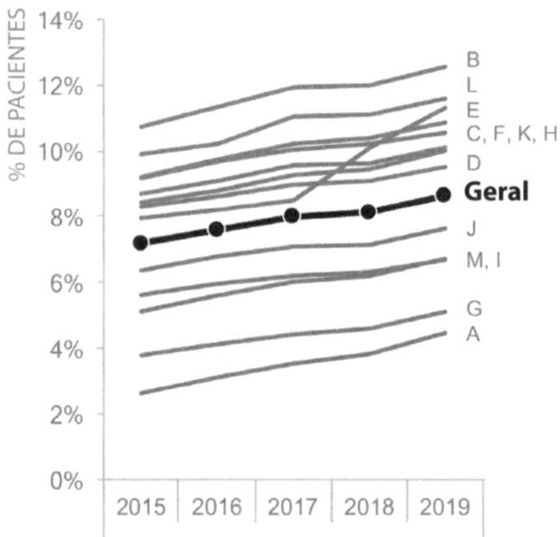

FIGURA 7.5m Este é um aumento consistente de 0,5 ponto por ano

Projetamos as taxas de diabetes no nível do centro médico. Fico à disposição para falar sobre nossa metodologia mais detalhadamente caso haja interesse. Mas a conclusão geral é que, se for mantido um ritmo semelhante ao atual, projetamos que a taxa de diabetes em nossos centros médicos será de 10% até o ano de 2023. Em outras palavras, um em cada dez pacientes em nossas clínicas será diabético. (Figura 7.5n)

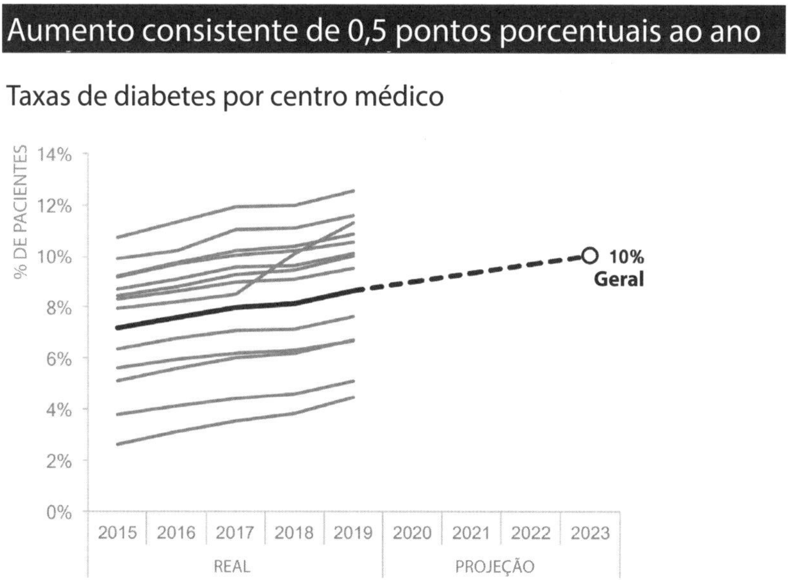

FIGURA 7.5n Projetamos um aumento contínuo

Colocando em números, isso se traduz em mais 14 mil pacientes diabéticos por ano durante os próximos quatro anos. Em face dessas projeções, o que devemos fazer para nos prepararmos para essa situação? Nossa recomendação inicial é considerar a contratação de mais pessoas para poder lidar com esses números sem que haja queda no atendimento ao paciente. Em que outras opções devemos pensar? Vamos discutir. (Figura 7.5o)

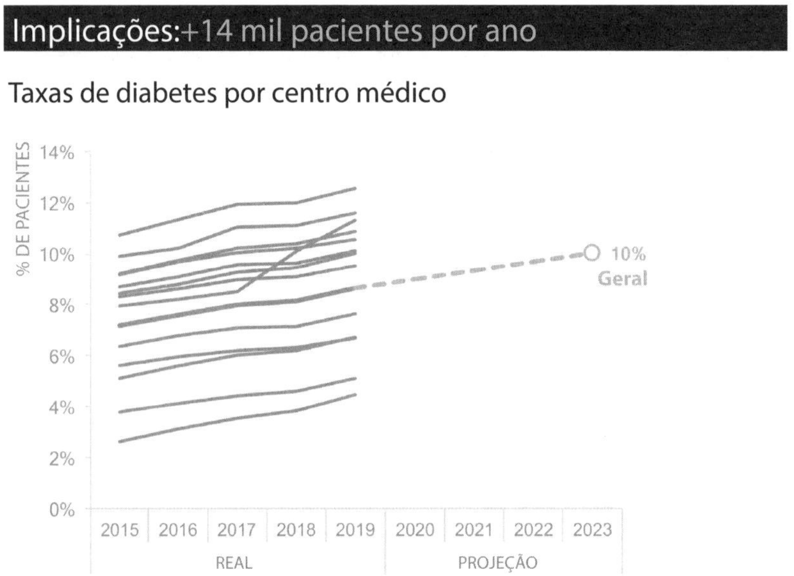

FIGURA 7.5o Isso implica em mais 14 mil pacientes diabéticos por ano

Se eu precisasse de algo para ser enviado às pessoas envolvidas que estivessem por conta própria, poderia ter um único slide totalmente comentado. A Figura 7.5p mostra como isso pode ser.

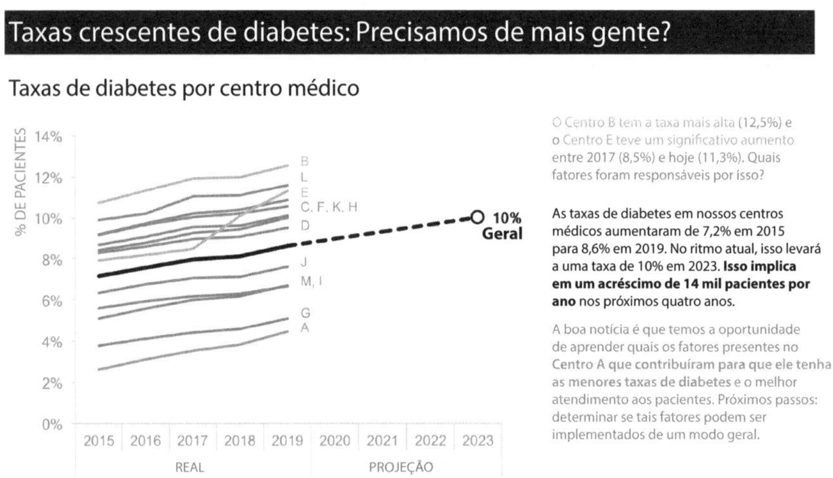

FIGURA 7.5p Slide comentado para distribuir

Nesse cenário, passamos dos exercícios práticos dos Capítulos 1, 2, 4 e 6 para criar uma história convincente que deve repercutir em nosso público e nos ajudar a direcionar uma discussão centrada na ação!

Exercício 7.6: net promoter score (NPS)

Imagine que você trabalha como analista na equipe de percepção dos sentimentos do cliente em uma organização que possui três produtos principais. Todo mês há uma reunião de atualização em que a equipe de produto analisa os dados relacionados a um dos produtos (em rodízio, para que cada produto seja o foco de atenção uma vez por trimestre). Sua equipe tem reservados 15 minutos na agenda para apresentar os dados relativos à opinião dos clientes a respeito do produto da vez. Para isso, vocês usam um conjunto de slides denominado Análise de Feedback do Cliente, cujo formato é sempre com quatro slides: página de título, dados e metodologia, análise e descobertas.

Você dispõe de um histórico dos dados relativos às informações dos clientes que acompanha, que classificam seus produtos em uma escala de 5 estrelas. Na categoria de 1 a 3 estrelas estão os "detratores" (aqueles que provavelmente não recomendarão o produto); na de 4 estrelas os "passivos"; e na de 5 estrelas os "promotores" (aqueles que provavelmente recomendarão o produto a outras pessoas). A principal métrica usada é o Net Promoter Score (NPS), o porcentual de promotores menos o porcentual de detratores, expresso como um número (não um porcentual). Você normalmente analisa o NPS ao longo do tempo e o compara com o conjunto de concorrentes para um certo produto. Os clientes que classificam seus produtos também têm a opção de deixar comentários, que sua equipe categoriza em temas.

O produto da vez — um aplicativo — está na agenda deste mês. Você atualizou os dados e descobriu algo interessante: embora o NPS tenha aumentado ao longo do tempo, o feedback subjacente foi se tornando cada vez mais polarizado, com o número de promotores e detratores aumentando em proporção do total. A análise dos comentários dos clientes indica um tema prevalente — latência — e preocupações de velocidade entre os detratores. Você gostaria de levantar essa questão e usá-la para estruturar uma recomendação para priorizar melhorias de latência para o produto. Esta parece ser a situação perfeita para empregar as várias lições que revisamos e praticamos ao longo deste livro!

Os gráficos apresentados no slide Análise de seu deck típico são mostrados na Figura 7.6a. Estude-o à luz do cenário descrito e, depois, conclua as etapas a seguir.

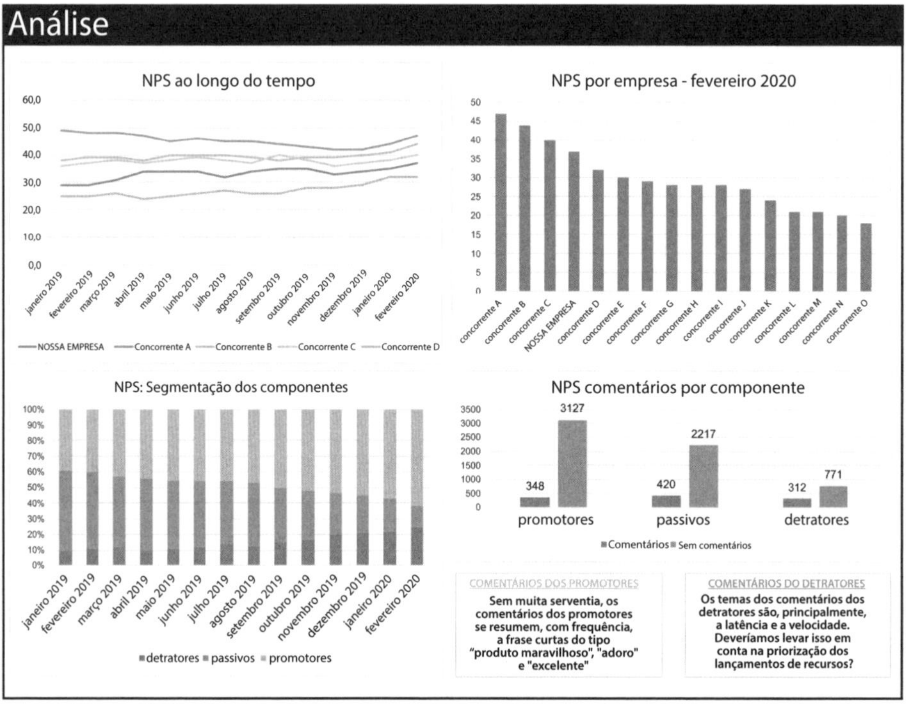

FIGURA 7.6a Gráficos típicos apresentados em reunião mensal ▢

ETAPA 1: Formule sua Grande Ideia para essa situação. Lembre-se de que a Grande Ideia deve (1) articular seu ponto de vista, (2) comunicar o que está em jogo e (3) ser uma frase completa. Anote e, se possível, discuta-a com outra pessoa, aprimorando-a. Crie uma frase concisa e repetível com base em sua Grande Ideia.

ETAPA 2: Olhando mais detidamente os dados, escreva uma ou duas frases sobre cada gráfico que descreva(m) a lição principal.

ETAPA 3: É hora das notas adesivas. Considerando o contexto descrito, a Grande Ideia criada na Etapa 1 e os tópicos que você delineou na Etapa 2, reflita sobre as partes do conteúdo passíveis de inclusão em seu conjunto de slides. Depois de passar alguns minutos fazendo isso, organize as peças ao longo do arco narrativo. Qual é a tensão? O que seu público pode fazer para resolvê-la?

ETAPA 4: Comece a projetar seus gráficos. Baixe os gráficos originais e os dados subjacentes. Você tanto pode modificar os visuais existentes quanto criar novos. Coloque em prática as lições que abordamos sobre como escolher visuais apropriados, dessaturar e focar a atenção. Seja cuidadoso em seu design geral.

ETAPA 5: Crie os slides que usará na apresentação com a ferramenta que escolheu. Também descreva a narrativa que acompanha o que dirá para cada slide. Melhor ainda: apresente-os acompanhado de um amigo ou colega, por meio da história baseada nos dados que criou.

Solução 7.6: net promoter score

ETAPA 1: Minha grande ideia pode ser algo assim: "Continuaremos perdendo usuários a menos que aprimoremos a latência do nosso produto; vamos priorizar isso no próximo lançamento de recursos".

Quero para minha frase concisa e repetível, em face do público e da abordagem característicos de uma reunião, algo simples que não pareça excessivamente vendável. Além disso, prevejo que de lá virá contexto adicional como sugestão, uma vez que juntos determinamos se minha recomendação é a melhor atitude a tomar. Posso usar algo como: "Vamos aprender com nossos detratores". Eu poderia dar esse título a meu conjunto de slides e incluí-lo na minha chamada à ação.

ETAPA 2: Olhando para a Figura 7.6a, eis minhas possíveis conclusões.

- Canto superior esquerdo: o NPS cresceu de forma constante nos últimos 14 meses: de 20 em janeiro/19 (o menor do período), chegou ao máximo de 34 em fevereiro/20.
- Canto superior direito: hoje ocupamos o 4º lugar em NPS considerada a concorrência com um todo. Nossos 15 concorrentes têm NPS entre um máximo de 47 (concorrente A) e um mínimo de 18 (concorrente O).
- Canto inferior esquerdo: Ocorreu uma mudança na segmentação entre promotores, passivos e detratores ao longo do tempo. Há uma crescente polarização, com a proporção de passivos diminuindo à medida que aumenta a participação de promotores e detratores.
- Canto inferior direito: uma alta proporção de detratores deixa comentários e sua preocupação maior é a latência.

ETAPA 3: A Figura 7.6b mostra um arco narrativo básico nesse cenário.

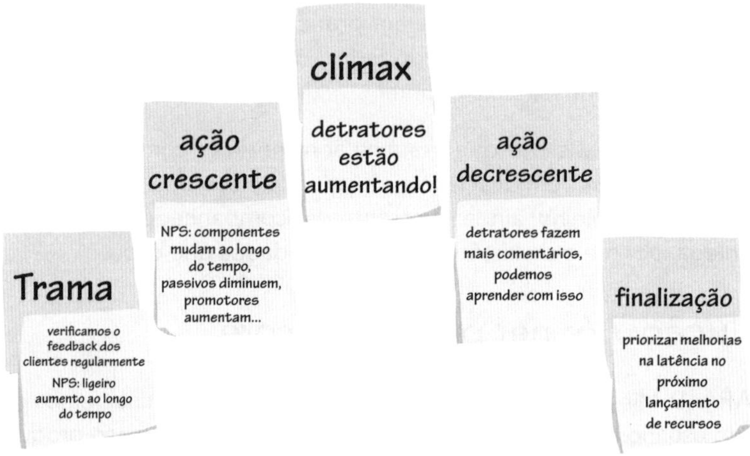

FIGURA 7.6b Arco narrativo

ETAPAS 4 & 5: A progressão a seguir mostra como eu poderia juntar tudo em uma história baseada em dados com visuais projetados com zelo, empregando as várias lições abordadas no *SCD* e neste livro.

Hoje quero contar uma história. É a história que aprendemos analisando o feedback recente dos clientes. Antes, um aperitivo: conforme indicado ali no título, os detratores desempenham um papel importante, e podemos aprender com eles coisas que podem influenciar nossa estratégia de colocação de produtos no mercado. (Figura 7.6c)

Vamos aprender com nossos detratores

Atualização mensal do NPS

Elaborado por: Equipe de Percepção dos Clientes

Data: 1° de março de 2020

FIGURA 7.6c Slide do título

Eu tenho dois objetivos principais hoje. Primeiro, atualizar vocês sobre o que aprendemos com nossa análise dos comentários recentes de clientes e dados relacionados. Acontece que olhar apenas para o NPS não conta a história inteira. Os detratores estão aumentando. Depois, gostaria de usar o feedback dos detratores para estruturar uma forma de abordar as preocupações deles. Isso provavelmente terá reflexos não só na estratégia do produto, como também no próximo cronograma de lançamento de recursos. (Figura 7.6d)

Objetivo de hoje

1 **Construir um entendimento compartilhado do feedback recente**
Embora o NPS tenha crescido de modo pouco significativo ao longo do tempo, a análise de seus componentes revela uma polarização crescente da base de clientes, **com um acentuado aumento recente de detratores**.

2 **Reavaliar a estratégia do produto em face do feedback dos detratores**
Nos comentários dos detratores um tema é dominante: a latência. Isso deveria influenciar nossa priorização quanto às várias melhorias planejadas para o produto. **Determinar se e quais mudanças fazer**.

FIGURA 7.6d Objetivo de hoje

Vamos dar uma olhada nos dados. De um modo geral, o NPS aumentou ao longo do tempo, e o fez consistentemente nos últimos quatro meses, chegando a 37 no último mês do período. (Figura 7.6e)

NPS: crescimento pouco significativo ao longo do tempo

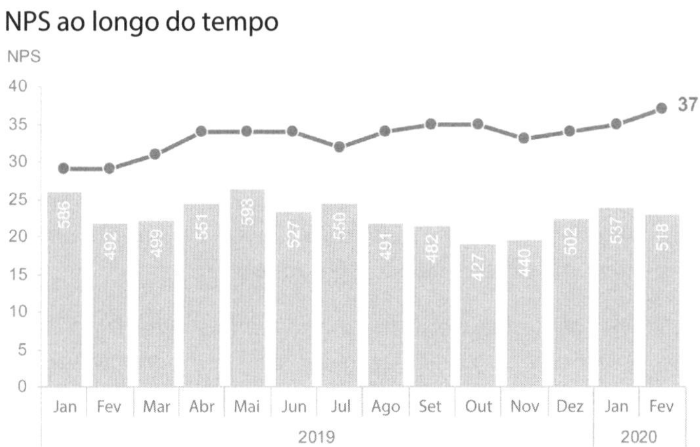

FIGURA 7.6e NPS: crescimento pouco significativo ao longo do tempo

Esse NPS de 37 nos coloca em 4° lugar em relação à concorrência. Nossa previsão é que aprender com nossos detratores e abordar suas preocupações melhorará nosso posicionamento entre os concorrentes. (Figura 7.6f)

FIGURA 7.6f Estamos em 4° lugar entre os concorrentes

Mas, como mencionei, o NPS por si só não conta a história inteira. Vamos dar uma olhada nos componentes. Cabe lembrar que categorizamos os clientes com base nas classificações deles sobre nosso produto. Na categoria de 1 a 3 estrelas estão os "detratores" (aqueles que provavelmente não recomendarão o produto); na de 4 estrelas os "passivos"; e na de 5 estrelas os "promotores" (aqueles que provavelmente recomendarão o produto a outras pessoas). *NPS é a porcentagem de promotores menos a porcentagem de detratores. O NPS fornece uma boa medida agregada, mas não nos informa sobre como a segmentação de seus componentes está mudando ao longo do tempo. Então, a seguir, vamos dar uma olhada nesses componentes.*

Antes de adicionar os dados, deixe-me explicar o que veremos. O eixo Y representa o porcentual de participação de cada componente — detratores, passivos e promotores — em relação ao total. No eixo X estão as marcações de tempo, de janeiro de 2019, à esquerda, até nosso ponto de dados mais recente, fevereiro de 2020, à direita. (Figura 7.6g)

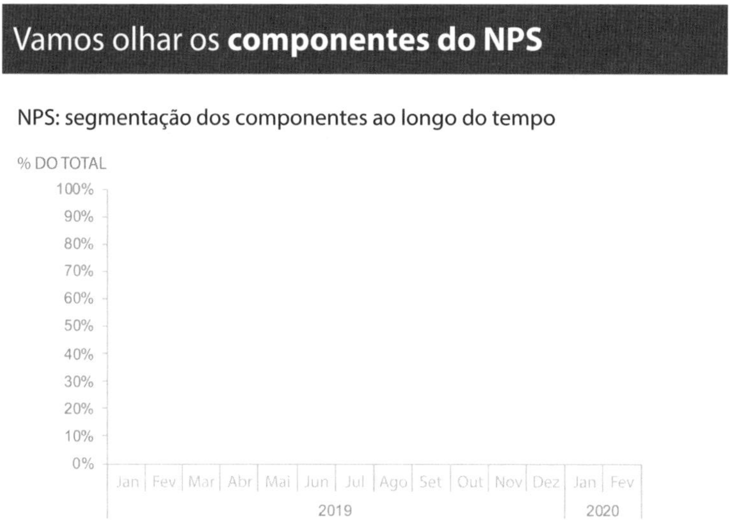

FIGURA 7.6g Vamos olhar os componentes do NPS

Vou fazer algo um pouco diferente aqui e construir esse gráfico do meio para fora. As barras cinza representam a proporção dos passivos em relação ao total. Nota-se que a proporção de passivos está diminuindo sobremaneira ao longo do tempo: a altura das barras cinza está ficando menor. (Figura 7.6h)

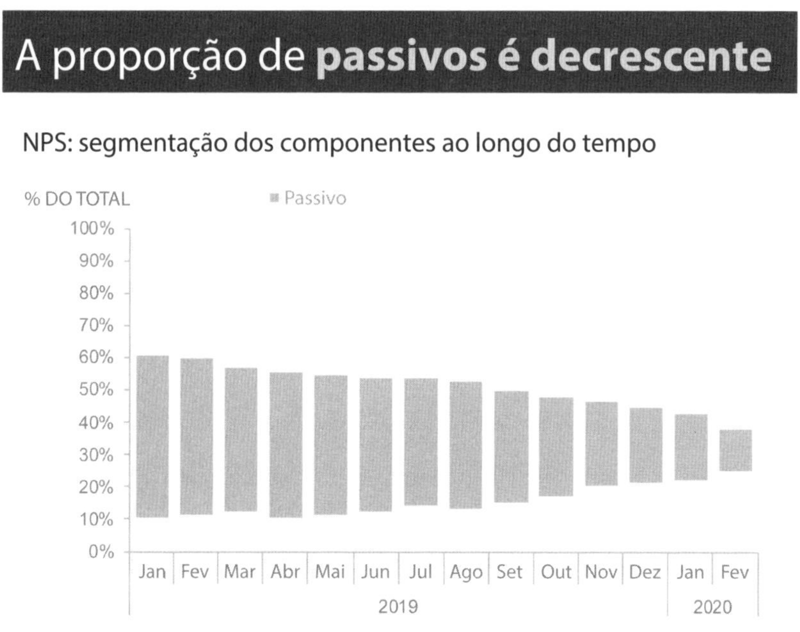

FIGURA 7.6h A proporção de passivos é decrescente

Há nas mudanças uma boa notícia: a proporção de promotores é crescente — as barras cinza-escuras no topo estão ficando maiores com o tempo. (Figura 7.6i)

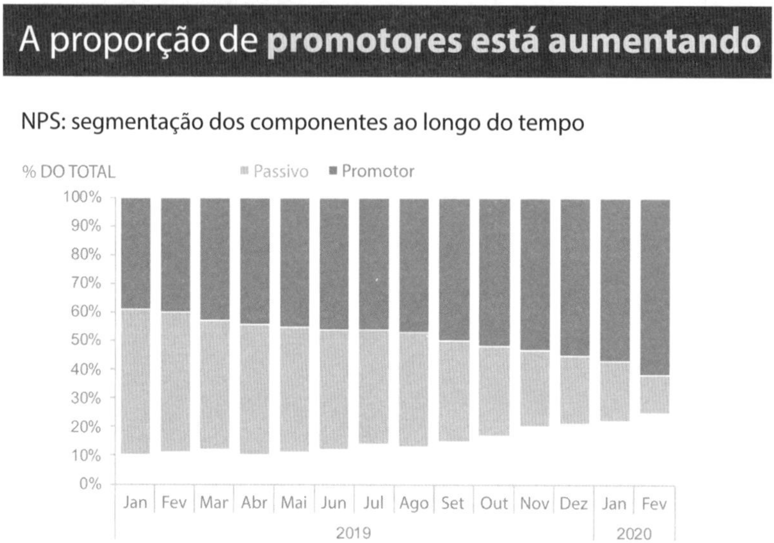

FIGURA 7.6i A proporção de promotores está aumentando

Porém, como você provavelmente já antecipou com base na parte vazia do meu gráfico e no meu comentário até agora, os detratores também estão aumentando como porcentagem do total. (Figura 7.6j)

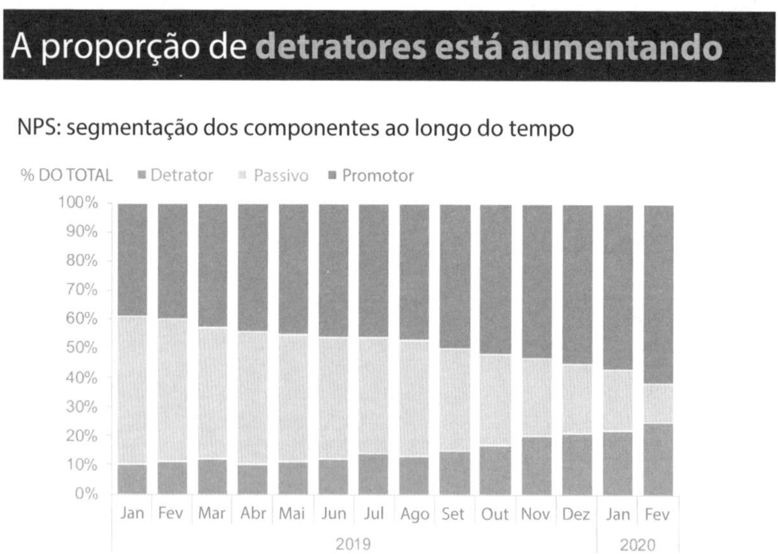

FIGURA 7.6j A proporção de detratores está aumentando ◻

Vamos colocar agora alguns números no gráfico para ajudar a entender a magnitude desse aumento. Os detratores representavam 10% dos que deram feedback no início de 2019. No primeiro semestre desse ano isso aumentou marginalmente, chegando a 13% do total. A partir daí a população detratora quase dobrou como porcentagem do total. Em fevereiro de 2020, os detratores representavam 25% dos usuários que deixam comentários sobre nosso produto. (Figura 7.6k)

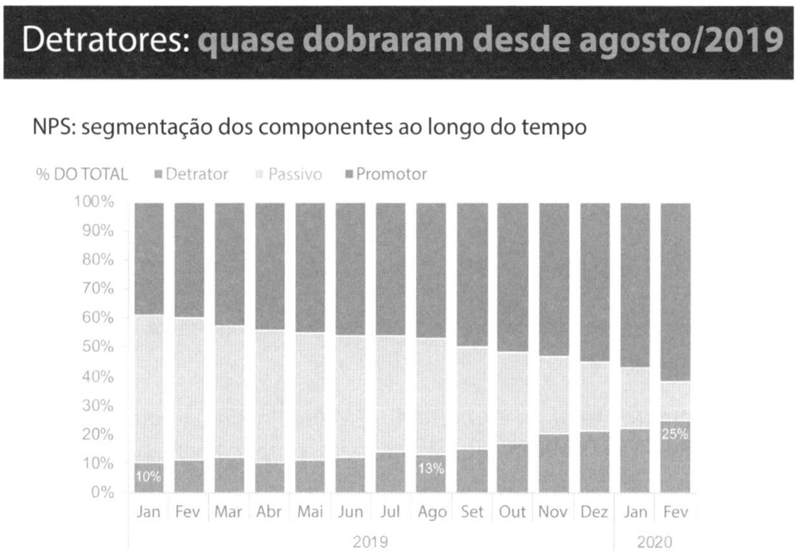

FIGURA 7.6k Detratores: quase dobraram desde agosto/2019

Além das classificações numéricas, os clientes também podem deixar comentários, robustecendo o contexto. Cerca de 15% dos que avaliam nosso produto fazem isso. Os promotores são os que deixam, relativamente, menos comentários, que tendem a ser bastante gerais e de pouca serventia: coisas como "É excelente!" e "Gostei muito!" Mas recebemos alguns detalhes incrivelmente ricos de nossos detratores. São muitos os que fazem comentários: por volta de 29% dos que nos avaliam com 1 a 3 estrelas compartilham detalhes adicionais. (Figura 7.6l)

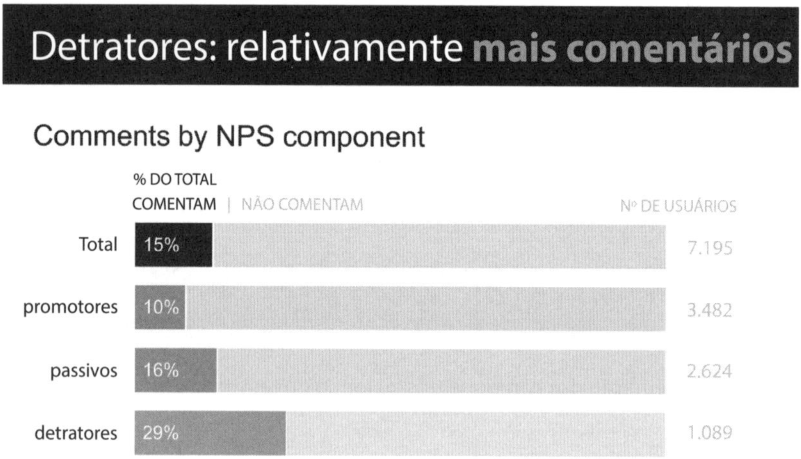

FIGURA 7.6l Detratores: relativamente mais comentários

Os comentários dos detratores se concentram mais na questão da velocidade e latência.

Eis um exemplo literal de comentário: "Minha frustração em uma única palavra: latência. Demora um século para o aplicativo abrir. Quando funciona, funciona muito bem. Mas passo um tempão esperando e me perguntando se ele vai carregar. Muitas vezes trava ao abrir."

Ler comentários como esse de nossos usuários é desanimador. Estamos determinados a adicionar mais recursos, no entanto, parece que algo mais útil é garantir que o básico funcione perfeitamente. (Figura 7.6m)

Os comentários dão informações sobre os problemas

1 em 3 detratores comenta sobre **velocidade** e **latência**

Esse foi o tema com o maior número de comentários. O próximo tema mais comum, reinícios inesperados, foi responsável por apenas 6 % dos comentários dos detratores.

FIGURA 7.6m Os comentários dão informações sobre os problemas

Bem, sei perfeitamente que há outro contexto a considerar. Mas quero ter certeza de levantar os dados de insights do cliente para levá-los em conta em nossa estratégia geral de produtos. Melhorar a latência de nosso produto pode ajudar a reverter o aumento de detratores e, simplesmente, tornar os usuários mais felizes. Como isso deve afetar nossa estratégia de produto e o cronograma de lançamentos futuros? Vamos discutir. (Figura 7.6n)

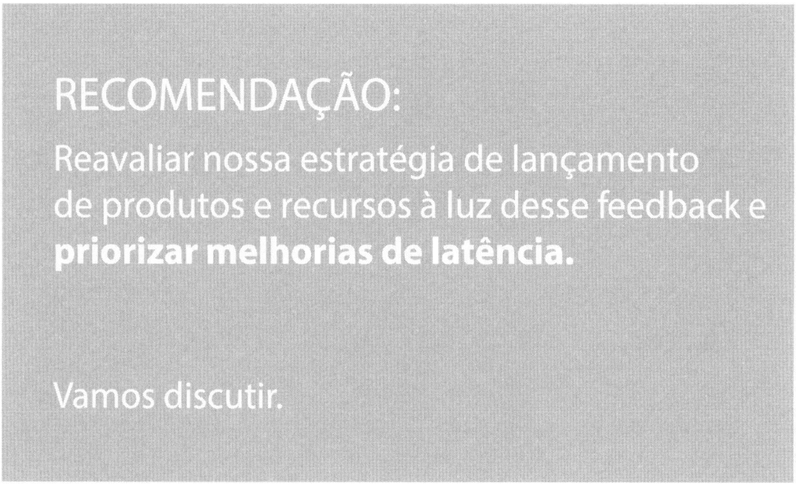

FIGURA 7.6n Recomendação

Note a diferença entre o modo como acabamos de levar nosso público e a abordagem linear típica de descobertas/análise/metodologia delineada no início desse cenário. Podemos usar a narrativa de dados para capturar e manter a atenção do público e organizar uma discussão produtiva baseada em dados. Ao sair da sala após essa reunião, você saberá que a análise realizada ajudará a ter um peso na tomada de decisões.

Seu público sempre fará o que você quer? Claro que não. É provável que existam prioridades concorrentes ou, talvez, dar maior celeridade ao aplicativo seja de fato uma coisa muito complicada. O melhor a fazer é enquadrar as coisas em termos de uma recomendação, dando assim às pessoas na sala algo específico para considerar: isso conduzirá a conversa, trazendo à tona um contexto relevante adicional. Apresentar uma história de dados não significa conhecer todos os detalhes ou ter todas as respostas. Mas significa pensar sobre os dados e como comunicá-los de uma maneira mais profunda. Quando refletimos em como fazer isso, podemos influenciar debates mais ricos e decisões mais inteligentes. Sucesso!

Juntos, praticamos um punhado de vezes o processo holístico de contar histórias de dados. A seguir, você encontrará mais exemplos e estudos de caso para trabalhar por conta própria.

capítulo oito

pratique mais por conta própria

Enquanto o Capítulo 7 apresentou problemas e ofereceu soluções, o Capítulo 8 tem vários exercícios não resolvidos: para fazê-los, você precisará recorrer às várias lições abordadas ao longo do *SCD* e deste livro. Eles podem ser usados como tarefas, projetos individuais ou em grupo, ou incorporados em testes ou exames. Também serão úteis para aqueles que simplesmente desejam oportunidades extras para aplicar as lições de *storytelling com dados*.

Os exercícios deste capítulo podem ser um trabalho solo, com um colega ou um pequeno grupo. Eles crescem em nuances e complexidade conforme você os percorre. Mesmo que assuntos ou dados não lhe pareçam relevantes para seu trabalho de agora, recomendo concluir os exercícios. A recorrência das aulas os ajuda a se tornarem arraigados e lhe permite refinar suas habilidades em um ambiente de baixo risco. Ademais, praticar em diferentes contextos o libera das restrições do trabalho cotidiano, podendo trazer à tona abordagens criativas. Após concluir um exercício, busque feedback e considere que componentes de sua solução você pode empregar em seu trabalho.

Vários exercícios o convidam a executar as recomendações que você delineou na ferramenta de sua escolha. Este passo adicional ajudará a manipular melhor suas ferramentas e aprimorar ainda mais suas habilidades de visualização e narrativa de dados.

Na execução desses exercícios, sinta-se à vontade para agir como bem quiser. É indeterminado o número de tarefas que se pode criar misturando e combinando aspectos específicos ou instruções entre os vários exemplos. Você pode estruturar um exercício semelhante com seus próprios recursos visuais para criar exercícios personalizados.

Vamos praticar **mais por conta própria!**

Antes, porém, vamos rever alguns mitos comuns na visualização de dados.

PRIMEIRO, VAMOS RECAPITULAR

MITOS COMUNS NA VISUALIZAÇÃO DE DADOS

MITO:

GRÁFICOS DE LINHA SÃO SÓ PARA DADOS CONTÍNUOS

LINHAS que CONECTAM pontos fazem MAIS SENTIDO

Exemplo:

gráfico de inclinação para dados de pesquisa

(um gráfico de linhas com só dois pontos)

SATISFAÇÃO DOS EMPREGADOS

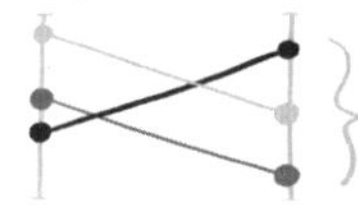

estas são comparações entre grupos/ categorias

MITO:

GRÁFICOS DE BARRAS SÃO SEMPRE MELHORES

BARRAS são BOAS para se COMEÇAR... mas NEM SEMPRE são a MELHOR OPÇÃO

Pergunte-se: o que eu quero que meu público veja?

Experimente outros tipos de gráficos e decida qual atende melhor suas necessidades

MITO:

GRÁFICOS* DEVEM TER LINHA DE BASE ZERO

*** ISSO É VERDADEIRO PARA GRÁFICO DE BARRAS**

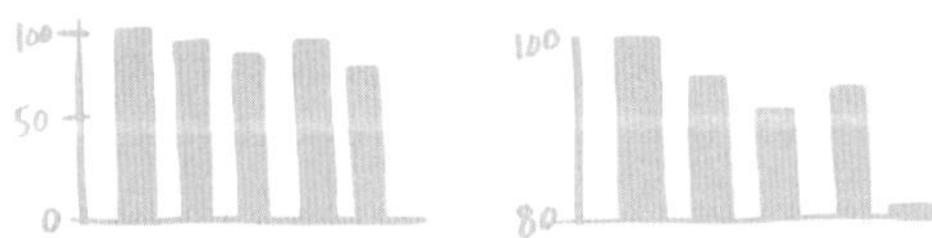

MITO:

GRÁFICOS DE* PIZZA SÃO RUINS

Ao USAR um gráfico de PIZZA, PERGUNTE-SE: POR QUÊ?

Estudos provam que as pessoas ao ler um gráfico de pizza comparam ÁREA, não ângulo

Se você acha que gráficos de pizza fazem sentido para seus dados & público, faça um teste antes!

MITO:
DADOS SEM VIÉS EXISTEM

Causamos um VIÉS em nosso DADOS a CADA PASSO do PROCESSO

REGRA! não minta com DADOS

O QUE podemos escolher para medir

como podemos juntar e comparar

COMO mostramos as coisas

MITO:
MAIS DADOS É SEMPRE MELHOR

ANTES DE IR ATRÁS de MAIS DADOS, pergunte-se: "O que isso nos AJUDARÁ a FAZER ou DECIDIR?"

público e contexto são importantes quando se trata da quantidade certa de dados

MITO:
MÉDIAS SÃO SEMPRE BOAS para RESUMIR DADOS

VOCÊ PRECISA ENTENDER a DISTRIBUIÇÃO, DISPERSÃO e VARIABILIDADE

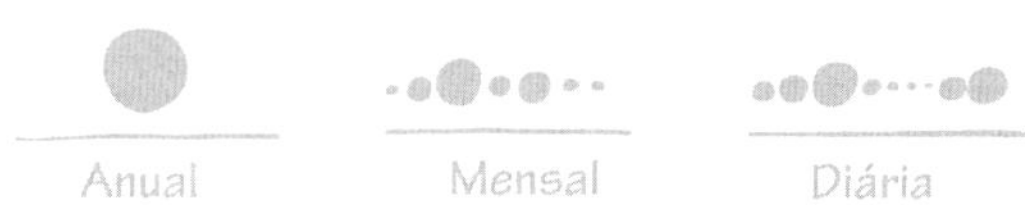

As médias podem enganar ocultando uma dispersão em um único número

MITO:
HÁ UMA ÚNICA RESPOSTA CERTA ao VISUALIZAR DADOS

VOCÊ SEMPRE DEVE CONSIDERAR ao MOSTRAR DADOS: QUAL é sua META?

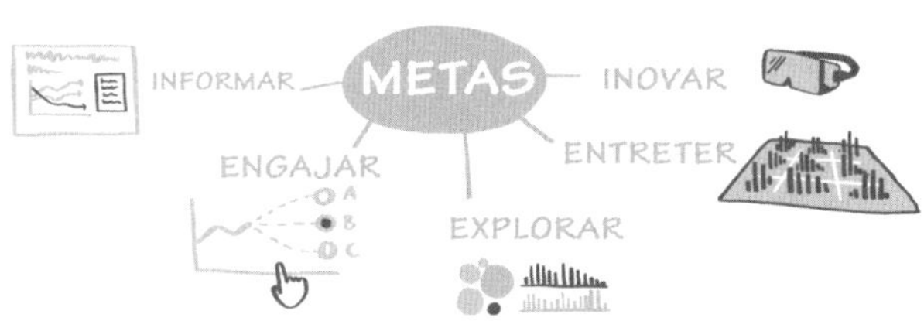

PRATIQUE MAIS por CONTA PRÓPRIA

8.1 diversidade na contratação

8.2 vendas por região

8.3 previsão de receitas

8.4 eventos adversos

8.5 razões da saída de funcionários

8.6 contas ao longo do tempo

8.7 erros e reclamações

8.8 dados de teste de sabor

8.9 atendimentos por tipo

8.10 tráfego na loja

Exercício 8.1: diversidade na contratação

Sua organização implementou recentemente uma ação de diversidade na contratação de pessoal para o "Programa ABC". Você quer entender o sucesso relativo da iniciativa. Examine a Figura 8.1 — um slide mostrando dados relacionados — e conclua as etapas a seguir.

2019: destaques do programa de contratação

Visão geral da contratação - entrada de estagiários e analistas - 2019

131 contratações pelos Programas ABC. A meta de um GPA de 3,60 foi ligeiramente superada.

2019: contratações por LOB e Função						
			Estagiários Tempo integral			% do total
Programa	Estagiários	Analistas	MBA	MBA	Subtotal	de contrat.
ABXL	40	36	8	3	87	66%
ARC	20	5	2	0	27	21%
EMA	6	5	0	0	11	8%
REP	4	0	0	0	4	3%
QB	2	0	0	0	2	2%
Total	72	46	10	3	131	100%

Média de contratações GPA de 2019
3.66

Visão geral da contratação de diversidade - 2019: entrada de estagiários e analistas

O objetivo da contratação de mulheres foi excedido (26% contra 25%). Foi alcançada a meta de diversidade étnica de 40%; entretanto, cinco candidatos de diversidade étnica desistiram da oferta. A proporção diversidade vs. não diversidade é de **1:1**.

Categoria/ Tipo	Nº de contratações	% s/ todas as contratações
Étnica - Mulheres	12	9%
Étnica - Homens	30	22%
Não Étnica - Mulheres	23	17%
Não Étnica - Homens	66	49%
TBD contratados	0	0%
Em aberto	0	0%
Desistiram	5	4%
Total	136	

2019: contratações de diversidade por LOB e Função							
Programa	EM	EH	NEM	nº Div	% Div	Não Div	% Não Div
ABXL	7	25	15	47	54%	40	46%
ARC	2	3	6	11	41%	16	59%
EMA	2	1	1	4	36%	7	64%
REP	1	0	1	2	50%	2	50%
QB	0	1	0	1	50%	1	50%
Total	12	30	23	65	50%	66	50%

Siglas p/ Diversidade/Categoria/Tipo: EM: Étnica - Mulheres, EH: Étnica - Homens, NEM: Não Étnica - Mulheres e **Não Div** = Homem caucasiano

FIGURA 8.1 Destaques do programa de contratação

Mais Prática por conta própria

ETAPA 1: Vamos começar pelo lado positivo: Do que você gostou?

ETAPA 2: O que poderia ser melhor na Figura 8.1? Anote ou discuta com um colega.

ETAPA 3: Qual é o ponto principal? É uma história de sucesso ou uma chamada à ação? Articule em uma frase ou duas no que você se concentraria se estivesse apresentando esses dados.

ETAPA 4: Suponha que precisa apresentar esses dados e que eles devem estar em forma de tabela (uma ou conjunto delas). Há melhorias a serem feitas na maneira de mostrar os dados, dada essa restrição, para se concentrar melhor no ponto principal que você definiu na Etapa 3? Desenhe (ou se preferir, baixe os dados e crie em sua ferramenta) a tabela ou as tabelas que você usaria e detalhe em qual ponto e como direcionaria a atenção.

ETAPA 5: Caso tivesse mais liberdade para fazer alterações, como apresentaria os dados? Como contaria uma história baseada em dados sobre contratação de diversidade no Programa ABC? Descreva tal abordagem e crie seus materiais ideais na ferramenta de sua escolha.

Exercício 8.2: vendas por região

Imagine que você é o Gerente de Vendas da região Noroeste (NO) da sua empresa. Você deseja utilizar o slide a seguir (Figura 8.2), de um relatório mensal, em uma próxima reunião externa com sua equipe de vendas. Você e a supervisora da equipe estão preparando o conteúdo. Vamos considerar dois cenários:

CENÁRIO 1: A saída é amanhã, e você e a supervisora têm vários outros assuntos para resolver até lá. Isso não lhe dá tempo suficiente para redesenhar totalmente o visual da Figura 8.2. Imagine dispor de no máximo cinco minutos para fazer alterações. O que você faria? Como apresentaria as informações?

CENÁRIO 2: A saída será na semana que vem, e a supervisora se ofereceu para redesenhar as informações mostradas na Figura 8.2. Antes de fazer isso, ela pediu seu feedback. Quais aspectos você gosta no visual atual e que gostaria que fossem preservados? Que mudanças sugeriria com base nas lições que vimos?

Anote-as ou discuta com um colega.

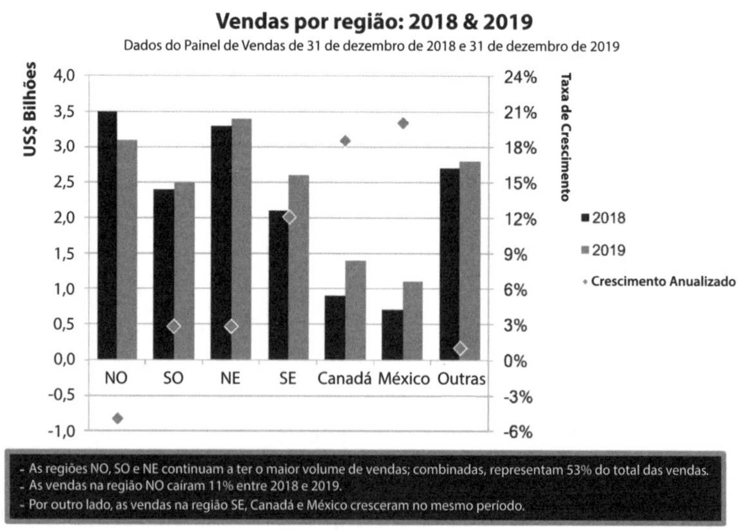

FIGURA 8.2 Vendas por região

Exercício 8.3: previsão de receitas

Estude a Figura 8.3, que mostra a receita bruta e líquida ao longo do tempo, e conclua as etapas a seguir.

A projeção de crescimento das receitas líquidas é proporcional à das receitas brutas, com o diferencial baseado na média histórica, esta não foi projetada.

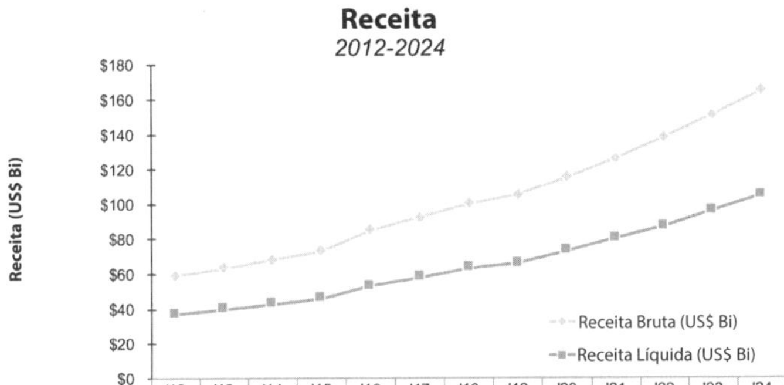

	'12	'13	'14	'15	'16	'17	'18	'19	'20	'21	'22	'23	'24
Receita Bruta (US$Bi)	$59	$63	$68	$73	$85	$92	$100	$105	$115	$126	$138	$151	$165
Receita Líquida (US$Bi)	$37	$40	$43	$46	$53	$58	$63	$66	$73	$80	$87	$96	$105

Ano

FIGURA 8.3 Previsão de receitas

ETAPA 1: Do que você gosta nesse visual?

ETAPA 2: Reflita sobre o uso de dados tabelados. Acha eficaz? Caso sim, por quê? Se não, como poderia abordar de forma diferente?

ETAPA 3: Que outras mudanças você faria? Anote-as ou converse com um colega.

ETAPA 4: Vamos imaginar duas circunstâncias para comunicar esses dados: (1) apresentação ao vivo e (2) envio por e-mail para seu público. O que você faria diferente nessas duas situações? Para avançar um pouco, baixe os dados e crie seus visuais preferidos na ferramenta de sua escolha, fazendo suposições conforme necessário.

ETAPA 5: Selecione uma ferramenta de visualização de dados com a qual não tenha trabalhado antes (consulte a seção sobre Ferramentas, na Introdução, para obter uma lista parcial). Reconfigure o visual nessa nova ferramenta. O que você aprendeu com essa experiência? Escreva um ou dois parágrafos descrevendo suas percepções.

Exercício 8.4: eventos adversos

Imagine que você trabalha em uma empresa de dispositivos médicos. Um colega lhe mostra o slide a seguir (Figura 8.4) resumindo alguns itens de um estudo recente e pede seu feedback. Examine-o durante algum tempo e conclua as etapas a seguir.

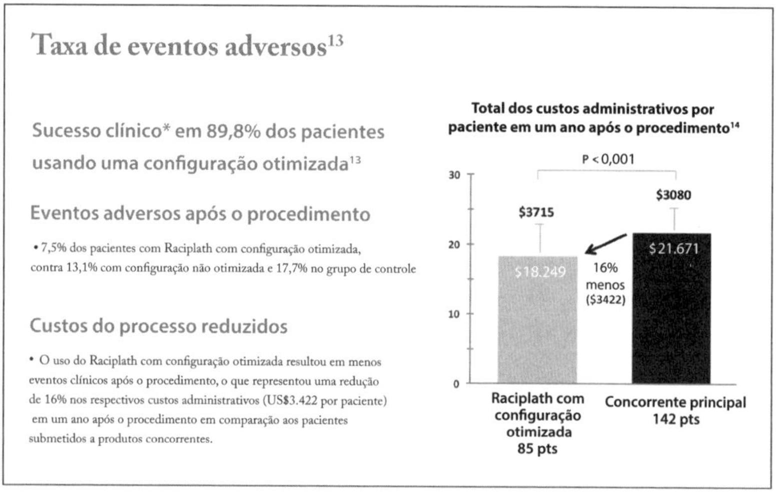

FIGURA 8.4 Eventos adversos

ETAPA 1: Antes de partir para uma crítica construtiva, pode ser bom apontar o que foi bem feito. Do que você gosta neste slide?

ETAPA 2: Que perguntas você faria a seu colega? Faça uma lista.

ETAPA 3: Que mudanças você recomenda com base nas várias lições que abordamos? Descreva seus pensamentos, concentrando-se não apenas *no quê* recomendaria mudar, mas também *por quê*.

ETAPA 4: Como suas recomendações mudariam caso soubesse que as informações seriam apresentadas a um público não técnico?

ETAPA 5: Para levar as coisas um passo à frente, baixe os dados e crie seu slide remodelado, incorporando as alterações descritas nas etapas anteriores na ferramenta de sua escolha. Faça suposições conforme necessário.

Exercício 8.5: razões da saída de funcionários

Imagine que você seja um assistente do Diretor de Marketing de uma grande empresa. Seu chefe, o DM, lhe pediu para trabalhar com seu Consultor de Recursos Humanos (CRH) para entender e apresentar o que está fazendo com que as pessoas deixem a empresa em toda a organização de marketing. Seu CRH investiga os dados e, em seguida, envia por e-mail o seguinte visual, Figura 8.5.

Processe esses dados durante alguns minutos processando e complete as etapas a seguir.

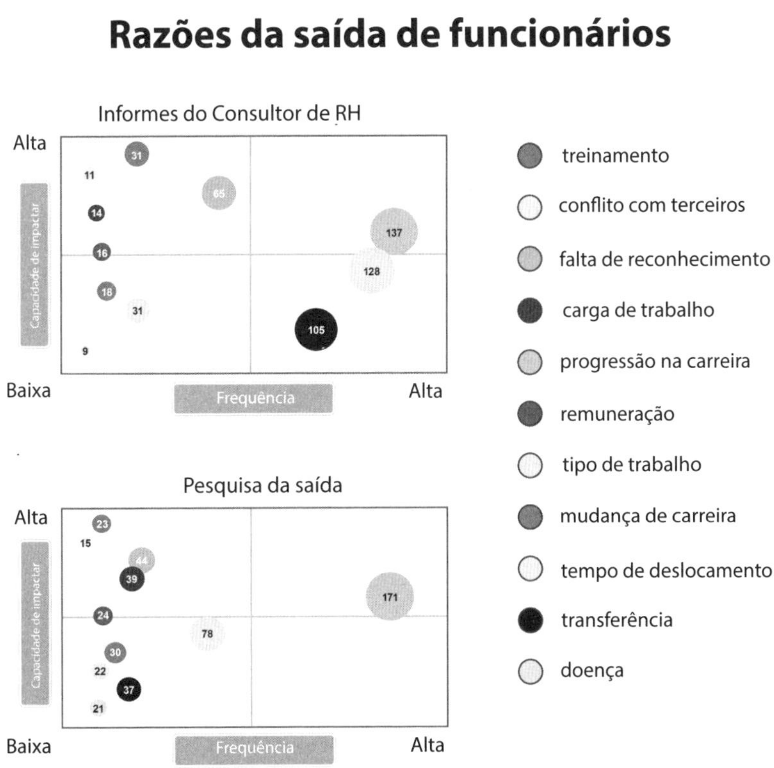

FIGURA 8.5 Razões da saída de funcionários

ETAPA 1: O que é mostrado aqui? Escreva algumas frases explicando esses dados. Como interpretamos esse visual? Faça suposições conforme necessário para o propósito deste exercício.

ETAPA 2: O que é confuso ou pode ser melhorado no visual do jeito que está? Que perguntas você faria ou que feedback poderia dar ao seu CRH? Suponha que seu CRH gastou muito tempo criando esse visual: como você pode estruturar seu feedback para que ele não se ofenda?

ETAPA 3: Vamos desenhar! Mostre esses dados de três maneiras diferentes. Quais são as vantagens e desvantagens de cada uma? Liste-as. De qual visual você gosta mais, e por quê?

ETAPA 4: Baixe os dados e crie seu visual preferido na ferramenta de sua preferência.

ETAPA 5: É hora de apresentar esses dados ao DM. Avalie se vai fazer isso em uma reunião presencial ou enviar seu trabalho para que ele o analise por conta própria. Considerando a forma de comunicação, crie sua apresentação na ferramenta de sua escolha.

Exercício 8.6: contas ao longo do tempo

Imagine que você é um analista em uma organização de vendas e que solicitaram à sua equipe avaliar o andamento de uma campanha cujo objetivo é aumentar o número de contas. Você tem dados reais até setembro de 2019 e uma projeção até o final de 2020. Seu colega fez o seguinte resumo (Figura 8.6) e pediu seu feedback. Leve alguns minutos examinando o visual e conclua as etapas a seguir.

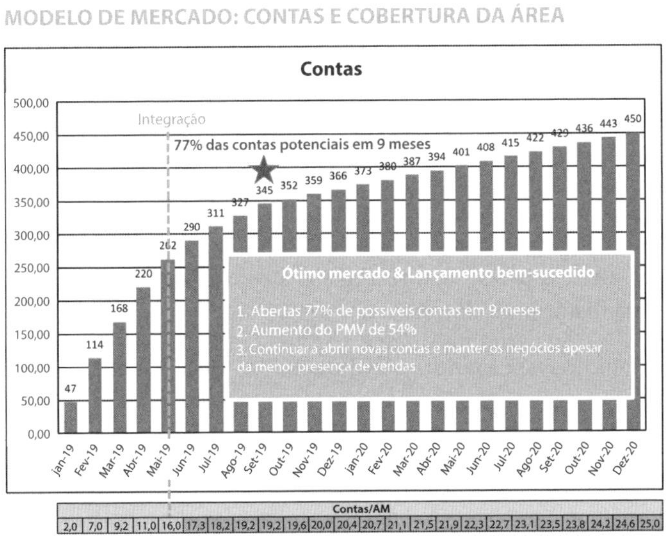

FIGURA 8.6 Contas ao longo do tempo

ETAPA 1: Quais são suas dúvidas sobre esses dados? Faça uma lista.

ETAPA 2: Vamos dessaturar: faça uma lista dos elementos que você excluiria.

ETAPA 3: Qual é a história? Trata-se de um caso de sucesso ou uma chamada à ação? Qual é a tensão neste cenário? O que você deseja que seu público faça para resolver essa tensão?

ETAPA 4: Que recomendação você daria para mostrar esses dados? Desenhe ou baixe os dados e itere na ferramenta de sua escolha para criar seu design preferido.

ETAPA 5: Considere como sua abordagem variaria se você (1) apresentasse esses dados ao vivo em uma reunião e (2) os enviasse a seu público para que ele tirasse suas próprias conclusões. De que modo lidar com uma ou com outra seria diferente? Escreva algumas frases explanando seus pensamentos. Para ir um pouco mais à frente, reconfigure esse visual, na ferramenta de sua escolha, para esses diferentes casos de uso.

Exercício 8.7: erros & reclamações

Agora você é um analista que trabalha em um banco de âmbito nacional. No início de cada ano, sua equipe verifica a posição de cada item da carteira no final do ano anterior. Há dados de muitas partes do processo de empréstimos — desde as origens até as cobranças. Sua tarefa é analisar esses dados e levantar aspectos relacionados à qualidade e satisfação no segmento de Crédito Habitacional. Você começou utilizando o slide apresentado para isso na revisão do ano anterior e o atualizou com os dados do ano mais recente. Os gráficos resultantes são mostrados na Figura 8.7.

Em vez de se valer de gráficos, você decidiu usar essa oportunidade para contar uma história de dados.

Passe alguns minutos estudando a Figura 8.7 e, depois, percorra as etapas a seguir.

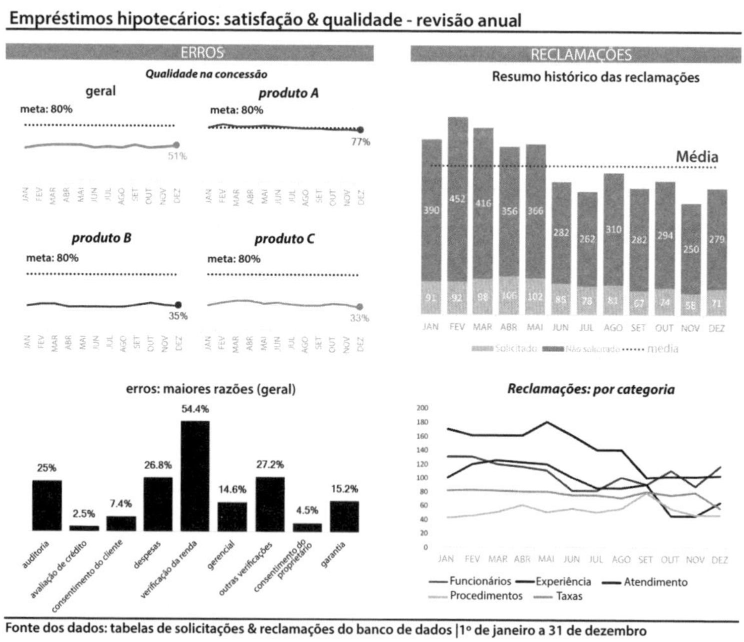

FIGURA 8.7 Erros & reclamações

ETAPA 1: Que perguntas você faria sobre esses dados? Liste-as. Em seguida, responda a cada uma dessas perguntas, fazendo suposições para o propósito deste exercício.

ETAPA 2: Escreva uma ou duas frases sobre cada gráfico descrevendo seu aspecto principal.

ETAPA 3: Em que história(s) você focaria aqui? Quais dados incluiria? Há algum dado que omitiria? Um único slide dará conta do recado ou você acredita que seria melhor usar mais? Rascunhe a abordagem que está planejando em uma folha de papel.

ETAPA 4: Como você visualizaria os dados na Figura 8.7 para informar sobre o que devemos focar nessa situação? Leve em conta todas as lições que abordamos e como as aplicaria. Baixe os dados e construa seus materiais usando a ferramenta de sua escolha para contar a história com esses dados.

ETAPA 5: Imagine que, ao esboçar seu(s) slide(s), recebe um feedback do gerente de que o público espera uma página de gráficos, como ocorreu no passado. O que você fará? Escreva suas ideias.

Exercício 8.8: dados de teste de sabor

A empresa de produtos alimentícios em que você trabalha está se preparando para lançar em breve seu novo produto, o iogurte Craveberry. A equipe de produto na qual você trabalha decidiu fazer uma última rodada de testes de sabor para obter uma avaliação final do sentimento do consumidor antes de ir ao mercado com o produto. Você participou diretamente do trabalho executado por sua equipe na análise dos resultados, e está se preparando para se reunir com o gerente de produção para discutir a possibilidade de fazer alterações antes do lançamento. (Se isso soa familiar, é porque consta do contexto do arco narrativo no Capítulo 6.)

Seu colega configura o seguinte visual (Figura 8.8) resumindo os resultados do teste de sabor e pede seu feedback. Estude-o por um momento e, em seguida, conclua as etapas a seguir.

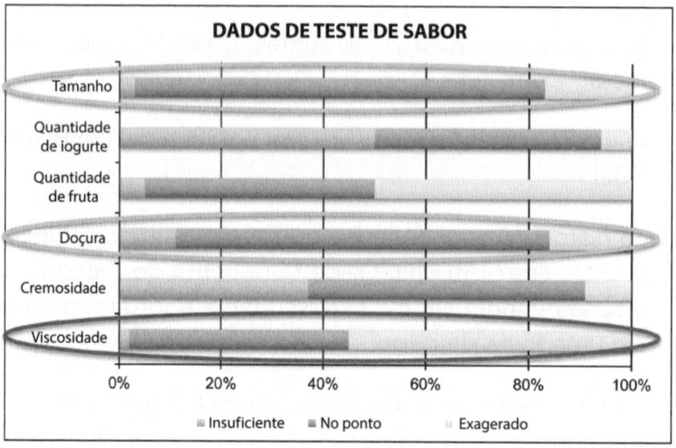

FIGURA 8.8 Dados de teste de sabor

ETAPA 1: Vamos começar com os aspectos positivos: do que você gosta neste slide?

ETAPA 2: Qual seria seu feedback com base nas lições que abordamos? Descreva seus pensamentos, concentrando-se não apenas *no quê* recomendaria mudar, mas também *por quê*.

ETAPA 3: Vamos parar um momento para pensar sobre a história. Reflita sobre os diversos elementos do arco narrativo: trama, ação crescente, clímax, ação decrescente, finalização. Liste esses componentes e o que você abordaria em cada um para este cenário. Melhor ainda: escreva os pontos de sua história planejada em adesivos e organize-os conforme o arco narrativo. Faça as edições necessárias para delinear a história que você contaria com esses dados. Qual é a tensão? O que seu público pode fazer para resolvê-la?

ETAPA 4: Baixe os dados e elabore, na ferramenta de sua escolha, a história orientada por dados que descreveu na Etapa 3. Também descreva a narrativa que fará na reunião com o gerente de produção.

Exercício 8.9: atendimentos por tipo

A situação descrita a seguir pode soar familiar; já vimos isso antes no Exercício 6.3. Leia o cenário para atualizar sua memória, examine os dados e percorra as etapas a seguir.

Você trabalha como analista de dados em uma secretaria municipal de saúde. Estão em andamento iniciativas para melhorar a eficiência geral, o custo e a qualidade do atendimento. Entre elas, estimulou-se nos últimos anos um maior uso de comunicações virtuais por médicos (via e-mail, telefone e vídeo), quando possível, em vez de atendimento presencial. Pediram-lhe para reunir dados para incluir na revisão anual de avaliação dessa orientação e fazer recomendações de metas para o próximo ano. Sua análise indica que, de fato, houve um aumento relativo da atividade virtual nos cuidados básicos e especializados. Fez uma previsão para o próximo ano com base na continuidade dessa tendência. Você pode usar dados recentes e sua previsão para dar consistência às metas. E acredita que buscar a opinião do médico também é necessário para evitar ser excessivamente agressivo e estabelecer metas que possam, inadvertidamente, impactar de maneira negativa a qualidade do atendimento.

A Figura 8.9 mostra os dados que você usará para construir sua história.

Atendimentos ao longo do tempo por tipo
Por mil pacientes

		2015	2016	2017	2018	2019	2020 (proj.)
Presencial	Total	3.659	3.721	3.588	3.525	3.447	3.384
	Básico	1.723	1.735	1.681	1.586	1.526	1.500
	Especialidade	1.936	1.986	1.907	1.939	1.921	1.884
Telefone	Total	28	39	138	263	394	535
	Básico	26	34	125	212	295	375
	Especialidade	2	5	13	51	99	160
Vídeo	Total	0,3	0,5	1,6	2,8	3,4	4,5
	Básico	0,2	0,3	0,4	0,8	1,2	2,0
	Especialidade	0,1	0,2	1,2	2,0	2,2	2,5
E-mail	Total	1.240	1.287	1.350	1.268	1.443	1.580
	Básico	801	831	852	856	897	950
	Especialidade	439	456	498	512	546	630
TOTAL	Total	4.927	5.048	5.078	5.159	5.287	5.504
	Básico	2.550	2.600	2.658	2.655	2.719	2.827
	Especialidade	2.377	2.447	2.419	2.504	2.568	2.677

FIGURA 8.9 Encontros ao longo do tempo por tipo

ETAPA 1: Os dados em forma de tabela tornam difícil ver o que está acontecendo, então vamos começar visualizando. Você pode fazer um esboço ou baixar os dados na Figura 8.9 e criar gráficos na ferramenta de sua escolha. Faça isso para obter uma melhor compreensão dos dados e o que se pode aprender com eles. Como parte disso, você provavelmente desejará responder às seguintes perguntas:

(A) Como o total de atendimentos mudou ao longo do tempo?

(B) Como os atendimentos se dividem entre os vários tipos? A mudança desejada para os canais virtuais (telefone, vídeo e e-mail) está acontecendo?

(C) Existe diferença entre cuidados Básicos e Especializados no uso dos canais virtuais?

(D) Quais alvos você recomendaria para atendimentos virtuais de cuidados Básicos e Especializados com base apenas nos dados?

ETAPA 2: Considere o contexto fornecido e o que você aprendeu na Etapa 1. Você prevê que terá que apresentar esses dados ao vivo. Crie um esboço de baixa tecnologia de sua história de dados. Você pode fazer isso por escrito, colocando as várias conclusões em palavras e criando uma lista com marcadores. Também pode usar algumas das ferramentas que discutimos — notas adesivas, storyboard e o arco narrativo. Ou talvez tenha outras ideias. Planeje sua história de dados da melhor maneira para você.

ETAPA 3: Crie a história de dados que você delineou na Etapa 2 usando a ferramenta de sua escolha.

ETAPA 4: Além da progressão ao vivo, haverá necessidade de uma página para ser enviada aos que perderam a reunião ou como lembrete do que foi tratado. Crie esse visual na ferramenta de sua escolha.

Exercício 8.10: tráfego na loja

Você é um analista de insights em um grande varejista nacional e concluiu uma análise do tráfego recente da loja e das tendências de compra. Ao visualizar os dados, acredita que há uma história convincente para contar.

O tráfego da loja diminuiu desde o ano anterior em todas as regiões. Caiu mais no Nordeste, o que faz sentido, pois sua empresa fechou várias lojas lá no ano passado. Muitos dos clientes dessas lojas agora fazem as compras em seus concorrentes. A diminuição do tráfego também é mais acentuada para seu grupo de clientes mais importante, que sua organização chama de "Super Compradores". Essa queda aumentou nos últimos meses. Mas o tráfego — o número de pessoas fazendo compras — é apenas uma peça do quebra-cabeça. Para entender como as mudanças no tráfego se refletem nas mudanças nas vendas (algo com o qual a gerência se preocupa profundamente), você também precisa levar em conta quanto as pessoas gastam enquanto estão em sua loja. Isso é medido pela "cesta", que é composta pelo número de itens comprados e o preço por item.

Os dados revelam que os clientes — e os Super Compradores em particular — estão em geral comprando menos itens; no entanto, o preço médio desses itens aumentou. É provável que isso tenha muito a ver com as promoções direcionadas que suas lojas fizeram com marcas de luxo no ano passado. Graças ao impacto positivo das promoções, você pensa em recomendar à gerência sênior que avalie mais detalhadamente as implicações financeiras decorrentes de novas promoções para os Super Compradores, tanto para testar aquela hipótese quanto, e mais importante, na esperança de reverter as tendências negativas que está vendo nos dados.

Conversando com seu gerente por meio dos visuais que criou como parte dessa análise, você percebeu que os gráficos usados para descobrir a história podem não funcionar bem para transmitir essas informações aos acionistas. Seu gerente lhe pediu para reformular os gráficos e formar um pequeno conjunto de slides para comunicar suas descobertas e recomendações à alta administração. Você decidiu usar isso como uma oportunidade para empregar as várias lições que abordamos ao longo do *SCD* e deste livro.

A Figura 8.10 mostra seus gráficos originais. Fique um tempo estudando isso e, em seguida, conclua as etapas a seguir.

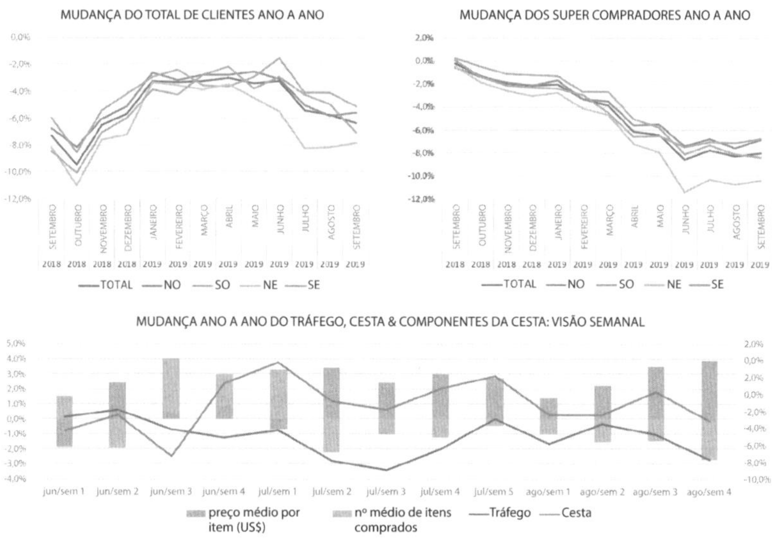

FIGURA 8.10 Seus gráficos originais

ETAPA 1: Forme sua Grande Ideia para essa situação. Lembre-se de que a Grande Ideia deve (1) articular seu ponto de vista, (2) comunicar o que está em jogo e (3) ser uma frase completa. Se for útil, consulte a planilha da Grande Ideia no Exercício 1.20. Após criá-la, discuta-a com outra pessoa e aprimore. Você acha que faz sentido formar uma frase concisa e repetível com base em sua Grande Ideia? Em caso afirmativo, crie uma, consultando o Exercício 6.12 caso necessário.

ETAPA 2: Vamos olhar os dados mais de perto. Escreva uma ou duas frases sobre cada gráfico descrevendo o ponto principal.

ETAPA 3: É hora das notas adesivas. Considerando o contexto descrito, a Grande Ideia criada na Etapa 1 e os tópicos que você delineou na Etapa 2, reflita sobre as partes do conteúdo passíveis de inclusão em seu conjunto de slides. Depois de passar alguns minutos fazendo isso, organize as peças ao longo do arco narrativo. Qual é a tensão? O que seu público pode fazer para resolvê-la?

STEP 4: Em seguida, dê mais uma olhada nos dados e comece a projetar seus gráficos. Baixe os gráficos originais e os dados subjacentes (você também encontrará alguns dados a mais ali, que podem ser úteis). Você provavelmente precisará percorrer algumas visualizações diferentes dos dados. Considere desenhar suas ideias como parte de seu processo de iteração e reflexão. Coloque em prática as lições que abordamos sobre como escolher visuais apropriados, dessaturar e centrar a atenção. Seja cuidadoso em seu design geral.

ETAPA 5: Crie o conjunto de slides que usará na apresentação com a ferramenta de sua escolha. Também descreva a narrativa relacionada a cada slide. Melhor ainda: apresente esses slides acompanhado de um amigo ou colega através de sua história baseada em dados.

ETAPA 6: Vamos tirar alguns minutos para refletir. Compare os gráficos originais com o que você criou. Você acredita que sua solução será mais eficaz? Por quê? Como foi esse processo em termos gerais? Quais partes foram mais úteis e por quê? Dá para se imaginar aplicando elementos desse exercício em seu trabalho de forma geral? Escreva um ou dois parágrafos descrevendo suas ideias.

Você conseguiu: aprendeu pelo exemplo! Praticou horrores. Aprimorou suas habilidades de contar histórias de dados. Parabéns! Se você ainda não começou, está agora com certeza pronto para praticar no trabalho. Vamos passar para alguns exercícios finais projetados para lhe dar as habilidades e a confiança de que precisa para ter sucesso ao contar histórias com dados em seu trabalho diário.

capítulo nove

pratique mais no trabalho

O capítulo final de exercícios se dedica em como aplicar as lições de *storytelling com dados* no trabalho. Você já recebeu muita orientação a esse respeito, e eu o incentivo a consultar os exercícios de *pratique no trabalho* ao longo deste livro quando enfrentar um projeto específico: o exercício inicial deste capítulo o ajudará a fazer exatamente isso.

Além disso, você encontrará orientação para integrar ainda mais o processo de *storytelling com dados* em seu trabalho diário e no de seus colegas. Isso o ajudará a examinar e praticar a totalidade das lições abordadas ao longo do *SCD* e deste livro. Você irá dispor de recursos e guias para facilitar o aprendizado em grupo e as discussões e rubricas de avaliação que podem ser usadas em seu próprio trabalho ou no de outros. Analisaremos o importante papel do feedback e a melhor forma de dar e recebê-lo, além de estabelecer — e ajudar outras pessoas a estabelecer — metas boas o bastante para lhe permitir aprimorar cada vez mais suas habilidades de contar histórias de dados. Não existe um "especialista" nessa questão; seja qual for o nível de habilidade, sempre há espaço para mais crescimento. Todos nós podemos continuar a refinar nossas habilidades e nos tornar mais sutis na forma como nos comunicamos com dados.

Até agora foi um trabalho incrível completar os exercícios (e se você não completou todos eles, tudo bem: significa que você tem mais para voltar!). Em seguida, **vamos a mais um pouco de pratique no trabalho**!

Mas, antes, será útil analisar algumas ideias para preparar você e sua equipe para o sucesso.

PRIMEIRO, VAMOS RECAPITULAR

DESENVOLVENDO SUA EQUIPE

E QUANTO A MIM?

NINGUÉM TRABALHA no VÁCUO

gerentes e líderes podem se beneficiar da capacitação da equipe para contar histórias com dados

bem como indivíduos que desejam influenciar as pessoas ao redor

CONFIGURAÇÃO TÍPICA DE UMA EQUIPE

GRUPOS MULTIFUNCIONAIS

A maioria das equipes não tem especialista em visualização, embora isso faça parte do papel do analista

EQUILÍBRIO ESTRATÉGICO & TÉCNICO

É MUITO MAIS do que TORNAR OS DADOS BONITOS

Mesmo a análise mais brilhante pode ser um esforço desperdiçado se não for comunicada de modo eficaz

PARA GESTORES

PROMOVA uma CULTURA de APRENDIZADO

faça da visualização & comunicação de dados uma parte inerente ao papel analítico

identifique quem tem uma propensão e interesse natural e apoie o seu crescimento para torná-lo um especialista

PARA EQUIPES PEQUENAS

ACEITE as RESTRIÇÕES

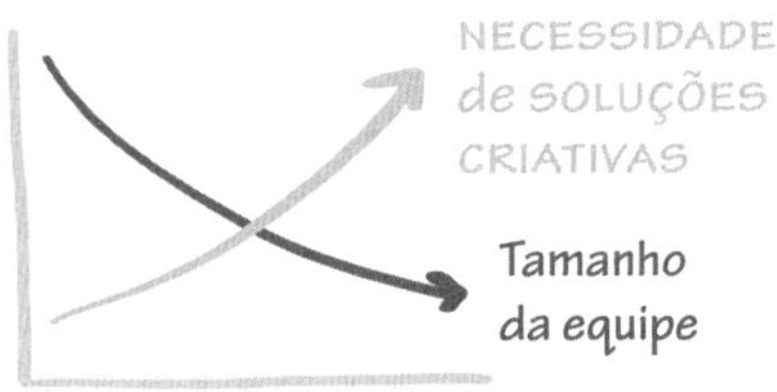

→ INCENTIVE praticar e testar novas abordagens

→ utilize recursos online gratuitos

→ procure por mentoria & orientação lá fora

PARA INDIVÍDUOS

faça um bom trabalho

Solicite feedback

compartilhe dicas sem ser dogmático

pequenos êxitos constroem confiança e credibilidade

PRATIQUE MAIS no TRABALHO

9.1
crie seu plano de ataque

9.2
defina boas metas

9.3
dê & receba feedbacks eficazes

9.4
fomente uma cultura de feedback

9.5
faça referência ao processo do *SWD*

9.6
use as rubricas de avaliação

9.7
facilite uma sessão prática da Grande Ideia

9.8
conduza uma sessão de trabalho SWD

9.9
crie condições para o sucesso com história de dados

9.10
vamos discutir

Exercício 9.1: crie seu plano de ataque

Você já viu vários exercícios de *pratique no trabalho* nos Capítulos 1 a 6. Todos eles estão listados abaixo. Ao se deparar com um projeto no qual precisa se comunicar com dados ou apresentar uma história, consulte essa lista. Determine qual combinação de exercícios funcionará melhor para suas necessidades e, em seguida, complete-as!

1.17 conheça seu público

1.18 restrinja seu público

1.19 identifique a ação

1.20 preencha a planilha da Grande Ideia

1.21 solicite feedback sobre sua Grande Ideia

1.22 criar a Grande Ideia como uma equipe

1.23 ponha as ideias para fora!

1.24 organize suas ideias em um storyboard

1.25 solicite feedback sobre seu storyboard

2.17 desenhe!

2.18 faça de novo com sua ferramenta

2.19 considere estas questões

2.20 fale em voz alta

2.21 solicite feedback

2.22 faça um acervo de visuais

2.23 explore recursos adicionais

3.11 comece com uma folha de papel em branco

3.12 você *precisa disso*?

4.9 para *que ponto seus olhos são atraídos*?

4.10 pratique a diferenciação em sua ferramenta

4.11 descubra onde focar

5.9 torne os dados acessíveis com palavras

Exercício 9.2: defina boas metas

Sou uma grande defensora do estabelecimento de metas. Quando você articula algo que gostaria que acontecesse e, em seguida, planeja os passos necessários para isso, é simplesmente mais provável ser bem-sucedido! Definir boas metas ajuda a garantir o foco contínuo no desenvolvimento e aprimoramento de suas habilidades de contar histórias com dados.

Em essência, como fazer isso é simples. Circunscreva a habilidade ou o aspecto de seu trabalho que deseja avançar. Em seguida, liste as ações específicas que você pode tomar em prol disso. Crie um senso de urgência vinculando as ações ao tempo. Deixe essa lista facilmente visível, de modo a lhe servir de constante lembrete. Compartilhe com um gerente ou colega visando expandir a responsabilização. Se você é como eu, a sensação de poder "ticar" etapas completadas que o deixam mais perto de seu objetivo é super gratificante. Ainda mais poderoso é como essas ações o ajudam a aprimorar suas habilidades e robustecer sua experiência conforme você atinge suas metas iniciais e define metas cada vez mais ambiciosas.

Caso queira uma estrutura mais específica para o estabelecimento de metas, um momento, já vou orientá-lo. Antes, uma ressalva: se tiver, hoje, um processo que funcione, o encorajo a continuar a usá-lo. Em *storytelling com dados*, estabeleço metas anuais gerais para a empresa. Trimestralmente, todos os indivíduos (inclusive eu) seguem uma estrutura de definição de metas e avaliação que aprendi no Google. Descreverei nosso processo porque pode ser útil, já que você está definindo ou ajudando sua equipe a definir metas.

Documentamos e medimos trimestralmente nossos **Objetivos e Resultados Chaves** (OKRs, na sigla em inglês) para manter o foco e a responsabilização nas metas que apoiam o negócio. Os *objetivos* definem o que o indivíduo quer realizar. Eles devem ser significativos e comunicar a ação. Os *resultados-chave* descrevem como determinado objetivo será alcançado. Devem ser agressivos mas sem deixar de ser realistas, mensuráveis, limitados em número e com prazo fixado (com frequência, alvo ou data de conclusão). Os indivíduos normalmente têm de 3 a 5 objetivos para o trimestre, cada um apoiado em 2 a 3 resultados chaves. Para ilustração, eis um exemplo de objetivo e resultados-chave associados:

OBJETIVO: Integrar com precisão a história na minha apresentação do programa piloto XYZ, obtendo aprovação para os recursos necessários para oficializar e expandir o programa.

- RESULTADO-CHAVE 1: Completar *os* exercícios 1.17, 1.20, 1.21, 1.23, 1.24, 6.12 e 6.14 de *SCD: vamos praticar!* para dois projetos diferentes até 31/jan.
- RESULTADO-CHAVE 2: Planeje e crie materiais separados até 15/jan, configurados sob medida para apresentação ao vivo e resumo por e-mail. Solicite e incorpore feedback da Parte Interessada A até 31/jan.
- RESULTADO-CHAVE 3: Faça três apresentações práticas para colegas neste trimestre e integre seus comentários para aprimorar meu conteúdo, fluxo e estilo de trabalho.

Após os OKRs individuais serem finalizados, nós os publicamos e disponibilizamos para a equipe toda. A transparência naquilo que cada um está tentando realizar é um fator que aumenta as chances de sucesso de todos.

Encerrado o trimestre, por volta de uma semana depois revisamos e classificamos os OKRs do último trimestre. Essa reflexão é útil, tanto para comemorar sucessos quanto para avaliar em que ponto não houve o progresso planejado. A classificação — uma das etapas mais importantes — leva essa parte do processo um passo à frente. Para isso utilizamos uma escala simples de 0 a 10, com zero indicando nenhum progresso e 10 indicando que o resultado-chave foi inteiramente alcançado (por exemplo, caso seu resultado-chave tenha sido criar 12 gráficos por intermédio de uma nova ferramenta que está aprendendo, e você criou 12, a pontuação é 10; se você criou 6, pontua 5 e assim sucessivamente).

Penso que atribuir um número ajuda cada um de nós a ser sincero consigo mesmo e garante uma responsabilização adequada. É fácil dizer: "Eu poderia ter feito mais." Mas quando me dou um zero ou dois (por exemplo), há um nível diferente de introspecção: Por que não fiz mais? As prioridades mudaram e tudo bem? Ou, se não: o que me impede de fazer mais? Como mudar isso no futuro? Eu tenho essas conversas comigo mesma (e com meu marido, que também trabalhou no Google e ajuda a me manter responsável!) sobre meus próprios OKRs e com as pessoas da minha equipe sobre os deles. Agregamos a pontuação de cada objetivo calculando a média das pontuações dos resultados-chave para esse objetivo. A média das respectivas pontuações dos objetivos fornece um resumo do trimestre geral. Em suma, revisar os OKRs do trimestre anterior e as pontuações correspondentes ajuda a gerar conversas realmente úteis sobre o que está indo bem, prioridades concorrentes, desafios e possíveis soluções. Isso tudo alimenta o próximo processo de configuração de OKR para o trimestre atual e fazemos tudo de novo.

Dou ao processo de OKR o crédito de ter me ajudado a melhorar continuamente minhas habilidades e a criar e expandir um negócio de sucesso. Valorizo o pensamento disciplinado que impõe e a forma como oficializa a responsabilização. Ele estabelece indicadores para medir o progresso: a qualquer momento, cada um de nós sabe em que pé está, o que falta fazer em relação ao que nos propusemos realizar, e onde estamos sendo bem-sucedidos. À medida que minha equipe cresce, isso também ajuda a garantir que todos saibam o que é importante e possam alinhar seus objetivos individuais para que todos trabalhemos em direção à mesma meta.

Sua vez! Há uma meta específica que relacionou ao cultivo de suas habilidades para visualizar ou se comunicar com dados de maneira eficaz? Anote-a. Em seguida, identifique 2 a 3 resultados-chave que o ajudarão a alcançar esse objetivo. Discuta isso com seu gerente. Deixe-o visível em algum lugar que verá regularmente. Parabéns, você acabou de escrever seu primeiro OKR. A seguir, complete-o!

Para saber mais sobre a definição de metas em geral e o processo de OKR em particular, confira o episódio 13 do podcast *storytelling with data* (storytellingwithdata.com/podcast) [conteúdo em inglês] cujo foco é a definição de metas.

Exercício 9.3: dê & receba feedbacks eficazes

Nós todos sabemos que obter feedback e reiterar são aspectos dos mais relevantes no processo de aprimoramento de nossas habilidades. Não obstante, pode ser compreensivelmente difícil ser receptivo às críticas. Ao receber feedback, ficar na defensiva em vez de realmente ouvir e absorver é mais fácil. Adiante, alguns pensamentos relacionados a isso o ajudam a obter — e dar — um feedback mais eficaz. Da próxima vez que precisar de informações, consulte o seguinte.

Determine a quem perguntar. Pense em alguém bem posicionado para fornecer feedback com base em suas necessidades específicas. É comum pensarmos primeiro em uma pessoa familiarizada com a situação, mas convém refletir por um momento sobre que tipo de feedback lhe será mais produtivo. A falta de contexto pode ser uma coisa boa porque garante uma perspectiva inteiramente nova. Isso pode ser especialmente útil se esse alguém não estiver próximo desse trabalho, pois ajudará a apontar linguagem inacessível, suposições feitas inconscientemente, tipos de visualizações desconhecidos ou outros problemas que podem inibir a comunicação. Dito isso, o feedback de especialistas às vezes é uma garantia. É o caso, por exemplo, quando se tem pela frente um público técnico e seja preciso se assegurar de que está bem preparado para avaliações precoces ou quando algum nível de contexto for necessário para oferecer feedback eficaz.

Tempo certo. A questão do tempo é importante, para você e para as pessoas a quem pede feedback. Em geral, quanto mais cedo no processo você obtiver informações, melhor. Nesse aspecto, você se esforçou menos, o que significa que está menos ligado a um determinado caminho ou saída, podendo mudar de rumo com mais facilidade. Especialmente se os demais envolvidos forem fortemente opinativos, iniciar o processo de feedback logo de início pode ajudar a reduzir as iterações ao longo de um projeto. Dito isso, haverá diferentes aspectos do trabalho que as pessoas podem avaliar melhor ao dispor do pacote completo em comparação a um que esteja em estágio inicial (uma simulação ou algo desenhado à mão, por exemplo); assim, obter feedback em vários pontos do processo pode ser útil para projetos altamente críticos. Olhando a questão do tempo sob o ponto de vista do crítico, tente compatibilizar seus pedidos de feedback com o que for conveniente para a agenda dele. Se você achar difícil obter o feedback de alguém quando precisar, procure fazer isso ao vivo, ocasião que permite revisar e obter as informações necessárias. Seja agradecido com quem o fornece.

Clareza no foco. Você quer estar certo de que o gráfico é fácil de ler, que colocou seu ponto de forma eficiente, ou outra coisa? Seja o mais específico possível sobre os pontos onde precisa obter feedback, para que lhe seja útil. Nas considerações sobre isso, reflita se convém compartilhar o contexto de quem é o público: com o que ele se importa ou qual conhecimento tem. Também pode ser produtivo transmitir quais restrições você enfrentou como parte do processo — ou quais restrições enfrentará para incorporar o feedback. Por exemplo, se o tempo é curto e você só precisa de uma segunda opinião sobre se algo funciona, pode deixar isso claro: "Diga-me o que acha disso. Tenho que enviá-lo hoje, então estou procurando qualquer coisa que não esteja clara, ou problemas que eu possa resolver rapidamente até às 17h. Há algo que você pode compartilhar?". Por outro lado, se houver tempo suficiente, pode ampliar a abrangência de seu pedido de feedback: "Tudo está, de fato, em aberto. Estou tentando entender por completo o que está funcionando bem e como posso aprimorar ainda mais."

Ouça, não fale. Quando alguém faz uma crítica construtiva, é natural querer responder e justificar sua decisão. Evite argumentar, pois isso pode encerrar a conversa. Em vez disso, receba-a com a mente aberta e sem julgar o feedback. Dê a entender que ouviu. Tome notas. Incentive a pessoa que está dando o feedback a continuar falando. Faça uma sondagem, colocando questões que possibilitem entender melhor esse ponto de vista alternativo. Se necessário para ajudar a conduzir a conversa, consulte as seguintes perguntas.

Depois de escutar: faça perguntas. Caso necessite de mais feedback após ouvir, use os seguintes itens de discussão.

- Para onde você olhou primeiro na página?
- Qual é o aspecto ou a mensagem principal?

- Fale-me sobre como é seu processo de observar o gráfico: No que você presta atenção primeiro? E depois?
- Há alguma coisa que faria de modo diferente? Qual?
- Algo está desviando a atenção da mensagem?
- Só para encerrar. Você pode me dizer o ponto principal ou a história? Do que mais você se lembra?

Reflita sobre a informação recebida. Nem todo feedback é igual, e às vezes você ouvirá maus conselhos. Normalmente, o fator determinante da aceitação, ou não, é a origem dele. Dito isso, se achar que está encontrando resistência, pare um instante e realmente tente se livrar do sentimento de apego ao que criou para descobrir o que não está funcionando. Se estiver inseguro quanto ao feedback que recebeu, procure outra opinião. Caso ela confirme a primeira, não assuma que o problema está com quem o deu — assuma que seja algo no design. Vá atrás e procure entender isso para poder identificar e resolver a questão de fundo.

Dê um bom feedback. Tornar-se bom em *dar* feedback pode ser benéfico no sentido de conceber o mesmo que você gostaria de receber de outras pessoas. E pode também ajudá-lo a aguçar seu pensamento em prol da melhora de seu próprio trabalho. Evite a postura dogmática de preto ou branco. Ao dar feedback, pense em termos empáticos: a pessoa provavelmente levou tempo criando o que está compartilhando com você e se colocando em uma posição de vulnerabilidade quando o pede. E também é provável que tenha enfrentado restrições que você desconhece. Peça-lhe que seja claro sobre o feedback que deseja para que você possa direcionar seus comentários em conformidade. Sempre dê feedback sobre o trabalho, não sobre a pessoa. Antes de dar ideias para mudanças, realce o que está bem-feito. A esse respeito, ouvi que a abordagem de uma equipe para dar feedback uns aos outros é completar as seguintes frases: "Gosto de...", "Tenho perguntas sobre..." e, finalmente: "Eu sugiro..." Outra concepção similar de feedback é analisar/discutir/sugerir, na qual você começa analisando o gráfico ou slide, ou apresentação. Depois de passar algum tempo fazendo isso, discuta. Sugestões, só depois de percorrer esse caminho.

Improvisos são bem-vindos, também. Embora o processo de obtenção de feedback possa ser formalizado — por exemplo, uma das ideias do próximo Exercício 9.4 é organizar uma sessão de feedback em grupo — nem sempre será o caso. Ao se perguntar se algo funciona, imprima ou peça a um colega para espiar seu computador e compartilhar seus pensamentos. Cenários mais improvisados podem também ser fonte de ideias desse exercício. Obtenha informações de outras pessoas para iterar e elevar seu trabalho de bom para ótimo!

Além de buscar feedback para seu próprio trabalho, existem etapas que podem ser percorridas para ajudar a construir uma cultura na qual ele faça parte da norma para sua equipe ou organização mais ampla. Falaremos mais sobre isso no próximo exercício.

Exercício 9.4: fomente uma cultura de feedback

Vimos que os comentários de outras pessoas são fundamentais para entender o que está funcionando e quando é necessária uma iteração adicional conforme você aprimora suas habilidades de contar histórias de dados. Criar uma cultura aberta em que o feedback seja parte da norma, na equipe ou organização, é um fator essencial disso — e geralmente significa tomar medidas de fomento intencionais.

Provavelmente, apenas dizer às pessoas que elas precisam pedir ou dar feedback não basta para criar o tipo certo de ambiente enriquecedor. No trabalho, a pressão é muitas vezes alta. Isso às vezes faz com que os indivíduos hesitem em admitir que precisam dele. Em uma cultura enviesada, um feedback mal entregue pode ser considerado um ataque pessoal em vez de uma crítica construtiva, comprometendo seu custo-benefício. Dito isso, se você ou sua equipe enfrentam desafios nessa área, há muitas coisas que se pode fazer para mudar a cultura e ajudar as pessoas a praticar e desenvolver confiança quando se trata de dar e receber feedback. Aqui estão algumas ideias:

- **Introduza um tempo para "apresentação & discussão" nas reuniões regulares da equipe.** Reserve dez minutos dessas reuniões da equipe para um dos membros apresentar algo em que está trabalhando ou que concluiu recentemente. Em seguida, abra uma conversa na qual cada pessoa compartilhe um ponto positivo sobre o trabalho e uma sugestão de melhoria. Faça um rodízio.
- **Nomeie os "parceiros de feedback".** Reúna pares de pessoas em sua equipe (ou entre equipes) e defina quais pontos em um projeto as pessoas devem buscar e fornecê-lo, ou com que frequência durante um

determinado período de tempo (por exemplo, duas vezes por semana durante um mês). Os gerentes podem ajudar na responsabilização das pessoas perguntando sobre o feedback recebido e incorporado durante as atualizações individuais ou do projeto. Após um certo período predeterminado (um mês ou trimestre), refaça os grupos. Isso pode ajudar a forjar relacionamentos mais fortes entre sua equipe ou entre equipes e também integrá-lo regularmente ao processo.

- **Promova uma "sessão rápida" de feedback.** Convide os que têm um gráfico ou slide específico sobre o qual gostariam de receber feedback. Peça-lhes para trazer uma cópia para a sessão. Coloque as mesas em filas opostas para que as pessoas se enfrentem em pares. Identifique um cronometrista com voz alta para gerenciar a sessão. No primeiro "Vá!", peça a cada dupla para trocar o impresso que trouxe e lhes dê um minuto para revisar em silêncio. Cada um deve então passar dois minutos fazendo perguntas e dando sugestões (com o cronometrista observando o relógio, alertando a todos quando mudar o foco). Cada dupla ficará junto por cinco minutos (um minuto de revisão + dois de sugestões uma para a outra). Após cinco minutos, faça com que os que estiverem de um lado da mesa movam os assentos de forma que a pessoa na ponta passa a ocupar o lugar que ficou vazio no lado oposto. Repita até que você fique sem pessoas ou tempo. Se sua organização realiza eventos de treinamento ou reuniões menos formais, essa pode ser uma atividade de integração divertida da equipe ou entre equipes.
- **Conduza uma sessão formal de feedback.** Agende uma hora para esta atividade. As pessoas devem trazer uma cópia física de algo sobre o qual gostariam de receber feedback (um storyboard, um gráfico, um slide, uma apresentação). Defina as expectativas para a sessão e compartilhe dicas para fornecê-lo de maneira eficaz (veja o Exercício 9.3). Estabeleça grupos de três pessoas. Cada um no grupo deve passar cinco minutos contextualizando o que trouxe para compartilhar e o feedback específico que busca, seguido de dez minutos de discussão em grupo e sugestões. Em rodízio, cada pessoa do grupo deve ter a oportunidade de compartilhar seu trabalho e obter feedback (para um total de três segmentos de 15 minutos, cada um focado no trabalho da Pessoa A, da Pessoa B e da Pessoa C). Termine comentando com todos sobre o que funcionou bem, se fará de novo e o que faria diferente da próxima vez. Essa pode ser uma sessão autônoma ou também ser funcional como parte de uma reunião externa.

Também pode ser útil criar fóruns fora do trabalho para apresentar e trocar feedback. Isso alivia a pressão, facilitando dar e receber críticas. À medida que se acostumam a trocá-lo em um ambiente de baixo risco, as pessoas começam a formar um hábito que pode capacitá-las melhor no ambiente de trabalho. Essa pode ser uma abordagem particularmente inteligente se você estiver procurando mudar a cultura em um ambiente tradicionalmente avesso ao feedback aberto. Eis algumas ideias relacionadas a isso:

- **Introduza um tempo para "revisão & crítica" nas reuniões regulares da equipe.** Isso se assemelha ao "apresentar e discutir" levantado há pouco, mas se detém em exemplos disponíveis publicamente, em vez de no trabalho. O aspecto positivo disso é o potencial de eliminar por completo o criticismo personalista. Atribua com antecedência a um membro da equipe a tarefa de obter um gráfico, slide ou visualização de dados em uma fonte externa (por exemplo, a mídia). Fale a respeito durante algum tempo, depois peça a cada pessoa para compartilhar um ponto positivo sobre o trabalho e uma sugestão sobre o que se pode fazer de maneira diferente. Faça um rodízio entre eles. Pode haver uma tendência de procurar exemplos não eficazes, o que é bom, mas avaliar bons exemplos em uma ocasião assim pode gerar conversas produtivas e ajudar as pessoas a identificar elementos mais delicados de feedback também.

- **Crie um #SWDchallenge mensal para a equipe.** Consulte o Exercício 2.16 ou storytellingwithdata.com/SWDchallenge [conteúdo em inglês] para conhecer melhor nossos desafios mensais. Como equipe, você pode participar de um desafio ao vivo, escolher um dos arquivos ou criar o seu próprio. Na primeira semana do mês, estabeleça o desafio específico e incentive os participantes a identificar dados de interesse não relacionados ao trabalho. Durante o resto do mês, indivíduos ou parceiros devem criar suas respectivas visualizações de dados. No final do mês, agende um encontro presencial ou virtual e convide quem participou. Faça com que cada pessoa ou dupla apresente sua criação e obtenha feedback de outras. Essa ideia foi inspirada em Simon Beaumont (Diretor Global de Inteligência de Negócios da Jones Lang LaSalle), que vem fazendo algo semelhante com sua equipe. Simon observou que, com o tempo, isso levou a uma melhor visualização de dados e uma troca de feedback mais produtiva entre sua equipe de um modo geral. Além disso, as sessões de feedback do webinário são gravadas e amplamente disponibilizadas para que outras pessoas na organização também possam acompanhar e aprender.

Caso sua equipe possa se beneficiar cultivando uma cultura de feedback, pare por um momento e pense em como fazer isso da melhor maneira possível e se uma dessas ideias pode ajudar. Dê-se a liberdade de projetar algo que funcione bem para sua equipe com base no ambiente. Aprenda, repita e determine como evoluir o modo pelo qual você facilita o feedback ao longo do tempo. Fazer isso bem pode ajudar todos a aprimorar suas habilidades e criar melhores comunicações de dados!

Exercício 9.5: faça referência ao processo do SCD

Ao longo deste livro, abordamos seis lições para prepará-lo para comunicações de dados bem-sucedidas. Pode ser produtivo revisitá-los com um projeto específico em mente. Quando precisar se comunicar com dados, leia o que se segue a título de lembrete das principais lições que vimos e de algumas ideias para refletir sobre o projeto no qual atua (cada uma delas corresponde a um capítulo do mesmo número). Consulte as soluções de *pratique com Cole* em cada capítulo para obter ilustrações e exemplos, e os exercícios de *pratique no trabalho* para orientação adicional sobre a aplicação das várias lições.

(1) Entendendo o contexto. Quem é seu público? O que o motiva? O que você quer comunicar a ele? **Articule sua Grande Ideia.** A Grande Ideia tem três dimensões: (1) articula seu ponto de vista, (2) transmite o que está em jogo e (3) é uma frase completa. **Crie um storyboard** das dimensões que você abordará com seu público para ajudá-lo a entender a situação e convencê-lo a agir. Determine qual a ordem mais funcional; organize notas adesivas para criar o fluxo narrativo desejado. Agora você tem um plano de ataque a seguir. Obtenha informações do cliente ou dos envolvidos neste momento, se possível.

(2) Escolha um visual eficaz. O que você deseja comunicar? Identifique o ponto-chave e de que modo pode mostrar seus dados para que seja fácil para seu público entender. Normalmente, isso significa iterar e examinar seus dados de várias maneiras diferentes para encontrar o gráfico que o ajudará a criar aquele momento eureca. **Desenhe!** Considere quais ferramentas e outros recursos você tem à sua disposição para realizar seu desenho e depois **criá-lo**. Peça feedback de mais alguém para saber se o visual atende ao propósito pretendido ou lhe dar dicas sobre onde iterar.

(3) **Identifique & elimine a saturação.** Há algo que não está agregando valor? **Localize elementos desnecessários e os exclua.** Diminua a carga cognitiva conectando visualmente coisas relacionadas, mantendo o espaço em branco, alinhando elementos claramente e evitando componentes diagonais. Use contraste visual com moderação e estratégia: não deixe sua mensagem se perder devido à saturação!

(4) **Mantenha atenção total.** Para qual ponto você quer que seu público olhe? Determine de que modo pode chamar a sua atenção para o que você quer que eles vejam, por meio da posição, tamanho e cor. Use cor moderada e estrategicamente, considerando matiz, marca e daltonismo. **Utilize o teste "Para onde seus olhos são atraídos?"**, para entender se está usando atributos pré-atentivos para direcionar com eficácia a atenção de seu público.

(5) **Pense como um designer.** Palavras ajudam os dados a fazer sentido. Deixe claros os eixos e título/rotulagem de gráficos, e **empregue títulos de ação** para responder à pergunta: "E daí?" **crie uma hierarquia visual** de elementos para facilitar o processamento e deixar evidente como interagir com suas comunicações visuais. **Preste atenção aos detalhes:** não permita que pequenos problemas comprometam a credibilidade de sua mensagem. Torne seus designs visuais acessíveis. Atenha-se aos detalhes mais sutis de seu design: seu público irá apreciá-lo, aumentando as chances de uma comunicação bem-sucedida.

(6) **Conte uma história.** Consulte sua Grande Ideia: **crie uma frase concisa e repetível** com base nela. Revisite seu storyboard e organize os elementos de sua história ao longo do **arco narrativo**. Qual é a tensão? Como seu público pode agir para resolvê-la? Onde e como os dados se encaixam na narrativa? De que modo seus materiais para uma apresentação ao vivo diferem daqueles para análise por conta própria? Crie uma história de dados que capture a atenção de seu público, conduza uma discussão consistente e influencie a ação!

Quer manter esta lista em sua mesa para fácil referência? Uma versão para download está disponível em storytellingwithdata.com/letspractice/downloads/SWDprocess [conteúdo em inglês].

Como saber se você aplicou bem essas lições? Consulte o Exercício 9.6 para uma rubrica de avaliação que pode ser usada para isso.

Exercício 9.6: use uma rubrica de avaliação

Normalmente não uso rubricas [ferramentas de avaliação] no contexto de visualização e comunicação de dados. Como as pessoas gostam de regras, têm uma forte inclinação em adotar uma abordagem estereotipada diante de um pensamento mais sutil. Dito isso, entendo o desejo de dispor de um modo de avaliar a eficácia do seu próprio trabalho ou de outros. Considere a estrutura a seguir como um ponto de partida para atender a essa necessidade.

Intencionalmente, não prescreverei um método ou estereótipo de como isso deve ser usado. Vou descrever algumas opções, mas o convido a refletir no que faz sentido em face de sua situação específica. Você é um gerente dando feedback para uma pessoa ou um grupo de pessoas em sua equipe? Um instrutor precisando avaliar tarefas? Ou alguém que deseja julgar seu próprio trabalho?

Quem procura tão somente uma maneira estruturada de avaliar o próprio trabalho ou o de outros, pode usar a lista que se segue, que contém itens de verificação, ou aplicar alguns rótulos simples (eu, pessoalmente, gosto da escala de três categorias de "acertou em cheio!", "bom", e "mais atenção é necessária"; às vezes você também pode ter uma quarta categoria de "não aplicável"). Uma pontuação numérica será útil se você precisar avaliar vários indivíduos ou ver mudanças ao longo do tempo (por exemplo, classificação). Você pode usar uma escala simples de 1 a 3, compatível com as categorias acima, ou uma de 1 a 10 se desejar um nível mais refinado de detalhes ou achar isso mais intuitivo.

Componente	Avaliação
Eu entendo como ler o(s) gráfico(s).	
A escolha do visual faz sentido considerando os dados e o que está sendo comunicado.	
O contexto que está presente é apropriado em face de dados/metodologia/antecedentes.	

As palavras são bem usadas nos títulos, rótulos, anotações e explanações.	
A saturação visual é mínima ou ausente.	
Está claro onde devo focar primeiro.	
As cores são usadas eficazmente.	
Não há na comunicação erros de ortografia, gramaticais e de matemática.	
O design geral é bem estruturado: os elementos estão alinhados, o espaço em branco é bem utilizado.	
A ordem do conteúdo faz sentido.	
Materiais otimizados conforme conteúdo.	
A mensagem principal e/ou chamada à ação são claras.	
Sucesso geral: a comunicação criada resolve a necessidade à qual se propôs satisfazer.	

FIGURA 9.6 Exemplo de rubrica de avaliação

A lista anterior deve ser ajustada de acordo com o que você está avaliando. É um gráfico? Um slide? Uma apresentação inteira? Podem existir alguns componentes que não fazem sentido em um trabalho em particular. Em contrapartida, pode ser necessário adicionar outros aspectos a fim de ter a imagem completa. Sugiro alterar a rubrica para melhor atender às suas necessidades. As linhas finais estão ali propositalmente, para incentivá-lo a pensar em quais componentes extras podem fazer sentido em função das especificidades do que você está tentando avaliar.

Encerro este exercício assinalando que há uma série de elementos intangíveis, mais difíceis de avaliar em uma estrutura como essa. São pequenas coisas, que somadas criam uma experiência boa ou nem tanto. Há algo sobre a maneira como isso se dá que também contribui para o sucesso geral. Por exemplo, um aspecto a ser levado em conta é se e como o tempo foi otimizado, em face da importância relativa do que precisa ser feito. Você não precisa aplicar todo o processo do *storytelling com dados* toda vez que mexer com os dados: seja inteligente sobre onde e como aplicar as várias lições que abordamos para obter o máximo benefício com o mínimo de trabalho adicional. Esse tipo de eficiência e priorização deve ser reconhecido.

Enquanto você trabalha em um projeto atual, use o Exercício 9.5, que delineou o processo SCD. Ao terminar, analise esta rubrica como uma avaliação final para se assegurar que todos os componentes foram devidamente tratados.

Você pode baixar essa rubrica e ajustar para suas próprias necessidades em storytellingwithdata.com/letspractice/downloads/rubric [conteúdo em inglês].

Exercício 9.7: facilite uma sessão prática da Grande Ideia

Uma importante ação preliminar à visualização e criação de conteúdo é dar-se um tempo para entender o contexto, considerar seu público e criar sua mensagem. Essa reflexão pode render um retorno maciço porque permite atender melhor às necessidades do público, transmitir sua mensagem e impulsionar a ação que você requer. Uma maneira de incentivar e iniciar esse processo em uma equipe é organizar e conduzir uma sessão prática da Grande Ideia.

Estas orientações devem ser suficientes para lhe dar aquilo que precisa para introduzir o conceito da Grande Ideia e facilitar um exercício com componentes de discussão individual, com um colega e em grupo.

O objetivo geral é ajudar os participantes a praticar a articulação da Grande Ideia e dar e receber feedback para aprimoramento.

Trabalho de preparação: o que fazer com antecedência

Leia estas orientações. Reveja também os exercícios relacionados com a Grande Ideia no Capítulo 1. Explique a Grande Ideia a outra pessoa e lhe peça para fazer perguntas. Esse diálogo o ajudará a se sentir confortável ao falar sobre esse conceito, preparando-o melhor para se apresentar a um grupo. Se possível, faça isso algumas vezes com pessoas diferentes!

Em termos de logística da sessão, decida quem vai participar. Reserve uma sala e envie um convite por e-mail para uma reunião de 60 minutos. O ideal é que todos possam comparecer pessoalmente (se não for possível, reúna os participantes remotamente e faça com que todos sintonizem na sala principal para a apresentação e sua fala de abertura). Imprima uma cópia da planilha da Grande Ideia por pessoa (você pode fazer cópias do Exercício 1.20 ou baixar em storytellingwithdata.com/letspractice/downloads/bigidea [conteúdo em inglês]). Se as pessoas tendem a usar notebooks para tudo, arrume um punhado de canetas: este exercício é melhor realizado no modo baixa tecnologia (incentive as pessoas a deixar os notebooks de lado!).

Exemplo de programação (hora/minutos)

00:00 - 00:10 Apresente a Grande Ideia, fale através de um exemplo

00:10 - 00:20 Exercício prático (planilha da Grande Ideia)

00:20 - 00:30 Discussão do primeiro parceiro

00:30 - 00:40 Discussão do segundo parceiro

00:40 - 01:00 Discussão em grupo

Um cenário para apresentar a Grande Ideia

Apresente a Grande Ideia com os três componentes — lembre-se, a Grande Ideia deve:

1. Articular seu ponto de vista exclusivo
2. Transmitir o que está em jogo
3. Ser uma frase completa.

Para ilustrar, apresente o cenário a seguir (extraído de *storytelling com dados*, Alta Books, 2017), em seguida demonstre o exemplo da Grande Ideia. Alternativamente, você pode usar um cenário e a Grande Ideia correspondente de um exercício no Capítulo 1 de *pratique com Cole* ou criar um você mesmo.

CENÁRIO: Um grupo de nosso departamento de ciências estava debatendo livremente sobre como resolver um problema permanente que temos com os alunos que chegam ao quarto ano do ensino fundamental. Parece que quando as crianças têm a primeira aula de ciências, já chegam com a postura de que vai ser difícil e não gostarão. No início do ano letivo, demora um bom tempo para superar isso. Então, pensamos: e se tentarmos expor as crianças à ciência mais cedo? Podemos influenciar a sua percepção? Fizemos um projeto-piloto de um curso de férias no ano passado, com o objetivo de fazer exatamente isso. Convidamos alunos do ensino fundamental e formamos um grande grupo de alunos do segundo e terceiro ano. Nosso propósito era lhes dar uma exposição precoce à Ciência na esperança de formar uma percepção positiva. Para testar se fomos bem-sucedidos, avaliamos os alunos antes e depois do programa. Descobrimos que, ao entrar no programa, o maior segmento de alunos, 40%, sentia-se apenas "Bem" em relação à Ciência, enquanto que, após o programa, a maioria mudou para percepções positivas, com quase 70% dos alunos experimentando algum nível de interesse em ciências. Achamos que isso demonstra o sucesso do programa e que devemos não apenas continuar a oferecê-lo, mas também expandir nosso alcance com sua continuidade.

Vamos imaginar que estamos comunicando à comissão de orçamento, que controla os recursos financeiros de que precisamos para continuar nosso programa. **A Grande Ideia** poderia ser: *O programa-piloto do curso de férias foi bem-sucedido na percepção dos alunos sobre a Ciência e, graças a esse sucesso, recomendamos continuar a oferecê-lo continuamente; favor aprovar nosso orçamento para continuar esse importante programa.*

Essa Grande Ideia:

1. Articula seu ponto de vista (devemos continuar esse importante programa),
2. Transmite o que está em jogo (bem-sucedido na percepção dos alunos sobre a Ciência), e
3. É uma frase completa (e única!).

Após apresentar a Grande Ideia e falar por meio de um exemplo, é hora de entregá-la aos participantes para praticar.

Exercício prático: planilha da Grande Ideia

Peça a cada participante para identificar um projeto. Pode ser qualquer exemplo no qual seja preciso comunicar algo para um público (algo sobre o qual possam falar abertamente, pois compartilharão com os demais). Distribua a planilha da Grande Ideia e peça aos participantes que trabalhem com ela para o projeto selecionado.

Reserve **10 minutos** para isso. Enquanto o grupo trabalha na planilha da Grande Ideia, percorra a sala, para monitorar o progresso e responder a eventuais perguntas. Após aproximadamente 10 minutos ou quando perceber que quase todos terminaram de escrever sua Grande Ideia (e esperamos que todos tenham pelo menos começado), você pode começar a discussão com o parceiro.

Discussão do parceiro

Tudo bem se nem todos completarem a respectiva Grande Ideia, pois eles ainda terão uma chance para tal quando conversarem com os parceiros. Em seguida, peça-lhes que se juntem e se revezem, compartilhando sua Grande Ideia e dando feedback uns aos outros. Tenho por hábito dar algumas instruções específicas relacionadas a isso:

- Se houver pessoas na sala mais familiarizadas com o que você vai falar e outras menos, faça parceria primeiro com alguém deste último grupo. No caso de isso exigir ficar de pé e andar pela sala, faça-o.
- O trabalho desse parceiro é muito importante: fazer várias perguntas à pessoa que está lendo sua Grande Ideia, ajudando-a a ser clara e concisa em sua mensagem.

Dê **10 minutos** para esta discussão inicial com o parceiro. Circule pela sala para responder a eventuais perguntas. Decorridos uns 5 minutos, verifique com cada grupo se eles passaram para a segunda pessoa, para que ambos os parceiros tenham a chance de compartilhar e obter feedback.

Após cerca de 10 minutos, oriente os participantes a trocar e fazer parceria com outra pessoa e repita o processo de revezamento para compartilhar e receber feedback. Novamente, cheque cada um na marca de 5 minutos para garantir a mudança para a segunda pessoa, de modo que as duas em cada grupo de parceiros tenham a oportunidade de compartilhar e receber feedback. Reserve 10 minutos para essa segunda iteração de feedback do parceiro. Em seguida, oriente os participantes a se reunirem de novo para a discussão em grupo.

Facilitar a discussão em grupo

A discussão em grupo que você orienta depois do trabalho individual e em parceria é importante para reforçar o conteúdo e ajudar a esclarecer quaisquer dúvidas ou obstáculos que possam ter surgido como parte do exercício da Grande Ideia.

A seguir, perguntas para despertar ideias (pause após cada uma delas e deixe a conversa fluir naturalmente, ajudando a reforçar os pontos principais abaixo):

- Você achou que o exercício foi fácil ou desafiador?
- O que foi mais difícil nesse exercício?
- Como você conseguiu chegar a uma única frase?
- Levante a mão quem achou útil o feedback dos parceiros?
- O que foi útil no feedback dos parceiros?

Pontos de discussão na conversa:

- **Resumir em uma única frase é difícil.** A concisão é surpreendentemente difícil, em especial quando estamos muito ligados ao trabalho: é difícil deixar de lado todos aqueles detalhes! A Grande Ideia não será a única coisa que você comunicará; em vez disso, o conteúdo de apoio entrará em campo.
- **Há várias estratégias que podem ajudar você a sintetizar a Grande Ideia.** Às vezes, pode ser produtivo escrever algumas frases primeiro e depois cortar os excessos. A planilha da Grande Ideia também pode ser útil, pois separa cada componente para que você possa lidar com eles um por vez. No momento em que se chega ao final, as peças estão todas à mão — é como um quebra-cabeças que você pode montar de um jeito que faça sentido.
- **Reduzir a uma única frase é importante.** Restringir a frase é algo arbitrário, mas ela deve ser propositalmente curta. Isso o força a dispensar a maioria dos detalhes. Você provavelmente também terá que ser hábil

com as palavras, algo fundamental: a clareza do pensamento acontece por meio desse processo de escolha sábia de palavras.

- **Dizer em voz alta ajuda muito.** Quando dizemos coisas alto e claro, isso vai estimulando diferentes áreas do nosso cérebro à medida que nos ouvimos. Se você se enrola ao ler sua Grande Ideia, ou algo simplesmente não soa bem, isso pode ser uma indicação de qual ponto iterar. Assim, há um benefício em dizer a Grande Ideia em voz alta, mesmo que seja para você mesmo em uma sala vazia. Melhor ainda se alguém estiver presente para reagir ao que você disse, o que nos leva ao próximo ponto.
- **O feedback do parceiro é essencial.** Conforme nos aprofundamos no trabalho que fazemos, vamos desenvolvendo conhecimento tácito: coisas que sabemos que esquecemos que os outros não sabem (linguagem especializada, suposições ou algo que tomamos como dado). Uma boa pedida para identificar essas questões é conversar com um parceiro e fazer ajustes caso necessário. Esse diálogo o ajuda, tanto com relação ao aspecto principal que deseja ser bem entendido, quanto a encontrar as palavras certas para alcançar esse intento.
- **Não é necessário nenhum contexto prévio para o parceiro.** Pode ser proveitoso seu parceiro não dispor de nenhum contexto, devido ao tipo de perguntas que isso o levará a fazer. Perguntas simples como: "por quê?" costumam ser úteis, pois ajudam a apontar algo que é óbvio para nós, mas não para outrem, e também pela lógica envolvida, que nos obriga a articular na hora de responder. Seu público jamais estará tão próximo do seu trabalho quanto você, portanto, solicitar feedback de alguém menos familiarizado pode ser muito produtivo no sentido de escolher as palavras certas para tornar acessível e compreensível o elemento central de sua apresentação.
- **Articular claramente a Grande Ideia facilita a criação de sua comunicação.** Se você não consegue expressar com clareza seu ponto de vista em uma única frase, como formará um conjunto de slides ou relatório com essa mesma pretensão? Não é incomum irmos direto para nossas ferramentas e começarmos a construir conteúdo, sem ter um objetivo claro em mente. A Grande Ideia é esse objetivo claro — a bússola que direciona o processo de geração de conteúdo de apoio. Uma vez formulada, é o teste decisivo aplicado a qualquer conteúdo candidato à inclusão: isso me ajuda a transmitir minha Grande Ideia?

Boa sorte facilitando a sessão da Grande Ideia!!

Exercício 9.8: conduza uma sessão de trabalho SCD

Costumo facilitar sessões de trabalho com equipes após realizar uma oficina de *storytelling com dados*. Nunca deixo de me surpreender com o progresso que as pessoas são capazes de fazer com algumas ferramentas de baixa tecnologia e alguma dedicação. Reúna alguns colegas, leia o *SCD* ou este livro e use o guia descrito nas páginas a seguir para executar sua própria sessão de *storytelling com dados*.

Trabalho de preparação: o que fazer com antecedência

Envie para sua equipe um convite por e-mail para uma reunião de 3 horas e reserve uma sala de reunião ampla onde caibam várias mesas e quadros brancos. Providencie marcadores coloridos, flip-charts e vários tamanhos de notas adesivas (as que têm as mesmas dimensões de um slide padrão são incríveis e podem ser usadas para simular uma apresentação inteira em baixa tecnologia; também tenha algumas de tamanho menor à mão para aqueles que desejam fazer storyboards em alto nível e se concentrar em tópicos gerais e fluxo antes de entrar nos detalhes).

Use as instruções a seguir em combinação com o processo de *storytelling com dados* no Exercício 9.5 para organizar uma sessão de trabalho na qual todos possam ter tempo e espaço para colocar as lições em prática, dar e receber feedback. O exemplo de agenda a seguir funciona melhor para grupos de 8 a 10 (permite tempo suficiente para que todos possam apresentar e dar/receber feedback), mas pode ser viabilizada para grupos maiores acrescendo tempo antes da pausa para reinício (planeje cerca de 6 a 7 minutos por pessoa ou grupo). As instruções para os participantes são mostradas nas páginas seguintes; uma versão para download para impressão pode ser encontrada em storytellingwithdata.com/letspractice/downloads/SWDworkingsession [conteúdo em inglês].

Na sessão, escolha alguém para ser o cronometrista. Ele deve ficar de olho no relógio durante o trabalho e alertar os participantes quando metade do tempo estipulado expirar e quando faltarem 20 minutos para o final, de modo a garantir que todos tenham a chance de preparar conteúdo de baixa tecnologia para apresentar. Durante a apresentação, conforme o relógio for avançando, ele deve monitorar as discussões de maneira a assegurar que todos tenham tempo para compartilhar e obter feedback do grupo.

Exemplo de programação (hora/minutos)

00:00 - 00:15 Recapitule as lições, discussão/perguntas e respostas, estabeleça o que se espera da sessão

00:15 - 01:30 Tempo para trabalhar no projeto

01:30 - 01:45 Faça uma pausa!

01:45 - 02:45 Reinício

02:45 - 03:00 Suas considerações, discussão/perguntas e respostas, encerramento

As páginas seguintes contêm orientações para os participantes.

Projeto: como focar seu tempo

Escolha um projeto para trabalhar, por conta própria ou em grupo. Leia o processo de *storytelling com dados* na íntegra. Determine como gostaria de usar os próximos 75 minutos para colocar em prática uma ou mais lições de *storytelling com dados*. Rascunhe isso.

Aqui estão algumas ideias do que fazer com seu tempo:

Lição 1: entendendo o contexto

Articule a Grande Ideia ou crie um storyboard.

Lição 2: escolha um visual eficaz

Desenhe várias visualizações de seus dados e identifique quais lhe permitirão expor melhor seu ponto de vista.

Lição 3: identifique e elimine a saturação

Há alguma coisa que não está agregando valor? Identifique elementos dispensáveis e remova-os.

Lição 4: mantenha atenção total

Como você indicará a seu público onde deseja que eles olhem? Planeje como usar posição, tamanho, cor e outros meios de contraste para direcionar estrategicamente a atenção do público.

Lição 5: pense como um designer

O polimento final será feito em suas ferramentas, pois seu design inicial pode estar em um estágio rudimentar. E mais: pense em como você organizará elementos para criar estrutura e usar palavras que tornem os dados acessíveis.

Lição 6: conte uma história

Esboce os elementos de sua história ao longo do arco narrativo. Onde e como os dados se encaixam? Como a tensão e o conflito podem ajudá-lo a capturar e manter a atenção de seu público? Que frase concisa e repetível você poderia criar para ajudar sua mensagem a ficar gravada na memória de seu público?

Faça com que as atividades sejam feitas utilizando baixa tecnologia: canetas e papel estão à sua disposição (mas, por favor, mantenha os notebooks fechados!). Considere seus colegas na sala como parceiros de brainstorming ou para solicitar feedback conforme vai avançando. Seja criativo e divirta-se!

Reinício: compartilhe com o público

Você terá por volta de cinco minutos para compartilhar parte do que criou ou planejou com o grupo. Continuaremos no modo baixa tecnologia: escreva à mão ou desenhe visuais para apoiar o que gostaria de apresentar ao grupo para feedback.

Seu reinício deve incluir:

1. **Uma breve explanação sobre o pano de fundo.** Isso deve incorporar o público-alvo, metas gerais, decisões-chave a serem tomadas e o que considerar como sucesso.

2. **Como você implementou uma lição de *storytelling com dados* em seu projeto.** Isso pode significar colocar o foco em qualquer um dos seguintes itens: sua Grande Ideia, storyboard, ideias de como visualizar melhor os dados, uma comparação entre como

estava analisando os dados e quais mudanças fará, de que maneira você concentrará a atenção, ou a história abrangente que irá contar. Não é preciso que tudo isso seja totalmente executado; bastam, em vez disso, ideias bem estruturadas sobre quais mudanças você fará ou a abordagem que planeja adotar. Desenhe e use as canetas/papel/adesivos para que todos possam ver o que você está imaginando. Defina o tipo de feedback que gostaria de receber do grupo capaz de ajudá-lo a continuar a se aprimorar.

Suas considerações: discussão/perguntas e respostas

Depois que todos tiverem a oportunidade de apresentar e receber feedback, passe alguns minutos discutindo o seguinte:

- O que acharam desta sessão? Valeu a pena?
- O que acharam que foi mais útil?
- Há mudanças que devemos fazer se repetirmos este evento no futuro?
- Que obstáculos você prevê caso venha a aplicar as lições do SCD em seu trabalho?
- Que outras providências podemos tomar para melhorar a forma como nos comunicamos com os dados?

Divulgue o resultado dessa sessão para outras equipes que possam se beneficiar (por participar de algo semelhante ou em virtude de receber os materiais planejados em sua sessão de trabalho) e para sua gerência. Compartilhe histórias de sucesso. Verifique se há aspectos da sessão que não funcionaram como esperado, tente identificar a razão e faça o ajuste necessário.

Faça o possível para ajudar a conscientizar as pessoas e apoiar os esforços de todos, tanto no planejamento de tempo dedicado quanto pela vontade de experimentar novas estratégias para aprimorar as comunicações orientadas por dados. Capacite pessoas que possam ajudar a promover o poder dos dados bem tratados. Isso levará ao reconhecimento da importância dessa parte do processo, a qual esperamos venha a se manifestar graças à sua paciência e da sua equipe pelo tempo e recursos contínuos necessários para fazê-la bem.

Exercício 9.9: crie condições para o sucesso com histórias de dados

Quando a questão é usar a história para comunicar dados, existem etapas que você pode seguir para ajudar a melhorar suas chances de sucesso. O que vem a seguir descreve algumas coisas específicas a serem consideradas ao criar e contar histórias de dados.

Tente coisas novas em ambientes de baixo risco primeiro. Não vá para sua próxima reunião do conselho ou de diretoria e diga: "Hoje, pessoal, vou fazer algo um pouco diferente — hoje, vou contar uma história." Essa não é uma receita para o sucesso! Em particular se alguma coisa parecer contracultural para sua organização, ou muito diferente do que você fez anteriormente, experimente primeiro em um ambiente de baixo risco. Aprenda e aprimore. Obtenha feedback. Ao longo do tempo, pequenos sucessos aumentarão sua confiança e credibilidade para fazer mudanças significativas.

Organize conscienciosamente. Seja o que for que queiramos comunicar, normalmente há muitas opções de como organizar o conteúdo, além de não haver uma abordagem correta única. Pense em como você pode organizar as coisas — elementos em um gráfico, objetos em um slide ou slides em uma apresentação — de um jeito que faça sentido para seu público ter a experiência geral que você procura. Obtenha feedback de alguém menos familiarizado com o conteúdo como forma de avaliar se a maneira como você estruturou seus materiais provavelmente funcionará segundo suas necessidades.

Otimize os materiais para a maneira *como* você se comunica. A apresentação ao vivo abre um leque diferente de oportunidades para construir nossas histórias de dados. Como vimos em vários exemplos, uma estratégia é criar elementos visuais peça por peça para nosso público em um ambiente ao vivo. Combine isso com um ou dois slides totalmente preenchidos para que a versão enviada para aqueles que não puderem comparecer disponibilize a mesma história que você desdobra em uma progressão ao vivo. Pense no que é específico para a apresentação e desenvolva materiais compatíveis.

Antecipe de que modo as coisas podem dar errado. Como as coisas podem sair dos trilhos? Como você pode se preparar para lidar com isso caso aconteça? Identifique e teste seus pressupostos. Certifique-se de ter procurado hipóteses alternativas. Peça aos colegas que façam o papel de advogado do diabo e mostrem os furos no raciocínio ou façam o papel de alguém da plateia agindo com sarcasmo. Antecipe as perguntas e prepare-se bem para respondê-las. O tempo que você gasta se precavendo contra surpresas o ajudará a lidar com elas de forma eloquente, caso surjam.

Responda à pergunta: "E daí?". Nunca deixe as pessoas em seu público se perguntando por que estão olhando para o que você colocou na frente delas. Não faça com que descubram por conta própria. Deixe o propósito claro. Por que eles estão aqui? O que você tem a lhes dizer? Por que deveriam ouvi-lo? Considere como você pode usar as várias lições que abordamos para chamar a atenção do público, estabelecer credibilidade e conduzi-lo a uma conversa ou decisão produtiva.

Seja flexível. É raro que as coisas aconteçam exatamente como planejado. Se você puder antecipar que uma situação provavelmente seguirá um rumo que não está totalmente sob seu controle, pense em como organizar sua abordagem e materiais para poder lidar com isso. Em algumas circunstâncias, uma história do tipo "escolher sua própria aventura" pode ser justificada. Demonstrar disposição para ser flexível e se ajustar ao público é uma maneira fantástica de estabelecer credibilidade, podendo ajudá-lo a transformar um possível pesadelo em um êxito.

Busque feedback. Falamos sobre obter feedback durante a preparação das histórias de dados, mas também é importante pedir feedback após a apresentação. Obtenha informações do público ou colegas sobre o que funcionou bem e o que pode ajustar no futuro para melhor atender às necessidades deles (e, por tabela, às suas próprias).

Aprenda com os sucessos e os fracassos. Depois de você enviar um relatório ou apresentar dados, faça, a cada vez, uma pausa para refletir sobre como foi. Para cenários de sucesso, pense nas razões pelas quais tudo deu certo e quais aspectos você pode usar em um trabalho futuro. Já os casos em que as coisas *não transcorreram* tão bem, com frequência podem ser uma fonte de aprendizado. O que causou problemas? O que você tem sob controle que pode mudar no futuro? Compartilhe histórias de sucesso e fracasso para que outros possam aprender também. Dessa forma, todos podemos ajudar uns aos outros a melhorar.

O que subjaz a todas essas dicas é ser consciencioso. Considere como é o sucesso e tente se posicionar para que ele aconteça, de modo que as histórias de dados que você conta tenham o impacto que você deseja.

Exercício 9.10: vamos discutir

Considere as seguintes perguntas relacionadas a tudo o que cobrimos ao longo deste livro e como aplicar em seu trabalho. Discuta com um colega ou grupo. Caso esteja realizando os exercícios deste livro com outras pessoas de sua equipe (ou mesmo se não estiver!), eles serão objeto de uma proveitosa conversa em equipe sobre como integrar a narrativa com as lições de *storytelling com dados* no trabalho de todos.

1. *O que* você se comprometerá a fazer de maneira diferente daqui em diante?

2. Reflita sobre as lições abordadas no *SCD* neste livro: (1) entendendo o contexto, (2) escolha um visual eficaz, (3) identifique e elimine a saturação, (4) mantenha atenção total, (5) pense como um designer e (6) conte uma história. Quais lições são mais críticas para se sair bem em seu trabalho? Por quê? Quais áreas você (ou sua equipe) precisa desenvolver mais? Como fazer isso?

3. Pense em como você aplicará as várias lições que analisamos: Em que as coisas podem dar errado? Como se preparar para essa eventualidade ou tomar medidas que ajudem a garantir o sucesso? Que outros desafios você prevê? Como vai superá-los?

4. Há recursos adicionais que seriam úteis para o sucesso quando se trata de visualizar e comunicar com dados de forma eficaz?

5. Qual é sua maior lição deste livro? Como acha que isso se manifestará no seu cotidiano profissional?

6. Quais as diferenças entre como você trabalha hoje e como gostaria de trabalhar quando a questão é contar histórias de dados? Como pode abordá-las?

7. Você prevê que enfrentará resistência para aquilo que gostaria de fazer de forma diferente? De quem você imagina que virá? Que providências pode tomar para superá-la?

8. Sempre haverá restrições a enfrentar quando trabalhamos. Que limitações você enfrenta? De que modo isso pode afetar quando e como você aplica as lições de *storytelling com dados*? Como você pode lidar com tais restrições para gerar soluções criativas?

9. Quais etapas você pode estabelecer para ajudar outras pessoas em sua equipe, ou em sua organização, a reconhecer o valor de contar histórias com dados e capacitá-las melhor?

10. Que metas específicas definirá para si próprio ou sua equipe, relacionadas às estratégias descritas neste livro? Quanto à responsabilização por esses objetivos, sua ou de sua equipe, que medidas pretende tomar? Como você vai medir o sucesso?

capítulo dez

uma palavra final

Praticamos um bocado nos nove capítulos anteriores! Você deve estar se sentindo bem preparado para integrar as várias lições, dicas e estratégias em seu trabalho. Dito isso — você não terminou de praticar.

Comunicar-se de maneira eficaz com dados é como resolver um quebra-cabeças. As peças do quebra-cabeças constituem-se de uma série de diferentes considerações, coisas como: público, contexto, dados, pressupostos, vieses, credibilidade, modo de apresentação, espaço físico, impressora ou projetor, dinâmica interpessoal e ação desejada. É preciso encaixar tudo isso de um jeito que funcione. Não bastasse isso, há um complicador a mais: as peças são sempre diferentes!

Mas não é, de fato, um quebra-cabeça: não há apenas um modo de fazer. Não depende de um único design ou uma técnica para funcionar. Algumas vezes as pessoas se frustram com isso. No entanto, é na verdade algo incrível, pois são muitas as abordagens diferentes que *podem* ser bem-sucedidas. Não há limites para como você pode misturar e combinar as lições e estratégias aqui ilustradas — inclusive com as próprias reviravoltas que você mesmo pode fazer — para encontrar soluções potencialmente eficazes. Isso não é divertido demais?

Você praticou. Mas ainda de maneira incompleta. Todos podemos continuar aprendendo, aprimorando nosso design de visualização de dados. Podemos nos tornar cada vez mais sutis na forma como contamos histórias com nossos dados e os usamos para inspirar outras pessoas.

É isto que espero que você faça: coloque em prática o que aprendeu. Compartilhe com outras pessoas. Conte histórias com seus dados que influenciarão mudanças positivas.

Meu apoio e incentivo não terminam aqui. Acesse storytellingwithdata.com/learnmore [conteúdo em inglês] para obter informações sobre a próxima fase de aprendizado e avanço da equipe do SCD.

Obrigada por praticar comigo!

UMA PALAVRA FINAL

COMECE PEQUENO

FAÇA DO SCD uma PARTE de seu COTIDIANO

IDEIAS & OPORTUNIDADES DO SCD

FRUTOS AO ALCANCE DA MÃO:

PRATIQUE e PRIORIZE

Continue assim!

FIQUE NA LINHA

(e então saia dela
quando fizer sentido)

... VÁ MAIS FUNDO!

ALÉM DE INFORMAR, PASSE a INFLUENCIAR

CONCENTRE-SE em VOCÊ como O APRESENTADOR

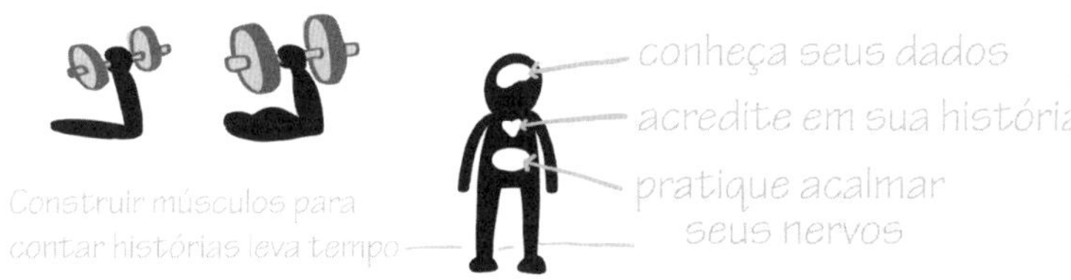

PLANEJE TEMPO para ISTO

CONFIRA RECURSOS em storytellingwithdata.com

(há mais vindo!)

Índice

Símbolos

A

B

C

Q

R

Projetos corporativos e edições personalizadas dentro da sua estratégia de negócio. Já pensou nisso?

Coordenação de Eventos
Viviane Paiva
viviane@altabooks.com.br

Contato Comercial
vendas.corporativas@altabooks.com.br

A Alta Books tem criado experiências incríveis no meio corporativo. Com a crescente implementação da educação corporativa nas empresas, o livro entra como uma importante fonte de conhecimento. Com atendimento personalizado, conseguimos identificar as principais necessidades, e criar uma seleção de livros que podem ser utilizados de diversas maneiras, como por exemplo, para fortalecer relacionamento com suas equipes/ seus clientes. Você já utilizou o livro para alguma ação estratégica na sua empresa?

Entre em contato com nosso time para entender melhor as possibilidades de personalização e incentivo ao desenvolvimento pessoal e profissional.

PUBLIQUE
SEU LIVRO

Publique seu livro com a Alta Books. Para mais informações envie um e-mail para: autoria@altabooks.com.br

/altabooks /alta-books /altabooks /altabooks

CONHEÇA OUTROS LIVROS DA **ALTA BOOKS**

Todas as imagens são meramente ilustrativas.

ALTA BOOKS EDITORA · ALTA LIFE · ALTA NOVEL · ALTA CULT EDITORA · FARIA E SILVA EDITORA · EDITORA ALAÚDE · TORDSILHAS · ALTA GEEK

ROTAPLAN
GRÁFICA E EDITORA LTDA
Rua Álvaro Seixas, 165
Engenho Novo - Rio de Janeiro
Tels.: (21) 2201-2089 / 8898
E-mail: rotaplanrio@gmail.com